全过程工程咨询丛书

全过程工程咨询投资管控

张晓英　高志伟　杨明芬　于泽　主编

化学工业出版社

·北京·

内 容 简 介

《全过程工程咨询投资管控》是"全过程工程咨询丛书"的第9册。本书系统介绍了全过程工程咨询投资管控的基本原理，总体思路，工作模式、内容、流程，风险管理；不同阶段的投资管控分析，如决策阶段、建设实施阶段；投资管控的绩效评价，以及全过程投资管控中信息化手段的各种应用，还对案例进行了全面剖析。

本书可供建设单位、咨询单位、设计单位、施工单位、监理单位、造价咨询单位、运维管理单位的从业人员及相关专业高校教师、学生参考和使用。还可供对工程管理感兴趣的读者阅读和参考。

图书在版编目(CIP)数据

全过程工程咨询投资管控／张晓英等主编．—北京：化学工业出版社，2022.2（2023.11重印）
（全过程工程咨询丛书）
ISBN 978-7-122-40219-6

Ⅰ．①全… Ⅱ．①张… Ⅲ．①建筑工程–咨询服务 Ⅳ．①F407.9

中国版本图书馆CIP数据核字（2021）第222857号

责任编辑：吕佳丽　　　　　　　　文字编辑：袁　宁　陈小滔
责任校对：李雨晴　　　　　　　　装帧设计：王晓宇

出版发行：化学工业出版社（北京市东城区青年湖南街13号　邮政编码100011）
印　　装：北京科印技术咨询服务有限公司数码印刷分部
787mm×1092mm　1/16　印张20½　字数475千字　2023年11月北京第1版第2次印刷

购书咨询：010-64518888　　　　　　　售后服务：010-64518899
网　　址：http://www.cip.com.cn
凡购买本书，如有缺损质量问题，本社销售中心负责调换。

定　　价：79.00元　　　　　　　　　　　　　　　　　　　　　　　版权所有　违者必究

丛书编写委员会名单

主　　　任　张江波　王宏毅

副　主　任　杨明宇　谢向荣　顿志林　潘　敏　杨明芬　刘仁轩
　　　　　　　郭嘉祯　白　祯　王孝云　杨宝昆　王瑞镛　铁小辉

主　　　审　韩光耀　上海同济工程咨询有限公司　专家委员会主任
　　　　　　　谭光伟　江西中煤勘察设计总院有限公司　董事长
　　　　　　　顾　靖　浙江上嘉建设有限公司　总工程师

主 任 单 位　中新创达咨询有限公司
　　　　　　　汉宁天际工程咨询有限公司
　　　　　　　晨越建设项目管理集团股份有限公司
　　　　　　　四川开元工程项目管理咨询有限公司
　　　　　　　金中证项目管理有限公司

副主任单位　长江勘测规划设计研究有限责任公司
　　　　　　　中国通信建设集团设计院有限公司
　　　　　　　深圳市昊源建设监理有限公司
　　　　　　　卓信工程咨询有限公司
　　　　　　　中建卓越建设管理有限公司
　　　　　　　泰禾云工程咨询有限公司
　　　　　　　中精信工程技术有限公司
　　　　　　　河南省全过程建设咨询有限公司
　　　　　　　山东德勤招标评估造价咨询有限公司
　　　　　　　云南云岭工程造价咨询有限公司
　　　　　　　江苏启越工程管理有限公司
　　　　　　　浙江中诚工程咨询有限公司
　　　　　　　鲁班软件股份有限公司
　　　　　　　河南理工大学
　　　　　　　青岛理工大学
　　　　　　　西安欧亚学院
　　　　　　　河北建筑工程学院

本书编写人员名单

主　编： 张晓英　广东鹰科工程管理有限公司　总工程师
　　　　　高志伟　中新创达咨询有限公司　总工程师
　　　　　杨明芬　金中证项目管理有限公司　董事长
　　　　　于　泽　卓信工程咨询有限公司　部门经理
副主编： 张江波　汉宁天际工程咨询有限公司
　　　　　陈曼文　深圳市航建工程造价咨询有限公司
　　　　　刘爱娟　上海上梓建设造价咨询有限公司
　　　　　徐希萍　中新创达咨询有限公司
　　　　　姜　永　山东德勤招标评估造价咨询有限公司
　　　　　王　群　西安欧亚学院
参　编： 逯淑华　山东德勤招标评估造价咨询有限公司
　　　　　荆　涛　山东德勤招标评估造价咨询有限公司
　　　　　杨　梅　河北科技大学
　　　　　李志宏　湖南华伦咨询有限公司
　　　　　刘玉瑶　泰禾云工程咨询有限公司
　　　　　吴　岚　么道工程管理（上海）有限公司

丛书序

2017年2月国务院办公厅发布的《关于促进建筑业持续健康发展的意见》（国办发〔2017〕19号）要求：培育全过程工程咨询。鼓励投资咨询、勘察、设计、监理、招标代理、造价等企业采取联合经营、并购重组等方式发展全过程工程咨询，培育一批具有国际水平的全过程工程咨询企业。制定全过程工程咨询服务技术标准和合同范本。政府投资工程应带头推行全过程工程咨询，鼓励非政府投资工程委托全过程工程咨询服务。在民用建筑项目中，充分发挥建筑师的主导作用，鼓励提供全过程工程咨询服务。

自2018年以来，各级部门通过招标网站发布的全过程工程咨询项目累计超过300个，上海同济工程咨询有限公司中标的"乌梁素海流域山水林田湖草生态保护修复试点工程项目全过程工程咨询服务"中标咨询费为3.7亿元，上海建科、上海同济、浙江江南、中冶赛迪、北京双圆、晨越建管等公司纷纷拿下咨询费用超过1亿元（或接近1亿元）的咨询项目。

我们深刻认识到全过程工程咨询是我国工程咨询业改革的重要举措，是我国工程建设管理模式的一次革命性创举，为此国家发展改革委和住房城乡建设部2019年3月15日推出《关于推进全过程工程咨询服务发展的指导意见》（发改投资规〔2019〕515号），明确全过程工程咨询分为投资决策综合性咨询和工程建设全过程咨询，要求充分认识推进全过程工程咨询服务发展的意义，以投资决策综合性咨询促进投资决策科学化，以全过程咨询推动完善工程建设组织模式，鼓励多种形式的全过程工程咨询服务市场化发展，优化全过程工程咨询服务市场环境，强化保障措施。

2019年10月14日山东省住房和城乡建设厅与山东省发展和改革委员会推出《关于在房屋建筑和市政工程领域加快推行全过程工程咨询服务的指导意见》（鲁建建管字〔2019〕19号），要求：政府投资和国有资金投资的项目原则上实行全过程工程咨询服务。这是全国第一个有强制性要求的全过程工程咨询指导意见，大力推进了山东省开展全过程工程咨询的力度，具有良好的示范效应。

2020年5月6日吉林省住房和城乡建设厅与吉林省发展和改革委员会《关于在房屋建筑和市政基础设施工程领域加快推行全过程工程咨询服务的通知》（吉建联发〔2020〕20号），要求：政府投资工程原则上实行全过程工程咨询服务，鼓励非政府投资工程积极采用全过程工程咨询服务。

2020年6月16日湖南省住房和城乡建设厅《关于推进全过程工程咨询发展的实施意见》(湘建设〔2020〕91号),要求:2020年,政府投资、国有资金投资新建项目全面推广全过程工程咨询;2021年,政府投资、国有资金投资新建项目全面采用全过程工程咨询,社会投资新建项目逐步采用全过程工程咨询;2025年,新建项目采用全过程工程咨询的比例达到70%以上,全过程工程咨询成为前期工作的主流模式,培育一批具有国际竞争力的工程咨询企业,培养与全过程工程咨询发展相适应的综合型、复合型人才队伍。

越来越多的省、市、自治区、直辖市在各地区推进全过程工程咨询的指导意见、实施意见中采用"原则上"等术语来要求政府投资项目全面采用全过程工程咨询的模式开展咨询服务工作。

从国家到地方,各级政府都在大力推进全过程工程咨询,而目前国内专业的全过程工程咨询类人才却十分匮乏。各建设单位、工程咨询、工程设计等企业目前已经开始在为自己储备专业性技术人员。全过程工程咨询并非简单地把传统的设计、监理、造价、招标代理、BIM建模等业务进行叠加,而是需要站在业主的角度对项目建设的全过程进行组织重塑和流程再造,以项目管理为主线、以设计为龙头、以BIM为载体,将传统做法中的多个流程整合为一个流程,在项目起始阶段尽早定义,提高项目管理效率,优化项目结构,大幅降低建造和咨询成本,驱动建筑业升级转型。

在张江波先生的带领下,来自企业、高校近200位专家、学者,历时三年的时间完成了对全过程工程咨询领域的共性问题、关键技术和主要应用的探索和研究,融合项目实践经验,编写出本套系统指导行业发展及实际操作的系列丛书,具有十分深远的意义。本套丛书凝聚了享有盛誉的知名行业专家的群体智慧,呈现并解决目前正在开展全过程工程咨询项目或已完成的全过程工程咨询项目在实施过程中出现的各种问题。

丛书紧扣当前行业的发展现状,围绕全过程工程咨询的六大阶段、十大传统咨询业务形态的融合,实现信息集成、技术集成、管理集成与组织集成的目标,总结和梳理了全过程工程咨询各阶段需要解决的关键问题及解决方法。丛书共有十个分册,分别是《全过程工程咨询实施导则》《全过程工程咨询总体策划》《全过程工程咨询项目管理》《全过程工程咨询决策阶段》《全过程工程咨询设计阶段》《全过程工程咨询施工阶段》《全过程工程咨询竣工阶段》《全过程工程咨询运维阶段》《全过程工程咨询投资管控》《全过程工程咨询信息管理》。相较于传统图书,本套丛书主要围绕以下五个方面进行编写:

(1)强调各阶段、各种传统咨询服务的融合,实现无缝隙且非分离的综合型咨询服务,是传统咨询的融合而非各类咨询服务的总包;

(2)强调集成与协同,在信息集成、技术集成、管理集成、组织集成的四个不同层面,完成数据—信息—知识—资产的升级与迭代,在集成的基础上完成各项服务的协同作业;

(3)强调全过程风险管理,识别各阶段各业务类型的各种风险源,利用风险管理技术手段,有效规避和排除风险;

（4）强调"前策划、后评估"，重视前期的总体策划，将全过程实施中足够丰富、准确的信息体现在设计文件、实施方案中，在后期实施时，采用"全过程工程咨询评价模型"来评估实施效果，用"全过程工程咨询企业能力评估模型"来评估企业的相关能力；

（5）强调与建筑行业市场化改革发展相结合的方针，将"全过程工程咨询"作为建筑行业技术服务整合交付的一种工程模式。

丛书内容全面，涉及工程从策划建设到运营管理的全过程，在组织模式上进行了较强的创新，体现出咨询服务的综合性和实用性，反映了全过程工程咨询的全貌，文字深入浅出，简洁明了，系统介绍了工程各阶段所需完成的任务及完成策略、方法、技术、工具，能为读者从不同应用范围、不同阶段及技术等角度了解全过程工程咨询提供很好的帮助，具有很高的指导意义和应用价值，必将对推动我国建筑行业的发展起到积极的作用。希望本丛书的出版，能够使建筑行业工作者系统掌握本领域的发展现状和未来发展，在重大工程的建设方面提供理论支撑和技术指导。

由于编者水平有限，书中不当之处在所难免，恳请读者与专家批评指正。

丛书主任：张江波 王宏毅

2021 年 7 月

丛书前言

为深入贯彻习近平新时代中国特色社会主义思想和党的十九大精神，深化工程领域咨询服务供给侧结构性改革，破解工程咨询市场供需矛盾，必须完善政策措施，创新咨询服务组织实施方式，大力发展以市场需求为导向、满足委托方多样化需求的全过程工程咨询服务模式。《国家发展改革委 住房城乡建设部关于推进全过程工程咨询服务发展的指导意见》（发改投资规〔2019〕515号）提出为深化投融资体制改革，提升固定资产投资决策科学化水平，进一步完善工程建设组织模式，提高投资效益、工程建设质量和运营效率，根据中央城市工作会议精神及《中共中央国务院关于深化投融资体制改革的意见》（中发〔2016〕18号）、《国务院办公厅关于促进建筑业持续健康发展的意见》（国办发〔2017〕19号）等要求，对房屋建筑和市政基础设施领域推进全过程工程咨询服务发展给出指导意见。意见指出要遵循项目周期规律和建设程序的客观要求，在项目决策和建设实施两个阶段，着力破除制度性障碍，重点培育发展投资决策综合性咨询和工程建设全过程咨询，为固定资产投资及工程建设活动提供高质量智力技术服务，全面提升投资效益、工程建设质量和运营效率，推动高质量发展。

作为供给体系的重要组成部分，固定资产投资及建设的质量和效率显著影响着供给体系的质量和效率。工程咨询业在提升固定资产投资及建设的质量和效率方面发挥着不可替代的作用。从项目前期策划、投资分析、勘察设计，到建设期间的工程管理、造价控制、招标采购，到竣工后运维期间的设施管理，均需要工程咨询企业为业主方提供有价值的专业服务。但传统工程咨询模式中各业务模块分割、信息流断裂、碎片化咨询的弊病一直为业主方所诟病，"都负责、都不负责"的怪圈常使业主方陷入被动。传统工程咨询模式已不能适应固定资产投资及建设对效率提升的要求，更无法适应"一带一路"建设对国际化工程咨询企业的要求。2017年2月，《国务院办公厅关于促进建筑业持续健康发展的意见》（国办发〔2017〕19号）文件明确提出"培育全过程工程咨询"，鼓励投资咨询、勘察、设计、监理、招标代理、造价等企业采取联合经营、并购重组等方式发展全过程工程咨询，培育一批具有国际水平的全过程工程咨询企业。同时，要求政府投资工程带头推行全过程工程咨询，并鼓励非政府投资项目和民用建筑项目积极参与。

在国家和行业的顶层设计下，全过程工程咨询已成为工程咨询业转型升级的大方向，如何深入分析业主方痛点，为业主方提供现实有价值的全过程咨询服务，是每一个工程咨询企业都需要深入思考的问题。与此同时，咨询企业应借助国家政策，谋划升级转型，增强综合实力，培养优秀人才，加快与国际先进的建设管理服务接轨，更好地服务于"一带一路"倡议。全过程工程咨询是我国工程建设领域的一次具有革命性意义的重大举措，它是建筑工程领域供给侧改革、中国工程建设领域持续健康发展的重要抓手，影响着我国工程建设领域的未来发展。

在全面推进全过程工程咨询的历史时刻，上海汉宁建筑科技有限公司董事长张江波先生与晨越建设项目管理集团股份有限公司董事长王宏毅先生于2018年5月份经过两次深入的交流，决定利用双方在工程咨询领域长期的理论与实践探索，出版一套能够指导行业发展的丛书，这便有了这套"全过程工程咨询丛书"。编写这套丛书的意义在于从行业和产业政策出发，抓住长期影响中国工程建设的"慢变量"，能够从理论和实践两个层面共同破除对全过程工程咨询的诸多误解，引导更多的从业者在正确的理论和方法指引下、在工程实践案例的指导下更好地开展全过程工程咨询。

本书从2018年7月份启动编写，编写过程中邀请了来自全国各地200多位专家学者共同参与到这套丛书的编写与审核，参与者们都是来自工程咨询一线、具有丰富的理论知识和实践经验的专家，经过将近一年时间的写作和审核，形成了一整套共10个分册、合计约300万字的书稿。编写委员会希望本丛书能够成为影响全过程工程咨询领域开展咨询工作的标杆性文件和标准化手册，指引我国工程咨询领域朝着持续、健康方向发展。

感谢编委会全体成员以及支持编写工作的领导、同仁和朋友们在本书写作、审核、出版过程中给予的关心，正是你们的支持才让本书的论述更加清晰、有条理，内容才能更加丰富、多元。

由于图书编写工作量十分巨大，时间比较紧张，难免有不足之处，欢迎广大读者予以指正。

前　言

《全过程工程咨询投资管控》是"全过程工程咨询丛书"的第 9 册，建设项目全过程投资管控是针对整个建设项目目标系统所实施的控制活动的一个组成部分，涉及技术、经济、组织和合同等诸多方面的内容。项目投资控制并非仅是将工程项目实际投资控制在计划投资范围内，投资控制工作也不只是财务和经济方面的工作。如何有效地对项目进行投资控制是工程项目管理的一个重要内容。建设项目全过程投资管控被认为是项目管理的抓手，在工程建设过程中被高度重视。

建设项目全过程有大量的单位团体参与实施，项目建设各阶段工作任务不同，投资控制的侧重点也不同，项目参与各方在项目实施的不同阶段采取的各种措施，给项目投资控制带来的影响都是不同的。同时，在项目实施过程，大量相关信息产生于各个单位、各个部门，投资控制工作绝非由造价咨询公司一家单位就能完成。因此，建设项目全过程投资控制是一项需要项目参与各方共同协作完成的多方位、多层次的系统工作。全过程投资控制是要在单位、时间、措施形成的这样一个系统中，根据各阶段工作的性质和特点进行动态控制，寻求合理、有效的任务组合和解决方案，改变工程中造价估算、概算、预算和承包合同价、估算价、竣工决算价缺乏连续性的状况，从而尽可能地为建设项目创造效益。

全书共 6 章，编写工作的具体分工如下：

张晓英、高志伟、杨明芬、于泽主编并负责统稿，张江波、陈曼文、刘爱娟、徐希萍、姜永、王群担任副主编。编写工作分别由张晓英主持编写第 1、2 章，高志伟主持编写第 3 章，杨明芬主持编写第 4 章，于泽主持编写第 5 章，张江波主持编写第 6 章，陈曼文参与第 1 章编写，刘爱娟参与第 2 章编写，姜永参与第 3 章编写，徐希萍参与第 4 章编写，王群参与第 5 章编写。逯淑华、荆涛、杨梅、李志宏、刘玉瑶、吴岚等人参与了资料收集和过程编写，提出了宝贵意见，对编写工作有很大的帮助。

本书较为系统地介绍了全过程工程咨询投资管控所需开展的工作及工作程序，供大家在工作中借鉴参考。由于编者水平有限，书中的错误和疏漏在所难免，恳请读者与专家批评指正。

编者

2021 年 7 月

目 录

第 1 章　全过程工程咨询投资管控概述　　001

1.1　基本概念　　001
  1.1.1　成本和成本管理　　001
  1.1.2　工程造价和造价管理　　002
  1.1.3　投资管控　　003
  1.1.4　建设项目总投资构成　　004
1.2　建设项目投资管控的基本原理　　007
  1.2.1　动态控制原理　　007
  1.2.2　被动控制与主动控制　　007
  1.2.3　全过程控制　　007
  1.2.4　全方位控制　　008
1.3　全过程的投资管控总体思路　　008
1.4　各阶段投资管控的工作内容　　008
1.5　项目不同阶段对投资的影响　　008
1.6　投资管控的工作模式　　009
1.7　投资管控的工作内容　　009
  1.7.1　全过程工程咨询单位站在业主角度的全过程投资管控的工作内容　　009
  1.7.2　全过程造价咨询的工作内容　　010
1.8　投资管控组织架构　　010
  1.8.1　模式一组织架构　　010
  1.8.2　模式二组织架构　　011
  1.8.3　团队职责要求　　012
1.9　投资管控用到的方法、工具和依据　　014
  1.9.1　投资管控用到的方法　　014

  1.9.2 投资管控用到的工具 025
  1.9.3 投资管控的依据 026
1.10 全过程投资管控工作流程 027
  1.10.1 业务承接阶段 027
  1.10.2 业务准备阶段 027
  1.10.3 业务实施阶段 027
  1.10.4 业务终结阶段 027
1.11 全过程投资管控风险管理 028
  1.11.1 模式一的风险管理 028
  1.11.2 模式二的风险管理 028
1.12 投资管控制度建设 029
  1.12.1 模式一投资管控制度建设 029
  1.12.2 模式二投资管理制度建设 030
1.13 投资管控质量保证措施 030
1.14 投资管控合同管理 031
  1.14.1 投资管控合同管理概念 031
  1.14.2 建设项目合同管理的内容 031
1.15 投资管控信息管理 032
1.16 投资管控资料归档管理 032

第 2 章 决策阶段的投资管控 034

2.1 决策的含义 034
2.2 决策与投资管控的关系 034
  2.2.1 项目决策阶段是投资管控的关键环节 034
  2.2.2 决策正确是投资管控的前提 034
  2.2.3 决策阶段所确定的内容是确定和管控投资的基础 035
  2.2.4 投资管控为投资者进行决策提供主要的依据 035
2.3 决策阶段影响工程项目造价的主要因素分析 035
  2.3.1 建设规模 035
  2.3.2 建设地区及建设地点（厂址） 037
  2.3.3 技术方案 039
  2.3.4 设备方案 039
  2.3.5 工程方案 040
  2.3.6 环境保护措施 040

2.4 决策阶段投资管控的工作内容 041
    2.4.1 投资机会研究 042
    2.4.2 项目定位 042
    2.4.3 决策阶段的方案比选 043
    2.4.4 投资估算 044
    2.4.5 工程经济评价 047
    2.4.6 项目融资方案 071
2.5 决策阶段投资管控的工作流程 074
2.6 决策阶段投资管控工作的输入和输出 075
    2.6.1 相关依据和制度 075
    2.6.2 决策阶段投资管控的成果清单 076
2.7 决策阶段投资管控工作的质量标准 076
    2.7.1 投资估算 076
    2.7.2 项目经济评价的质量标准 077
    2.7.3 项目融资方案的质量标准 078
2.8 决策阶段投资管控的进度标准 078

第 3 章　建设实施阶段投资管控　079

3.1 设计阶段投资管控 079
    3.1.1 设计阶段投资管控的重要性 079
    3.1.2 设计阶段投资管控的工作内容和流程 079
    3.1.3 设计优化与成本优化 080
    3.1.4 协助限额设计 108
    3.1.5 设计概算 110
    3.1.6 施工图预算 116
    3.1.7 设计阶段投资管控工作的重点和难点 119
    3.1.8 设计阶段投资管控工作的输入和输出 121
    3.1.9 设计阶段投资管控质量标准 123
3.2 招标采购阶段投资管控 125
    3.2.1 招标采购阶段投资管控的作用 125
    3.2.2 招标采购阶段投资管控的工作内容、依据和流程 125
    3.2.3 招标采购策划 125
    3.2.4 潜在投标人的考察 126
    3.2.5 招标采购文件及合同条款拟订 126

  3.2.6 招标采购清单 ... 128
  3.2.7 工程量清单编制与审核 ... 128
  3.2.8 最高投标限价的编制与审核 ... 134
  3.2.9 预计中标价 ... 138
  3.2.10 招标采购答疑 ... 138
  3.2.11 评标分析及定标 ... 139
  3.2.12 合同准备及签订 ... 143
 3.3 施工建造阶段的投资管控 ... 147
  3.3.1 施工建造阶段的投资管控依据 ... 148
  3.3.2 施工建造阶段的投资管控内容 ... 148
  3.3.3 施工建造阶段的投资管控流程 ... 148
  3.3.4 资金计划编制 ... 149
  3.3.5 造价动态管理 ... 151
  3.3.6 工程计量及工程价款的支付管控 ... 155
  3.3.7 工程变更及现场工程签证的管理 ... 159
  3.3.8 索赔费用的管控 ... 165
  3.3.9 材料及设备询价 ... 169
  3.3.10 合同期中结算、终止结算审核 ... 173
 3.4 竣工验收阶段的投资管控 ... 175
  3.4.1 项目竣工结算审核 ... 175
  3.4.2 竣工决算 ... 179
 3.5 项目运营维护阶段的投资管控 ... 186
  3.5.1 运营维护阶段投资管控工作流程 ... 186
  3.5.2 运营维护阶段的投资管控工作内容 ... 186
  3.5.3 运营维护阶段投资管控工作的重点和难点 ... 187
  3.5.4 运营维护阶段投资管控工作的质量标准 ... 188
  3.5.5 运营维护阶段投资管控进度标准 ... 188
  3.5.6 运营维护阶段投资管控工作的输入和输出 ... 190

第4章 投资管控的绩效评价 ... 194

4.1 全过程工程咨询投资管控绩效评价概述 ... 194
 4.1.1 绩效评价在我国的发展和作用 ... 194
 4.1.2 绩效评价的含义 ... 195
 4.1.3 绩效评价与后评价的区别 ... 195

  4.1.4 全过程工程咨询投资管控绩效评价的政策和标准 195
  4.1.5 全过程工程咨询投资管控绩效评价的主体 196
  4.1.6 全过程工程咨询投资管控绩效评价的客体 196
 4.2 投资管控绩效评价的基本内容 196
 4.3 贯穿全过程的投资管控绩效管理 196
  4.3.1 决策阶段的投资管控绩效评价 197
  4.3.2 建设实施阶段的投资管控绩效评价 197
  4.3.3 项目运维阶段的投资管控绩效评价 197
  4.3.4 投资管控的后评价 197
 4.4 投资管控绩效评价的方式 197
 4.5 投资管控绩效评价的基本原则 200
 4.6 投资管控绩效评价的主要依据 201
 4.7 投资管控绩效评价的工作流程 201
  4.7.1 绩效评价前期准备阶段 201
  4.7.2 绩效评价实施阶段 202
  4.7.3 绩效评价报告的编制和提交阶段 202
  4.7.4 项目绩效评价流程图 202
 4.8 投资管控绩效评价指标体系 203
  4.8.1 投资管控绩效评价指标标准 203
  4.8.2 指标体系建立的思路 203
  4.8.3 指标选取的原则 203
  4.8.4 投资管控绩效评价指标 204
  4.8.5 指标权重的确定 219
 4.9 投资管控绩效评价成果文件及质量要求 219
  4.9.1 绩效评价报告应当满足的要求 219
  4.9.2 绩效评价报告的内容 220
  4.9.3 投资管控绩效评价报告模板 221
 4.10 投资管控绩效评价的组织与实施 222
  4.10.1 第三方绩效评价小组的组建 223
  4.10.2 第三方绩效评价小组职责分工 223
 4.11 项目绩效评价结果的应用 223

第5章 全过程投资管控中信息化手段的应用 224

 5.1 投资管控信息化技术 224

5.1.1 投资管控信息化概述 224
5.1.2 投资管控信息化技术硬件 224
5.1.3 投资管控信息化技术软件 229
5.1.4 投资管控信息化技术平台 236
5.2 BIM 技术在全过程投资管控中的应用 240
　5.2.1 BIM 软件技术在投资管控中的应用 240
　5.2.2 BIM 协同平台在投资管控中的应用 250
5.3 数据指标体系及大数据技术在投资管控中的应用 251
　5.3.1 投资管控数据指标体系的应用 251
　5.3.2 投资管控大数据技术的应用 256
5.4 无人机倾斜摄影在投资管控中的应用 259
　5.4.1 建立三维场景模型 259
　5.4.2 地图测绘 260
　5.4.3 数据处理软件 261
　5.4.4 无人机测量数据的运用 261

第 6 章　全过程工程咨询投资管控案例　　264

6.1 某配套安置房项目全过程工程咨询投资管控案例 264
　6.1.1 项目基本情况 264
　6.1.2 投资咨询服务内容 264
　6.1.3 投资咨询服务方案 265
　6.1.4 编制目标成本 268
　6.1.5 制订采购计划 272
　6.1.6 项目设计阶段投资管控 274
　6.1.7 项目建造阶段投资管控 275
　6.1.8 项目移交 284
　6.1.9 项目绩效评价 285
6.2 某职工住宅小区全过程工程咨询投资管控案例——
　　总策略及优化设计 285
　6.2.1 项目背景 285
　6.2.2 项目需求 286
　6.2.3 构想投资管控总体思路 286
　6.2.4 投资管控主要策略应用 286

  6.3 某安置房项目全过程工程咨询投资管控案例——
    设计阶段咨询及招标策划 289
    6.3.1 项目概况 289
    6.3.2 项目投资管理案例解析方向 289
    6.3.3 优化设计及限额设计介入时点及控制方式 289
    6.3.4 招标策划与优化设计及限额设计关联性 290
    6.3.5 发包模式策划解析 290
    6.3.6 优化设计在招标策划及合约规划阶段的应用 291
    6.3.7 限额设计在招标策划及合约规划中的应用 292
  6.4 某市城市综合管廊入廊使用费和日常维护费收费方案测算 293
    6.4.1 总则 293
    6.4.2 参考标准及执行法规政策 295
    6.4.3 综合管廊入廊费 295
    6.4.4 综合管廊租赁费 301

参考文献 305

第1章 全过程工程咨询投资管控概述

1.1 基本概念

说到投资管控,目前有很多似是而非的说法,比如成本管理、工程造价、工程费用、全过程造价咨询等。但这些概念能否混用,之间有什么区别和联系,只有先理清基本概念,才能深入理解本书所述的投资管控的含义。

本书先讨论一下目前房地产企业都在讲的成本管理。

1.1.1 成本和成本管理

1.1.1.1 成本的定义

CCA 中国成本协会发布的 CCA2101:2008《成本管理体系术语》标准中第 2.1.1 条中对成本术语的定义是:为过程增值和结果有效已付出或应付出的资源代价。

美国会计学会(AAA)所属的成本与标准委员会对成本的定义是:为了达到特定目的而发生或未发生的价值牺牲,它可用货币单位加以衡量。

1.1.1.2 成本的含义

(1)成本属于商品经济的价值范畴。即成本是构成商品价值的重要组成部分,是商品生产中生产要素耗费的货币表现。

(2)成本具有补偿的性质。它是为了保证企业再生产而应从销售收入中得到补偿的价值。

(3)成本本质上是一种价值牺牲。它作为实现一定的目的而付出资源的价值牺牲,可以是多种资源的价值牺牲,也可以是某些方面的资源价值牺牲;甚至从更广的含义看,成本是为达到一种目的而放弃另一种目的所牺牲的经济价值，在经营决策中所用的机会成本就有这种含义。

1.1.1.3 成本的经济性质

马克思曾科学地指出了成本的经济性质："按照资本主义方式生产的每一个商品 W 的价值，用公式来表示是 $W=C+V+M$。如果我们从这个产品价值中减去剩余价值 M，那么，在商品中剩下来的，只是一个在生产要素上耗费的资本价值 $C+V$ 的等价物或补偿价值。""商品价值的这个部分，即补偿所消耗的生产资料价格和所使用的劳动力价格的部分，只是补偿商品使资本家自身耗费的东西，所以对资本家来说，这就是商品的成本价格。"

马克思的这段话：

第一，指出的只是产品成本的经济实质，并不是泛指一切成本。

第二，从耗费角度指明了产品成本的经济实质是 $C+V$，由于 $C+V$ 的价值无法计量，人们所能计量和把握的成本，实际上是 $C+V$ 的价格即成本价格。

第三，从补偿角度指明了成本是补偿商品生产中使资本自身消耗的东西，实际上说明了成本对再生产的作用。

1.1.1.4 成本的作用

（1）成本是补偿生产耗费的尺度。
（2）成本是制定产品价格的基础。
（3）成本是计算企业盈亏的依据。
（4）成本是企业进行决策的依据。
（5）成本是综合反映企业工作业绩的重要指标。

1.1.1.5 成本管理

成本管理是指企业生产经营过程中各项成本核算、成本分析、成本决策和成本控制等一系列科学管理行为的总称。成本管理是由成本规划、成本计算、成本控制和业绩评价四项内容组成。

成本规划是根据企业的竞争战略和所处的经济环境制定的，也是对成本管理做出的规划，为具体的成本管理提供思路和总体要求。成本计算是成本管理系统的信息基础。成本控制是利用成本计算提供的信息，采取经济、技术和组织等手段实现降低成本或成本改善目的的一系列活动。业绩评价是对成本控制效果的评估，目的在于改进原有的成本控制活动和激励约束员工及团体的成本行为。

1.1.1.6 工程成本

由成本的含义可以看出，工程成本是围绕工程而发生的资源耗费的货币体现，包括了工程生命周期各阶段的资源耗费。

1.1.2 工程造价和造价管理

1.1.2.1 工程造价的定义

根据《工程造价术语标准》（GB/T 50875—2013），工程造价指工程项目在建设期预计或实际支出的建设费用。

1.1.2.2 工程投资及工程价格

工程造价是一个泛称概念。站在不同的角度，工程造价的含义不同，一般有两种含义。

从投资者的角度来说，建设一项工程预期开支或实际开支的全部固定资产投资就是工程造价。投资者为项目建设所支付的全部费用最终形成了工程造价。投资者为项目建设所支付的全部费用最终形成了工程建成以后交付使用的固定资产、无形资产和待摊费用，所有这些开支就构成了项目的工程造价。从这一意义上来说，工程造价就是项目的固定资产总投资。

从市场的角度来说，工程造价是指工程价格，即为建成一项工程，预计或实际在土地市场、设备市场、技术劳务市场以及承包市场等交易活动中所形成的建筑安装工程的价格和建设工程总价格。显然，从这个意义上来说，工程造价是将工程项目作为特殊的商品形式，通过招投标、发承包和其他交易方式，在多次预估的基础上，最终由市场形成的价格。

工程造价的两种含义既共生于一个统一体，又相互区别。最主要的区别在于需求主体和供给主体在市场追求的经济利益不同，因而管理的性质和管理的目标不同。从管理性质看，前者属于投资管理范畴，后者属于价格管理范畴，但二者又相互交叉。从管理目标看，作为工程项目投资（费用），投资者在项目决策和实施中，首先追求的是决策的正确性，其次降低工程造价是投资者始终如一的追求。作为工程价格，承包商所关注的是利润，为此，追求较高的工程造价。因此，不同的管理目标，反映了他们不同的经济利益。

1.1.2.3 工程造价管理

工程造价管理指综合运用管理学、经济学和工程技术等方面的知识与技能，对工程造价进行预测、计划、控制、核算、分析和评价等的工作过程。

全过程造价管理咨询是指受委托方委托，工程造价咨询机构应用工程造价管理的知识与技术，为实现建设项目决策、设计、招投标、施工、竣工等各个阶段的工程造价管理目标而提供的服务。

工程成本与工程造价区别主要体现在概念性质和概念定义两个方面。成本的经济实质是$C+V$，造价除了包括成本，还包括创造出来的利润、税金，即造价是成本、税金及利润之和。工程成本与工程造价的共同点则主要体现在两者构成上有相同之处，两者均影响项目利润。因此，在很多地方两者是混用的。

工程成本与工程投资均是为达到一定目标而发生的支出，二者之间的界线在某些情况下是较模糊的，在一定情况下可以相互转化。

1.1.3 投资管控

投资管控是指以建设项目为对象，为在投资计划值内实现项目目标而对该项目建设中的投资进行的规划和控制管理。活动链条包括：策划→计划→准备→实施→检查→纠正→纠正措施→评价→考核。

对于投资管控需认识以下几点：

（1）投资管控存在一个合理区间。投资并非越少越好，当然更不是越高越好，应该存在一个合理区间，在这个投资区间里能够实现项目参与方的共赢，使资源得到最优化的配置。

（2）投资管控要以合同管理为核心，实现项目建设进度、质量、投资的对立统一。

（3）投资管控的实质是充分利用有限资源，使工程项目的建设获得最佳效益与增值。增值包括两个方面的增值：一是建设增值，是指确保工程建设安全，提高工程质量，投资管控目标得以实现，进度得到控制；二是工程运行的增值，确保工程使用安全，有利于环保，有利于节能，满足最终用户的使用功能，有利于降低工程运营成本，有利于工程维护。

（4）前期规划，后期控制。建设项目投资控制主要由建设项目的投资规划过程和控制过程构成。建设前期，以投资的规划为主；中后期，投资的控制占主导地位。

1.1.4 建设项目总投资构成

建设项目总投资由固定资产投资和流动资产投资组成，如图1-1所示。

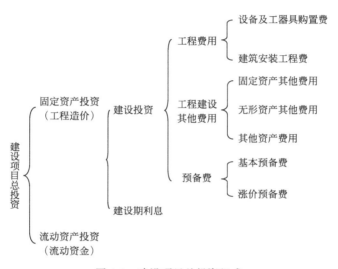

图1-1 建设项目总投资组成

固定资产投资也就是常讲的工程造价，它由建设投资和建设期利息组成。本书着重介绍建设投资的相关内容。建设投资由工程费用（设备及工器具购置费、建筑安装工程费）、工程建设其他费用（建设管理费、建设用地费、可行性研究费、研究试验费、勘察设计费等）、预备费（基本预备费和涨价预备费）组成。

1.1.4.1 设备及工器具购置费

设备及工器具购置费由设备购置费、工器具及生产家具购置费、备品备件购置费三部分组成，如图1-2所示。

1.1.4.2 投资控制不是追求投资额越小越好

"投资越少越好"观念所带来的问题体现在四个方面。业主方面：得到的工程质量低下，遭遇承包方暗中索赔，偷工减料，导致业主间接成本上升。施工方面：大量施工企业破产，建筑行业停滞不前。社会方面：拖欠农民工工资，社会成本大大增加。设计方面：有限的设计费，造成大量垃圾建筑。以上问题的共同特征是表面上业主单赢，直接成本降低了，实质上俱伤，业主的间接成本大大上升，甚至远远超过

图1-2 设备及工器具购置费组成

直接成本，同时社会成本也大大上升，阻碍行业发展，影响社会和谐。传统理论对投资有误解，认为投资越少越好，"最低价中标"就是很好的例证。

1.1.4.3 建筑安装工程费

根据《建筑安装工程费用项目组成》（建标〔2013〕44号文件），建筑安装工程费用项目按费用构成要素组成划分详见图1-3。按工程造价形成顺序划分为分部分项工程费、措施项目费、其他项目费、规费和税金。

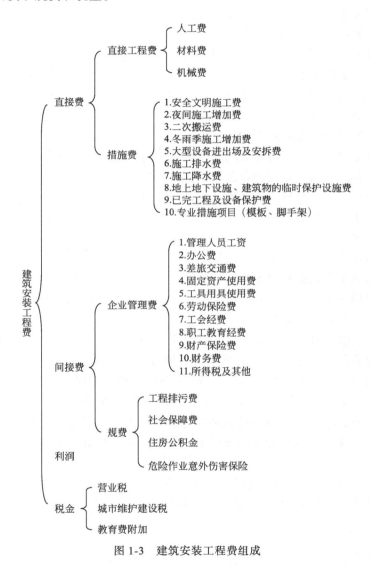

图1-3 建筑安装工程费组成

1.1.4.4 工程建设其他费用

工程建设其他费用，是指从工程筹建起到工程竣工验收交付使用止的整个建设期间，除建筑安装工程费和设备及工器具购置费用以外的，为保证工程建设顺利完成和交付使用后能够正常发挥效用而发生的各项费用。工程建设其他费用，大体可分为三类：第一类指建设管理费；第二类指建设用地费；第三类指与工程建设有关的其他费用。工程建设其他费用组成如图 1-4 所示。

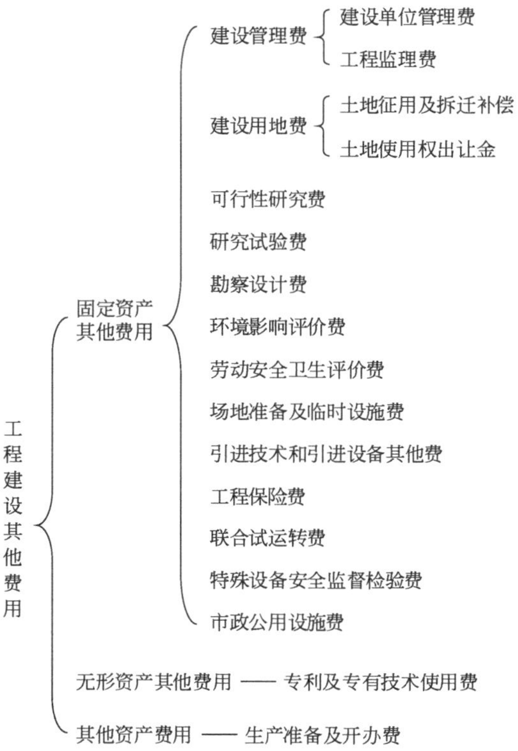

1.1.4.5 预备费、调节税和建设期贷款利息

（1）预备费。预备费是指考虑建设期可能发生的风险因素而导致的建设费用增加的这部分内容。按照风险因素的性质划分，预备费又包括基本预备费和涨价预备费两种类型。

基本预备费一般按照设计概算前五项费用（即建筑工程费、设备安装工程费、设备购置费、工器具购置费及其他工程费）之和乘以一个固定的费率计算。该费率往往由各行业或地区根据其项目建设的实际情况加以制定。

涨价预备费是指建设项目在建设期间内由于价格等变化引起工程造价变化的预测预留费用。费用内容包括人工、材料、施工机械的价差费，建筑安装工程费及工程建设其他费用调整，利率、汇率调整等增加的费用。

（2）调节税。固定资产投资方向调节税是对在中华人民共和国境内进行固定资产投资的单位和个人征收的一种地方税。固定资产投资方向调节税的计税依据为固定资产投资项目实际完成的投资额。根据国家税务局于 1991 年 6 月 18 日发布的《中华人民共和国固定资产投资方向调节税暂行条例实施细则》，固定资产投资方向调节税根据国家产业政策和项目经济规模实行差别税率，分别为：0%、5%、10%、15%、30%。中外合资经营企业、中外合作经营企业和外资企业的固定资产投资不征收固定资产投资方向调节税。

（3）建设期贷款利息。建设期贷款利息主要是指工程项目在建设期间内发生并计入固定资产的利息，主要是建设期发生的支付银行贷款、出口信贷、债券等的借款利息和融资费用。

建设期贷款利息应按借款要求和条件计算。国内银行借款按现行贷款计算，国外贷款利息按协议书或贷款意向书确定的利率按复利计算。

1.1.4.6 铺底流动资金

对于生产性建设而言，应设立铺底流动资金。它是在项目建成后，在试运转阶段用于购买原材料及燃料、支付工资及其他经营费用等所需的周转资金，一般按项目建成后所需全部流动资金的 30% 预列。

图 1-4 工程建设其他费用组成

工程建设其他费用：
- 固定资产其他费用
  - 建设管理费
    - 建设单位管理费
    - 工程监理费
  - 建设用地费
    - 土地征用及拆迁补偿
    - 土地使用权出让金
  - 可行性研究费
  - 研究试验费
  - 勘察设计费
  - 环境影响评价费
  - 劳动安全卫生评价费
  - 场地准备及临时设施费
  - 引进技术和引进设备其他费
  - 工程保险费
  - 联合试运转费
  - 特殊设备安全监督检验费
  - 市政公用设施费
- 无形资产其他费用——专利及专有技术使用费
- 其他资产费用——生产准备及开办费

1.2 建设项目投资管控的基本原理

1.2.1 动态控制原理

由于建设项目建设周期长，在项目实施过程中受到的干扰因素多，如社会、经济、自然等方面的干扰，因而会有实际投资高于概（预）算投资的情况发生，这就需要不断地进行投资控制，即动态控制。任何投资控制措施都不可能一劳永逸，原有的矛盾和问题解决了，还会出现新的矛盾和问题。因此投资控制人员应根据投资计划值与实际值比较的结果，分析其产生偏差的原因，采取针对性措施。

1.2.2 被动控制与主动控制

被动控制是减少偏差的活动，表现为被动性的控制。这种控制的基本特点是：如果实际值与计划值之间没有偏差或所出现的偏差在允许范围之内，不采取措施，系统活动仍按原样运行；一旦实际值与计划值之间出现偏差或偏差超出允许范围，就采取纠偏措施。

主动控制是减少偏差的活动，表现为主动性的控制。它与被动控制的区别在于把控的重点放在偏差发生之前，即在系统目标确定之后，首先全面分析各种干扰因素及其导致系统目标偏差的可能性和程度，并采取预防措施以避免干扰的发生或减轻干扰的程度，从而尽可能避免偏离系统目标或减少系统目标的偏离程度。

对于建设项目的投资控制系统来说，由于控制周期较长，每一控制周期所可能发生的目标偏差程度较大，目标偏离的后果亦较严重，因而仅仅采用被动控制就难以保证系统目标的实现。从另一方面来看，建设项目的投资控制系统仅仅采用主动控制又是不可能的，这是因为无论采取什么预防措施，都不可能保证不发生干扰，也不能保证系统目标不偏离，因而在实际建设项目投资中，主动控制总是与被动控制相结合的。

1.2.3 全过程控制

所谓全过程控制，要求从决策阶段就开始进行投资控制，并将投资控制工作贯穿于建设项目实施的全过程，直至项目结束。在明确全过程控制的前提下，还要特别强调早期控制的重要性，越早进行控制，投资控制的效果越好，节约投资的可能性越大。

从投资决策至竣工验收的全过程均存在确定工程投资和控制工程的工作。具体如图 1-5 所示。

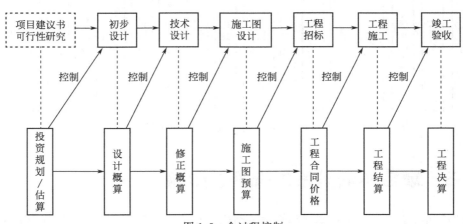

图 1-5 全过程控制

1.2.4 全方位控制

工程建设项目的投资由地价、建筑安装工程费、配套费、前期费等构成。全方位控制，就是对这些费用都要进行控制，既要分别进行控制，又要从项目整体出发进行综合控制。

1.3 全过程的投资管控总体思路

本书所提出的全过程投资管控的总体思路为：投资管控涉及项目的全生命周期，贯穿于项目决策阶段、建设实施阶段（设计、招标采购、建造、竣工、运营维护等），其基本目标是依据国家有关法律、法规和建设行政主管部门的有关规定，通过对建设项目各阶段的管控，实施以投资管控为核心的项目管理，实现对整个建设项目投资有效控制与调整，对经济合理性和技术的先进性进行全面评估，并在经济合理的前提下大胆地采用先进技术，实现全过程工程咨询的价值创新，缩小投资偏差，控制投资风险，协助建设单位进行建设投资的合理筹措与投入，确保建设项目的投资控制目标。因此，投资管控既是每个投资者所关心的重要内容，也是建设项目管理的核心任务之一。

1.4 各阶段投资管控的工作内容

各阶段投资管控的工作内容见图1-6。

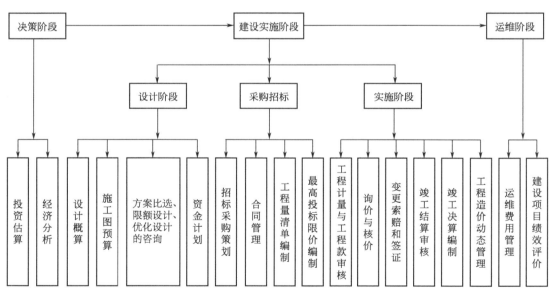

图1-6 各阶段投资管控的工作内容

1.5 项目不同阶段对投资的影响

从前面的分析以及从工程实践得到以下结论：在一般情况下，项目决策阶段节约投资的可能性最大，即其对建设项目经济性的影响程度能够达到95%至100%；初步设计为75%至95%；技术设计阶段为35%至75%；施工图设计阶段为25%至35%；而至工程的施工阶段，影响力可能只有10%左右了，见表1-1。在施工过程中，由于各种原因经常会发生设计变更，设计变更对项目的经济性也将产生一定的影响。

表1-1 项目不同阶段对比

阶段	主要特征	对功能的影响程度	对总投资的影响程度	主要投入		产出结果
				内容	占总投资比例	
决策阶段	知识密集性	70%～80%	95%～100%	市场调研、机会分析、可行性研究、决策等	1%	书面、文字形式表达的产品
设计阶段	知识和技术密集性	10%～20%	25%～95%	设计人员的报酬、土地和特殊材料及设备的订购	2%～10%	图纸等设计文件表达的产品
施工阶段	资金和劳动密集性	5%～10%	10%～25%	施工人员报酬	10%～20%	实物投资产品
				施工要素投入	50%～60%	
终结阶段	总结事先策划、事中控制、事后检查的一般规律性					

1.6 投资管控的工作模式

投资管控的工作模式，按照业主采购方式的不同，分为1+N和1+N+X。"1"是指全过程工程项目管理（必选项），"N"是指全咨单位自身具备的资质，"X"是指全咨单位自身不具备的资质。"1"还可以理解为投资管控信息化技术平台，包括BIM协同平台、云计算平台。

模式一：1+N模式。在这种模式下，全过程工程咨询单位本身具备造价咨询资质，能够进行造价咨询的服务工作。在这种情况下，就是宏观的站在业主角度的全过程投资管控和微观的项目层面的造价咨询服务工作二合一。

模式二：1+N+X模式。在这种模式下，全过程工程咨询单位本身没有造价咨询资质，这时可能由业主，也可能由全过程工程咨询单位委托第三方（具备咨询或造价资质的单位）来进行投资管控。

1.7 投资管控的工作内容

1.7.1 全过程工程咨询单位站在业主角度的全过程投资管控的工作内容

（1）决策阶段对投资咨询单位的管控以及对投资咨询单位出具的成果文件审核后上报委托方决策。

（2）建设实施阶段对造价咨询单位的管理以及对造价咨询单位出具的成果文件审核后上报委托方决策，以及建设项目的资金监控、设计管理、合约管理、招标采购管理、施工过程造价管理（如进度款、变更签证、索赔等）、竣工结算及决算管理、绩效评价管理、工程造价动态管理等。

1.7.2 全过程造价咨询的工作内容

根据《建设项目全过程造价咨询规程》（CECA/GC 4—2017），全过程工程咨询单位全过程造价咨询控制主要是：

（1）投资估算的编制与审核；
（2）设计概算的编制、审核；
（3）施工图预算的编制与审核、调整；
（4）方案比选、限额设计、优化设计的造价咨询；
（5）资金计划编制；
（6）招标采购；
（7）工程量清单与最高投标限价编制或审核；
（8）工程计量与工程款审核；
（9）询价与核价；
（10）工程变更、工程索赔和工程签证审核；
（11）工程竣工结算审核；
（12）工程竣工决算编制；
（13）建设项目绩效评价；
（14）工程造价动态管控；
（15）其他造价咨询工作。

1.8 投资管控组织架构

全过程工程咨询单位应根据全过程工程咨询合同约定的服务内容、服务期限，以及项目特点、规模、技术复杂程度、环境等因素，组建项目全过程工程咨询团队（项目部）。全过程工程咨询单位应书面授权委托项目全过程工程咨询的负责人，即项目的总咨询师，并实行总咨询师负责制。总咨询师可根据项目全过程工程咨询服务需要，下设各专业咨询的负责人，协助总咨询师协调、管理本专业咨询工程师工作。

全过程工程咨询团队（项目部）由总咨询师、专业咨询工程师和行政人员组成，团队（项目部）应根据服务内容配备齐全专业人员，数量应满足建设项目全过程工程咨询的工作需要。总咨询师应根据全过程工程咨询单位的授权范围和内容履行管理职责，对项目全过程工程咨询进行全面的协调和管理，并承担相应责任。

投资管控作为全过程工程咨询单位的专业咨询，设置投资管控组负责人，根据投资管控的模式不同，设置不同的组织架构。

1.8.1 模式一组织架构

投资管控工作模式一即二合一模式，即站在业主角度的全过程投资管控的工作内容及全过程造价咨询的工作内容均由全过程工程咨询单位来实施，独立承担项目全过程全部专业咨询服务。在模式一的组织架构设置中，针对投资管控组有两种不同组织架构设置方式，具体如下。

1.8.1.1 组建项目投资管控团队

从全过程咨询单位相关咨询部、造价部、财务部抽调相关人员组建项目投资管控团队，投资管控团队设置投资管控负责人，下设咨询工程师、造价工程师、会计师等，投资管控团队直接受总咨询师领导，质量成果文件受控于单位相关部门（图1-7）。

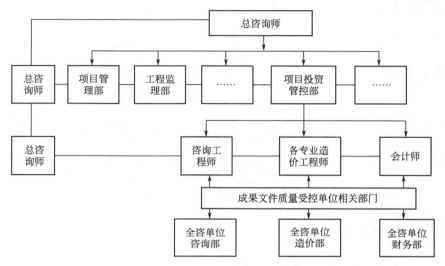

图1-7 项目投资管控团队

1.8.1.2 投资管控由单位相关部门负责

投资管控团队由全过程咨询单位的相关部门直接负责，总咨询师直接与单位相关部门协调，由相关部门派咨询工程师、造价工程师、会计师，各专业人员受部门负责人领导，成果文件质量也受控于相关部门（图1-8）。

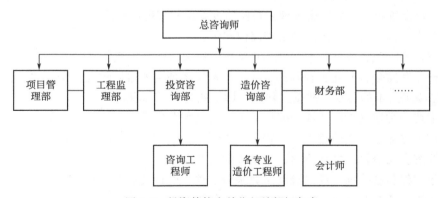

图1-8 投资管控由单位相关部门负责

1.8.2 模式二组织架构

投资管控工作模式二造价咨询工作由全过程工程咨询单位委托造价咨询公司来做，全过程工程咨询做原来业主投资管控的内容。在模式二的组织架构设置中，针对投资管控组织架构设置。具体如图1-9所示。

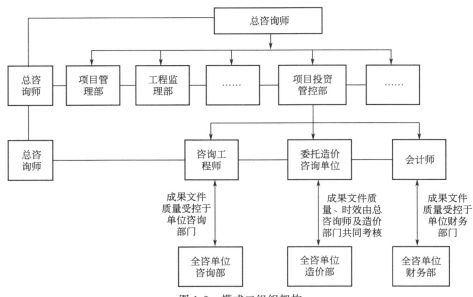

图 1-9　模式二组织架构

1.8.3　团队职责要求

1.8.3.1　项目总负责人的职责

（1）咨询项目部实行项目经理（也称项目总负责人）负责制。由投资管控单位签发书面文件予以任命，由投资管控单位总工程师负责对本项目总负责人的工作进行监督检查。项目总负责人享有合同赋予咨询单位的全部权利，全面负责建设单位委托范围内的咨询管控工作。项目总负责人应明确各阶段负责人以及专业负责人的岗位职责。

（2）项目总负责人应根据相关法律及法规的技术标准、项目设计文件和有关承包合同、供应合同、咨询服务合同规定，组织咨询项目部人员，对整个项目的造价咨询、造价控制、投资分析、资金使用等方面代表咨询公司向建设单位实施咨询服务。

（3）确定咨询项目部人员的分工和岗位职责。

（4）主持编写项目咨询实施计划，并负责管控项目咨询机构的日常工作。

（5）检查和监督各专业工程师的工作，根据工程项目的进度情况和施工要求，进行人员调配，满足施工要求的需要，并按实际情况调换或调离不称职人员。

（6）主持安排咨询工作会议，部署工作、签发咨询项目部的文件和指令。

（7）审核并签署承包单位（施工单位）的申请、支付证书和竣工结算报告。

（8）调解合同争议，处理洽商、变更及索赔事宜。

（9）组织编写各分项合同的最终结算报告、项目的最终结算报告，并组织有关人员协助建设单位办理项目工程结算、配合政府审计工作。

（10）主持整理工程项目的咨询资料。

（11）项目总负责人应保证咨询项目部质量体系运行的持续有效性，认真贯彻执行质量体系文件，实施咨询工作的标准化、规范化管理。

1.8.3.2　项目各阶段负责人的职责

负责咨询项目组各阶段的技术组织及复核工作，组织落实项目的各阶段质量第一级复核工作。

（1）复核现场负责人在计划阶段准备的所有文件及工作底稿，提出修改建议，并做出调整和完善。初步评估项目风险，根据评估结果拟订相应的风险对策，并将所有重要内容和事项以及可能存在的风险和拟采取的对策等作出分析总结，向项目总负责人汇报。

（2）针对各专业管理人员提交的工作底稿和项目工作计划，复核专业管理人员负责的重点事项，并对风险较高的领域和关键问题的工作底稿进行再一次复核，将复核结果向其上一级汇报。

（3）复核专业工程师在完成阶段准备的文件或工作底稿，提出修改意见，并作出修改，判定重大事项是否已解决或是否提出解决方案，并负责向上一级汇报。

1.8.3.3 专业负责人的职责

（1）准备计划阶段文件（工作计划、操作方案等）。

（2）复核专业组内所有成员的工作底稿，并对风险较高领域和关键问题的工作底稿进行重点复核，并负责向上一级汇报。

（3）组织专业成员对各级复核中发现的问题进行整改，确保各级复核的事项落实解决。

（4）准备所有完成阶段应准备的文件或工作底稿。

（5）负责本专业最终造价指标的分析及测算工作。

1.8.3.4 专业造价工程师的职责

（1）造价工程师应在项目总负责人、项目阶段负责人及专业负责人的领导下，按专业分工，全面履行专业造价工程师的岗位职责，负责本专业造价咨询工作的具体实施。

（2）熟悉设计文件、施工招投标文件和建设工程承包合同，并及时掌握国家及本地区价格调整的信息。

（3）编制项目资金使用计划，及时审核已完成的工程量、工作计量和工程进度款支付申请，提出审核意见。

（4）组织、指导、检查和监督本专业审计咨询人员的工作，当人员需要调整时，向项目总负责人提出建议。

（5）审查承包单位提交的涉及本专业的计划、方案、申请、变更，并向项目总负责人提出报告。

（6）定期做专业造价咨询工作总结，向专业负责人汇报项目进展情况，针对重大问题及时向项目总负责人汇报和请示。

（7）根据本专业造价咨询工作实施情况做好工作日志。

（8）负责本专业造价咨询资料的收集、汇总及整理，参与编写咨询报告。

（9）核实工程设计变更和洽商的工程量变更，审核费用索赔事宜，提出核定意见。

（10）按月进行工程造价分析，及时提出建议并反映在咨询报告中。

（11）审核由承包单位报送的工程结算，根据实际情况，提出审核意见。

（12）在设备采购中，配合建设单位进行询价。

（13）做好有关的工程造价控制的记录和项目总负责人安排的其他工作。

1.8.3.5 后勤保障人员职责

（1）对造价咨询部已完成的资料进行验证、登记、保存。

（2）对造价咨询部与各建设参与方的往来函件进行登记归类管理。

（3）对造价咨询部收集的技术经济资料（如取证资料、图片资料等）的管理。

（4）竣工后进行各类资料整理、装订、归档。
（5）做好咨询项目部的后勤保障工作。

1.8.3.6　质量控制部职责

（1）参与质量管理制度和流程的建立、执行与完善。
（2）负责造价咨询部对应工程项目的成果文件复核工作。
（3）负责相对应部门工作疑难问题的解决。
（4）督促相对应部门对工程复核中提出的问题进行整改。
（5）统计工程投资管控咨询成果文件复核流程表中的问题，做到及时、准确，并上报报表。
（6）负责对相对应部门专业技术人员进行技术指导、培训。
（7）督促相对应部门一二级复核人员按公司规定进行复核并做好记录。
（8）及时完成上级领导交办的其他工作。

1.8.3.7　专家顾问团职责

协助项目总负责人处理造价咨询过程中的技术难题，对新技术、新工艺、新设备进行跟踪，及时掌握新技术、新工艺、新设备的相关技术要求，制定相关的施工技术方法，对造价咨询人员进行技术指导，填补部分造价编制及审核人员在施工技术和新技术、新工艺、新设备方面的缺陷，确保造价成果的合理性。

1.8.3.8　公司总工办职责

（1）主持制定大型和有重大影响项目的咨询服务实施方案工作，负责指导和审核项目经理（或项目总负责人）的中小型项目的咨询服务方案编制工作。
（2）负责对项目经理（或项目总负责人）执业全过程的技术指导。
（3）解答咨询业务实施过程中的技术问题，对重大疑难问题及专业上的分歧，寻找专业支撑，提出处理意见。
（4）负责公司咨询业务的第三级复核，督促相对应部门对项目的一、二、三级复核意见进行修正落实。
（5）对更新的软件、新颁布的工程造价文件及时组织学习。
（6）针对工程造价咨询业务开展过程中遇到的专业问题，建立全员参与研讨的互动机制，提高全体执业人员专业水平。
（7）结合咨询业务具体开展情况和咨询服务回访与总结情况，归纳其共性问题，并将存在的共性问题纳入质量改进目标，提出相应的解决措施与方法。
（8）对本单位全体员工进行定期技术培训，并负责向公司备案本单位全年培训计划和季、月度培训计划的调整情况。

1.9　投资管控用到的方法、工具和依据

1.9.1　投资管控用到的方法

1.9.1.1　全生命周期造价管理（LCC）

① LCC 的基本概念。全生命周期造价（Life Cycle Cost，LCC）也被称为寿命周期费用。

《生命周期成本分析手册》(1999 年版)中对进行 LCC 分析的基本术语都给出了具体的定义:

a. 全生命周期造价(LCC):在一定时期内拥有运行、维护、修理和处置建筑物或建设项目系统所发生的全部成本的贴现值的总和。包括三个变量:成本、时间和折现率。

b. 生命周期造价分析(CLCCA):一种测定在一定时期内拥有和运营设施的总成本的经济评价方法。

c. 初始成本(Initial Cost/Expense):占用建筑物、设施之前所发生的全部成本、费用。

d. 未来成本(Future Cost/Expense):占用建筑物、设施之后所发生的全部成本、费用。通常可分为两类:一类是一次性成本(One-time Cost),即在研究期内只发生一次而不是每年发生,如大多数的重置、替换成本(Replacement Cost)。另一类是重复发生成本(Recurring Cost),即在研究期内每年都要发生,如大多数的运营和维护成本(Operational&Maintenance Cost)。

e. 残值(Residual Value):建筑物或项目在研究期末的净价值。与未来成本不同,它可以为正、负甚至为零。

f. 研究期(Study Period):是用于估测设施拥有和运营费用的时间范围。通常在 20～40 年内,与研究者的偏好和项目预期的稳定使用寿命有关。一般研究期比设施的寿命期短。

g. 折现率(Discount Rate):反映了投资者的资金时间价值的利率,它使得投资在现在获得一笔收入和在将来获得一笔更大的收入没有什么不同。可分为两种:名义折现率(Nominal Discount Rate)和真实折现率(Real Discount Rate),二者的区别在于前者包括了通胀率。

h. 现值(Present Value):把发生在过去、现在和未来的现金流通过等值计算折算到基年的价值。

② 全生命周期造价管理(LCC)的应用。建设项目全生命周期分为项目决策阶段、设计阶段、招标阶段、施工阶段、运行和维护阶段以及拆除阶段等,建设项目全生命周期造价分析的主要任务是基于满足特定的性能(安全性、可靠性、耐久性)以及其他要求的同时,优化建筑产品的生命周期成本。其目的是在建筑产品生命周期的所有阶段,特别是前期的决策、规划和设计阶段,为其做出正确决策提供科学依据。因此,要使投入的资金达到最佳效果,投资者就必须综合考虑项目的前期成本、建设成本、未来成本,以及项目所产生的综合效益。同时,决策者们必须对项目的整个生命周期进行系统考虑,进行全方位的综合管控,如图 1-10、图 1-11 所示。项目全生命周期造价管理(LCC)的具体内容如下。

首先,应确定各种目标值,在建设实施过

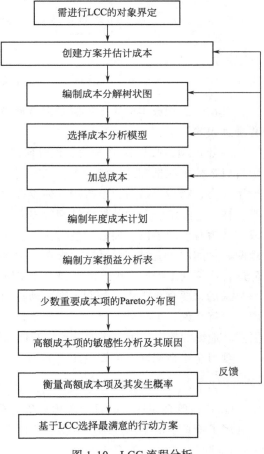

图 1-10　LCC 流程分析

程中阶段性地收集完成目标的实际数据，将实际数据与计划值比较，若出现较大偏差时采取纠正措施，以确保目标值的实现。

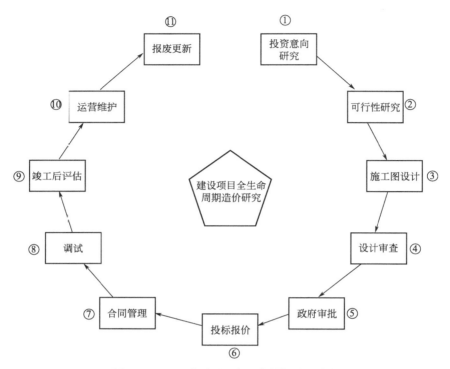

图 1-11　LCC 建设项目全生命周期阶段分类

其次，工程成本的有效控制是以合理确定为基础、有效控制为核心，它是贯穿于建设工程全过程的控制。

在建设项目投资决策阶段、设计阶段、招标阶段、施工阶段和运营维护阶段，把建设项目成本控制在批准的限额以内，随时纠正发生的偏差，以保证管控目标的实现，以求合理使用人力、物力、财力，取得较好的投资效益和社会效益。要有效地控制工程成本，应从组织、技术、经济、合同与信息管理等多方面采取措施，其中，技术与经济相结合是控制工程成本最为有效的手段。要通过技术比较、经济分析和效果评价，正确处理技术先进与经济合理两者之间的对立统一关系，力求在技术先进条件下的经济合理，在经济合理基础上的技术先进，把控制工程成本观念渗透到设计和施工措施中去。

最后，要立足于事先控制，即主动控制，以尽可能地减少以至避免目标值与实际值的偏离。也就是说，工程成本控制不仅要反映投资决策，反映设计、发包和施工被动地控制，更要主动地影响投资决策，影响设计、发包和施工，主动地控制。

项目全生命周期造价管理如图 1-12 所示。

1.9.1.2　价值管理（VM）理论

① 价值管理概述。建设工程项目价值管理是一种以价值为导向的有组织的创造性活动，它利用了管理学的基本原理和方法，同时以建设工程项目利益相关者的利益实现为目标，最终实现项目利益各方最高满意度。

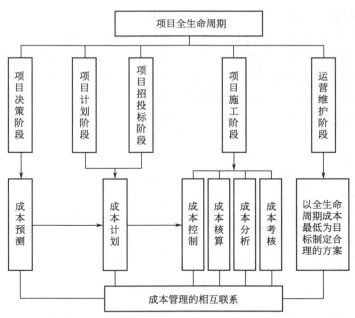

图 1-12　LCC 项目全生命周期造价管理

建设工程项目价值管理范围可包括工程项目全生命周期的各个阶段，包括项目建议书、可行性研究、现场勘察、初步设计、技术设计、施工图设计、实施、生产运营、废弃处理等各阶段，如图 1-13 所示，每个阶段都会对项目的价值造成影响。通常项目的价值规划阶段（包括项目建议书、可行性研究、现场勘察、初步设计、技术设计、施工图设计）对项目价值的影响是决定性的，因此这阶段也是价值管理介入实施的重要阶段，其服务成果基本上决定了工程价值系统的其他各部分。在该阶段要确定项目利益相关者价值、内容、大小与传递方式，因此要进行大量的调研工作，在对项目利益相关者需求进行识别的基础上，平衡他们之间的利益冲突，实现利益相关者价值的最大化。价值形成阶段（包括实施阶段）是价值规划成果的物化，形成价值实体。价值实现阶段（包括生产运营阶段）是组织通过工程的建设实现预定目标，给组织带来经营效益。价值消失阶段（包括废弃处理阶段）拆除报废项目并恢复场地和环境，为策划新项目提供可能。

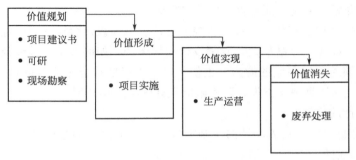

图 1-13　建设项目价值管理范围

② 价值管理的应用。在项目全生命周期管理中，应用价值管理是十分有必要的。由于项目自身的特殊性，如何以最小化的全生命周期成本实现项目各利益相关主体的最大满意

度，体现出项目的物有所值，是一个非常难以控制的复杂过程，因此，需要借助于价值管理等理念与全生命周期管理相结合以提高项目决策与控制的科学合理性。

据已有的实践经验分析，在项目全生命周期的不同阶段实施价值管理对LCC的影响度是不一样的，或者说运用价值管理思想来进行LCC的控制，在不同的项目生命周期有不同的具体方法和手段，如图1-14所示。根据项目的进程，分别实施价值规划、价值工程、价值分析（这三者可视为价值管理的子集），以实现政府投资项目的最优LCC。

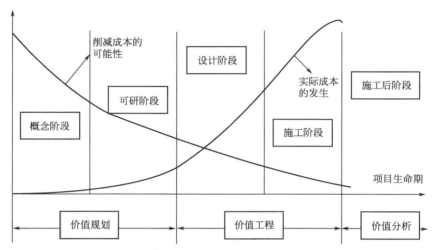

图1-14 项目生命周期中的价值规划、价值工程、价值分析

从图1-14中可以发现价值管理介入的重点是项目前期的决策阶段，从而可能有最大的LCC削减机会，在体现决策方案的设计与施工阶段通过价值工程将价值规划具体实现，施工完成后通过价值分析对其进行评价，以积累经验，为将来政府投资项目的全生命周期造价管理提供经验与数据支持。

1.9.1.3 限额设计

（1）限额设计概述。限额设计就是按照批准的可行性研究报告及投资估算控制初步设计，按照批准的初步设计总概算控制技术设计，再按技术设计的概算控制施工图设计，在各专业保证达到使用功能以及投资人提出的基本要求的前提下，按分配的投资限额进行设计，严格控制不合理变更，从而保证总投资额不被突破。

限额设计是一种比较有效的工程造价控制方法，也是设计阶段项目管理工作的重点。限额总值如何确定，以什么标准确定，限额设计如何展开、如何去做，是限额设计中的重要问题。部分投资人缺乏确定限额的能力，也使如何尽可能准确合理地限定总值成为一个难点。本节将对项目全生命周期视角下设计阶段限额设计的实施作介绍。

（2）限额设计的应用。

① 全生命周期视角下限额设计的实施前提。为了解决限额总值的设定合理的问题，要以两方面的控制为前提：

a. 加强设计人员的工程造价控制的意愿。

项目的设计人员有责任告诉投资人是否已经超过既定的投资限额，并且从工期要求、投资人需求等方面来考虑和判断是否已经超出投资限额。项目投资限额若超出应该尽早明确通知投资人，否则到设计完成时进行项目工程造价控制工作的难度已加大。另外，投资人或投资人委托的项目管理人员也需要加强对投资限额的跟踪和控制。

b. 加强设计人员的经济意识。

在项目的设计阶段，投资人或投资人委托的项目管理人员需要在项目全生命周期目标的基础上协助项目的设计人员完成项目的设计工作，并需要强化项目设计人员的经济意识。具体来说，设计的规模、档次、标准都与项目投资密切相关，规模、档次、标准越高，设计越完美，项目的总投资也就会越高。所以关键在于加强项目设计人员的经济意识。

综合以上两点，在项目的决策阶段，投资人需要编制基于全生命周期的项目投资估算；在项目的设计阶段，投资人或投资人委托的项目管理人员要加强对项目限额设计工作的实施。

② 全生命周期视角下限额设计的实施步骤。

a. 确定基于全生命周期的设计阶段投资限额总值。

确定项目设计阶段的限额总值，是通过限额设计来控制项目工程造价的重要依据和前提。限额设计目标是在初步设计开始前，根据批准的可行性研究报告及其投资估算确定的，这里的投资估算是对项目生命周期成本的估算。在大多数情况下，项目的设计限额总值总是等于或略小于项目可行性研究报告中的投资估算。投资估算必须实事求是地反映设计内容，并且保证投资估算的准确度及应该体现对项目全生命周期成本的考虑。

基于LCC的限额设计是在确定限额总值之前，充分考虑了全生命周期成本，进行了全生命周期造价分析。不仅考虑建设成本，即项目从筹建到竣工验收为止所投入的全部成本费用，而且考虑使用成本，即项目在使用过程中发生的各种费用，包括各种能耗成本、维护成本和管理成本等。除了这些资金成本，在进行全生命周期成本估算框定限额的时候，还考虑环境成本和社会成本。对经济成本和可量化的环境成本进行计算，对不可量化的社会成本进行定性分析。

b. 全生命周期造价分析（LCCA）分配设计限额。

项目限额值主要以批准的设计概算为依据。在初步设计阶段，概算编制出来之后，对投资目标进行分解，分解为如机电、基坑、材料等专业工程，对分解后的工程限制一个造价的额度，然后再把这个限额设计的额度返回给设计人员，要求设计人员调整设计，并在施工图设计阶段，按此额度进行施工图设计。投资目标分解后，针对造价较大的部分，进行多方案比选，从多个备选方案中选择一个合理的方案。

对限额总值的分配可以依据以下几个步骤进行（图1-15）。

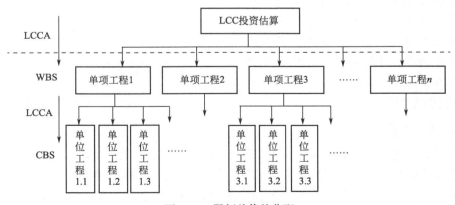

图 1-15　限额总值的分配

对项目进行分解，分解为各单项工程；根据 LCC 投资估算，通过 LCCA 进行估算各单项工程工程量和造价，确定单项工程限额。对各单项工程进行分解，分解为各单位工程，进行生命周期成本分析，通过生命周期成本分解结构（Cost Breakdown Structure，CBS）进行成本分解，再次估算各单位工程的工程量和造价，确定单位工程限额。

提取类似工程项目，对类似项目进行生命周期成本分析，参考类似工程的 CBS，为项目的限额分配提供参考。

③ 用价值工程优化设计限额。在对项目的投资限额进行合理分配之后，还应通过引入价值工程原理，对设计限额总值的分配进行优化，重点关注项目限额分配中功能与成本的匹配。一般按照建设项目各组成部分的功能系数来确定其功能目标成本比例，再结合考虑类似工程的经验数据来进行调整，而不仅仅是机械地参考以往类似工程的技术经济资料，简单地将投资估算总额切割分块分配到各单位工程或分部工程中来确定设计限额，这样有助于限额设计投资分配中功能与成本的有机统一，体现出限额设计的主动性。

通过价值工程的功能分析，对建设项目各组成部分的功能加以量化，确定出其功能评价系数，以此作为设计限额分配时供参考的技术参数，从而最终求出分配到各专业、各单位工程的设计限额值。该方法的目的是使分配到各组成部分的成本比例与其功能的重要程度所占比例相近，即 $V=F/C \approx 1$，从而更大程度地达到项目各组成部分投资比例的合理性。由于直接按功能评价系数确定的成本比例是建立在全生命周期费用基础上的，即该成本中包含了设置费（建设成本）和后期运营维持费（运营成本），因此还不能直接按功能目标成本比例来分配设计限额。这样就需要分析类似工程的经验数据，将功能目标成本中的维持费因素扣除，最后得到项目各组成部分占总造价的比例，设计限额总值就按照该比例进行分配。

具体的步骤是先求出建设项目各组成部分的功能评价值，进而求出功能评价系数，亦即项目各组成部分的功能目标成本比例。该成本比例是工程造价和运营维持费占整个项目全生命周期费用的比例。得到的是项目各组成部分的工程造价占项目总造价（限额设计总值）的比例，只有得到了这个比例值，才能将限额总值按比例分配到各组成部分。在此以初步设计为例，具体的实施过程如图 1-16 所示。

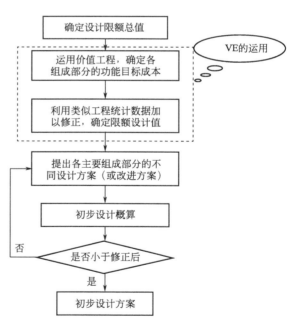

图 1-16　用价值工程优化限额分配流程图

1.9.1.4　尽职调查

（1）尽职调查概述。尽职调查原是指在进行证券发行、企业并购及其他交易时，对是否存在问题所进行的调查。尽职调查是为了对证券发行、企业并购及其他交易所涉及的法律、财务、税务、商业、环境等方方面面的问题进行详细、周全的调查，并对这些问题进行分析,最后为客户提供合理的建议。

威宁谢公司将尽职审查产品的功能定位于:"协助银行及私募基金公司,在房地产项目买卖前为新建或半建成的建筑物进行尽职审查或者投资评估。"举例来说,若某一个投资人有一个项目,但是没有相应的建设资金,需要向银行借款。此时,银行为保证该借款安全可靠,银行会要求投资人提供房产或其他固定资产作为抵押。银行委托专门的造价咨询公司对该资产进行评估,确定该资产的价格等信息,这就构成尽职审查业务。

(2)尽职调查在房地产成本估算中的应用。房地产成本估算方法及原理与适用对象见表1-2。

表1-2 房地产成本估算方法及原理与适用对象

序号	成本估算方法	原理	适用对象
1	市场比较法	替代原理:将勘估房地产与相应市场上类似房地产的交易案例直接比较,对形成的差异作适当的调整(或修改),以求取勘估房地产的公平市场价格	充分掌握房地产相关市场交易实例,以此作为分析、比较的依据,比较才能得以进行。一般认为,估价人员至少掌控10个以上作为比较实例的相关市场交易资料,其中,3个是最基本的比较实例。收集实例资料越充裕,运用市场比较法所得的结果就越理想
2	成本法	生产费用价值论:基于房地产的生产费用、地价与上盖物的建筑费之和可以导出土地与上盖物的总值	房地产市场狭小,其市场成交实例不多。或由于新开发地区形成独立的地域环境,而无法以市场资料比较法或收益还原法估价。有些勘估物具有特殊性,无法在市场上找到理想的比较物作为评估参照物,例如别墅、设计和用途特殊的厂房,或带有公共服务设施性质的房地产(学校、医院、政府大楼等)
3	收益法	效用价值论:基于房地产将产生的,视同在估价时点,购买一宗一定使用年限(或只有一定年限的纯收益)的房地产,等于在这个年限内可以在将来源源不断地获取纯收益,那么,以现有的一个货币额与将来源源不断的纯收益的现值之和等同起来,这个货币额就是该宗房地产的价格	一般适用于每年有明确收益的房地产的价格评估;对纯粹是消费性的或无明显市场经营收益的房地产不能应用此法。 具体地讲,采用收益还原法的勘估案例,必须符合以下三个条件:其一,该资产的未来收益必须是能用金额来表示;其二,与未来的收益相关联的风险报酬,也必须是可以计算的;其三,如果勘估对象是房地产与其他资产复合体(如包括内部机器设备的厂房、商店或写字楼),其各组合部分的资产都须符合前两个条件
4	剩余法	地租原理:现代房地产开发商应在计算楼价减去建筑费、设计费等专业费用以及利息、利润和税费等之后所剩的余额的基础上,确定买价	剩余法是用来估算具有发展潜力的物业价值。 (1)待拆迁改造的再开发房地产的估价。如将原有的旧建筑物拆除后,再在原址建造新的项目,这时扣除的开发费用中还应包括拆迁安置补偿等费用。 (2)仅将土地或旧房地产整理成可供直接建造的土地时,整理土地或旧房地产的估价,如将一块未开发的"生地"开发成为一块"三通一平"或"七通一平"的"熟地",然后转卖,这种情况下的预期开发后的价值为整理后的"熟地"价格。 (3)具有装修改造潜力的旧房地产的估价,如坐落位置、建筑结构较好的旧房可进行装修改造为商场

续表

序号	成本估算方法	原理	适用对象
5	路线价法	实质上是市场比较法。面临特定街道而可及性相等的市街地，设定标准深度，求得在该深度上数宗土地的平均单价，此单价即为路线价；然后据此路线价，配合深度指数表和其他修正率表，则可以用数学方法算出临街同一街道的其他街地价	一般对大宗土地估价的评估比较适用，其是一种迅速、相对公平合理，又能节省人力、财务的方法，适用于土地课税、土地重划、征地拆迁或其他需要大规模对城市土地估价的场合。 前提条件：街道要系统完整，各宗土地排列较整齐，还需要有完善合理的深度指数表和其他修正率表
6	其他方法	残余估价法、长期趋势法、抵押利息补偿法、购买年法、联合估价法、高层建筑地价均摊法等	

目前成本估算方法较多，有的是在实践中产生的，有的是理论界提出的。在众多的估价方法中，通行的房地产成本估算方法有三种，即成本法、市场比较法和收益法。这三种方法在具体评估一宗房地产时，具有相互验证和互补的作用。因此，对一个房地产评估人员来讲，在评估时，要求尽可能用这三种方法都评估，然后对三个评估结论进行分析比较，提出一个比较可靠合理的最后结论。

① 市场比较法。归纳起来主要有以下几个步骤：

a. 进行市场调查，广泛搜查交易实例；

b. 从中选取可比实例；

c. 建立价格可比基础；

d. 进行交易情况修正；

e. 进行交易日期修正；

f. 进行区域因素修正；

g. 进行个别因素修正；

h. 综合评估决定评估价。

② 成本法。成本法的运用是有一定条件的，可以说对于大多数房地产来说，已有充分证据说明这种处理方法是欠妥的。但对于那些市场需求较小，从而很难寻到成交记录的物业，如医院、学校、图书馆、派出所等建筑，常常就不得不用这类方法来进行评估。这个方法的运用，往往不是单一的，也需要其他方法辅助或验证。

运用成本法进行估价，首先要估算土地的价格，然后再加上估价时该建筑物折旧后的重建或重置成本。其估价的基本步骤如下。

a. 基地估价。将勘估基地视为空地，并以该基地的最佳用途来估计其价格。基地价格直接与基地的经济效用及基地的开发利用程度有关，基地开发利用的程度越高，其价格相应地越高；反之，其价格也较低。需特别注意：基地价格的估计，不能以其开发利用的现状为标准，而应以其最充分开发和最佳用途为标准。当然，在估价时还应充分考虑到，政府的政策法令和基地本身条件对该基地开发利用程度的制约。

b. 建筑物重置成本估价。估计勘估基地上全部建筑物的重建或重置成本，基地本身价格的部分不予计入。建筑物的重建或重置成本的计算，不仅要包括建筑材料的价格，还要包括施工建造的人工费用、管理费及税金和利润等各项费用。上述各项费用均以现值计算，且不剔除建筑物的折旧费用，亦即计算其完全重建或重置价。

c. 应计折旧估算。根据建筑物的各种因素估算所有的折旧总额，然后再将第二步估算所得的建筑物完全重建或重置价减去折旧总额，就得出建筑物的实际现值。

d. 土地改良成本估价。即估计土地改良成本。这里所说土地改良费用，主要是指平整土地费、筑路费、造景费等（如在第一步中已计入该项成本，就不得再作重复计算）。

e. 综合计算。将上述计算所得的土地价格、建筑成本相加，就得到以成本法所估计的房地产价格。上述成本法估价步骤化作计价公式，就是：勘估房地产的价格＝空置地价格＋（建筑物的完全重建或重置价－折旧）＋土地改良成本。

准确地说，房地产估价时点价值＝土地估价时点价值＋建筑物的估价时点重新建造成本－建筑物估价时点的折旧费。

③ 收益法。收益法是基于预期原理，即未来收益权利的现在价值。其基本思路首先可以粗略地如下表达：由于房地产的使用寿命相当长久，占用某一收益性房地产，不仅现在能取得一定的纯收益，而且能期待在将来继续取得这个纯收益，这样，该宗房地产的价格就相当于这样一个货币额，如果将这个货币额存入银行，也会源源不断地带来一种与这个纯收益等量的收入。形象一点表示是：某一货币额 × 利息率＝纯收益。那么，这个某一货币额就是该宗房地产的价格。

1.9.1.5 挣值管理

（1）挣值管理概述。实施进度、投资的联合控制，要求在工程进展中及时获得投资额数据，利用计算机技术把网络进度计划和工程投资有机地结合起来，对一个项目绘制出各种性质的关于时间的资金流曲线、实际资金流曲线，以此来跟踪监测工程进度和投资额。在此基础上，及时对已经完成的工程部分进行质量验收，在支付出资金之前把好质量关，严格按累积的实现工程投资额进行支付，同时根据合同扣留质量保证金，这样就能较好地实现质量、进度、投资的联合管理，这是贯穿工程项目全生命周期的整体管理方法。从项目管理科学化的角度来讲，挣值法的引入是必然的趋势，而如何使挣值法结合工程实际，是以下内容中探讨的问题。

（2）挣值管理的应用（投资偏差分析）。挣值（Earned Value）是一个表示已完成工作量的计划价值大小的中间变量，其计算公式为：

$$EV = 实际完成的作业量 \times 已完成作业量的预算（计划）成本$$

挣值法的第一个特征是用货币量代替工程量来测量工程的进度。另一个特征是用3个基本值而非1个值来表示项目的实施状态。挣值分析法的评价分为五个过程。

① 确定挣值法的三个基本参数。

a. 计划完成工作预算费用（Budgeted Cost of Work Scheduled，BCWS），习惯上称作"计划投资额"，即根据批准认可的进度计划和预算到某一时点应当完成的工作所需投入资金的累计值。这个值对衡量工程进度和工程费用都是一个标尺或基准。一般来讲，BCWS 在工作实施过程中应保持不变，除非工程发生变更。如果变更影响了工作的进度和费用，经过批准认可，相应的 BCWS 基线应该做出相应更改。

b. 已完成工作实际费用（Actual Cost of Work Performed，ACWP），习惯上称为"消耗投资额"，即到某一时点已完成的工作所实际花费的总金额。ACWP是指项目在计划实施阶段的计划时间内实际投入的资源费用的累计总额，它是进度的时间参数，是随项目推进而不断增加的，是呈S形的资源费用曲线。它是实际费用，不是实际工作量。

c. 已完成工作预算费用（Budgeted Cost of Work Performed，BCWP），习惯上称为"实现投资额"，即根据批准认可的预算，到某一时点已经完成的工作所需投入资金累计值。由于投资人正是根据这个值对承包商完成的工作量进行支付，也就是承包商挣得的金额，故称挣值（EV）。这里的已完成工作必须经过验收，符合质量要求。挣值反映了满足质量标准的工程实际进度，真正实现了投资额到工程成果的转化。

② 计算偏差及指标。

a. 费用偏差（Cost Variance，CV），指检查期间BCWP与ACWP之间的差异：

$$CV=BCWP-ACWP$$

当CV<0时，表示费用超支；当CV>0时，表示费用节约；当CV=0时，表示实际费用与计划费用相一致。

b. 进度偏差（Schedule Variance，SV），指检查期间BCWP与BCWS之间的差异：

$$SV=BCWP-BCWS$$

当SV<0时，表示进度提前；当SV>0时，表示进度延误；当SV=0时，表示实际进度与计划进度一致。

c. 费用执行指标（Cost Performance Index，CPI），指BCWP与ACWP之间的比值：

$$CPI=BCWP/ACWP$$

当CPI>1时，表示费用节约；当CPI<1时，表示费用超支；当CPI=1时，表示实际费用与预算费用一致。

d. 进度执行指标（Schedule Performance Index，SPI），指BCWP与BCWS之间的比值：

$$SPI=BCWP/BCWS$$

当SPI>1时，表示进度提前；当SPI<1时，表示进度延误；当SPI=1时，表示实际进度与计划进度一致。

③ 预测指标。

a. 项目完成费用估计（Estimate at Completion，EAC），是指在检查时刻估算的项目范围规定的工作全部完成时的项目总费用。

若目前状态可以延续到未来，则：

$$EAC=ACWP+(BCWST-BCWP)\times ACWP/BCWP=BCWST\times ACWP/BCWP$$

式中，BCWST为项目总预算。

若目前状态不能延续到未来，未来将按计划执行，则：

$$EAC=ACWP+(BCWST-BCWP)$$

若目前状态不能延续到未来，未来也不会按计划执行，原来的估计已经失效，则：

$$EAC=ACWP+C$$

b. 完工尚需成本，或项目剩余工作成本估计（Estimate to Completion，ETC），指项目从现在的检查时点到完工所需要的项目成本估算：

$$ETC=EAC-ACWP$$

④ 画出挣值评价曲线。根据各种数据进行分析，并绘制出挣值分析评价曲线图，以实际图表的形式分析项目的进度与费用控制进行的情况，判断与计划内容的偏差分析，如图1-17所示。

⑤ 分析与建议。在实行过程中，最理想的状态是ACWP、BCWS、BCWP三条曲线靠得很近、平稳上升，表示项目按预定计划目标前进。如果三条曲线离散度不断增加，则预示可能发生关系到项目成败的重大问题。如果管理监督不善，就可能导致消耗投资额曲线ACWP处于实现投资额曲线BCWP之上，说明费用已经超支，如果实现投资额曲线BCWP在计划投资额曲线BCWS的下方，说明进度已经滞后于计划进度。

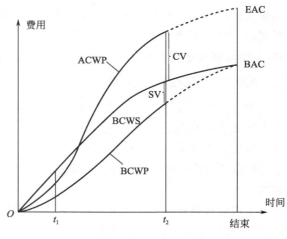

图1-17 基本参数与评价指标的关系

1.9.2 投资管控用到的工具

1.9.2.1 工程计量与计价工具软件

1.9.2.2 BIM管理系统

BIM技术可有效避免分段式管理带来的信息流失、信息孤岛的问题，实现从零散数据调用过渡到全生命周期信息管理。同时BIM信息数据作为各阶段决策管理的重要依据，在项目全过程工程咨询过程中一环扣一环，项目数据信息逐渐在BIM平台上集成，为开展项目运维、项目绩效评价提供数据支撑。全过程投资管理BIM技术应用分为BIM软件技术在投资管控中的应用、BIM协同平台在投资管控中的应用（详见本书第5章全过程投资管控中信息化手段的应用）。

在投资管控中，BIM应用目标主要是项目全过程造价控制能力的强化，项目规划阶段可利用类似项目的BIM数据搭建拟建项目规模，快速统计工程量信息，然后结合造价的云端系统快速查询价格信息和估算指标，从而在没有图纸的情况下完成类似项目的投资估算。初步设计阶段，利用BIM模型的历史数据，能够快速、准确地获取工程基础数据拆分实物算量，保证项目技术上可行和经济上合理，控制工程造价。施工图设计阶段，可以利用BIM构建的建筑信息模型模拟施工，保证施工方合理进行施工组织设计。BIM模型输出的工程信息、施工进度信息和构建结构信息可以从造价软件中直接提取，为后续进度款支付和材料采购提供方便。在招投标阶段，招标代理机构或投资人可以利用BIM模型中的工程信息快速提取工程量，准确编制工程量清单，保证招标信息和设计信息的完整性和连续性，避免因遗漏对下一阶段造成工程量不清的纠纷。同时，将BIM平台和互联网有机结合，有利于政府招投标管理部门监管，从而有效遏制招投标中的腐败舞弊现象，让招标工作顺利进行。施工阶段的造价管控目标是将工程项目造价控制在计划投资额范围内，定期比对实际发生造价和目标值，发现和纠正偏差。基于BIM能够对工程计量、施工组织设计、工程变更、进度款支付、索赔管理和资金使用计划进行全面管控。竣工验收和结算阶段的工程造价管控主要是核算工程项目的最终实际造价，编制竣工决算文件，办理竣工移交。竣工计算需综合测算，其涉及面广、规模庞大，计算起来非常复杂。随着设计、施工等阶段完成，BIM 数据库也不断完善，设计变更、施工现场签证和工程变更等信息已经更新到数据库。因此，利用 BIM 5D 技术能够快速准确地计算出实际工程造价，从而大大提高结算的效率和准确性。

1.9.2.3 工程造价数据库

由于网络信息技术的飞速发展，"大数据"在越来越多的企业中普及，企业的信息化水平也随之逐步提高，导致企业日常经济活动发生了质的变化，工程造价数据库以应用为导向，以建立企业标准为源头，依托成本计价平台与招采系统和成本管控系统集成应用，实现造价数据的自动沉淀及前、中、后期成本管控的数据应用，助力企业投资管控的精细化和全面提升。

工程造价数据库主要应用于以下几个方面：
① 决策阶段是否参与地块购买。
② 设计阶段用于进行设计指标验证（造价、含量、匡算指标）。
③ 招采阶段用于模拟清单编审、工料价格指数及组价和回标分析。
④ 施工阶段用于动态成本监控及结算审核工作的提升。

1.9.3　投资管控的依据

（1）《工程咨询行业管理办法》。
（2）《建设项目全过程造价咨询规程》（CECA/GC 4—2017）。
（3）《中华人民共和国民法典》。
（4）《中华人民共和国招标投标法》以及其他国家、行业和地方政府的现行有关规定。
（5）《必须招标的工程项目规定》。
（6）《建设工程工程量清单计价规范》（GB 50500—2013）及各省市建设工程工程量清单计价规范应用规则。
（7）其他国家和地方政府颁布的有关法律、法规和规范性文件。
（8）建设单位依法签订的工程技术合同、与投资有关的其他合同。
（9）建设项目可行性研究报告。
（10）设计概算。
（11）施工图预算。
（12）工程施工图纸。
（13）施工组织设计（施工进度计划等）。
（14）全过程工程咨询单位的工程监理专业咨询师核准的工程形象进度确认单。
（15）全过程工程咨询单位的工程监理专业咨询师核准的签认付款证书。
（16）变更通知书及变更指示。
（17）施工过程中的签证、变更费用洽商单和索赔报告等。
（18）已核准的工程变更单及修订的工程量清单等。
（19）工作联系单、会议纪要等资料。

（20）人工、材料、机械台班的信息价以及市场价格。

（21）全过程工程咨询单位的知识和经验体系。

1.10 全过程投资管控工作流程

建设项目全过程投资管控活动分为四个阶段，分别是业务承接、业务准备、业务实施和业务终结（图1-18）。

1.10.1 业务承接阶段

首先是接受客户委托，通过客户提供的资料对委托的项目进行初步的调查，确定是否具备承接全过程造价咨询业务的作业条件。然后与客户签订统一格式的咨询合同或协议，如遇特殊情况需签订非统一格式的咨询合同或委托协议，必须经法律合规部门审核后，方能与客户签署。

1.10.2 业务准备阶段

首先，根据委托项目的特点及具体要求，成立项目组，确定项目经理和项目组人员。然后项目组应按合同的要求制订工作进度计划和实施方案。最后按照项目各阶段内容，收集准备与其所承担的具体工作有关的文件、信息、工具、咨询涉及的国家和当地管理部门有关建设方面的法律、法规和相关政策规定。

1.10.3 业务实施阶段

组织建设项目投资估算的编制；编制可行性研究报告；负责进行经济评价；概预算编制；概预算审核；优化设计、施工方案；负责施工图预算的编制或审核；招标文件与合同条款拟定；编制或审核工程量清单与招标控制价；分析投标报价；确定工程合同价款；编制工程进度款和资金使用计划、工程预付款、工程计量支付、工程变更、工程索赔、偏差调整；结算审核和决算编制。

1.10.4 业务终结阶段

对整个建设项目投资管控工作进行总结，向委托单位提交项目总结报告。对大型或技术复杂及某些特殊工程，咨询单位应进行咨询服务回访与总结。咨询工作结束后，由项目负责人或专人将咨询活动中所涉及的过程文件和成果文件进行整理后移交档案管理人，并登记业务档案目录。依据合同或协议结清咨询费，咨询费交同级会计部门入账。

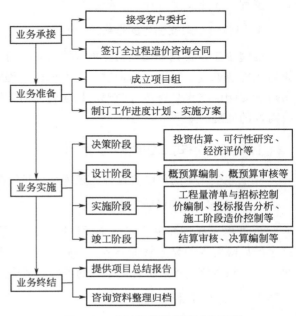

图1-18 全过程投资管控工作流程

1.11 全过程投资管控风险管理

全过程工程咨询单位加强风险管理，具有积极的意义。这样有利于防范岗位的操作风险，有利于保障咨询成果的质量，有利于提高咨询效率、降低咨询成本，有利于全过程工程咨询企业获得良好的社会评价，创造行业内的品牌效应。

1.11.1 模式一的风险管理

1.11.1.1 建立内部风险控制制度

全过程工程咨询单位建立内部风险控制制度，包括岗位授权制度、内部报告制度、内控批准制度、内控责任制度、内控审计检查制度、内控考核评价制度、重大风险预警制度、以总法律顾问制度为核心的企业法律顾问制度、重要岗位权力制衡制度，通过制度固化来加强风险控制。

1.11.1.2 开展风险培训

风控培训的形式丰富多样，培训内容的广度上有专项培训、全面培训；培训的方法上有专家讲授、集体讨论、案例研讨或角色扮演。无论采用哪种形式，都以提高专业人员风险管理能力为目标。

1.11.1.3 加强流程管理

制定科学的业务流程和管理流程，通过流程固化来明确相关人员的操作节点、操作方法、操作权限、审批权限和审批方式，流程固化能够提高具体业务操作的标准性和规范性。流程不可虚设，一旦关键流程制定完毕，全过程工程咨询单位的管理层需要督促整个企业自上而下地按流程执行，还需要通过内部控制等机制来监督流程的实施效果。设计流程并有效执行流程，才能发挥流程在风险控制中的作用。

1.11.1.4 采取适当的措施

全过程工程咨询单位实行全面风险管理，首先应根据企业的实力情况和收益期望等因素设定风险容忍度，其次预测全过程工程咨询过程中不同风险的发生概率和影响后果，根据风险综合影响的结果结合单位内部的风险管理原则设定阈值，对不同阈值范围内的风险进行有针对性的处理。

1.11.2 模式二的风险管理

除上述模式一的风险管理外，还需将另行委托的全过程造价咨询单位纳入风险管理。

1.11.2.1 全面风险管理

全过程工程咨询单位实行全面风险管理，还需要另行委托全过程造价咨询单位将可能产生的风险纳入到风险管理环节，预测全过程工程咨询过程中不同风险的发生概率和影响后果，列入到对全过程造价咨询单位的考核制度中。

1.11.2.2 风险转移

全过程工程咨询单位应预测全过程工程咨询过程中不同风险的发生概率和影响后果，在签订委托造价咨询单位合同时,将部分风险转移给造价咨询单位。

1.12 投资管控制度建设

全过程工程咨询单位应根据全过程工程咨询服务合同要求并结合建设项目特点,编制有针对性的全过程工程咨询管控制度,规范全过程工程咨询单位内部以及全过程工程咨询单位与投资人、相关承包人间的管理接口和工作流程。投资管控制度建设如下。

1.12.1 模式一投资管控制度建设

1.12.1.1 成本控制管理办法

为进一步规范全过程工程咨询单位项目建设成本控制管理工作,及时、有效地管理项目的开发建设成本,使项目建设成本符合全过程咨询委托单位管理的要求,故特制定本规定。由投资管理组牵头,全过程工程咨询单位负责全过程贯彻落实"建设项目成本控制书",对各项工程造价进行动态控制,并确保所有动态控制成本的举措不使项目定位产生偏离,财务部根据项目资金计划,合理配置资金,尽可能提高资金使用效率,降低财务费用税金。

1.12.1.2 采购管理办法

为规范全过程工程咨询单位的招标采购行为,保护国有资产的合法权益,提高经济效益,保证廉洁高效,遵循公开、公平、公正和诚实信用的原则,依据《中华人民共和国招标投标法》《中华人民共和国招标投标法实施条例》《必须招标的工程项目规定》等文件,故制定本办法。设定专人作为采购召集人,并设定重大采购议事小组,制定采购计划,根据招标项目审批流程审批后进入相应采购招标环节,根据招标结果确定中标人。

1.12.1.3 工程预结算管理办法

全过程工程咨询单位为适应工程建设项目管理的需要,切实加强工程建设项目预结算管理工作,确保预算工作有效、有序地开展,故制定工程预结算管理办法。全过程工程咨询单位投资管理组组织造价、技术等相关人员与项目管理人员参加项目施工交底会,搜集项目造价文件资料,及时完成预算编制及审核,并进行投资动态管理,及时了解项目过程控制的盈亏点和风险点,并制定相应措施加以控制。工程完工后及时完成结算审核,完成与目标成本的对标。

1.12.1.4 变更、签证管理办法

全过程工程咨询单位的投资管理组建立设计变更/工程签证台账,及时登记设计变更会签单和签证会签单。设计变更会签单和签证会签单应统一编号、妥善保管,确保安全和完整,原件由专业工程师和资料员分别保存,全过程工程咨询项目管理组负责监督管理。必须加强设计变更管理,尽可能把设计变更控制在设计阶段初期,尤其对影响工程造价的重大设计变更,更要用先算账后变更的办法解决。需进行由多方人员参加的技术经济论证,获得有关管理部门批准后方可进行,使工程造价得到有效控制。

1.12.1.5 合同管理办法

为加强全过程工程咨询单位合同的规范化管理,防范合同风险,维护公司合法权益,根

据《中华人民共和国民法典》及其他有关的法律、法规，结合全过程工程咨询项目实际情况，故制定本办法。全过程工程咨询单位的投资管理组建立合同台账，及时登记合同、合同本期付款、累计付款情况。

1.12.1.6 绩效评价管理办法

为规范开展全过程工程咨询单位的绩效评价工作，有效发挥综合绩效评价工作的评判、引导和诊断作用，推动全过程工程咨询单位提高经营管理水平，故制定本办法。其是指以投入产出分析为基本方法，通过建立综合评价指标体系，对照相应行业评价标准，对企业特定经营期间的盈利能力、资产质量、债务风险、经营增长以及管理状况等进行的综合评判。

1.12.2 模式二投资管理制度建设

除上述模式一的投资管理制度建设，还需将造价咨询单位纳入管理及考核的范围。

造价咨询单位考核管理办法内容如下：

为充分发挥造价咨询单位在全过程工程咨询管理中的作用，有效控制本项目的建设成本，故制定造价咨询单位考核管理办法。造价咨询单位应严格执行建设工程施工合同中所约定的合同总价、单价、工程量计算规则和工程款支付方式，应做到报验资料齐全、与合同文件约定相符、对经监理工程师验收质量合格或无违约的工程量进行计量和审核，并签署工程款支付的意见，处理工程变更和违约索赔引起的费用增减应坚持合理、公正的原则。全过程工程咨询单位的投资管控组负责对造价咨询单位编制文件的准确性、合理性及约定时限提交成果文件的工作情况进行考评，考评细则详见咨询委托合同，考评分值将直接影响到每次支付造价咨询费的额度和总合同金额的增减。

1.13 投资管控质量保证措施

全过程工程咨询单位对咨询质量负总责。全过程工程咨询单位中的造价专业咨询单位对咨询成本文件质量负主要责任，参与人员对其编写的篇章内容负责，实行咨询成果质量终身负责制。具体质量保证措施如下：

（1）全过程工程咨询单位应针对全过程投资管控业务特点，建立完善的内部质量管理体系，并通过流程控制、单位标准等措施保证咨询成果文件质量。

（2）全过程工程咨询单位提交的各类成果文件应由编制人编制，并应由审核和审定人复核。

① 编制人应对所收集的工程计量、计价基础资料和编制依据的全面性、真实性和适用性负责，并按合同要求编制工程造价咨询成果文件，整理工作过程文件。

② 审核人应审核相关工程造价咨询成果文件的完整性、有效性与合规性；审核编制人使用工程计量、计价基础资料和编制依据的全面性、真实性和适用性，并对编制人的工作成果按照一定比例进行抽查和复核，完善工程造价咨询成果文件及工作过程文件。

③ 审定人应审定相关工程造价咨询成果文件的完整性、有效性与合规性；审计编制人及审核人所使用工程计量、计价基础资料和编制依据全面性、真实性和适用性，并依据工程经济指标进行工程造价的合理性分析，对成果文件质量进行整体控制。

（3）全过程工程咨询单位应对委托人提供的工程造价咨询相关资料，及时向委托人反映相关资料存在的缺陷，并要求委托人对其补充和完善。

（4）全过程工程咨询单位成果文件应符合现行国家和行业有关标准规定。如委托人对质量标准要求高于现行国家或行业有关标准规定的，应在全过程工程咨询合同中予以明确。

（5）全过程工程咨询单位应根据工作大纲，定期或不定期对其咨询工作进行回访，听取委托人的评价意见，并结合本企业的质量保证体系进行总结完善。

1.14 投资管控合同管理

1.14.1 投资管控合同管理概念

全面合同管理是指协助委托人采用适当的管理方式，建立健全合同管理体系以实施全面合同管理，确保建设项目有序进行。全面合同管理是全过程投资管理的关键抓手，需要从合同的规划、招标、签约、变更、付款和结算等合同全生命周期的管理入手。

全面合同管理应做到：
① 建立标准合同管理程序；
② 明确合同相关各方的工作职责、权限和工作流程；
③ 明确合同工期、造价、质量、安全等事项的管理流程与时限等。

1.14.2 建设项目合同管理的内容

建设项目合同管理包括合同签订前的管理与合同签订后的管理。

1.14.2.1 建设项目合同签订前的合同管理

包括招标策划、招标文件的拟订与审核、评标标准的制定、招标答疑、合同条款的拟订与审核、完善合同补充条款以及合同组卷与签订。

（1）招标策划的相关要求。

① 招标策划的内容包括：发承包模式的选择，标段划分，总承包与专业分包之间、各专业分包之间、各标段之间发承包范围的界定，拟采用的合同形式和合同范本。

② 招标策划应考虑项目的类型、规模及复杂程度、进度要求、建设单位的参与程度、市场竞争状况、相关风险等因素。

③ 招标策划应在项目发承包阶段开始之前完成。对于投资规模大、建设期长、对于社会经济影响深远的项目，宜从项目决策阶段开始。

④ 招标策划应遵循有利于充分竞争、控制造价、满足项目建设进度要求以及招投标工作顺利有序的原则进行。

（2）招标文件拟订与审核、合同条款拟订的相关要求。

① 根据项目的投资性质和特点，优先采用现行国家或行业推荐的合同范本或其他标准合同文本。

② 拟订与审核招标文件、合同条款应明确以下内容：合同采用的计价方式，主要材料、设备的供应和采购方式，工程计量与支付的方式，合同各方应承担的计价风险及超出约定的

价款调整方式，工程索赔与工程签证的程序，合同争议的解决方式。

③ 根据合同形式和合同范本编写专用合同条款，明确计价方式及风险分担方式，明确合同范围及工程界面。

④ 根据材料和设备的价格及其占总造价的比例、品牌与品质及价格的关联度、招标人的管理协调能力，综合考虑造价、工期及质量因素，向委托人建议主要材料、设备的供应和采购方式。

1.14.2.2 建设项目合同签订后的合同管理

包括合同交底、合同台账管理、合同履约过程动态管理、合同变更与终止管理。

（1）合同交底。合同台账应以书面与口头结合的形式，对于影响建设项目工程造价的关键环节、管理制度、工作流程及相关权限等内容进行交底，包括：合同名称、合同价格、计价方式、调价依据及方式、支付方式合同范围与工程界面合同工期、合同开始时间、质量标准、主要违约责任、合同相关单位及其基本情况、建设单位关于项目的管理构架、管理制度及相关授权、影响建设项目造价的关键环节等。其中：

① 合同工期包括工期顺延条件、工期奖罚等；

② 支付方式包括支付节点和支付周期、申请和审核时间、代扣款（如水电费等）方式、质量保证金的返还、预付款的支付、履约保证形式、发票要求；

③ 影响建设项目造价的关键环节包括工程变更、工程签证、工程索赔、竣工结算的相关流程及要求。

（2）建立合同定期检查和沟通机制，检查合同的执行和落实情况，通过建立合同管理台账及时掌握影响造价及工期的相关信息，对合同履约情况实施动态管理，对于工程造价索赔和工期索赔应依据合同进行评估并将情况及时告知委托人，及时解决合同纠纷，保障合同顺利履行。

（3）当工程合同终止时，协助委托人进行合同终止谈判并进行终止结算。

1.15 投资管控信息管理

（1）全过程工程咨询单位中投资管控信息管理对象包括工程造价数据库管理和工程计量与计价工具软件管理。应利用计算机及互联网通信技术和BIM技术将信息管理贯穿造价咨询服务全过程。

（2）全过程工程咨询单位中投资管控单位应依据合同要求整理分析各阶段工程造价咨询成果文件及所涉及的工程造价信息资料，并将其纳入项目BIM协同平台信息数据库。

1.16 投资管控资料归档管理

（1）按国家现行有关档案管理及标准的规定，建立档案收集制度、统计制度、保密制度、借阅制度、库房管理制度及档案管理人员守则。

全过程工程咨询中投资管控的档案可分为成果文件和过程文件两类。

① 成果文件。全过程工程咨询中专业咨询单位出具的投资估算、设计概算、施工图预

算、工程量清单、最高投标限价、工程量计量与支付、变更、索赔和签证、竣工结算审核报告、绩效评价报告等文件。

② 过程文件及其他文件。编制、审核和审定人员的工作底稿、相关电子文件等。

（2）工程造价咨询档案的保存期应符合国家和合同等相关规定，且不应少于 5 年。

（3）全过程咨询单位档案管理工作包括：

① 归档工程造价咨询成果文件、过程文件和其他文件；

② 组织并制定工程造价咨询单位所借阅和使用的各类设计文件、施工合同文件、竣工资料等可追溯性资料的文件目录，文件目录应由项目负责人审定后归档；

③ 记录工程造价咨询档案的接收、借阅和送还。

第2章 决策阶段的投资管控

2.1 决策的含义

工程项目决策是对拟建项目的必要性和可行性进行技术经济论证,对不同建设方案进行技术经济比较选择及做出判断和决定的过程,是选择和决定工程项目投资行动方案的过程。决策正确与否,直接关系到项目建设的成败。

2.2 决策与投资管控的关系

2.2.1 项目决策阶段是投资管控的关键环节

投资决策环节在项目建设程序中具有统领作用,对项目顺利实施、有效控制和高效利用投资至关重要。项目决策阶段对建设项目投资的影响程度能够达到95%至100%,可见,项目决策阶段是投资管控的关键环节。

决策阶段投资管控的主要任务就是按项目的构思和要求编制投资规划(估算),进行投资目标的分析、论证和分解,以作为建设项目实施阶段投资控制的重要依据。

2.2.2 决策正确是投资管控的前提

正确的决策是合理规划、控制工程投资的前提。项目决策正确,就意味着对项目做出科学的决策,选出最佳投资方案,达到资源的合理配置,这样才能合理地确定工程投资,并且在实施最优化投资方案的过程中有效地控制工程投资。项目决策失误,主要体现在对不该建设的项目进行投资建设，或者项目建设地点的选择错误或者投资方案不合理等诸如此类的决策失误，会直接带来不必要的资金投入和人力物力及财力的浪费，甚至造成不可弥补的损失。在这种情况下，合理确定工程投资，进行投资的控制就变得毫无意义。因此，决策正确是投资管控的前提。

2.2.3 决策阶段所确定的内容是确定和管控投资的基础

在决策阶段，各项技术经济决策、建设标准的确定、建设地点的选择、工艺的评选、设备选用等，直接关系到工程投资的金额大小。项目决策的深度影响投资估算的精确性，从而影响到工程项目投资管控效果。

2.2.4 投资管控为投资者进行决策提供主要的依据

项目决策阶段的投资管控的工作内容包括：投资估算以及项目的经济评价。项目建议书阶段的投资匡算，是项目投资主管部门审批项目建议书的依据之一，并对项目的规划、规模起参考作用。项目可行性研究阶段的投资估算，是项目投资决策的重要依据，也是研究、分析、计算项目投资经济效果的重要条件。当可行性研究被批准后，其投资估算额即作为建设项目投资的最高限额，不得随意突破。在竞争性项目决策过程中，经济评价结论是重要的决策依据。项目发起人决策是否发起或进一步推进该项目，权益投资人决策是否投资于该项目，债权人决策是否贷款给该项目，经济评价都是重要依据之一。

2.3 决策阶段影响工程项目造价的主要因素分析

主要因素包括：建设规模、建设标准、建设地区及建设地点（厂址）、技术方案、设备方案、工程方案、环境保护措施等。

2.3.1 建设规模

建设规模也称项目成产规模，是指项目在其设定的正常生产运营年份可能达到的生产能力或者使用效益。规模扩大所产生的效益不是无限的，它受到技术进步、管理水平、项目经济技术环境等多种因素的制约。

项目建设规模与建设造价直接相关。任何一项工程的投资，无不存在一定的投资风险，如果建设项目在前期决策阶段不做好市场调查与研究，一味地追求大规模，可能会导致资金难到位，开工迟，技术、管理跟不上，因为规模扩大所产生的效益不是无限的，它受到技术进步、管理水平、项目经济技术环境等多种因素的制约。项目建设规模必须符合国家现行的产业政策，符合现阶段的行业技术水平和市场要求。在科学分析、充分论证的基础上，确定合理的建设规模。

制约项目规模合理化的主要因素包括市场因素、技术因素以及环境因素等。

2.3.1.1 市场因素

市场因素是确定建设规模需考虑的首要因素。

（1）市场需求状况是确定项目生产规模的前提。

通过对产品市场需求的科学分析与预测，在准确把握市场需求状况、及时了解竞争对手情况的基础上，最终确定项目的最佳生产规模。一般情况下，项目的生产规模应以市场预测的需要量为限，并根据项目产品市场的长期发展趋势作相应调整，确保所建项目在未来能够保持合理的盈利水平和持续发展的能力。

（2）原材料市场、资金市场、劳动力市场等对建设规模的选择起着不同程度的制约作用。

如项目规模过大可能导致原材料供应紧张和价格上涨，造成项目所需投资资金的筹集困难和资金成本上升等，将制约项目的规模。

（3）市场价格分析是制定营销策略和影响竞争力的主要因素。

市场价格预测应综合考虑影响预期价格变化的各种因素，对市场价格作出合理的预测。根据项目具体情况，可选择采用回归法或比价法进行预测。

（4）市场风险分析是确定建设规模的重要依据。

在可行性研究中，市场风险分析是指对未来某些重大不确定因素发生的可能性及其对项目可能造成的损失进行的分析，并提出风险规避措施。市场风险分析可采用定性分析或定量分析的方法。

2.3.1.2 技术因素

先进适用的生产技术及技术装备是项目规模效益赖以存在的基础，而相应的管理技术水平则是实现规模效益的保证。若与经济规模生产相适应的先进技术及其装备的来源没有保障，或获取技术的成本过高，或管理水平跟不上，则不仅达不到预期的规模效益，还会给项目的生存和发展带来危机，导致项目投资效益低下、工程造价支出严重浪费。

2.3.1.3 环境因素

项目的建设、生产和经营都离不开一定的社会经济环境，确定项目规模考虑的主要环境因素有：政策因素、燃料动力供应、协作及土地条件、运输及通信条件。其中，政策因素包括产业政策、投资政策、技术经济政策以及国家、地区及行业经济发展规划等。特别是，为了取得较好的规模效益，国家对部分行业的新建项目规模作了下限规定，选择项目规模时应予以遵照执行。不同行业、不同类型项目确定建设规模，还应分别考虑以下因素：

（1）对于煤炭、金属与非金属矿山、石头、天然气等矿产资源开发项目，在确定建设规模时，应充分考虑资源合理开发利用要求和资源可采储量、赋存条件等因素。

（2）对于水利水电项目，在确定建设规模时，应充分考虑水的资源条件、可开发利用量、地质条件、建设条件、库区生态影响、占用土地以及移民安置等因素。

（3）对于铁路、公路项目，在确定建设规模时，应充分考虑建设项目影响区域内一定时期运输量的需求预测，以及该项目在综合运输系统和本系统中的作用，据此确定线路等级、线路长度和运输能力等因素。

（4）对于技术改造项目，在确定建设规模时，应充分研究建设项目生产规模与企业现有生产规模的关系，新建生产规模属于外延型还是外延内涵复合型，以及利用现有场地、公共工程和辅助设施的可能性等因素。

2.3.1.4 建设规模方案比选

在对以上三方面进行充分考核的基础上，应确定相应的产品方案、产品组合方案和项目建设规模。可行性研究报告应根据经济合理性、市场容量、环境容量以及资金、原材料和主要外部协作条件等方面的研究，对项目建设规模进行充分论证，必要时进行多方案技术经济比较。大型、复杂项目的建设规模论证应研究合理、优化的工程分期，明确初期规模和远景规模。不同行业、不同类型项目在研究确定其建设规模时还应充分考虑其自身特点。项目合理建设规模的确定方法包括：

（1）盈亏平衡产量分析法。通过分析项目产量与项目费用和收入的变化关系，找出项目的盈亏平衡点，以探求项目合理建设规模。当产量提高到一定程度，如果继续扩大规模，项目就出现亏损，此点成为项目的最大规模盈亏平衡点。当规模处于这两点之间时，项目盈利，所以这两点是合理建设规模的下限和上限，可作为确定合理经济规模的依据之一。

（2）平均成本法。最低成本和最大利润属"对偶现象"。成本最低，利润最大；成本最大，利润最低。因此可以通过争取达到最低平均成本，来确定项目的合理建设规模。

（3）生产能力平衡法。在技改项目中，可采用生产能力平衡法来确定合理生产规模。最大工序生产能力法是以现有最大生产能力的工序为标准，逐步填平补齐，成龙配套，使之满足最大生产能力的设备要求。最小公倍数法是以项目各工序生产能力或现有标准设备的生产能力为基础，并以各工序生产能力的最小公倍数为标准，通过填平补齐，成龙配套，形成最佳的生产规模。

（4）政府或行业规定。经过多方案比较，在项目建议书阶段，应提出项目建设（或生产）规模的倾向意见，报上级机构审批。

2.3.2 建设地区及建设地点（厂址）

建设地区选择是指在几个地区之间对拟建项目适宜配置的区域范围的选择；建设地点选择则是对项目具体坐落位置的选择。

2.3.2.1 建设地区的选择

建设地区的选择很大程度上决定着拟建项目的命运，影响着工程造价的高低、建设工期的长短、建设质量的好坏，还影响到项目建成后的运营状况。具体要考虑以下因素：

（1）要符合国民经济发展战略规划、国家工业布局总体规划和地区经济发展规划的要求；

（2）要根据项目的特点和需要，充分考虑原材料条件、能源条件、水源条件、各地区对项目产品需求及运输条件等；

（3）要综合考虑气象、地质、水文等建厂的自然条件；

（4）要充分考虑劳动力来源、生活环境、协作、施工力量、风俗文化等社会环境因素的影响。

因此在综合考虑上述因素的基础上，建设地区的选择应遵循两个原则。

① 靠近原料、燃料提供地和产品消费地的原则。根据项目的技术经济特点和要求，具体对待。例如，对农产品、矿产品的初步加工项目，由于大量消耗原料，应尽可能靠近原料产地；对于能耗高的项目，如铝厂、电石厂等，宜靠近电厂，由此带来的减少电能输送损失所获得的利益，通常大大超过原料、半成品调运中的劳动耗费；而对于技术密集型的建设项目，由于大中城市工业和科学技术力量雄厚、协作配套条件完备、信息灵通，所以其选址宜在大中城市。

② 工业项目适当聚集的原则。在工业布局中，通常是一系列相关的项目聚集成适当规模的工业基地和城镇，从而有利于发挥"集聚效益"。集聚效益形成的客观基础分析：第一，

现代化生产是个复杂的分工合作体系，只有相关企业集中配置，才能对各种资源和生产要素充分利用，形成综合生产力，尤其对那些具有密切投入产出链环关系的项目，集聚效益尤其明显；第二，现代产业需要有相应的生产性和社会性基础设施相配合，其能力和效率才能充分发挥，企业布点适当集中，才有可能统一建设比较齐全的基础设施，避免重复建设，节约投资，提高这些设施的效益；第三，企业布点适当集中，才能为不同类型的劳动者提供多种就业机会。但是，工业布局的集聚程度，并非愈高愈好。当工业集聚超越客观条件时，也会带来很多弊端。因为：第一，各种原料、燃料需要量增大，原料、燃料和产品的运输距离延长，流通过程中的劳动耗费增加；第二，城市人口相对集中，形成对各种农副产品的大量需求，势必增加城市农副产品供应的费用；第三，生产和生活用水量增大，远距离引水，耗资巨大；第四，势必造成环境污染，破坏生态平衡，利用自然界自净能力净化"三废"的可能性相对下降，为保证环境质量，不得不花费巨资建设各种净化处理设施，增加环境保护费用。当产业聚集带来的"外部经济性"总和超过"生产聚集性"带来的利益时，综合经济效益反而下降，这就表明聚集程度已超过经济合理的界限。

2.3.2.2 建设地点（厂址）的选择

建设地点（厂址）的选择不仅涉及项目建设条件、产品生产要素、生态环境和未来产品销售等重要问题，受社会、政治、经济、国防等多因素的制约，而且还直接影响到项目建设投资、建设速度和施工条件，以及未来企业的经营管理及所在地点的城乡建设规划与发展。因此，必须从国民经济和社会发展的全局出发，运用系统观点和方法分析决策。

（1）选择建设地点（厂址）的要求。

① 节约土地，少占耕地，降低土地补偿费用。

② 减少拆迁移民数量。若必须拆迁移民，应制定详尽的征地拆迁移民安置方案，充分考虑移民数量、安置途径、补偿标准、拆迁安置工作量和所需资金等，作为前期费用计入项目投资成本。

③ 应尽量选在工程地质、水文地质条件较好的地段，土壤耐压力应满足拟建厂的要求，严防选在断层、熔岩、流沙层与有用矿床上以及洪水淹没区、已采矿坑塌陷区、滑坡区。建设地点（厂址）的地下水位应尽可能低于地下建筑物的基准面。

④ 要有利于厂区合理布置和安全运行。地形力求平坦而略有坡度（5%～10%）。

⑤ 应尽量靠近交通运输条件和水电供应等条件好的地方。

⑥ 应尽量减少对环境的污染。

以上不仅关系到建设工程造价的高低和建设期限，还关系到项目投产后的运营状况。

（2）建设地点（厂址）选择时的费用分析，应具有全生命周期的理念。

① 项目投资费用。包括土地征购费、拆迁补偿费、土石方工程费、运输设施费、排水及污水处理设施费、动力设施费、生活设施费、临时设施费、建材运输费等。

② 项目投产后生产经营费用比较。包括原材料、燃料运入及产品运出费用，给水、排水、污水处理费用，动力供应费用，等等。

（3）建设地点（厂址）方案的技术经济论证。

建设地点（厂址）比较的主要内容有：建设条件比较、建设费用比较、经营费用比较、运输费用比较、环境影响比较和安全条件比较。

2.3.3 技术方案

生产技术方案指产品生产所采用的工艺流程和生产方法。在建设规模和建设地区及地点确定后，具体的工程技术方案的确定，在很大程度上直接影响到建设项目造价及项目投产、运营后的经济效益。

2.3.3.1 技术方案选择的基本原则

（1）要根据国情和建设项目的经济效益，综合考虑先进与适用的关系。

对于拟采用的工艺，除了必须保证用指定的原材料按时生产出符合数量、质量要求的产品外，还要考虑与企业的生产和销售条件（包括原有设备能否配套、技术和管理水平、市场需求、原材料种类等）是否相适应，特别要考虑到原有设备是否利用，技术和管理水平能否跟上。

（2）安全可靠。

（3）经济合理。

2.3.3.2 技术方案选择内容

（1）生产方法选择。生产方法是指产品生产所采用的制作方法，生产方法直接影响生产工艺流程的选择。一般在选择生产方法时，从以下几个方面着手：①研究分析与项目产品相关的国内外生产方法的优缺点，并预测未来发展趋势，积极采用先进适用的生产方法；②研究拟采用的生产方法是否与采用的原材料相适应，避免出现生产方法与供给原材料不匹配的现象；③研究拟采用生产方法的技术来源可得性，若采用引进技术或专利，应比较所需费用；④研究拟采用生产方法是否符合节能和清洁的要求，应尽量选择节能环保的生产方法。

（2）工艺流程方案选择。工艺流程是指投入物（原料或半成品）经过有序的生产加工，成为产出物（产品或半成品）的过程。选择工艺流程包括：①研究工艺流程方案对产品质量的保证程度；②研究工艺流程各工序间的合理衔接，工艺流程应畅通、简捷；③研究选择先进合理的物料消耗定额，提高收益；④研究选择主要工艺参数；⑤研究工艺流程的柔性安排，既能保证主要工序生产的稳定性，又能根据市场需求变化，使生产的产品在品种规格上保持一定的灵活性。

（3）工艺方案的比选。工艺方案比选的内容包括技术的先进程度、可靠程度和技术对产品质量性能的保证程度、技术对原材料的适应性、工艺流程的合理性、自动化控制水平、估算本国及外国各种工艺方案的成本、成本耗费水平、对环境的影响程度等技术经济指标。工艺改造项目工艺方案的比选论证，还应与原有的工艺方案进行比较。推荐方案，应绘制主要的工艺流程图，编制主要物料平衡表，主要原材料、辅助材料以及水、电、气等的消耗量等图表。

2.3.4 设备方案

在确定生产工艺流程和生产技术后，应根据工厂生产规模和工艺过程的要求，选择设备的型号和数量。

2.3.4.1 设备方案选择应符合的要求

（1）主要设备方案应与确定的建设规模、产品方案和技术方案相适应，并满足项目投产后生产和使用的要求。

（2）主要设备之间、主要设备与辅助设备之间的生产和使用性能要相互匹配。

(3) 设备质量应安全可靠、性能成熟，保证生产和产品质量稳定。
(4) 在保证设备性能前提下，力求经济合理。
(5) 选择的设备应符合政府部门或专门机构发布的技术标准要求。

2.3.4.2 设备选用应注意处理的问题

(1) 要尽量选用国产设备。
(2) 要注意进口设备之间以及国内外设备之间的衔接配套问题。
(3) 要注意进口设备与原有国产设备、厂房之间的配套问题。
(4) 要注意进口设备与原材料、备品备件及维修能力之间的配套问题。

2.3.5 工程方案

工程方案选择是在已选定项目建设规模、技术方案和设备方案的基础上，研究论证主要建筑物、构筑物的建造方案，包括对于建筑标准的确定。

2.3.5.1 应满足的基本要求

(1) 满足生产使用功能要求。确定项目的工程内容、建筑面积和建筑结构时，应满足生产和使用的要求。分期建设的项目，应留有适当的发展余地。
(2) 适应已选定的场址（线路走向）。在已选定的场址（线路走向）的范围内，合理布置建筑物、构筑物，以及地上、地下管网的位置。
(3) 符合工程标准规范要求。
(4) 经济合理。

2.3.5.2 工程方案的研究内容

(1) 一般工业项目的厂房、工业窑炉、生产装置等建筑物、构筑物的工程方案，主要研究其建筑特征（面积、层数、高度、跨度），建筑物、构筑物的结构型式以及特殊建筑要求（防火、防爆、防腐蚀、隔声、隔热等），基础工程方案，抗震设防，等等。
(2) 矿产开采项目的工程方案主要研究开拓方式，根据矿体分布、形态、地质构造等条件，结合矿产品位、可采资源量，确定井下开采或露天开采的工程方案。这类项目的工程方案将直接转化为生产方案。
(3) 铁路项目工程方案的主要研究内容包括线路、路基、轨道、桥涵、隧道、站场以及通信信号等方案。
(4) 水利水电项目工程的方案的主要研究内容包括防洪、治涝、灌溉、供水、发电等工程方案。水利水电枢纽和水库工程主要研究坝址、坝型、坝体建筑结构、坝基处理以及各种建筑物、构筑物的工程方案。同时，还应研究提出库区移民安置的工程方案。

2.3.6 环境保护措施

环境包括自然环境、社会环境和生态环境。

需要在确定场址方案和技术方案时，对所在地的环境条件进行充分的调查研究，识别和分析拟建项目影响环境的因素，并提出治理和保护环境的措施，比选和优化环境保护方案。

2.3.6.1 环境保护的基本要求

应注意保护场址及周围地区的水土资源、海洋资源、矿产资源、森林植被、文物古迹、风景名胜等自然环境和社会环境。要遵循以下原则：

（1）符合国家环境保护相关法律、法规以及环境功能规划的整体要求；

（2）坚持污染物排放总量控制和达标排放的要求；

（3）坚持"三同时原则"，即环境治理措施应与项目的主体工程同时设计、同时施工、同时投产使用；

（4）力求环境效益与经济效益相统一，工程建设与环境保护必须同步规划、同步实施、同步发展，全面规划，合理布局，统筹安排好工程建设和环境保护工作，力求环境保护治理方案技术可行和经济合理；

（5）注重资源综合利用和再利用，对项目在环境治理过程中产生的废气、废水、固体废弃物，应提出回水处理和再利用方案。

2.3.6.2 治理措施方案

（1）废气污染治理，可采用冷凝、活性炭吸附法、催化燃烧法、催化氧化法、酸碱中和法、等离子法等方法。

（2）废水污染治理，可采用物理法（如重力分离、离心分离、过滤、蒸发结晶、高磁分离等）、化学法（如中和、化学凝聚、氧化还原等）、物理化学法（如离子交换、电渗析、反渗透、气泡悬上分离、汽提吹脱、吸附萃取等）、生物法（如自然氧池、生物过滤、活性污泥、厌氧发酵）等方法。

（3）固体废弃物污染治理：有毒废弃物可采用防渗漏池堆存；放射性废弃物可采用封闭固化；无毒废弃物可采用露天堆存；生活垃圾可采用卫生填埋、堆肥、生物降解或者焚烧方式处理；利用无毒害固体废弃物加工制作建筑材料或者作为建材添加物，进行综合利用。

（4）粉尘污染治理，可采用过滤除尘、湿式除尘、电除尘等方案。

（5）噪声污染治理，可采用吸声、隔声、减振、隔振等措施。

（6）建设和生产运营引起的环境破坏的治理。对岩体滑坡、植被破坏、地面塌陷、土壤劣化等，也应提出相应治理方案。

2.3.6.3 环境治理方案比选

（1）技术水平对比。

（2）治理效果对比。

（3）管理及检测方式对比。

（4）环境效益对比。

2.4 决策阶段投资管控的工作内容

建设项目决策阶段投资管控的工作内容主要包括：协助投资机会研究和项目的定位；决策阶段的方案比选；工程经济评价；编制或审核投资估算；依据投资估算内容和估算方法编制项目总投资表；根据估算的建设期利息、流动资金、项目进度计划及其他相关资料编制项目年度投资计划表；依据投资估算、项目整体建设计划以及资金使用需求，协助委托人编制融资方案。

2.4.1 投资机会研究

投资机会研究又称投资机会论证。这一阶段的主要任务是提出建设项目投资方向建议，即在一个确定的地区和部门内，根据自然资源、市场需求、国家产业政策和国际贸易情况，通过调查预测和分析研究选择建设项目，寻找投资的有利机会。

机会研究要解决两个方面的问题：一是社会是否需要；二是有没有可以开展项目的基本条件。机会研究一般从以下三个方面着手开展工作：

第一，以开发利用本地区的某一丰富资源为基础，谋求投资机会；

第二，以现有工业的拓展和产品深加工为基础，通过增加现有企业的生产能力与生产工序等途径创造投资机会；

第三，以优越的地理位置、便利的交通条件为基础分析各种投资机会。这一阶段的工作比较粗略，一般是根据条件和背景相类似的建设项目来估算投资额和生产成本，初步分析建设投资效果，提供一个或一个以上可能进行建设的项目投资方案。

2.4.2 项目定位

项目定位是指对项目基本情况进行综合性研究的结果，主要包括项目名称、主办单位基本情况、项目功能、目标客户群、投资收益等。

下面以房地产公司开发项目定位为例进行说明。

2.4.2.1 项目定位的目的是做对的产品

项目定位包括市场定位及产品实现，为土地找到合适的产品，为客户找到合适的产品。

准确定位对运营的影响：在一定条件下，通过对产品的组合分类，取舍平衡，实现公司的经营价值最大化。在战略层面进行资源的分类与管理，实现业态、品类、区域的平衡。在战术层面进行资源的量、价、节奏的配置，实现资源供应、产品供应、产品销售。

"对的产品"是对土地、客户、市场、运营的深入理解与合理匹配。

在土地层面，"对的产品"具备匹配性、预见性和创造性。匹配性指"对的产品"必须与土地属性相匹配，预见性指土地属性的判断要有预见性，创造性指"对的产品"甚至可以改造、提升土地属性。在客户层面，"对的产品"必须匹配客户需求。客户需求可以分为3个层面：① 功能需求，主要为户型产品层面，匹配不同家庭结构对居住、安全、使用功能的要求；② 精神需求，主要为风格主题层面，匹配不同层次客户对于身份标签、情感体验的要求；③ 发展需求，"对的产品"不仅要做好住宅，还要做好配套。在市场层面，"对的产品"在市场中有准确的项目和客户定位，有差异化的核心价值，符合未来市场的供求关系，符合政策的导向和趋势。在运营层面，明确公司运营使命，对项目进行分类管理，不同项目类型的运营使命会有差异；对项目进行分期管理，大项目在不同的阶段，运营使命也会有不同的差异。

2.4.2.2 项目定位的逻辑与内容

精准定位就是：正确的产品，来源于土地、客户、市场与运营的合理匹配。

产品定位的逻辑：

（1）土地：挖掘土地价值，有预见性地判断土地属性。

（2）客户：根据土地属性，找到最匹配的客户，对客户需求进行挖掘。

注意，通常会忽略第一次客户调查！

（3）市场：根据客户类型，确定竞争范围，根据政策环境，判断未来存在的机会和风险。

（4）运营：结合公司运营目标，确定项目运营使命，根据项目类型及阶段、市场环境，明确角色。

（5）客户再调整：综合市场、运营状况对目标客户进行再调整，客户定位确认。

（6）产品：根据客户选择适合客户的产品。

2.4.2.3 如何进行项目定位

认知土地属性——精准判断土地价值。

把握客户需求——客户需求与土地属性的匹配。

认知市场竞争——市场竞争筛选客户需求，确定竞争策略。

认知产品实现——将竞争策略、客户需求与产品落地相匹配。

2.4.2.4 项目定位中的常见问题

产品与土地错位，产品定位与土地属性不匹配，会造成产品滞销，可溢价能力较低，或产品供应不足导致利润降低。

2.4.3 决策阶段的方案比选

2.4.3.1 项目方案比选的意义

项目方案比选，即项目方案比较与选择，是寻求合理的经济和技术决策的必要手段，因此具有十分重要的意义。一项投资决策大体要经历以下程序：确定拟建项目要达到的目标；根据确定的目标，提出若干个有价值的投资方案；通过方案比选，选出最佳投资方案；最后对最佳方案进行评价，以判断其可行程度。投资决策的实质，就在于选择最佳方案，使得投资资源得到最优配置，实现投资决策的科学化和民主化，从而取得更好的投资经济效益。

（1）投资项目方案比选是实现资源合理配置的有效途径。资源短缺是人们在现实经济生活中面临的基本问题，也是经济学的永恒话题。世界各国的资源都是有限的。我国素有"地大物博、资源丰富"之美称。事实上，就人均占有量和品位而言，我国资源远未达到丰富的程度。我国主要自然资源的人均占有量大大低于世界平均水平。资源短缺是制约我国经济发展的重要因素，科学技术的进步和人工合成材料的出现可以改变这种制约的程度、范围和形式，但并不能从根本上消除这种制约。运用定量方法对拟建项目的各个方案进行筛选，就可以实现资源的最优配置，以最少的资源投入，获得最大的经济效益。

（2）投资项目方案比选是实现投资决策科学化和民主化的重要手段。经济运行有其特有的客观规律。长期以来，由于受认识水平的限制，我们片面强调发挥人的主观能动性，以主观愿望代替客观规律，造成社会财富的巨大浪费。这一点在固定资产投资领域表现得尤为突出。投资决策缺乏科学方法和民主程序，仅凭借某些人的主观意志，随意拍板定案，给国民经济带来了极大损失。投资项目方案比选是一种科学的定量分析方法，通过对拟建项目各个方案的分析、比较和排队，选出最优方案，就可以为投资决策提供可靠的依据，实现投资决策科学化和民主化。

（3）投资项目方案比选是寻求合理的经济和技术决策的必然选择。在固定资产投资过程中，影响投资决策的因素是多方面的，经多方案比选，才能得出正确的结论。就某一拟建项目而言，不同的投资方案采用的技术经济措施不同，其成本和效益会有较大差异，因此拟建项目的生产规模、产品方案、工艺流程、主要设备选型等，均应根据实际情况提出各种可能的方案进行筛选，对筛选出的方案进行比选，得出最佳方案。

2.4.3.2 项目方案比选所包含的内容

项目方案比选所包含的内容十分广泛，既包括技术水平、建设条件和生产规模等的比选，同时也包括经济效益和社会效益的比选，同时还包括环境效益的比选。因此，进行投资项目方案比选时，可以按各个投资项目方案的全部因素，进行全面的技术经济对比，也可仅就不同因素，计算比较经济效益，进行局部的对比。

2.4.3.3 投资项目方案比选应遵循一定的原则

方案比选原则上应通过国民经济评价来进行，亦即以国民经济评价资料和社会折现率为基础进行比选。对产出物相同或基本相同、投入物构成基本一致的方案进行比选时，为了简化计算，在不会与国民经济评价结论发生矛盾的前提下，也可通过财务评价加以确定，亦即以财务评价资料和基准折现率为基础进行方案的比选。这是方案比选应遵循的一条基本原则。投资项目方案比选还应遵循效益与费用计算口径对应一致的原则，同时应注意项目方案间的可行性，以及在某些情况下，使用不同评价指标导致相反结论的可能性。

2.4.4 投资估算

投资估算是指在项目投资决策过程中，依据现有的资料和特定的方法，对建设项目的投资数额进行的估算。

2.4.4.1 投资估算的主要作用

投资估算在项目开发建设工程中的作用表现为：

（1）项目建议书阶段的投资匡算，是项目投资主管部门审批项目建议书的依据之一，并对项目的规划、规模起参考作用。

（2）项目可行性研究阶段的投资估算，是项目投资决策的重要依据，也是研究、分析、计算项目投资经济效果的重要条件。当可行性研究被批准后，其投资估算额即作为建设项目投资的最高限额，不得随意突破。

（3）项目投资估算对工程设计概算起控制作用，设计概算不得突破批准的投资估算额。

（4）投资估算可作为项目融资及制度建设贷款计划的依据，建设单位可根据批准的项目投资估算额，进行融资和向银行申请贷款。

（5）项目投资估算是核算建设项目固定资产投资需要额和编制固定资产投资计划的重要依据。

2.4.4.2 项目投资估算的内容

（1）从财务角度，投资估算包括拟建项目建筑安装工程投资、设备投资和待摊投资三部分。

① 建筑安装工程投资。

② 设备投资（包括需要安装设备、不需要安装设备和为生产准备的不够固定资产标准的工具、器具的实际成本）。

③ 待摊投资，包括：

a. 勘察费、设计费、研究试验费、可行性研究费及项目其他前期费用；

b. 土地征用及迁移补偿费、土地复垦及补偿费、森林植被恢复费及其他为取得或租用土地使用权而发生的费用；

c. 土地使用税、耕地占用税、契税、车船税、印花税及按规定缴纳的其他税费；

d. 项目建设管理费、代建管理费、临时设施费、监理费、招标投标费、社会中介机构审查费及其他管理性质的费用；

e. 项目建设期间发生的各类借款利息、债券利息、贷款评估费、国外借款手续费及承诺费、汇兑损益、债券发行费用及其他债务利息支出或融资费用；

（项目在建设期间的建设资金存款利息收入冲减债务利息支出，利息收入超过利息支出的部分，冲减待摊投资总支出。）

f. 工程检测费、设备检验费、负荷联合试车费及其他检验检测类费用；

g. 固定资产损失、器材处理亏损、设备盘亏及毁损、报废工程净损失及其他损失；

h. 系统集成等信息工程的费用支出；

i. 其他待摊投资性质支出。

（2）从造价角度，建设项目投资估算包括：工程造价（包括工程费用、工程建设其他费用、预备费）、增值税、融资费、流动资金四部分（图 2-1）。

（3）从项目在决策阶段的流程来看，一般分为项目建议书阶段的投资估算和可行性研究阶段的投资估算。

投资估算书一般包括封面、签署页、编制说明、投资估算分析、总投资估算表、单项工程估算表、主要技术经济指标等内容。

2.4.4.3　投资估算的原则

投资估算是拟建项目前期可行性研究的重要内容，是经济效益评价的基础，是项目决策的重要依据。因此，在编制投资估算时应符合下列原则：

（1）实事求是、科学合理的原则；

（2）合理利用资源，效益最高的原则；

（3）适度前瞻性的原则。

2.4.4.4　投资估算的目标

投资估算有分目标和总目标，在总目标确定的情况下，要结合全生命周期成本最优原则、可实施性原则，利用价值工程合理分解总目标，将总目标拆分成分目标，进而将分目标转成限额设计。

2.4.4.5　投资估算的难点

（1）基础资料收集工作。投资决策阶段的基础资料收集工作，是做好投资估算工作的基础。工程投资的预测，需要很多的资料。拿到资料之后，要对资料的准确性、可靠性进行认真的分析，确保采用数据资料的时效和准确性与规定、规划的要求相一致。

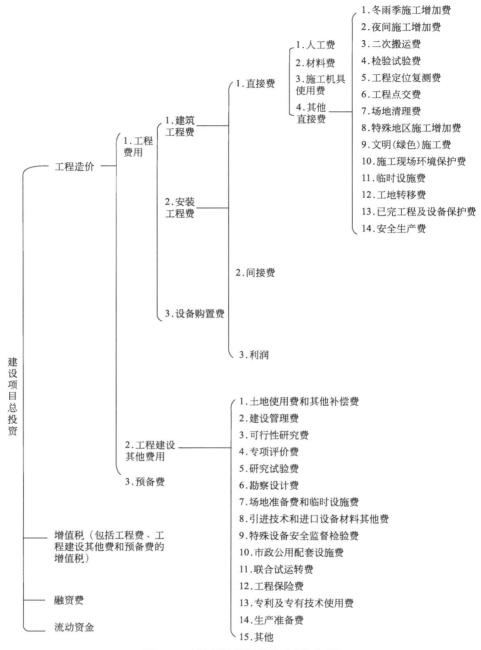

图 2-1 建设项目投资估算（造价角度）

（2）认真编制投资估算。投资决策阶段一般分为项目规划、项目建议书、初步可行性研究、可行性研究等阶段，在不同阶段，因为设计深度、技术条件的不同，对投资估算的精确度有不同的要求。投资估算工作也相应分为四个阶段。随着决策由浅到深、不断深化，投资估算的准确度逐渐加强。如项目规划阶段，对投资估算准确度的要求为允许误差大于±30%；可行性研究阶段，对投资估算准确度的要求为误差控制在 ±10% 以内。投资估算编制要严格按照程序进行操作，保证有足够的时间、足够的人员进行充分的论证，要有充足的依据，要尽量细致，并力求全面，从现实出发，充分考虑到施工过程中可能出现的各种情况及不利因素对工程造价的影响，考虑市场情况及建设期间预留价格浮动系数，与建设项目建议书和可行性研究报告的内容、范围和深度相适应，应反映正常的造价水平，并适当留有余地，使投资估算真正起到控制项目总投资的作用。只有加强决策深度，采用科学的估算方法和可行的数据资料，才能合理地编制投资估算。

（3）投资估算的难点。投标估算编制过程中有很多不确定因素，而分析这些不确定因素，充分合理地考虑相关制约条件是一阶段建设工程造价控制的难点。

① 前期勘察深度问题。项目规划由于是前期工作，前期勘察不会像初步设计及施工图设计阶段勘察得那么详细，而是比较粗浅，只是宏观地对所规划的现场进行调研、踏勘以及收集一些资料，而往往到了实际施工过程中会发现实际情况与前期调研差距过大，因此给投资估算编制带来很大的难度，会造成情况估计不足，投资控制不准确。

② 市场价格问题。工程项目从立项到实施一般需要几年的时间，在这期间，大宗材料价格的波动影响投资估算的准确性。一般而言，原材料及产品价格是技术经济评价数据中所有可变因素里面最敏感的因素，往往原材料或产品价格变化10%，对经济评价起决定性作用的全投资内部收益率变化高达5%，有时甚至高于10%，直接影响到方案的经济上的真实性和客观性；另一方面，估算得过高投资会增加，政府审批的难度加大，估算得偏低就会造成投资超限，影响工程正常实施，因此对预期市场价格应该有一个合理的预估。

2.4.5　工程经济评价

2.4.5.1　工程经济评价的作用

（1）工程经济评价是项目可行性研究的重要内容。项目评价应从多角度、多方面进行，对于项目的前评价、中间评价和后评价，经济评价都是必不可少的重要内容之一。在项目的前评价——决策分析与评价的各个阶段中，包括机会研究报告、项目建议书、初步可行性研究报告、可行性研究报告中经济评价都是重要组成部分。

（2）工程经济评价是决策的重要依据。在竞争性项目决策过程中，经济评价结论是重要的决策依据。项目发起人决策是否发起或进一步推进该项目，权益投资人决策是否投资于该项目，债权人决策是否贷款给该项目，经济评价都是重要依据之一。对于那些需要政府核准的项目，各级核准部门在做出是否核准该项目的决策时，许多相关财务数据可作为项目社会和经济影响大小的估算基础。

（3）工程经济评价在项目或方案比选中起着重要作用。方案比选在可行性方案研究中发挥着重要作用，在项目建设规模、产品方案、工艺技术与设备、场址选择、工程方案等方面都必须通过方案比选予以优化。经济评价结果可以反馈到建设方案构造和研究中，用于方案比选、优化方案设计，使项目整体更趋于合理。

（4）工程经济评价配合投资各方谈判，促进平等合作。目前，投资主体多元化已成为项目的融资主流，存在着多种形式的合作方式，主要有国内合资或合作的项目、中外合资或合作的项目、多个外商参与的合资或合作的项目等。在酝酿合资、合作的过程中，咨询工程师会成为各方谈判的有力助手，经济评价结果起着促使投资各方平等合作的重要作用。

经济评价中的财务生存能力分析对项目，特别是对非经营性项目的财务可持续性的考察

2.4.5.2 项目经济评价内容

建设项目经济评价是在国家现行财税制度和价格体系的前提下,从项目的角度出发,估算项目范围内的财务效益和费用,编制财务报表,计算经济评价指标,考察和分析项目财务盈利能力、偿债能力和财务生存能力,判断项目的财务可行性,明确项目对财务主体的价值以及对投资者的贡献,为投资决策、融资决策以及银行审贷提供依据。

对于经营性项目,应按本章内容进行全面的经济评价。对于非经营性项目,经济评价主要分析项目的生存能力。

经济评价可分为融资前分析和融资后分析,见表2-1。融资前分析是指在考虑融资方案前,不考虑债务融资条件,只从项目投资总获利能力的角度所进行的经济评价,用于考察项目方案设计的合理性,满足方案比选和初步投资决策的需要。融资后分析是指以设定的融资方案为基础所进行的经济评价,用于考察项目在拟订融资条件下的盈利能力、偿债能力和财务生存能力,判断项目方案在融资条件下的可行性,用于比选融资方案,帮助融资者做出融资决策。

表2-1 经济评价内容与评价指标

经济评价内容		基本报表	评价指标	
			静态指标	动态指标
融资前分析	盈利能力分析	项目投资现金流量表	静态投资回收期	财务内部收益率 财务净现值 动态投资回收期
融资后分析	盈利能力分析	资本金现金流量表	资本金静态投资回收期	资本金财务内部收益率 资本金财务净现值 资本金动态投资回收期
		投资各方现金流量表		投资各方财务内部收益率
		利润与利润分配表	总投资收益率 资本金净利润率	
	偿债能力分析	借款还本付息估算表	利息备付率 偿债备付率 借款偿还期	
		资产负债表	资产负债率	
	生存能力分析	财务计划现金流量表	各年净现金流量 各年累计盈余资金	

2.4.5.3 项目经济评价方法

(1)财务效益与费用的识别。财务效益与费用是经济评价的重要基础,其估算的准确性与可靠程度直接影响经济评价的结论,应引起高度重视。

① 财务效益与费用的识别的原则。

a. 与会计和税收制度相适应原则。由于财务效益与费用的识别和估算是对将来情况的预测,经济评价中允许有别于财会制度的处理,但要求在总体上与会计准则和会计以及税收制度相适应。

b. 有无对比原则。有无对比是国际上项目评价的基本原则,意指"有项目"应针对"无项目"对比,找出效益与费用。"有项目"是指对建设项目进行投资后,计算期内项目建设单位资产、费用和效益的预计情况;"无项目"是指不对项目进行投资时,计算期内项目建设单位资产、费用与效益的预计情况。按照有无对比原则,建设项目的效益和费用应当是没有建设项目就不会发生的费用和效益,即"有无对比"的差额部分才是项目建设增加的效益和费用。这就排除了建设项目实施以前各种因素的影响,突出了建设项目本身的效果。采用有无对比,意在识别增量效益,排除那些由于其他原因产生的效益;同时找出与增量效益相对应的增量费用,只有这样才能真正体现项目投资的净效益。

c. 效益和费用对应一致原则。即在合理确定的项目范围内,对等地估算财务主体的直接效益以及相应的直接费用,避免高估或低估项目的净收益。

② 财务效益。项目财务效益是指项目投产以后,由于销售产品或提供服务等所获得的营业收入。

市场化运作的经营性项目,项目目标是通过销售产品或提供服务实现盈利,其财务效益主要指所获得的营业收入。如为国家鼓励发展的经营性项目,可以获得增值税的优惠,按照会计及税收制度,先征后返的增值税应记作补贴收入,作为财务效益核算,不考虑"征"和"返"的时间差。

对于为社会提供准公共产品或服务,且运营维护采用经营方式的项目,如市政公用、交通、电力项目等,其产出价格往往受到政府管制,营业收入不能满足成本补偿要求,需要政府提供补贴才具有财务生存能力。因此,这类项目财务效益应包括营业收入和补贴收入。

③ 财务费用。项目财务费用指项目建设中及投产以后,为生产、销售产品或提供劳务等支付的费用,主要包括投资、成本费用和税金。

估算财务费用应与经济评价的步骤相协调。融资前分析时,应先估算建设投资,再估算流动资本和经营成本;融资后分析时,应先确定初步融资方案,根据债务资金计划估算建设期利息,估算总投资,核算固定资产等资产价值,确定资产折旧和摊销;通过借款还本付息计算求取项目经营期各年利息支出,最后估算项目总成本费用。

(2) 财务效益与费用的估算。建设项目财务效益与费用估算通常利用经济评价的辅助报表进行,通过辅助报表的编制,估算项目投资、总成本费用、营业收入和营业税金及附加,为项目的经济评价奠定基础。

① 建设项目总投资估算与筹措。项目总投资包括建设投资、建设期利息和流动资金。因此,建设项目总投资估算与筹措可通过建设投资估算表、建设期利息估算表、流动资金估算表和项目总投资使用计划与融资表进行。

建设投资估算有概算法和形成资产法。常用的建设投资估算表(概算法)见表2-2所示。

表2-2 建设投资估算表(概算法) (人民币单位为万元,外币单位为××)

序号	工程或费用名称	建筑工程费	设备购置费	安装工程费	其他费用	合计	其中:外币	比例/%
1	工程费用							
1.1	主体工程							
1.1.1	×××							
	……							

续表

序号	工程或费用名称	建筑工程费	设备购置费	安装工程费	其他费用	合计	其中：外币	比例/%
1.2	辅助工程							
1.2.1	×××							
	……							
1.3	公用工程							
1.3.1	×××							
	……							
1.4	服务性工程							
1.4.1	×××							
	……							
1.5	场外工程							
1.5.1	×××							
	……							
1.6	×××							
2	工程建设其他费用							
2.1	×××							
	……							
3	预备费							
3.1	基本预备费							
3.2	涨价预备费							
4	建设投资合计							
	比例/%							

注：1."比例"分别指各主要科目的费用（包括横向和纵向）占建设投资的比例。
2. 本表适用于新设法人项目与既有法人项目的新增建设投资的估算。
3. "工程或费用名称"可根据不同行业的要求调整。

流动资金估算可参照表2-3进行。

表2-3 流动资金估算表 （人民币单位：万元）

序号	项目	最低周转天数	周转次数	计算期					
				1	2	3	4	……	……
1	流动资产								
1.1	应收账款								
1.2	存货								
1.2.1	原材料								
1.2.2	×××								

续表

序号	项目	最低周转天数	周转次数	计算期					
				1	2	3	4	……	……
	……								
1.2.3	燃料								
	×××								
	……								
1.2.4	在产品								
1.2.5	产成品								
1.3	现金								
1.4	预付账款								
2	流动负债								
2.1	应付账款								
2.2	预收账款								
3	流动资金（1-2）								
4	流动资金当期增加额								

注：1. 本表适用于新设法人项目与既有法人项目的"有项目""无项目"和增量流动资金的估算。
2. 表中科目可视行业变动。
3. 如发生外币流动资金，应另行估算后予以说明，其数额应包含在本表数额内。
4. 不发生预付账款和预收账款的项目可不列此两列。

项目建设投资和流动资金确定后，应编制项目总投资使用计划和融资表，见表2-4所示。表中，首先应根据项目投资使用计划将建设投资和流动资金填入相应年份，然后，考虑项目资本金筹集情况，确定建设投资借款和流动资金借款的数额。

表2-4 项目总投资使用计划与融资表 （人民币单位为万元，外币单位为××）

序号	项目	合计			1			……		
		人民币	外币	小计	人民币	外币	小计	人民币	外币	小计
1	总投资									
1.1	建设投资									
1.2	建设期利息									
1.3	流动资金									
2	融资									
2.1	项目资本金									
2.1.1	用于建设投资									
	××方									
	……									
2.1.2	用于流动资金									
	××方									

续表

序号	项目	合计			1			……		
		人民币	外币	小计	人民币	外币	小计	人民币	外币	小计
	……									
2.1.3	用于建设期利息									
	××方									
	……									
2.2	债务资金									
2.2.1	用于建设投资									
	××借款									
	××债券									
	……									
2.2.3	用于建设期利息									
	××借款									
	××债券									
	……									
2.3	其他资金									
	×××									
	……									

注：1. 本表按新增投资范畴编制。
2. 本表建设期利息一般可包括其他融资费用。
3. 对既有法人项目，项目资本金中可包括新增资金和既有法人货币资金与资产变现或资产经营权变现的资金，可分别列出或加以文字说明。

各年建设投资借款确定后，应作为建设期利息估算表中的当期借款，估算建设期利息。然后将估算的"建设期利息"记入项目总投资使用计划与融资表中，从而完成总投资的估算。

建设期利息估算表见表2-5。

表2-5 建设期利息估算表 （人民币单位：万元）

序号	项目	合计	建设期					
1	借款							
1.1	建设期利息							
1.1.1	期初借款余额							
1.1.2	当期借款							
1.1.3	当期应计利息							
1.1.4	期末借款余额							
1.2	其他融资费用							
1.3	小计（1.1+1.2）							

续表

序号	项目	合计	建设期			
2	债券					
2.1	建设期利息					
2.1.1	期初债务余额					
2.1.2	当期债务金额					
2.1.3	当期应计利息					
2.1.4	期末债务余额					
2.2	其他融资费用					
2.3	小计（2.1+2.2）					
3	合计（1.3+1.3）					
3.1	建设期债务合计（1.1+2.1）					
3.2	建设期债务合计（1.2+2.2）					

注：1. 本表适用于新设法人项目与既有法人项目的新增建设投资的估算。
2. 原则上应分别估算外币和人民币债务。
3. 如果有多种借款和债券，必要时应分别列出。
4. 本表与借款还本付息计划表可二表合一。

② 建设项目成本估算。估算项目总成本费用，首先需要利用外购原材料费估算表、外购燃料及动力费估算表、工资及福利费用估算表、固定资产折旧费估算表以及无形资产和其他资产摊销估算表分别估算外购原材料费、外购燃料及动力费、工资及福利费、固定资产折旧费以及无形资产和其他资产摊销费，然后选用生产要素法（见表2-6）或生产成本加期间费用法，估算总成本费用，同时估算项目经营成本、固定成本和变动成本。

表2-6　总成本费用估算表（生产要素法）　　　　　　　　　　　　　　（人民币单位：万元）

序号	项目	合计	计算期			
1	外购原材料费					
2	外购燃料及动力费					
3	工资及福利费					
4	修理费					
5	其他费用					
6	经营成本（1+2+3+4+5）					
7	折旧费					
8	摊销费					
9	利息支出					
10	总成本费用（6+7+8+9）					
	其中：固定成本					
	其中：变动成本					

注：本表适用于新设法人项目与既有法人项目的"有项目""无项目"和增量成本费用的估算。

③ 建设项目营业收入、营业税金及附加估算。项目营业收入、营业税金及附加估算可参照表 2-7 进行。

表 2-7 营业收入、营业税金及附加和增值税估算表　　　　　　　　　　（人民币单位：万元）

序号	项目	合计	计算期				
1	营业收入						
1.1	产品 A 营业收入						
	单价						
	数量						
	销项税金						
	……						
1.2	产品 B 营业收入						
	单价						
	数量						
	销项税金						
	……						
2	营业税与附加						
2.1	营业税						
2.2	消费税						
2.3	城市维护建设税						
2.4	教育费附加						
3	增值税						
	销项税额						
	进项税额						

注：1. 本表适用于新设法人项目与既有法人项目的"有项目""无项目"和增量的营业收入、营业税金与附加和增值税估算。

2. 根据行业或产品的不同可增减相应税收科目。

（3）建设项目盈利能力分析。根据项目经济评价的内容，项目盈利能力分析分为融资前盈利能力分析和融资后盈利能力分析两种。

① 融资前盈利能力分析。融资前盈利能力分析是在不考虑债务融资条件下，从项目投资总获利能力角度，考察项目方案设计的合理性。融资前分析计算的相关指标，应作为初步投资决策与融资方案研究的依据和基础。在项目建议书阶段，可只进行融资前分析。

融资前盈利能力分析应以动态分析为主，静态分析为辅。动态分析是以营业收入、建设投资、经营成本和流动资金的估算为基础，考察整个计算期内现金流入和现金流出，编制项目投资现金流量表，计算项目投资财务内部收益率和财务净现值，以及动态投资回收期。静态分析是指计算静态投资回收期（Pt）指标，用以反映回收项目投资所需要的时间。

根据分析角度不同，融资前分析可选择计算所得税前指标和（或）所得税后指标。所得税前指标是投资盈利能力的完整体现，用以考察由项目方案设计本身所决定的财务盈利能力，它不受融资方案和所得税政策变化的影响，仅仅体现项目方案本身的合理性，可以作为初步投资决策的主要指标，用于考察项目是否基本可行，并值得去为之融资。这里的"初步"是相对而言的,意指根据该指标投资者可以做出项目实施后能实现投资目标的判断,此后再经过融资方案的比选分析,有了较为满意的融资方案后,投资者才能决定最终出资。所得税前指标还特别适用于建设方案设计中的方案比选。因此,所得税前指标受到项目有关各方(项目发起人、项目业主、项目投资人、银行和政府管理部门)的广泛关注。所得税后分析是所得税前分析的延伸,由于所得税作为现金流出,可用于判断项目投资对企业价值的贡献,因此是企业投资决策依据的主要指标。

② 融资后盈利能力分析。融资后盈利能力分析是指以设定的融资方案为基础,考察项目在具体融资条件下,资本金和投资各方的盈利能力。盈利能力分析应先进行融资前分析,在融资前分析结论满足要求的情况下,初步设定融资方案,再进行融资后分析。融资后分析用于比选融资方案,帮助投资者做出融资决策。

融资后盈利能力分析包括动态分析和静态分析两种。动态分析包括下列两个层次:

a. 项目资本金现金流量分析。应在拟订的融资方案下,从项目资本金出资者整体的角度,确定其现金流入和现金流出,编制项目资本金现金流量表,计算项目资本金财务内部收益率指标,考察项目资本金可获得的收益水平。

b. 投资各方现金流量分析。应从投资各方实际收入和支出的角度,确定其现金流入和现金流出,分别编制投资各方现金流量表,计算投资各方的财务内部收益率指标,考察投资各方可能获得的收益水平。当投资各方不按股本比例进行分配或有其他不对等的收益时,可采用投资各方现金流量分析。

静态分析系指不采取折现方式处理数据,依据利润与利润分配表计算项目资本金净利润率(ROE)和总投资收益率(ROI)指标,静态盈利能力分析可根据项目的具体情况选做。

③ 盈利能力分析报表的编制。财务盈利能力分析涉及利润与利润分配表、项目投资现金流量表、项目资本金现金流量表和投资各方现金流量表。通过盈利能力分析报表,计算项目盈利能力分析评价指标。

利润与利润分配表如表2-8所示,反映项目计算期内各年营业收入、营业税金及附加、总成本费用、利润总额、所得税及税后利润的分配情况。

表2-8 利润与利润分配表 (人民币单位:万元)

序号	项目	合计	计算期				
1	营业收入						
2	营业税金及附加						
3	总成本费用						
4	补贴收入						
5	利润总额(1-2-3+4)						
6	弥补以前年度亏损						
7	应纳所得税额(5-6)						
8	所得税						
9	净利润(5-8)						
10	期初未分配利润						

续表

序号	项目	合计	计算期					
11	可供分配的利润（9+10）							
12	提取法定盈余公积金							
13	可供投资者分配的利润（11-12）							
14	应付优先股股利							
15	提取任意盈余公积金							
16	应付普通股股利（13-14-15）							
17	各投资方利润分配							
	其中：××方							
	其中：××方							
18	未分配利润（13-14-15-17）							
19	息税前利润（利润总额＋利息支出）							
20	息税折旧摊销前利润（息税前利润＋折旧＋摊销）							

注：1. 对于外商出资项目，由第11项减去储备基金、职工奖励与福利基金和企业发展基金后，得出可供投资者分配的利润。

2. 第14～16项根据企业性质和具体情况选择填列。

3. 法定盈余公积金按净利润计提。

依据利润与利润分配表，并借助现金流量表可计算项目资本金净利润率（ROE）、总投资收益率（ROI）等指标。

项目投资现金流量表如表2-9所示，该表不分资金来源，以全部投资为基础，用以计算财务内部收益率、财务净现值及投资回收期等评价指标，考察项目全部投资的盈利能力。

表2-9 项目投资现金流量表 （人民币单位：万元）

序号	项目	合计	计算期					
1	现金流入							
1.1	营业收入							
1.2	补贴收入							
1.3	回收固定资产余值							
1.4	回收流动资金							
2	现金流出							
2.1	建设投资							
2.2	流动资金							
2.3	经营成本							
2.4	营业税金及附加							

续表

序号	项目	合计	计算期				
2.5	维持运营投资						
3	所得税前净现金流量（1−2）						
4	累计所得税前净现金流量						
5	调整所得税						
6	所得税后净现金流量（3−5）						
7	累计所得税后净现金流量						

计算指标：
项目投资财务内部收益率（所得税前）/%
项目投资财务内部收益率（所得税后）/%
项目投资财务净现值（所得税前）ic/%
项目投资财务净现值（所得税后）ic/%
项目投资回收期（所得税前）/年
项目投资回收期（所得税后）/年

注：本表适用于新设法人项目与既有法人项目的增量和"有项目"的现金流量分析。

调整所得税是以息税前利润为基数计算的所得税，区别于利润与利润分配表、项目资本金现金流量表和财务计划现金流量表中的所得税。

a. 现金流入为营业收入、补贴收入、回收固定资产余值、回收流动资金四项之和。其中，产品营业收入来自"营业收入、营业税金及附加和增值税估算表"；固定资产余值为"固定资产折旧费估算表"中计算期末固定资产净值；流动资金回收额为项目全部流动资金。回收固定资产余值和流动资金均在计算期最后一年。

b. 现金流出主要包括建设投资、流动资金、经营成本、营业税金及附加，如果运营期内需要发生设备或设施的更新费用（记作维持运营投资），也应作为现金流出。其中，建设投资来源于"建设投资估算表"，包含固定资产投资方向调节税，但不含建设期利息；流动资金取自"流动资金估算表"中各年流动资金当期增加额；营业税金及附加来自"营业收入、营业税金及附加和增值税估算表"，包含营业税、消费税、城市维护建设税和教育费附加。

为了体现与融资方案无关的要求，各项现金流量的估算中都需要剔除利息的影响。例如采用不含利息的经营成本作为现金流出，而不是总成本费用；在流动资金估算、经营成本中的修理费和其他费用估算过程中应注意避免利息的影响等。

c. 项目计算期各年的净现金流量为各年现金流入量与现金流出量之差，各年累计净现金流量为本年及以前各年净现金流量之和。

d. 表 2-9 中"调整所得税"应根据息税前利润（EBIT）乘以所得税率计算。原则上，息税前利润的计算应完全不受融资方案变动的影响，即不受利息多少的影响，包括建设期利息对折旧的影响（因为折旧的变化会对利润总额产生影响，进而影响息税前利润）。但如此一来将会出现两个折旧和两个息税前利润（用于计算融资前所得税的息税前利润和利润表中的息税前利润）。为简化起见，当建设期利息占总投资比例不是很大时，也可按利润表中的息税前利润计算调整所得税。

所得税前分析和所得税后分析的现金流入完全相同，但现金流出略有不同，所得税前分析不将所得税作为现金流出，所得税后分析视所得税为现金流出。

融资前分析所编制的项目投资现金流量与融资条件无关，依赖数据少，报表编制简单，但其分析结论可满足方案比选和初步投资决策的需要。如果分析结果表明项目效益符合要求，再考虑融资方案，继续进行融资后分析；如果分析结果不能满足要求，可以通过修改方案设计完善项目方案，必要时甚至可据此做出放弃项目的建议。

项目资本金现金流量表见表2-10，该表以投资者的出资额作为计算基础，从项目权益投资者整体的角度，考察项目自有资金的盈利能力。

a. 本表中现金流入各项与"项目投资现金流量表"完全相同。

b. 从项目投资主体的角度看，投资借款是现金流入，但同时借款用于项目投资，二者相抵，对净现金流量无影响，故表中投资只有项目资本金。由于现金流入是项目全部投资所得，所以需将借款本金偿还及借款利息支付计入现金流出。

该表将各年投入项目的项目资本金作为现金流出，各年缴付的所得税和还本付息也作为现金流出，因此其净现金流量表示缴税和还本付息后的剩余。计算得出的项目资本金内部收益率反映投资者整体权益的盈利能力，体现了一定融资方案下，投资者整体所能获得的权益性收益水平。该指标可用来对融资方案进行比较和取舍，是投资者整体做出最终融资决策的依据，也可进一步帮助投资者最终决策出资。

表2-10 项目资本金现金流量表 （人民币单位：万元）

序号	项目	合计	计算期					
1	现金流入							
1.1	营业收入							
1.2	补贴收入							
1.3	回收固定资产余值							
1.4	回收流动资金							
2	现金流出							
2.1	项目资本金							
2.2	借款本金偿还							
2.3	借款利息支付							
2.4	经营成本							
2.5	营业税金及附加							
2.6	所得税							
2.7	维持运营投资							
3	净现金流量（1-2）							

计算指标：
资本金财务内部收益率/%

注：1. 项目资本金包括用于建设投资、建设期利息和流动资金的资金。
2. 对外商投资项目，现金流出中应增加职工奖励及福利基金科目。
3. 本表适用于新设法人项目与既有法人项目"有项目"的现金流量分析。

一般情况下，投资各方按股本比例分配利润和分担亏损及风险，投资各方的收益率是相同的，没有必要计算投资各方的财务内部收益率。在按契约式合资合作建设项目情况下，投资各方不按股本比例进行分配，或者虽按股权式合资合作建设项目，但存在股权之外的不对等收益时，投资各方的收益率才会有所差异，此时常常需要计算投资各方的内部收益率，反映投资各方的收益水平。根据投资各方的内部收益率可以判断各方收益是否均衡，或者其非均衡程度是否在一个合理的范围内，这有助于促成投资各方在合作、合资谈判中达成平等互利的协议。

投资各方财务现金流量表见表2-11。该表分别以投资各方的出资额作为计算基础，编制各方的财务现金流量表，分别反映投资各方投资的盈利能力。

编制各方的财务现金流量表，分别反映投资各方投资的盈利能力。

表2-11　投资各方财务现金流量表　　　　　　　　　　　　　　　　　　（人民币单位：万元）

序号	项目	合计	计算期			…	
1	现金流入						
1.1	实分利润						
1.2	资产处置收益分配						
1.3	租赁费收入						
1.4	技术转让或使用收入						
1.5	其他现金流入						
2	现金流出						
2.1	实缴资本						
2.2	租赁资产支出						
2.3	其他现金流出						
3	净现金流量（1-2）						

计算指标：
投资各方财务内部收益率/%

注：本表可按不同投资方分别编制。

投资各方现金流量表既适用于内资企业也适用于外商投资企业，既适用于合资企业也适用于合作企业。

投资各方现金流量表中现金流入是指出资方因该项目的实施将实际获得的各种收入；现金流出是指出资方因该项目的实施将实际投入的各种支出。表2-11中科目应根据项目具体情况调整。

实分利润是指投资者由项目获取的利润。

资产处置收益分配是指对有明确的合营期限或合资期限的项目，在期满时对资产余值按股比或约定比例的分配。

租赁费收入是指出资方将自己的资产租赁给项目使用所获得的收入，此时应将资产价值作为现金流出，列为租赁资产支出科目。

技术转让或使用收入是指出资方将专利或专有技术转让或允许该项目使用所获得的收入。

经济评价中，一般将内部收益率的判别基准（ic）和计算财务净现值的折现率采用同一数值，可采用 ic 计算的 FNPV 对项目效益进行判断，当 FIRR $\geq$ ic 或 FNPV $\geq$ 0 时，项目可行。

作为项目投资判别基准的基准收益率或计算财务净现值的折现率，应主要依据"资金机会成本"和"资金成本"确定，并充分考虑项目可能面临的风险，依据项目投资目标、投资人偏好、项目隶属行业确定。实际工作中，应根据项目的性质使用行业基准收益率，或参考主管部门发布的基准收益率。折现率的取值应十分谨慎，因为折现率的微小差异，会带来净现值数以万计的差异。

在判别基准的设定中是否考虑价格总水平变动因素，应与指标计算时对价格总水平变动因素的处理相一致。在项目投资现金流量表的编制中，一般不考虑价格总水平变动因素，所以在判别基准的设定中通常要剔除价格总水平变动因素的影响。

在判别基准的设定中是否考虑所得税因素，应与指标的内涵相对应。设定所得税前指标判别基准时，应含所得税；而设定所得税后指标判别基准时，应剔除所得税。

项目资本金内部收益率的判别基准是项目投资者整体对投资获利的最低期望值，亦即最低可接受收益率。当计算的项目资本金内部收益率大于或等于该最低可接受收益率时，说明投资获利水平大于或达到了要求，是可以接受的。最低可接受收益率的确定主要取决于当时的资本收益水平以及投资者对权益资金收益的要求。它与资金机会成本和投资者对风险的态度有关。

对静态分析指标的判断，如项目资本金净利润率（ROE）、总投资收益率（ROI），应按不同指标选定相应的参考值（企业或行业的对比值）。当静态分析指标分别符合其相应的参考值时，则认为盈利能力满足要求。如果不同指标得出的判断结论相反，应通过分析原因，得出合理的结论。

（4）建设项目偿债能力分析。对于筹措债务资金的项目，偿债能力是指项目对偿还到期债务的承受能力或保证程度。偿债能力是反映企业财务状况和经营能力的重要标志。进行偿债能力分析，需要编制借款还本付息计划表、资产负债表，同时借助利润与利润分配表，通过计算利息备付率、偿债备付率和资产负债率等指标，分析判断财务主体的偿债能力。

偿债能力分析报表的编制。借款还本付息计划表见表 2-12 所示。

表 2-12 投资各方财务现金流量表 （人民币单位：万元）

序号	项目	合计	计算期					
			1	2	3	4	……	n
1	借款 1							
1.1	期初借款余额							
1.2	当期还本付息							
	其中：还本							
	其中：付息							
1.3	期末借款余额							
2	借款 2							
2.1	期初借款余额							
2.2	当期还本付息							
	其中：还本							

续表

序号	项目	合计	计算期					
			1	2	3	4	……	n
	其中：付息							
2.3	期末借款余额							
3	债券							
3.1	期初债务余额							
3.2	当期还本付息							
	其中：还本							
	其中：付息							
3.3	期末债务余额							
4	借款和债券合计							
4.1	期初余额							
4.2	当期还本付息							
	其中：还本							
	其中：付息							
4.3	期末余额							
计算指标	利息备付率 /%							
	偿债备付率 /%							

注：1. 本表与"建设期利息估算表"可合二为一。

2. 本表直接适用于新设法人项目，如有多种借款和债券，必要时应分别列出。

3. 对于既有法人项目，在按"有项目"范围进行计算时，可根据需要增加项目范围内原有借款的还本付息计算；在计算企业层次的还本付息时，可根据需要增加项目范围外借款的还本付息计算；当简化直接进行项目层次新增借款还本付息计算时，可直接按新增数据进行计算。

4. 本表可另加流动资金借款的还本付息计算。

资产负债表如表 2-13 所示，反映项目计算期内各年年末资产，负债和所有者权益的增减变化及对应关系，以考察项目资产、负债、所有者权益的结构是否合理，用以计算资产负债率、流动比率及速动比率，进行偿债能力分析。

表 2-13 资产负债表

编制单位：　　　　　　　　　年　　月　　　　　　　　　人民币单位：万元

资产	行次	年初数	期末数	负债及所有者权益	行次	年初数	期末数
流动资产：				流动负债：			
货币资金	1			短期借款	46		
交易性金融资产	2			应付票据	47		
应收票据	3			应付账款	48		
应收股利	4			预收账款	49		
应收利息	5			其他应付款	50		
应收账款	6			应付工资	51		
其他应收款	7			应付福利费	52		
预付账款	8			未交税金	53		
存货	9			未付利润	54		
一年内到期的非流动资产	10			其他未交款	55		
其他流动资金	11			预提费用	56		

续表

资产	行次	年初数	期末数	负债及所有者权益	行次	年初数	期末数
流动资产合计	12						
非流动资产:				一年内到期的长期负债	57		
可供出售金融资产	14			其他流动负债	58		
持有出售金融资产	15						
持有至到期投资	16						
投资性房地产	20			流动负债合计	65		
长期投资:				长期负债:			
长期投资	21			长期借款	66		
固定资产				应付债券	67		
固定资产原价	24			长期应付款	68		
减：累计折旧	25			其他长期负债	69		
固定资产净值	26			其中：住房周转金	70		
固定资产清理	27						
在建工程	28						
待处理固定资产净值	29			长期负债合计	76		
				递延税项:			
固定资产合计	35			递延税款贷项	77		
无形资产及递延资产							
无形资产	36			负债合计	80		
递延资产	37			所有者权益:			
				实收资本	81		
无形资产及递延资产合计	40			资本公积	82		
其他长期资产:				盈余公积	83		
其他长期资产	41			其中：公益金	84		
递延税项:				未分配利润	85		
递延税款借项	42						
				所有者权益合计	88		
资产总计	45			负债及所有者权益总计			

注：1. 对外商投资项目，盈余公积改为累计储备基金和企业发展基金。

2. 对既有法人项目，一般只针对法人编制，可根据需要增加科目，此时表中实收资本指企业全部实收资本，包括原有和新增实收资本。必要时，也可针对"有项目"范围编制。此时表中实收资本仅指"有项目"范围的对应数值。

3. 货币资金包括现金和累计盈余资金。

4. 资产由流动资产、在建工程、固定资产净值、无形及其他资产净值四项组成。流动资产来自"流动资金估算表"，固定资产净值和无形及其他资产净值取自"固定资产折旧费估算表"和"无形及其他资产摊销估算表"。

5. 负债包括流动负债和长期负债。流动负债中的应付账款数据可由"流动资金估算表"直接取得。流动资金借款和其他短期借款两项流动负债及长期借款均指借款余额，需根据"资金来源与运用表"中的对应项及相应的本金偿还项进行计算。

6. 所有者权益包括实收资本、资本公积、盈余公积及未分配利润。其中，未分配利润可直接由"利润及利润分配表"取得；盈余公积也可由"利润及利润分配表"中盈余公积金项计算各年份的累计值，但应根据有无用盈余公积金弥补亏损或转增资本金的情况进行相应调整；实收资本为项目投资中累计自有资金（扣除资本溢价），当存在资本公积或盈余公积转实收资本的情况时应进行相应调整；资本公积为累计资本溢价及赠款，转增实收资本时进行相应调整。

7. 资产负债表应满足等式：

$$资产 = 负债 + 所有者权益$$

（5）财务生存能力分析。财务生存能力分析也称资金平衡分析，旨在分析建设项目在整个计算期内的资金平衡程度，判断项目财务持续生存能力。进行财务生存能力分析，需要编制财务计划现金流量表，根据项目计算期内各年经营活动、投资活动、筹资活动所产生的现金流入和流出，计算各年的净现金流量和累计盈余资金，分析建设项目是否有足够的净现金流量维持正常运营，实现项目财务可持续性。

① 财务生存能力分析。项目的财务生存能力通过经营净现金流量和各年累计盈余资金具体判断。

a. 拥有足够的经营净现金流量。这是财务可持续的基本条件。一个项目具有较大的经营净现金流量，说明项目方案比较合理，实现自身资金平衡的可能性大，不会过分依赖短期融资来维持运营；反之，一个项目不能产生足够的经营净现金流量，或经营净现金流量为负值，说明维持项目正常运行会遇到财务上的困难，项目方案缺乏合理性，有可能要靠短期融资来维持运营；而非经营项目如本身无能力实现自身资金平衡，提示要靠政府补贴。

b. 各年累计盈余资金不出现负值。这是财务生存的必要条件。在整个运营期间，允许个别年份的净现金流量出现负值，但不能容许任一年份的累计盈余资金出现负值。一旦出现负值时应适时进行短期融资。较大的或较频繁的短期融资，有可能导致以后的累计盈余资金无法实现正值，致使项目难以持续运营。

② 财务生存能力分析报表的编制。财务计划现金流量表是财务生存能力分析的基本报表，其编制基础是经济评价辅助报表和利润与利润分配表。

财务计划现金流量表如表 2-14 所示，反映项目计算期内各年的资金盈余或短缺情况，用于选择资金筹措方案，制定适宜的借款及还款计划，并为编制资产负债表提供依据。

表 2-14　财务计划现金流量表　　　　　　　　　　　　　　　　　　　　　　（人民币单位：万元）

序号	项目	合计	计算期					
1	经营活动净现金流量（1.1-1.2）							
1.1	现金流入							
1.1.1	营业收入							
1.1.2	增值税销项税额							
1.1.3	补贴收入							
1.1.4	其他流入							
1.2	现金流出							
1.2.1	经营成本							
1.2.2	增值税进项税额							
1.2.3	营业税金及附加							
1.2.4	增值税							
1.2.5	所得税							
1.2.6	其他流出							
2	投资活动净现金流量（2.1-2.2）							

续表

序号	项目	合计	计算期				
2.1	现金流入						
2.2	现金流出						
2.2.1	建设投资						
2.2.2	维持运营投资						
2.2.3	流动资金						
2.2.4	其他流出						
3	筹资活动净现金流量（3.1-3.2）						
3.1	现金流入						
3.1.1	项目资本金流入						
3.1.2	建设投资借款						
3.1.3	流动资金						
3.1.4	债券						
3.1.5	短期借款						
3.1.6	其他流入						
3.2	现金流出						
3.2.1	各种利息支出						
3.2.2	偿还债务本金						
3.2.3	应付利润（股利分配）						
3.2.4	其他流出						
4	净现金流量（1+2+3）						
5	累计盈余资金						

注：1. 对于新设法人项目，本表投资活动的现金流入为零。
2. 对于既有法人项目，可适当增加科目。
3. 必要时，现金流出中可增加应付优先股股利科目。
4. 对外商投资项目应将职工奖励与福利基金作为经营活动现金流出。

（6）项目敏感性分析与风险分析。

① 建设项目敏感性分析与风险分析的内容。

a. 建设项目敏感性分析的内容。敏感性分析通常是改变一种或多种不确定因素的数值，计算其对项目效益指标的影响，通过计算敏感度系数和临界点，估算项目效益指标对它们的敏感程度，进而确定关键的敏感因素。通常将敏感性分析的结果汇总于敏感性分析表，也通过绘制敏感性分析图显示各种因素的敏感程度并求得临界点。最后对敏感性分析的结果进行分析，并提出减轻不确定因素影响的措施。

敏感性分析包括单因素敏感性分析和多因素敏感性分析。单因素敏感性分析是指每次只改变一个因素的数值来进行分析，估算单个因素的变化对项目效益产生的影响。多因素分析则是同时改变两个或两个以上因素进行分析，估算多因素同时发生变化的影响。为了找出关键的敏感因素，通常多进行单因素敏感性分析。必要时，可以同时进行单因素敏感性分析和多因素敏感性分析。

b.建设项目风险分析的内容。风险分析是识别风险因素、估计风险概率、评价风险影响并制定风险对策的过程。

建设项目风险分析的内容包括风险识别、风险评估和制定风险防范对策。

风险识别。建设项目风险识别就是要识别影响建设项目结果的各种不确定因素，并从这些因素中找出那些有潜在不利后果的风险因素。建设项目风险主要来源于宏观经济、市场、项目自身、项目环境这四大方面。

常见的风险识别方法有系统分解法、流程图法、头脑风暴法和情景分析法，由于篇幅所限，具体做法可查阅有关书籍。

建设项目风险识别的步骤为：

一是明确风险分析所指向的预期目标；

二是找出影响预期目标的各种不确定性因素；

三是分析各因素对预期目标的影响程度；

四是根据各因素向不利方向变化的可能性进行分析、判断，确定主要风险因素。

风险评估。在风险识别的基础上，根据风险对建设项目影响程度和风险发生的可能性，一般可以将风险划分为一般风险、较大风险、严重风险和灾难性风险四个等级。风险评估就是通过特定的风险评估方法，识别出项目面临的主要风险因素及风险等级，以便制定出相应的风险对策，减少投资决策的失误。

风险防范对策。

一是风险回避。风险回避是彻底规避风险的一种做法，是从根本上放弃使用有风险的资源、技术、设计方案等。需要指出，回避风险对策，在某种程度上意味着丧失项目可能获利的机会，因此只有当风险因素可能造成的损失相当严重或者采取措施防范风险的代价过于昂贵、得不偿失的情况下，才应采用风险回避对策。例如，在项目实施过程中不采用不成熟的技术，就是一种项目风险回避的措施。

二是风险控制。风险控制也称为风险的减轻与化解，它是对可控制的风险，提出降低风险发生可能性和减少风险损失程度的措施，并从技术和经济结合的角度论证拟采取控制风险措施的可行性与合理性。风险控制是一种主动、积极的风险对策。例如，当施工过程中，可能出现不同工种施工冲突风险，可以采用及时沟通、消除矛盾的方法来解决。

三是风险转移。风险转移是通过某种方式将某种风险的后果连同对风险应对的权力和责任转移给其他人，转移本身并不能消除风险，只是将风险管理的责任和可能从该风险管理中所能获得的利益转移给了他人，项目管理者不再直接地面对被转移的风险。例如，通过合同或购买保险将项目风险转移给分包商或保险商的办法就属于这类措施。

四是风险自留。风险自留是指将项目风险保留在风险管理主体内部，通过采取内部控制措施等来化解风险或者对这些保留下来的项目风险不采取任何措施。例如，已知有风险存在，但为了获得高额利润回报，甘愿冒险的项目，或者风险损失较小，可以自行承担风险损失的项目，可采取此方法。

② 建设项目敏感性分析与风险分析方法。敏感性分析与风险分析两者的目的是共同的，都是识别、分析、评价影响项目的主要因素，以防范不利影响，从而提高项目的成功率。两

者的主要区别在于分析方法的不同，敏感性分析是对投资项目受不确定因素的影响进行分析，并粗略地了解项目的抗风险能力，其主要方法是敏感性分析，《建设项目经济评价方法与参数》也将盈亏平衡分析归为敏感性分析；而风险分析则要对投资项目的风险因素和风险程度进行识别和判断，主要方法有概率树分析、蒙特卡罗模拟（Monte-Carlo simulation）等。

a. 敏感性分析的方法与步骤。

确定敏感性分析指标。敏感性分析指标，就是指敏感性分析的具体对象。常用的敏感性分析指标有内部收益率、净现值、投资利润率、投资回收期等。

选取不确定因素，设定其变化幅度和范围。所谓不确定因素，是指在预计的可能变化范围内将较强影响经济效益指标值，或在确定性经济评价中所用数据的准确性把握不大的因素，如产品销量、售价、经营成本、项目建设年限、折现率、投资额等。例如，对于产品主要供应国际市场的项目，产品销售受国际市场供求的影响大，且难以控制，因此产品销售量将构成项目的不确定因素，需重点加以分析。

计算不确定因素的变动对分析指标的影响程度。计算方法是在固定其他变量因素的条件下，按预定的变化幅度来变动某些不确定因素，计算其变动对经济评价指标的影响程度（变化率），并按对应关系，绘成图或列成表。

找出敏感因素。根据不确定因素的变动幅度与经济评价指标变动率的一一对应关系，可比较出对经济评价指标影响最强的因素，即为建设项目的敏感因素。在实际工作中，可运用敏感性分析图来显示敏感因素。

综合分析，选择敏感程度小的方案。

b. 风险分析的方法。

风险分析流程。项目风险分析是认识项目可能存在的潜在风险因素，估计这些因素发生的可能性及由此造成的影响，研究防止或减少不利影响而采取对策的一系列活动，它包括风险识别、风险估计、风险评价与对策研究四个基本阶段。风险分析所经历的四个阶段，是从定性分析到定量分析，再从定量分析到定性分析的过程。

风险识别。风险因素识别首先要认识和确定项目究竟可能存在哪些风险因素，这些风险因素会给项目带来什么影响，具体原因又是什么。在对风险特征充分认识的基础上，识别项目潜在的风险和引起这些风险的具体风险因素，只有首先把项目主要的风险因素揭示出来，才能进一步通过风险评估确定损失程度和发生的可能性，进而找出关键风险因素，提出风险对策。

风险因素识别应注意借鉴历史经验，特别是后评价的经验。同时可运用"逆向思维"方法来审视项目，寻找可能导致项目"不可行"的因素，以充分揭示项目的风险来源。

风险识别的目的和规范。

一是风险识别的目的。风险识别（Risk Identification）是风险分析的基础，作为风险分析的第一步，其目的在于：

对项目产生重要影响的风险，按照风险来源和特征进行风险分类。项目风险有其自身的特征，要根据这些特征来识别风险因素。

分析这些风险产生的原因或是发生的条件。每个风险都存在自己的原因，要仔细检查引起这些风险的具体因素。

寻找风险事件，即风险的直接表现。检查风险事件的后果以及表现，决定应对策略，衡量风险处理的成本。

明确风险征兆，即风险发生的间接表现。作为风险预警的重要信号，可以提前采取措施，防范风险或减轻风险的不利影响。

二是风险识别的规范。项目的风险识别是风险分析过程中比较耗费时间和费用的阶段。特别是对于公共投资项目具有更多的特殊性，面临更多的新情况，存在技术、经济、社会、环境等各个方面的风险因素，从中筛选出主要风险因素更加困难。为此，需要建立风险识别规范：

建立规范化的风险识别框架，明确风险识别的范围和流程，以提高效率、降低成本、节约时间。国外许多组织都建立了风险识别的规范框架，制定了风险管理标准。如英国国防部（MoD，Ministry of Defence）在1992年即发布了国防项目采购风险管理系列指南，包括风险管理手册、风险快速识别清单和风险调查问卷，为风险管理和识别提供了规范性框架，大大提高了风险分析的效率。

选择合理、恰当的风险识别方法，既要经济，又要可靠。随着风险管理的发展，出现了众多的风险识别方法，各自具有不同的特点和适用条件，满足不同类型项目的风险识别的需要。

组建多专业的风险识别小组。识别内部和外部的风险需要分析者富有经验，具备创建性和系统的观念，但由于个人知识、经验和视野的局限性，较好的方法是选择若干相关专业领域的专家，组成一个风险分析小组来进行风险识别。

三是风险识别的流程。确定目标。即确定风险分析的范围和目标。

选择方法。根据项目所在行业、区域和自身的特点，以及相关数据资料的可得性，选择恰当的风险识别方法。

收集资料。收集与项目相关的资料，包括项目本身的有关市场、技术、财务等资料，类似项目的资料，以及对项目构成影响的环境、政策和社会等方面的信息。

识别风险。组织项目组或是专家组进行风险的识别，筛选主要风险，分析风险发生的原因和表现，编写风险识别报告，对主要风险进行分类，提出风险分析的下一步计划。

四是风险识别的主要方法。

投资项目可行性研究阶段涉及的风险因素较多，各行业和项目又不尽相同。风险识别要根据行业和项目的特点，采用适当的方法进行。风险识别要采用分析和分解原则，把综合性的风险问题分解为多层次的风险因素。常用的方法包括解析法、风险结构分解法、专家调查法、故障树、事件树、问卷调查和情景分析法等。下面主要介绍解析法、风险结构分解法、专家调查法。

解析法。解析法是将一个复杂系统分解为若干子系统进行分析的常用方法，通过对子系统的分析进而把握整个系统的特征。例如，市场风险可以细分为如下的子风险：

经济风险。如全球或区域性的经济萧条带来需求的低增长或负增长，导致购买力低下，从而影响项目产品或服务的消费需求。

政策风险。如国家产业政策、技术政策、土地政策等调整，对部分投资过热行业的行政管制，银行相应控制信贷，导致一些正在建设的项目资金供应中断，面临资金短缺的风险。

技术风险。由于技术的不断创新，新产品的不断出现，致使原有产品生命周期缩短。

管理风险。如项目组织管理不善、项目团队缺乏经验、主要管理者流失等问题，带来项目管理的风险。

经营风险。如竞争者采用新的竞争策略，或是有新的竞争者加入同一目标市场，导致市场竞争格局发生重大变化，导致企业的市场份额下降等。

消费风险。如消费态度、消费习惯和消费方式的变化，将影响产品销售。

以上因素将影响投资项目产出的数量或价格，并影响项目的销售收入，进而影响项目的盈利能力和正常运营。

解析方法有多种具体途径，基于影响图（Influence Diagram）的解析方法为风险识别提供了更系统的观察风险源对项目目标影响的逻辑过程。使风险分析专业人员能够更好地理解风险过程，全面识别项目风险。

风险结构分解法。风险结构分解法（RBS，Risk Breakdown Structure）是在解析法基础上发展出来的，是风险识别的主要方法之一。2002 年，赫尔森（D. Hillson）博士按照美国项目管理学会的工作分解法（WBS，Work Breakdown Structure）原理，研究提出了风险结构分解法。其定义为："一种基于原因或来源对风险进行垂直分类的方法，它可以描述和组织项目的全部风险，每深入一个层次表示项目风险来源描述的进一步详细和明确。"它是将一个复杂系统分解为若干子系统进行分析的常用方法，是一种风险来源的递阶层次分解结构，通过对子系统的分析进而把握整个系统的特征，可以帮助项目分析人员和决策者更好地了解和分析项目潜在的风险，并全面地把握项目的整体风险。

从规范风险识别的角度，美国项目管理学会风险管理研究兴趣小组提出了一种通用的风险分解结构框架，如表 2-15 所示。它适用于任何组织的任何类型和任何性质的项目，如工业制造、公共设施和商业项目等。包括三个层次：第一层，分为管理风险、外部风险和技术风险三类；第二层，管理风险包括来自企业和客户或利益相关者的风险，外部风险包括自然环境风险、文化风险和经济风险，技术风险包括需求、性能、能力风险，共 8 种风险；第三层，包括 31 个风险。

表 2-15 通用的项目风险分解结构

层次	层次一	层次二	层次三
项目风险	管理风险	企业	历史/经验/文化
			组织稳定性
			财务
			其他
		客户或利益相关者	历史/经验/文化
			合同
			需求稳定性
			其他
	外部风险	自然环境	物质环境
			项目地点
			当地服务
			其他

续表

层次	层次一	层次二	层次三
项目风险	外部风险	文化	政治
			法律/行政管制
			兴趣群体
			其他
		经济	劳动力市场
			劳动条件
			金融市场
			其他
	技术风险	需求	范围不确定
			使用条件
			复杂性
			其他
		性能	技术成熟性
			技术局限性
			其他
		能力	组织经验
			个人能力及组合
			物质资源
			其他

表2-15因为通用性，没有考虑具体项目自身的特点，难以真正应用于具体项目的风险分析。在实际工作中，必须根据项目的具体情况进行设计。

专家调查法。专家调查法是基于专家的知识、经验和直觉，通过发函、开会或其他形式向专家进行调查，发现项目潜在风险，对项目风险因素及其风险程度进行评定，将多位专家的经验集中起来形成分析结论的一种方法。它适用于风险分析的全过程，包括风险识别、风险估计、风险评价与风险对策研究。由于专家调查法比一般的经验识别法更具客观性，因此应用更为广泛。

专家调查法有很多，其中头脑风暴法、德尔菲法、风险识别调查表、风险对照检查表（Check-list）和风险评价表是最常用的几种方法。

主要风险。一般来说，投资项目的风险主要从以下几个方面进行识别：

市场风险；

技术与工程风险；

组织管理风险；

政策风险；

环境与社会风险；

其他风险。

风险估计。风险估计是在风险识别之后，主要是对风险事件发生可能性的估计、风险事件影响范围的估计、风险事件发生时间的估计和风险后果对项目严重程度的估计。投资项目涉及的风险因素有些是可以量化的，可以通过定量分析的方法进行分析；同时客观上也存在着许多不可量化的风险因素，它们有可能给项目带来更大的风险，有必要对不可量化的风险因素进行定性描述。因此风险估计应采取定性描述与定量分析相结合的方法，从而对项目面临的风险做出全面的估计。应该注意到定性与定量不是绝对的，在深入研究和分解之后，有些定性因素可以转化为定量因素。

风险估计的方法包括风险概率估计方法和风险影响估计方法两类，前者分为主观估计和客观估计，后者有概率树分析、蒙特卡罗模拟等方法。

风险估计的主要方法：

一是概率树分析：概率树分析是借助现代计算技术，运用概率论和数理统计原理进行概率分析，求得风险因素取值的概率分布，并计算期望值、方差或标准差和离散系数，表明项目的风险程度。

概率分析的理论计算法。由于项目评价中效益指标与输入变量（或风险因素）间的数量关系比较复杂，概率分析的理论计算法一般只适用于服从离散分布的输入与输出变量。

二是蒙特卡罗模拟：蒙特卡罗模拟又称计算机随机模拟方法。它是以概率统计理论为基础的一种方法。

当所求问题的解是某个事件的概率，或者是某个随机变量的数学期望，或者是与概率、数学期望有关的量时，通过某种试验的方法，得出该事件发生的频率，或者该随机变量若干个具体观察值的算术平均值，通过它得到问题的解。这就是蒙特卡罗模拟的基本思想。

③ 建设项目风险防范。通过项目风险监控，把握工程项目风险的现状，了解工程项目风险应对措施的实施效果、有效性，以及出现哪些新的风险事件。在风险监控的基础上，应针对发现的问题，及时采取措施。这些措施包括：权变措施、纠正措施以及提出项目变更申请或建议等。并对工程项目风险重新进行评估，对风险应对计划作重新调整。

在风险被辨识、估计和分析评价后，就可以考虑各种风险的处理方法。风险的防范手段多种多样，主要有风险回避、风险控制、风险转移、风险自担、风险分散、风险合并、风险修正等方法。

（7）建设项目盈亏平衡分析的内容。

① 内容。盈亏平衡分析是在一定市场和经营管理条件下，根据达到设计生产能力时的成本费用与收入数据，通过求取盈亏平衡点，研究分析成本费用与收入平衡关系的一种方法。随着相关因素的变化，企业的盈利与亏损会有个转折点，称为盈亏平衡点（BEP，Break-even Point）。在这一点上，销售收入（扣除销售税金与附加）等于总成本费用，即刚好盈亏平衡。

盈亏平衡分析可以分为线性盈亏平衡分析和非线性盈亏平衡分析，投资项目决策分析与评价中一般仅进行线性盈亏平衡分析。

盈亏平衡点的表达形式有多种，可以用产量、产品售价、单位可变成本和年总固定成本等绝对量表示，也可以用某些相对值表示。投资项目决策分析与评价中最常用的是以产量和生产能力利用率表示的盈亏平衡点，也有采用产品售价表示的盈亏平衡点。

② 线性盈亏平衡分析的方法。

a. 进行线性盈亏平衡分析要符合以下四个条件：

产量等于销售量，即当年生产的产品（扣除自用量）当年完全销售。

产量变化，单位可变成本不变，从而总成本费用是产量的线性函数。

产量变化，产品售价不变，从而销售收入是销售量的线性函数。

只生产单一产品，或者生产多种产品，但可以换算为单一产品计算，也即不同产品负荷率的变化是一致的。

b. 盈亏平衡点可以采用公式计算法，也可以采用图解法求取。

公式计算法。盈亏平衡点计算公式：

BEP（生产能力利用率）＝年总固定成本/（年销售收入－年总可变成本－
年销售税金与附加）×100%　　　　　　　　（2-1）

BEP（产量）＝年总固定成本/（单位产品价格－单位产品可变成本－单位产品
销售税金与附加）＝BEP（生产能力利用率）× 设计生产能力　　（2-2）

BEP（产品售价）＝（年总固定成本/设计生产能力）＋单位产品可变成本＋
单位产品销售税金与附加　　　　　　　　　　（2-3）

注：以上计算公式中的收入和成本均为不含增值税销项税额和进项税额的价格（简称不含税价格）。如采用含税价格，式（2-1）分母中应再减去年增值税；式（2-2）分母中应再减去单位产品增值税，式（2-3）中应加上单位产品增值税。

图解法。盈亏平衡点可以采用图解法求得，见图 2-2。

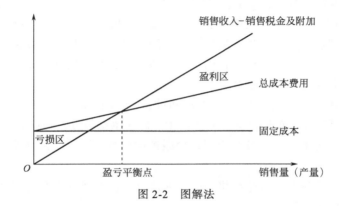

图 2-2　图解法

图中销售收入线（如果销售收入和成本费用都是按含税价格计算的，销售收入中还应减去增值税）与总成本费用线的交点即为盈亏平衡点，这一点所对应的产量既为 BEP（产量），也可换算为生产能力利用率。

c. 盈亏平衡分析注意要点。

盈亏平衡点应按项目达产年份的数据计算，不能按计算期内的平均值，这是由于盈亏平衡点表示的是相对于设计生产能力下，达到多少产量或负荷率才能盈亏平衡，或为保持盈亏平衡最低价格是多少，故必须按项目达产年份的销售收入和成本费用数据计算，如按计算期内的平均数据计算，就失去了意义。

当计算期内各年数值不同时，最好按还款期间和还完借款以后的年份分别计算。即便在达产后的年份，由于固定成本中的利息各年不同，折旧费和摊销费也不是每年都相同，所以成本费用数值可能因年而异，具体按哪一年的数值计算盈亏平衡点，可以根据项目情况进行选择。一般而言，最好选择还款期间的第一个达产年和还完借款以后的年份分别计算，以便分别给出最高的盈亏平衡点和最低的盈亏平衡点。

2.4.6　项目融资方案

建设项目融资是指建设项目的主体根据其建设活动和资金结构的需要，通过一定的筹资渠道，采取适当的方式获取所需资金的各种活动的总称。这里的建设项目主体包括政府部门、企事业单位及个人。

2.4.6.1 融资的分类

建设项目融资可按照所筹资金性质、资金使用期限、是否通过金融机构和资金的追索性分类。

（1）按照所筹资金的性质。按照所筹资金的性质，建设项目融资分为权益融资和债务融资。

权益融资是指资金占有者以所有者身份投入建设项目的方式进行筹资。权益资金又称为自有资金，一般不用还本。权益资金形成企业的"所有者权益"和项目的"资本金"。权益资金可以通过吸收股东直接投资、发行股票等方式筹措。

债务融资是指项目投资中以负债方式从金融机构、证券市场等资本市场取得资金的方式。债务资金到期要还本付息，因此也称为借入资金。债务资金可通过银行借款、发行债券、商业信用和融资租赁等方式筹措。

（2）按资金使用期限。按资金使用期限，建设项目融资分为长期融资和短期融资。

长期资金是指建设项目的主体购置或者建设固定资产、无形资产或进行长期投资而筹集的并且使用期限在一年以上的资金。长期资金可通过吸收直接投资、发行股票、发行长期债券、长期借款、融资租赁等方式筹得。

短期资金是指建设项目主体因季节性或临时性资金需求而筹集并且使用期限在一年以内的资金。短期资金可以通过短期借款、商业信用、商业票据等方式筹得。

（3）按是否通过金融机构。按是否通过金融机构进行融资，项目融资可分为直接筹资和间接筹资。

直接筹资是指不经过银行等金融机构，直接从资金占有者手中筹集资金。发行股票、债券、票据等都属于直接融资方式。

间接筹资是指借助银行等金融机构进行的融资，如银行借款、融资租赁、保险、信托等融资方式。

（4）按资金的追索性。按照资金所有者对资金的追索权不同，可以分为企业融资和项目融资。

企业融资也叫公司融资，指依赖于一家现有企业的资产负债表及总体信用状况（通常企业涉及多种业务及资产），为企业（包括项目）筹集资金。以企业融资方式为项目筹措资金属于追索权融资，即当该项目的净运营收益不能满足合同规定的报偿或偿还贷款资金时，可追索企业其他项目、业务收益及资产来偿还。

对于项目融资时通过某一项目的期望收益或现金流量、资产和合同权益而进行的融资，债权人的追索权仅限于该项目本身，而不能追索债务人其他项目的资产及业务收益，此类情况属于无追索权或有限追索权融资。为一个项目单独成立的项目公司，通常采用项目融资的方式。

2.4.6.2 资本金制度

资本金是指项目总投资中，由投资者认缴的出资额，对项目来说是非负债资金，项目法人不承担这部分资金的任何利息和债务；投资者可按照其出资比例依法享有所有者权益，也可转让其出资,但一般不得以任何形式抽回。

为了建立投资风险约束机制,有效地控制投资规模,提高投资效益,国务院对经营性项目实行资本金制度,规定了经营性项目的建设都要有一定数额的资本金,并提出了各行业投资项目资本金的最低比例要求。

国家根据经济形势发展和宏观调控所需,适时调整固定资产投资项目最低资本金比例。根据《国务院关于调整和完善固定资产投资项目资本金制度的通知》(国发〔2015〕51 号),各行业的固定资产投资项目资本金最低比例详见表 2-16 所示。

表 2-16　各行业固定资产投资项目的最低资本金比例

序号	投资行业		项目最低资本金比例 /%
1	城市和交通基础设施项目	① 城市轨道交通项目	20
		② 港口、沿海及内河航运、机场项目	25
		③ 铁路、公路项目	20
2	房地产开发项目	① 保障性住房和普通商品住房项目	20
		② 其他项目	25
3	产能过剩行业项目	① 钢铁、电解铝项目	40
		② 水泥项目	35
		③ 煤炭、电石、钛合金、烧碱、焦炭、黄磷、多晶硅项目	30
4	其他工业项目	① 玉米深加工项目	20
		② 化肥(钾肥除外)项目	25
5		电力等其他项目	20

投资项目资本金的具体比例,由负责项目审批单位根据投资项目的经济效益及银行贷款意愿和评估意见等情况,在审批可行性研究报告时核定。

项目的资本金可以用货币出资,也可以用实物、工业产权、非专利技术、土地使用权作价出资。作为资本金的实物、工业产权、非专利技术、土地使用权,必须经过有资格的资产评估机构按照法律、法规评估作价,不得高估或低估。以工业产权、非专利技术出资的比例不得超过投资项目资本金总额的 20%,国家对采用高新技术成果有特别规定的除外。

2.4.6.3　项目资本金筹措

项目资本金是指由项目权益投资人以获得项目财产权和控制权的方式投入的资金。资本金的筹措方式一般包括股东直接投资、发行股票、政府投资等。

(1) 股东直接投资。股东直接投资包括政府授权投资机构入股资金、国内外企业入股资金、社会团体和个人入股的资金以及基金投资公司入股的资金,分别构成国家资本金、法人资本金、个人资本金和外商资本金。

(2) 发行股票。股票是股份公司发给股东作为已投资入股的证书和索取股息的凭证,是可作为买卖对象或抵押品的有价证券。按股东承担风险和享有权益的大小,股票可分为普通股和优先股两大类。

(3) 政府投资。政府投资包括加强公益性和公共基础设施建设,保护和改善生态环境,促进欠发达地区的经济和社会发展，推进科技进步和高新技术产业发展。分别采取直接投资、资本金注入、投资补助、转贷和贷款贴息等方式。政府投资在项目评价中应根据自己投入的不同情况进行不同的处理：

① 全部使用政府直接投资的项目，一般为非经营性项目，不需进行筹资方案分析。

② 以资本金注入方式投入的政府投资资金，在项目经济评价中视为权益资金。

③ 以投资补助、贷款贴息等方式投入的政府投资资金，在项目经济评价中视为现金流入，应根据具体情况分别处理。

④ 以转贷方式投入的政府投资资金（统称国外贷款）在项目经济评价中视为债务资金。

2.4.6.4 项目负债筹资

项目的负债是指项目承担的能够以货币计量且需要以资产或者劳务偿还的债务。它是项目筹资的重要方式，一般包括信贷、债券、租赁等筹资方式。

（1）信贷方式筹资。信贷方式筹资可分为商业银行贷款、政策性银行贷款和外国政府贷款等。

（2）债券方式筹资。债券是企业为取得资金而发行的借款凭证，是企业承诺在规定的日期按规定的利率支付债券利息，并按特定日期偿还本金的一种债权、债务证书。债权人无权参与公司管理，但优先于股东分红而取得利息，可在企业破产时优先收回本金。

（3）租赁方式筹资。所谓租赁，是出租人和承租人之间订立契约，由出租人应承租人的要求，购买其所需的设备，在一定时期内供其使用，并按期收取租金。租赁期间设备的产权属于出租人，用户只有使用权，且不得中途解约。期满后，承租人可以从以下的处理方法中选择：

① 将所租设备退还出租人；

② 延长租期；

③ 作价购进所租设备；

④ 要求出租人更新设备，另订租约。

采用租赁的方式，虽然比直接购买设备的费用要高，但它却具有用户不必在设备上一次投入大笔资金、可及时利用先进设备、加速企业技术进步等优点，是企业通常采用的一种灵活的筹资方式。

2.5 决策阶段投资管控的工作流程

（1）编制项目建议书阶段。

① 进行投资机会研究。

② 进行投资估算。

③ 进行融资。

④ 进行经济初步评价（需说明经济评价的基本依据）。

经济初步评价包括：说明经济评价的价格水平、主要参数及评价准则，项目总投资，资金来源和条件；说明各项财务支出，构成项目成本的各项费用；初估项目收入；简述项目利润分配原则；提出财务初步评价指标。若需要融资，还需简述还贷资金来源，预测满足贷款偿还条件的物品价格。对项目的财务可行性进行初步评价。

（2）可行性研究阶段。

① 进行市场预测。市场预测包括：市场现状调查、产品供需预测、价格预测、竞争力与营销策略、市场风险分析。

② 进行投资估算。投资估算内容包括：投资估算范围与依据、建设投资估算、流动资金估算、总投资额及分年投资计划。

③ 融资分析。融资包括融资组织形式选择、资本金筹措、债务融资、融资方案分析。

④ 经济评价。经济评价包括经济评价基础数据与参数选取、销售收入与成本费用估算、经济评价报表、盈利能力分析、偿债能力分析、敏感性分析、经济评价结论。

（3）项目评估。本阶段需进行项目敏感性分析和风险分析。

（4）决策审批。流程如图 2-3 所示。

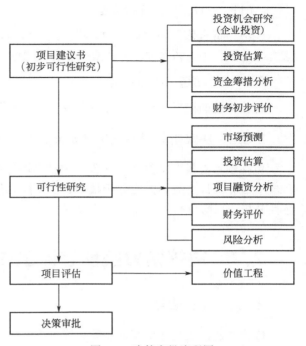

图 2-3 决策审批流程图

2.6 决策阶段投资管控工作的输入和输出

2.6.1 相关依据和制度

2.6.1.1 项目投资估算依据

建设项目投资估算的基础资料与依据主要包括以下几个方面。

（1）行业部门资料：

① 《投资项目可行性研究指南》；

② 《建设项目经济评价方法与参数》（第三版）、《建设项目投资估算编审规程》（CECA/GC 1—2015）、《建设工程造价咨询规范》(GB/T 51095—2015)；

③ 有关机构发布的建设工程造价费用构成、估算指标、计算方法，以及其他有关工程造价的文件；

④ 有关机构发布的工程建设其他费用估算方法和费用标准，以及物价指数；

⑤ 部门或行业制定的投资估算方法和估算指标。

（2）建设项目资料：

① 拟建项目的建设方案确定的各项工程建设内容及工程量；

② 拟建项目所需设备、材料的市场价格；

③ 投资人的组织机构、经营范围、财务能力等；

④ 根据不同行业项目的特殊要求需要的其他相关资料；

⑤ 全过程工程咨询单位的知识和经验。

2.6.1.2 项目经济评价依据

经济评价是依据国家现行的财税政策、价格体系、市场状况等条件，主要依据如下：国家有关法律、法规和文件，公司或企业有关规定和文件，有关参考信息、资料来源。

2.6.1.3 价值工程的依据

价值工程的依据包括可行性研究报告、方案设计资料。

2.6.2 决策阶段投资管控的成果清单

包括项目总投资估算成果文件、项目经济评价（包括建设项目总投资估算文件、建设项目成本估算文件、盈利能力分析报表、偿债能力分析报表、财务生存能力分析报表、项目敏感性分析与风险分析等）、价值工程方案。

2.7 决策阶段投资管控工作的质量标准

2.7.1 投资估算

依据《建设工程造价咨询成果文件质量标准》CECA/GC 7—2012。

2.7.1.1 投资估算成果文件的组成和要求

（1）投资估算编制的成果文件应包括投资估算书封面、签署页、目录、编制说明、投资估算汇总表、单项工程投资估算表等，但对于与项目建议书或可行性研究一起装订的成果文件，可不单设封面、目录和签署页。

（2）投资估算书封面应包括项目名称、编制单位名称和编制日期，并应加盖有企业名称、资质等级、证书编号的工程造价咨询企业执业印章。成果文件名称应为××工程投资估算。

（3）签署页应包括工程名称及编制人、审核人、审定人和法定代表人或其授权人的姓名。编制人、审核人、审定人应在签署页加盖执业（或从业）资格专用印章，法定代表人或其授权人应在签署页签字或盖章。

（4）投资估算编制说明应阐述工程概况、编制范围、编制方法、编制依据、不包括的范围、主要技术经济指标、有关参数和率值选定、投资分析，以及特殊问题的说明等。

（5）投资估算汇总表纵向应分解到单项工程费用，并应包括工程建设其他费用、预备费、建设期贷款利息。生产经营性项目需要估算流动资金的，还应包括流动资金。投资估算汇总表横向应分解到建筑工程费、设备及工器具购置费、安装工程费和其他费用。编制人、审核人、审定人应在投资估算汇总表加盖具有编号的执业或从业印章。

（6）可行性研究阶段的投资估算应编制单项工程投资估算表，单项工程投资估算表纵向应分解到主要单位工程，横向应分解到建筑工程费、设备及工器具购置费、安装工程费。单项工程投资估算表应有编制人、审核人、审定人的署名。

（7）可行性研究阶段的投资估算工程建设其他费用应分项详细计算，可在投资估算汇总表分项编制，也可单独编制工程建设其他费用估算表。

（8）投资估算编制的成果文件相关表式可依据行业特点参考《建设项目投资估算编审规程》（CECA/GC 1—2015）附录编制或自行设计。

2.7.1.2 过程文件的组成和要求

（1）投资估算编制的过程文件应包括工程造价咨询合同，工作计划或实施方案，编制人的编制工作底稿，审核人的审核工作底稿，审定人的审定工作底稿，与投资估算成果文件形成相关的电子版文件，有关设计方案、工程量确定的设计交底和会议纪要，有关价格或费率确定的文件，编制过程中使用、借阅或移交的资料清单等。

（2）编制人的工作底稿应包括工程量计算书、询价记录、参数或率值计算及确定的过程文件等。审核人和审定人的工作底稿应包括工程量计算或复核书、价格审核记录、参数或率值计算及审核记录等。

（3）投资估算使用或移交的资料清单应明确文件存档或移交的单位、时间，其内容包括项目建议书或可行性研究报告、设计文件、地质资料、与工程建设其他费用确定相关的合同或协议、有关会议纪要、影响工程造价的其他相关资料和其他计价依据等。

2.7.1.3 质量评定标准

（1）投资估算成果文件的格式应符合《建设项目投资估算编审规程》（CECA/GC 1—2015）"成果文件的组成和要求"的相关规定。

（2）投资估算的编制方法、编制深度等应符合《建设项目投资估算编审规程》（CECA/GC 1—2015）的有关规定。

（3）在相同口径下，项目建议书阶段建设项目投资估算的综合误差率应小于15%。

（4）在相同口径下，可行性研究阶段建设项目投资估算的综合误差率应小于10%。

根据《建设项目全过程造价咨询规程》（CECA/GC 4—2017），决策分析与评价不同阶段对投资估算的精度要求见表2-17。

表2-17 决策分析与评价不同阶段对投资估算的精度要求

序号	项目决策分析与评价的不同阶段	允许误差率
1	建设项目规划阶段	±30% 以内
2	项目建议书（投资机会研究）阶段	±30% 以内
3	初步可行性研究阶段	±20% 以内
4	可行性研究阶段	±10% 以内

2.7.2 项目经济评价的质量标准

（1）盈利能力分析应通过编制全部现金流量表、自有资金现金流量表和损益表等基本财务报表，计算财务内部收益率、财务净现值、投资回收期、投资收益率等指标进行定量判断。

（2）清偿能力分析应通过编制资金来源与运用表、资产负债表等基本财务报表，计算借款偿还期、资产负债率、流动比率、速动比率等指标进行定量判断。

（3）敏感性分析应通过盈亏平衡分析、敏感性分析等方法来进行定量判断。

（4）风险分析应通过风险识别、风险估计、风险评价与风险应对等环节，进行定性与定量分析。

2.7.3 项目融资方案的质量标准

评价融资方案的质量主要包括如下几个方面：成本、风险、期限、取得的便利性、稳定性、转换弹性以及各种附加的约束性条款等。

2.8 决策阶段投资管控的进度标准

大中型项目的机会研究所需时间在 1～3 个月，所需费用占投资总额的 0.2%～1%。初步可行性研究所需时间大致为 4～6 个月，所需费用约占投资总额的 0.25%～1.25%。大型项目可行性研究工作所花费的时间为 8～12 个月，中小型项目可行性研究所花费的时间为 4～6 个月，所需费用约占投资总额的 1%～3%。

第3章

建设实施阶段投资管控

3.1 设计阶段投资管控

3.1.1 设计阶段投资管控的重要性

对国内外工程实践及造价资料的分析表明,在方案设计阶段,影响项目投资的可能性为75%～90%,在初步设计阶段,影响项目投资的可能性为35%～75%。

在建设项目的工作分解结构中,建设项目的设计阶段是决定建筑产品价值形成的关键阶段,它对建设项目的建设工期、工程造价、工程质量以及建成后能否产生较好的经济效益和使用效益,起到决定性的作用。因此设计阶段的投资管控是非常重要的。

3.1.2 设计阶段投资管控的工作内容和流程

(1)编制与审核初步设计概算。编制或审核建设项目、单项工程、单位工程设计概算以及调整概算。

(2)根据经批准的建设项目设计概算,参照项目招标策划,将设计概算值分解到各标段中,作为各招标标段的参考造价控制目标。

(3)根据建设项目设计概算、已确定的项目实施计划和招标策划,编制建设项目资金使用计划书。

(4)协助限额设计,为设计优化提供多方案经济比选。协助设计处理好工程技术先进性、经济合理性之间的关系,采用合理有效的经济评价指标体系和分析方法对单项工程或单位工程设计进行多方案经济比选,提交优化设计经济比选报告。通过限额设计有效控制工程造价。

（5）施工图预算的编制与审核。根据已批准的建设项目设计概算的编制范围、工程内容、确定的标准编制施工图预算，将施工图预算值控制在已批准的设计概算范围内，与设计概算存在偏差时，在施工图预算书中予以说明，需调整概算的告知委托人并报原审批部门核准。

3.1.3 设计优化与成本优化

3.1.3.1 建筑设计与经济的关系

（1）建筑设计的基本目标。建筑是人类利用自然资源、运用人类智慧和所掌握的科学技术建造的满足人类各种活动的人工环境，而建筑设计就是联系和综合上述各种要素，通过对功能、技术、经济、社会等方面要求的综合考虑，最大限度地满足人类活动的需要，它是一个涉及工程技术、自然资源、人类文化、社会经济等因素的系统工程。

因此，建筑设计的目标是一个多元的目标体系，其中包括功能目标、技术目标、经济目标、社会目标、生态目标等。在各个目标之间，存在着相互联系、相互制约、相互协调、平衡发展的基本关系。对拟建项目产品方案、技术方案、设备选型、项目地址、公用设施、运输、三废治理、建筑安装工程和总图等方面从技术经济角度所作出的具体安排。设计方案的提出与选定，必须以整个项目的投资效益为基础，力争以最少的劳动耗费和最短的建设工期，实现既定的投资目标。设计方案的各个环节，要在实现投资目标的前提下，互相协调、互相衔接。

设计师在进行建筑设计时，首先要根据我国的国情及投资者的利益，综合各种因素，制定出设计的基本目标系统，再从这些基本目标出发，分析它们的基本构成情况和相互关系，进而建立起设计目标的基本标准，最终形成优秀方案的选择标准。一个拟建项目可采用的设计方案可以是多种多样的。因此，在可行性研究中，应视具体情况进行多方案比较。多方案比较可以就整个设计方案，也可以就设计方案的某一环节或某方面的内容而定。由于每个设计方案的技术经济特征不同，因而在进行方案比较时主要比较相同需要的不同方案的经济效果。在方案比较中，消耗量的计算必须采用统一的计算原则和方法。同时，还应考虑时间因素的可比条件。

① 功能目标。建筑的功能目标是指建筑体现其使用价值的本质内容，也是建筑设计最直接的设计目标。建筑设计必须以符合或满足建筑的基本使用功能为出发点，进行相关因素的统筹组合，以满足符合建筑性质、建筑用途的功能要求。

广义的功能目标既包括建筑应当提供的各种使用要求，也包括人在使用建筑的过程中产生的艺术审美方面的精神要求。同时，也应兼顾该建筑在所处环境中所构成的景观效果对城市（或地段）整体空间环境所构成的视觉影响，这种影响是伴随着该建筑的寿命而长期存在的，并有某种强制性，因为人们不可能对其视而不见，其影响范围超越了实际使用该建筑的个体，是所有能看见它的群体，因此也应对其予以充分的注意。

狭义的功能目标则是指对各种不同的建筑实际所提出的具体使用要求，例如交通类建筑，如火车站、汽车站、客运码头、飞机场等，商业服务类建筑如商场、旅馆等，科研教育类建筑如实验楼、教学楼，居住类建筑如普通住宅、高级别墅等，因其各自的目标人群和使用性质的不同，而又有各自不同的功能目标，建筑设计必须充分考虑不同的功能目标的特性，保证这些功能目标的实现。

② 技术目标。建筑作为一个物质实体，需要依靠技术的基本手段加以实现。因此，建筑设计在满足建筑的基本功能目标的同时，应当寻求先进合理的技术措施，充分达到建筑技术手段与建筑功能目标的和谐一致。

建筑设计作为技术资源向建筑空间体系转化的桥梁，应当充分重视工程技术与建筑空间建构这二者之间的相互辩证关系。良好的建筑空间体系的确立，需要有合理有效的技术体系作为支撑；同理，先进而有效的技术措施也可以促进人类对建筑空间体系的完美创造与高效利用。诚然，技术的发展相对来说总是要滞后于人们对于建筑空间所不断提出的设想和要求的发展速度，建筑技术正是在不断满足这些新的要求的动力的驱使之下一步一步向前发展的，而在其发展、成熟的过程中，也总是要以经济基础作为支撑的。需要特别重视的是，我们既不能超越现有经济条件的限制去追求某些新的、尚不完全成熟的技术体系，也不能墨守成规、不思进取，完全受制于现有技术体系的约束而影响建筑的功能目标的实现。

③ 经济目标。建筑设计的经济合理性是建筑设计中应遵循的一项基本原则，也是在建筑设计中要同时达到的目标之一。由于可用资源的有限性，要求建设投资的合理分配和高效性。这就要求建筑设计工作者要根据社会生产力的发展水平、国家的经济发展状况、人民生活的现状等因素，确定建筑的合理投入和建造所要达到的建设标准，力求在建筑设计中做到以最小的资金投入去获得最大的使用效益。

在建筑设计过程中把技术问题与经济指标结合起来，通过技术分析、经济比较、效果评价等方式，有助于正确处理先进技术与经济合理这两者之间的对立统一关系。技术先进与经济合理看似一对矛盾，但并非不可协调。关键在于设计者是否能够充分认识二者之间的关系。只要设计者注意把控制工程造价的观念渗透到设计阶段的各个环节，切实评估先进技术的经济合理性，同时又能够实事求是地在经济合理的基础上大胆运用先进的技术，就有可能真正达到建筑设计的经济目标。

④ 社会目标。建筑环境是人类在其中休养生息、发展壮大的场所，建筑便成为人类社会生活的主要载体之一。建筑设计就是合理配置各种资源、运用人类所掌握的技术手段去创造与人类社会生活相适应的人为环境的过程，因此，人类活动的社会性决定了建筑的社会性目标。

人类作为一个生存群体，其活动以社会的形式组织起来，并以集体的力量对其生存环境做出创造性的改造。今天的城市和建筑已反映出人类庞大复杂的社会组织和丰富多彩的社会文化，那么作为创造环境主要手段的建筑设计，其目标就是要使建筑形态充分适应人类活动的这种社会化组织方式，对人类的生产、生活等行为进行空间上的有效组织和管理；协调和平衡不同阶层的利益，并在空间、环境方面保障人类活动的不断发展。同时，建筑作为人类活动物质功用和思想观念的物化形式，建筑设计也追求一种对人类创造力和精神审美的充分表达的社会目标。

⑤ 生态目标。在当今社会经济和技术正发生巨大变化的背景下，人们在创造环境时都不得不进一步深入思考未来的发展趋势：如何尽可能地节省自然资源？如何保护人类赖以生存的环境？这种趋向在建筑设计中自然成为其努力的主要目标之一。

在发达的工业化国家，近40%的能源是在建筑中消耗的。而经过粗略的估算，其中的2/3到3/4是可以通过正确的、理想的建筑措施节省下来的。这不仅对建筑设备技术具有新的意义,而且给建筑设计带来新概念——新技术和高品质的建筑设计可以融为一体。

在从建筑设备和建筑本身挖掘潜力的同时,建筑的使用者也发挥着重要作用,通过对舒适性要求和建筑功能用途的适当调整以及有意识的运行管理,可以大大减少建筑投资和能源消耗。因此,通过有效的设计,可以实现建筑的生态化目标。

(2)建筑设计与经济的关系。建筑巨大的物质消耗在对建筑经济性提出要求的同时,也对建筑设计提出了经济合理性的要求,使建筑设计在经济条件的制约下进行。但是,建筑可以通过有效的设计方法,在建筑的总体布局、功能配置、空间组合和技术选择等方面进行优化设计,以有限的经济条件达到建筑的建设要求,或在限定的经济条件下创造出较多的使用价值。

建筑设计的经济合理性要求在遵循"适用、经济、安全、美观"要求的前提下,根据社会主义市场经济发展的需要、人民生活水平的现状以及建筑材料的供应情况、建筑施工技术水平,用较少的资金投入获得尽可能多的使用效益;或在相同劳动消耗下获得最佳的使用效果,使建筑设计达到艺术性与经济性的统一。

① 经济条件对建筑设计的制约作用。自从人类开始进行建筑活动以来,经济条件就表现出强烈的制约作用。无论建筑的具体表现形式如何,无论建筑的等级高低如何,都离不开人力资源与物质资源的支撑,而这两项资源又离不开经济条件的制约。因此,建筑也不得不受到经济条件的制约。不管业主有何宏图大志,不管建筑师有何奇思妙想,都不可能脱离具体的经济条件去加以实现。

② 影响建筑设计经济合理性的现象与原因。影响建筑设计经济合理性的现象与原因大致有以下几个方面:

a. 闭门造车,产生错、漏、补,使工程造价出现"三超"。现在工程大部分是概算超估算、预算超概算、决算超预算。产生这种现象的一个主要原因是设计中的错、漏、补;另外还存在建设单位为了争取立项或为应付上级审批人为压价而造成"三超"的现象。有的设计人员知识更新慢,对当前科技飞速发展的情况不清楚,选用设备过时。有些是设计中的一些错误在施工过程中暴露出来,必须补充、变更、修改设计。有些甚至出现事故,要返工补强。

b. 设计华而不实,片面追求美、奇、怪及奢华高档,忽视经济、适用、美观的原则。

c. 工程技术与经济观念相分离。某些工程技术人员的技术水平、工作能力、知识储备等并不差,但他们缺乏经济观念,导致设计思想保守,认为降低项目投资与己无关,是财会人员的职责。有的人只图自己省事,在设计中不注重价值工程的运用,不作多方案比较,而是一方案定"终身";有些即使作多方案比较,也只注重造型和使用功能,而忽视经济方面的比较。此外,政府对设计的审查、监督也不到位,设计方案或图纸出来后,建设单位及有关政府部门所组织的审查,大都只注重技术性而忽视经济性。

3.1.3.2 建筑设计方案优化

(1)优化设计让建筑价值最大化。当下的行业共识,也是伴随设计而生的专业要求,符合规范要求的设计都是"可行的",而未必是"最优的"。设计优化就是在所有"可行的"方案中寻找一个相对"最优的"方案。

即便如此,大量的片面的理解、错误的说法,也仍然充斥在我们的身边,特别是很多的成本人士在工作中都曾面临设计优化推进的尴尬，如"结构设计是一个严肃的事情，安全第一，不能为了省钱而降低安全系数"，这尴尬里面，既有我们面对设计领域专业性较强的客观困难，也有我们对于设计领域知之甚少、甚浅的主观原因。

其实，设计优化最早是伴随价值工程起源于国外。而关于结构设计，艾拉普工程顾问公司的创始人、英国结构工程师艾拉普说过："结构设计是一门艺术，没有唯一解。只有不断地探索去寻找相对的最佳，而无绝对的最优。"

在我国，1973 年中科院资深院士、计算力学工程结构优化设计的开拓者钱令希教授发表了《结构优化设计的近代发展》，吹响了国内结构优化设计研究的一个进军号。

台湾成功大学建筑系林宪德教授讲：当你要做一个真正绿色的东西，第一个需要做的是压缩你的设计余量。结构优化也就是为此在结构方面做出了很大的尝试。

在我国新的绿色建筑评价标准当中，结构设计优化被提升为节材部分的最重要的内容。详见《绿色建筑评价标准》GB/T 50378—2014 第 7.2.2 条。

有专家这样形象地评价设计优化的意义："明明这个人只有 1.7 米的身高，却给他做了适合 1.75 米身高人穿的衣服，虽然也能穿，但是造成浪费。量体裁衣，这种节省是切切实实的。"

建筑设计方案优化是从多种方案中选择最佳方案的设计方法。根据设计所追求的性能目标，建立目标函数，在满足给定的各种约束条件下，寻求最优的设计方案。

（2）局促的设计费和紧迫的时间压力。在建筑设计领域，一种较为普遍的场景是：设计师在局促的设计费和紧迫的时间压力下，将设计规范转换成图纸，只要能按时提交设计，甲方通过，不延误工期即为完成任务，缺失了设计本身的整体规划感和创作感，拿到图纸的甲方亦没有时间比选，开始马不停蹄地建造，投入了大量的成本，却难以成就高品质项目，很可能还会因为选材设备的安排不合理，承担未来高额的运行费用。

（3）优化设计并不是一道算术题，也没有唯一正确的答案。优化是在追求设计水平进一步合理化和进一步提升。有专家说，优化是在基础层面抛弃一些不合理的因素，找到更好的解决方案。是否合理的评判不尽相同，但是对于不同的专业，在不同的项目上目标是一致的。对于甲方来讲就是在保证建筑安全与功能的同时节省成本。

（4）优化的过程，并不是要等发现"病症"去补救，而是必须在设计之前就开始。

有专家比喻，就跟中医治病一样，"上工治未病"，真正的治疗是在生病之前把病诊断出来，建筑也是一样。正是甲方追求工期完工的速度以及对于设计费用的要求，使得设计不能够在甲方预想的时间和费用下做得那么完善，所以需要咨询、优化、设计一起做，需要设计师用智慧和经验去做优化的设计。

（5）建筑优化空间有多大，什么样的建筑需要优化?

有专家认为，常规的建筑，设计开发经验会相对多一些，有比较成熟的做法，优化空间比较少。越复杂的地形、越复杂的使用功能，优化的空间就越大。高层乃至超高层的建筑最有优化空间。

（6）优化三重价值。

① 甲方最关注的就是安全、品质和成本。然而做到三者兼顾并不简单。在提升安全度舒适度的同时，往往会增加成本的投入。而单纯为了减少成本投入，却易导致品质下降。设计师恰恰能够通过优化设计，来保障建筑安全和功能、提升品质并有效控制和减少成本。

② 建设项目前期的设计影响整个项目工程建安投资的 80% 以上。其中（以住宅为例），结构成本分别占到普通住宅和普通公建，建安成本的 70% 以上和 50% 以上。通过实施机电优化，新建建筑可节能 30%～50%，既有建筑可节能 10%～30%。而一个好的消防设计方案能够给甲方带来 3%～15% 的经济效益和更安全的建筑作品，在消防设施上能节约 10%～20% 的工程造价。

（7）跨专业协作，优化前置。优化涵盖的内容很广，是一个涉及建筑、结构、机电、消防等多领域的协调作用的过程。在整个建筑完成的过程中，为了实现建筑整体效果的最大化，就需要跨专业的协作。专家揭示，跨专业配合有一个"躲"和"让"的技巧。"有的设计，设备、机电、结构各占一层空间，层高 4.2 米的建筑，可能做出来的净高只有 2.6 米。没有跨专业的好的配合，既浪费空间、浪费材料，又影响了舒适度。"

（8）打破规范误区，挖掘优化空间。

① 设计规范是设计师创作的标尺，同时也会成为限制发挥的禁锢。这就需要设计师辩证地理解规范。一些新的建筑形式和材料，可能在规范里面并没有明确的说明，因此，照抄照搬规范并不可取。

② 优化，需要设计师创造性地解读和理解规范，而不是死板地在规范束缚下做出不合理高耗能的建筑。有专家认为，辩证地理解规范，不是超越规范，而恰恰是弥补了空白。例如，如果按老规范配变压器、电缆，但是末端是节能灯，资源浪费非常大，因此需要系统化地配置资源。

3.1.3.3 设计优化下的成本优化

根据设计优化的介入设计阶段的时间点，设计优化可分为过程设计优化和结果设计优化。

（1）过程设计优化。在项目方案设计阶段就可介入，在设计过程中通过精细化和专业化的工作模式开展设计优化工作，并与设计同步进行的设计优化方式，其主要服务内容如下。

① 建筑方案设计阶段。

a. 在建筑方案确定阶段对可选建筑方案进行结构可行性评价。

b. 对确定的建筑方案进行结构方案分析，并进行相应的结构试算。

c. 对设计单位提供的地质勘察要求和地质勘察布点图进行审核，并根据项目特点提出相应的地质勘察要求，如地下水位等方面的要求。

d. 在建筑方案深化设计阶段，根据业主要求和项目特点进行相应的结构专题分析，如转换层的设置与否的分析。

e. 可优化的内容：

总图定位：价值差别巨大。总图定位具有极高附加值与技术创意含量，往往关系着项目成败。项目往往需要比较多个总图的经济效益，不同方案的盈利能力往往相差数亿元。

配套及商业优化。

第一，配套面积控制。

优化原理或经验：配套成本都需要由可销售的产品来承担，因此控制配套面积是控制配套成本的最关键点。

成本优化原则：

会所面积优化；
学校面积优化；
物业用房面积优化；
架空层面积优化。
第二，商业。
优化原理或经验：建造的商业面积过多，同时无法实现完全销售无疑是成本的浪费，而且会带来后期长期的维护费用支出，建造的商业面积过少显然不利于实现项目利润的最大化。
成本优化原则：
商业面积控制；
商业布局优化。
组团配置优化。
第一，合理确定组团大小。
优化原理或经验（组团大小对成本的影响要点）：
每个组团一般需要 1～2 个出入口；
每个组团均有围墙；
每个组团均要考虑消防要求；
每个组团出入口均需配备专门的安全管理设施。
现实中的经验是：如果组团布置过小，则上述费用均大幅增加；如果组团布置过大，可能物业服务能力跟不上。
成本优化原则：合理确定组团规模，避免组团规模过小。
第二，合理布置组团出入口。
优化原理或经验：如果能由一个物业管理人员同时管理集中布置的若干个出入口，可以减少后期小区管理费用。
成本优化原则：相对集中布置出入口。
主、客观资源善用。
一是因地制宜量身定制，资源利用最大化。
将景观、朝向、间距、商业界面等资源用足，同时也把道路、噪声、空气和视觉污染等不利因素最小化。
二是教育、交通、医疗等资源利用最大化。
地理位置优越的住宅项目，可以通过做多户数，让更多的人口享受市政资源，从而带来巨大效益。
政府的公共投资是分给邻近业主的福利。在市中心，户型越小，每平方米租金越高。
好的学区房能大幅度提高价格。
另外，还有地铁、高铁甚至高速出口等交通资源，以及医疗、公园等配套都可以通过多设户数提高其价值。
容积率、层数、层高。
一是做够容积率。
由于地价一定，容积率的损失会提高楼面地价，从而损失利润。
提高容积率的办法有：加大进深，精细化日照设计，把东西面宽用足，顶层局部复式，等等。

二是控制建筑层数。

需要注意公共建筑 24m、50m、80m、100m 几个高度，以及住宅建筑 6、11、18、27、33 几个层数，不要因为恰好超过一点而多花冤枉成本。

三是层高优化。

建筑层高直接影响建筑柱、墙体、垂直向管道管线的工程量，一般来说建筑物每增加 0.1m，单层建筑成本增加 2% 左右。在高层建筑中层高的累计则会对建筑的基础产生较大影响。

成本优化原则：控制层高。

车均面积与公摊面积。

一是车均面积，动辄节约上千万成本。

按照每 100m^2 地上面积一个车位估算，如果每个车位 32m^2，则地下车库的面积比例约为 25%，因此，地库的设计是非常重要的，可以说地库是住宅建筑以外的最大建筑类型。

车库需要与地上建筑协调规划设计，哪怕优化出一个车位，也是相当于节省 30 多平方米的面积，或 6 万元以上的造价。

很多项目的车均面积在 40m^2 左右，同样是 1000 个车位，车均面积为 30m^2 和 35m^2 将相差 5000m^2 面积，成本为 1000 万元以上。

合理地库车均面积应该控制在 30m^2 左右。

车库设计需要注意：柱网应合理，车道需两边停车，尽量减少地下停车，尽量抬高车库，避免设计双层地下车库，严格控制设备用房面积，设备用房及楼梯宜集中布置在角落或不宜停车之处。

二是公摊面积，可压缩成千上万平方米。

很多高层住宅户型公摊面积太大，特别是北方户型，核心筒经常是 70～80 多平方米，好的设计都是可以控制在 60m^2 左右。如果每户增加 3m^2 套内面积，则可以把两间卧室的边长拉大 0.4m，原来放不了电视柜或衣柜的卧室就都可以放了，每节约一平方米就可以舒适一间房。

公共建筑售价往往比住宅更高，也同样需要严格控制公摊面积，当然特别追求舒适的除外。

平面优化与精细化。

平面优化中，功能合理化是优化的重点，有的户型一优化就可以多出玄关、卫生间、餐厅等空间，或者提高空间的使用效率，哪怕挪动一处墙体、改变一下开门的位置，都可能大大改善使用效果。另外在形式上也可以结合装修设计。

第一，成熟产品选用。

优化原理或经验：使用成熟产品不仅能够节约时间、提高效率，而且能够大幅度地减少后期的变更签证费用，从而降低产品建造成本。

成本优化原则：尽量选用成熟产品。

第二，可售比控制。

优化原理或经验：未经过市场的科学判断的大赠送面积建筑形式，会出现很大成本风险。

成本优化原则：建筑应该结合地形情况确定赠送面积大小，而不是根据销售提供的建筑赠送面积。对要求随楼附送的面积，应有书面的、科学的市场分析。

门与窗。

减少角部开门，可产生增加数平方米的效果。角部开门会使角部两边墙壁无法摆放家具，如门垛加长到 0.6m 左右，则可以减少一边墙体被门占用，增加可能的家具空间，实现"U"形布局，产生一平方米的使用效果，整套数扇门的改善则相当于增加数平方米的使用效果，这对于小户型的居住非常有利。

卧室两方向开窗，人生三分之一的时间呼吸好空气。可开发产品包括房间百叶门、装饰型排气风扇等。

建筑外观设计。

一是同成本也有天壤之别的效果。

控制外墙表面积，通过设计用普通的材料和工艺实现比较经典的效果。好的建筑形象可以产生大的吸引力，提高收益。

二是艺术化创新的惊艳。

在传统建筑的基础之上，通过设计艺术化创新，基本不增加成本，可以产生很有新意的惊艳效果，甚至可以变普通建筑为旅游景点或历史文物，如上海、天津、武汉租界的欧式建筑，黄山宏村，贵州遵义夜郎城，等等。

三是中国建筑师也能做地标。

南昌华南城 CBD 的优化设计，通过取消规划和建筑单体弧线，节约大量成本和工期，两外观优化方案分别通过"彩色玛瑙塔"和"庐山瀑布"的概念，低成本地实现了美轮美奂的艺术化效果，充满烂漫色彩，达到标志性建筑的目的。

第一，建筑体形。

优化原理或经验：建筑外部体形的长宽比例、对称性以及复杂程度直接影响建筑物结构成本高低，同时建筑体形对节能产生较大影响。

成本优化原则：高层建筑单体应选择对称形式，低层建筑尽量体形简单，考虑抗震及成本要求。

第二，优化外挑外挂构件。

优化原理或经验：合理布置外挑外挂构件能较好地提高产品的品质，烦琐和过分复杂的外挑外挂构件不仅在建筑上显得多余，而且增加成本支出。

成本优化原则：精减过度的外挑外挂构件，形成建筑和成本的双赢。

第三，山地建筑。

优化原理或经验：山地建筑的处理较为复杂，因地制宜是最好的选择。

成本优化原则：

根据山体高差确定产品类型；

山地建筑赠送的地下室面积应根据地形设计而不完全按营销要求。

第四，简化屋顶造型。

优化原理或经验：坡屋面与平屋面、老虎窗与天窗、屋顶上造型构件之间均存在成本差异，如何对比选型应予以考虑。

成本优化原则：既有经济性的比选又满足建筑的要求。

门窗面积优化。

优化原理或经验：同样面积的门窗造价远高于建筑外墙造价，且直接影响建筑能耗。控制门窗面积不仅是控制建筑成本的要求，也是建筑节能的需要。

成本优化原则：

通过节能测算指标来控制窗墙比；

窗地比应不超过同类产品经验值。

栏板栏杆优化。

优化原理或经验：栏杆作为建筑中的重要构件，却往往容易被忽视，一方面应根据产品定位确定栏杆档次，另一方面应尽量使用标准化栏杆，提高采购效率并降低成本。

成本优化原则：

尽量形成标准化栏杆；

栏杆、栏板档次规范化。

外墙装饰优化。

第一，关注外墙装饰档次。

优化原理或经验：鉴于对住宅而言外墙面积约等于建筑面积，外墙材料选型的造价差别对建筑单方造价影响颇大。

成本优化原则：

提供目前不同产品外墙不同做法价格表，以便作为参考；

以成熟产品外墙装饰用材比率作为控制；

关注外墙立面复杂程度，并提出改进建议。

第二，关注外装材料适用性。

优化原理或经验：外墙材料的耐候性直接决定了其使用成本，不是所有的装饰材料均适合在外墙及室外使用，如钢质材料易锈蚀、木质材料易开裂、部分石材易风化等；选择外墙材料时需同时考虑其前期的投入成本和后期的使用维护成本。

成本优化原则：尽量减少后期维护成本较高的外装材料的使用。

阳台露台屋面优化。

优化原理或经验：标准化或有经验的阳台露台做法是首选，这样可减少过程中及事后的损失。

成本优化原则：提供目前不同产品阳台、露台、屋面具体做法及价格表，以便设计时作为参考。

地下室建筑。

地下车库结构复杂，一旦设计存在失误，返工量和更改难度均较大，所造成的无效成本数额也巨大。

第一，地下车库平面布置。

在条件允许的情况下，应尽可能设计成半地下室形式，且地下停车库宜集中布置。

半地下车库尽量减小地下部分埋深，并利用顶板上部绿化覆土荷载，减少或不采用抗拔桩，节省地下工程量。

全地下车库设计时，应尽量综合利用水浮力和上部荷载取值的平衡，减少桩基础抗浮，并控制绿化种植、综合管线埋设要求的最小覆土厚度，减少地库埋深。

第二，地下室优化。

控制地下室面积：

优化原理或经验：地下室造价高昂，对建造地下室的要求是，在满足人防要求的前提下能少建则少建；

成本优化原则：严格控制地下室面积。

控制地下室层高：

优化原理或经验：在地下室层数确定的情况下，地下室层高是决定地下室埋深的主要因素，控制层高能够减少埋深，从而降低地下室结构成本；地下室层高的确定一方面需考虑地下室停车和设备放置的需要，另一方面应考虑机械车位设置的可能性；

成本优化原则：严格控制地下室层高。

减少地下室层数：

优化原理或经验：地下室层数、层高以及室外地坪标高共同决定地下室埋深，从而影响地下室建造成本；如果通过对地下停车布置的优化，能在两（一）层地下室内解决三（二）层地下室的停车要求，无疑应减少地下室层数；

成本优化原则：严格控制地下室层数。

简化地下室排水：

优化原理或经验：地下室内排水通过建筑找坡实现，将地面水收集到排水沟；由于地下室面积较大，建筑找坡需进行大量混凝土浇筑，费用昂贵；

成本优化原则：在满足设计要求的前提下，取消或简化地下室建筑找坡层。

第三，地下车库适应的柱网尺寸。

考虑停车效率与工程成本、车型适应范围，综合性最优柱网 8.1m×8.1m，建议高档项目采用。

经济柱网 7.8m×8.1m，为节省成本，建议大部分项目采用此种尺寸，同时另设 10% 大型尺寸停车位，解决大型车停车问题。

根据项目的实际情况可以采用短跨小柱距的结构方案，尤其是杭州、宁波等对停车位尺寸要求高的城市。虽然理论上停车效率较 7.8m×8.1m 方案，单车面积上升 1.5m² 左右，立柱数量增加近 50%，但立柱对总成本影响甚微，且优点是层高可以降低 200～300mm。在地质情况复杂、水位较高且基坑维护条件较差的项目中，可以节省相当多的开挖量和基坑支护费用，成本节约显著。但此柱网选用，须经过结合具体地库方案的经济性比较后采用。

第四，地下车库面积优化设计。

集中地库面积优化设计方法：

其一，使用效率最高的高效停车单元进行组合设计。

高效单元是经设计研究优化的车道面积最小、停车效率最高、面积是 4000m²（一个消防分区）的设计模数单元。

方案规划设计阶段，增加地库适应性方案比较，使用地库停车标准，进行地库概念方案设计，调整住宅楼栋间距，避免出现车辆单排布置、被动利用塔楼地下空间、支护间距预留不够等问题。

其二，车库端头优化停车布置设计：近端式停车布置，在近端的两跨比循环式布置可多停车 7 辆。

因此，在满足规范 50 辆停车分组及防火间距要求的情况下，应尽量采用近端式布置。

其三，规整地库外轮廓，减少无效建筑面积。

其四，充分利用地库角部空间，布置机房及竖向交通口。

其五，在满足分组（50辆）布置停车的情况下，尽量减少竖向通道数量；鱼骨状排列为最经济布置方式。

第五，车道宽度。

普通直线车道：单行车道宽度4m为宜，如考虑停车，车道最小宽度为5.5m；双行车道宽度6m，停车方式为垂直式后退停车。

车库出入口宽度：单行车道宽度为4m，双行车道宽6m。

直线坡道：一般单行车道宽4m，防火疏散用单行车道宽4m，双行车道宽6m，防火疏散用双行车道宽7m。

曲线坡道：一般单行车道宽4m，双行车道宽7m。

第六，车库出入口设计。

车库出入口宽度，国家规定最小宽度为单行车道3.5m，双行车道6m。

车库出入口数量，停车数量 ≤ 50辆，设置一个单行车道出入口。

51~100辆的地下车库或51~150辆的地上车库（含半地下车库），一个双行车道出入口，或者两个单行车道出入口。

大于100辆的地下车库，设置两个单行车道出入口。

第七，转弯半径设计。

车库汽车环行道的最小内径，一般取3.9~4.2m即可。

第八，车库坡道设计。

在计算坡道坡度时，一定预先考虑缓坡要求。

直线坡道：单行车道宽4m，双行车道宽6m，防火疏散用双行车道宽7m。

曲线坡道：一般单行车道宽4m，防火疏散用双行车道宽7m。

一般坡道的结构参数见表3-1。

表3-1 一般坡道的结构参数

坡道类型	结构布置	坡道板厚/mm	坡道梁高占板厚比例	备注
普通小车的坡道	双向板	110~120	1/12	仅供估算用，以计算为准
	单向板	150	1/12	
消防车坡道	双向板	180~200	1/10	
	单向板	一般不用		

第九，停车效率控制指标。车库停车效率控制指标见表3-2。

表3-2 车库停车效率控制指标表

车库类型		车位平均面积	备注
有人防地下库	1/4地下室总面积 < 人防区面积 <1/3地下室总面积	37m²/辆	注：上部建筑落入地下室的面积比例大于地下室面积的1/3时，表中数值加1
	1/3地下室总面积 < 人防区面积 <1/2地下室总面积	37m²/辆	
	人防区面积 >1/2地下室总面积	39m²/辆	
无人防地下库		27m²/辆	

注：车位平均面积计算标准为地下总建筑面积除以总停车数。

第十，另辟蹊径的优化设计。

一是公寓设计住宅化，提高品质。

对小区内部通风更加有利，也避免南面一堵墙；设为小户型住宅，有更多的端部高品质户型，同时也更加有利于结构，便于销售。

二是伸缩隔断，客厅、餐厅晚上变卧房。

户型每多一房间，面积大概需要增加 $15m^2$，通过在客厅和餐厅安装伸缩隔断，再配合一些可变家具，晚上把客厅、餐厅变为卧房。

对于业主可以大大提高其使用效率，提高租金；对于开发商，通过装修也可以提高其销售价格，特别在一二线城市，价值巨大。

可开发产品包括美观隐形的伸缩隔断、可变家具、收纳墙体材料安装服务等。

第十一，总平面规划优化。

优化原理或经验：道路（包括基层和面层）造价远高于同等面积软景造价，在满足规范与交通组织的前提下，减少不必要的道路面积代之以软景可以节约大量的道路开支。

成本优化原则：减少路网的不合理曲线和弯折。

优化原理或经验：每设置一个道路出入口就意味着需增加管理人员及相应设备费用，并且此类费用将长期发生，同时也会带来一定安全隐患问题。

成本优化原则：在满足消防、交通流向疏导等前提下，应尽量减少出入口。既可节省出入口的建造成本，又可减少出入口长期的人员管理费用。

优化原理或经验：道路宽度与道路长度一样，减少道路宽度同样起到减少道路面积、增加建设用地、节约成本开支的作用。

成本优化原则：在满足消防与交通流量的前提下，适当地减少道路宽度，以节约建设用地。注意双行车道设置与单行车道设置，单行车道较双行车道节约占地；通过设置单行车道会车区，可以有效地满足消防验收需要。

第十二，停车规划优化。

其一，停车场地利用。

优化原理或经验：在项目停车位规划要求数量一定的情况下，地下停车位与地面停车位是一个此消彼长的关系，而地下车位的建造成本远高于地面车位。因此，在规划阶段科学且尽可能地利用好土地，合理安排地面停车，可大幅节约成本。

成本优化原则：

地面露天车位最大化；

地面停车按照最大边线原则布置。

其二，停车方式。

优化原理或经验：同样一块停车面积内，科学地规划停车方式与不合理的停车方式设计所能得到的有效车位数量有很大差别。同样，从地面到地下各种停车位的建造成本也有巨大的差别。

成本优化原则：

车位平面布置最优化，限定面积内停放量最大；

车位建造成本由低到高的顺序为：地面露天车位→首层架空车位→地上独立车库→半地下车位→地下车位。具体停车方式要结合容积率情况综合考虑。

其三，停车位尺寸控制。

优化原理或经验：建筑高度越高成本越高，因此对停车位高度应有所关注。在满足停车要求的前提下，单个车位面积越小，同样范围内排布车位数量越多。

成本优化原则：停车位高度；单个车位面积。

其四，车位设置。

优化原理或经验：当小区地下室进行一个大地下室方案选择的时候，以下的要点是必须把握的，即集中设置地下室不仅可以节约地下室基坑和自身建造费用、减少车库出入口设置，还能更有效地组织停车。

成本优化原则：车库宜集中设置，减少建造成本；机械车位及地下车库高度预留。

② 扩初设计阶段。在扩初设计开始阶段，根据建筑方案特点以及业主要求协助业主编写结构扩初设计任务书。

在项目各部分结构体系确定阶段，对项目各部分进行相应的结构经济技术分析，并形成结构经济技术分析报告供业主审批后在设计中采用，如基础选型分析报告、地下室底板顶板技术经济分析报告、结构转换层技术经济分析报告等。

在超限结构计算开始阶段，根据项目特点提出结构计算所需的荷载、参数以及计算指标要求，供设计单位在超限结构计算时采用。

在超限结构计算过程中，反复检查复核设计单位提供的计算过程文件中的结构布置、荷载、参数以及计算指标，并提出超限结构计算优化意见与设计单位沟通落实。

审查设计单位完成的超限审查报告过程文件，并提出超限审查报告优化意见与设计单位沟通落实。

在甲方安排下与超限审查专家提前沟通超限报告，并根据沟通结果要求设计单位对超限报告进行相应修改。

参加超限评审会。

在扩初施工图设计阶段，反复检查复核设计单位提供的扩初过程图纸与建筑条件图、扩初结构计算结果是否一致，并提出优化意见与设计单位沟通落实。

如果扩初设计施工图设计满足建筑要求及与扩初结构计算结果一致，则扩初施工图优化设计完成。

具体优化内容如下。

a. 桩基设计优化原则。在确保桩基础工程质量前提下，为使工程造价达到最省、方便施工、缩短施工周期、满足环境设计，须遵循以下原则。

基桩质量可靠性原则。各类桩型的质量可靠性分析：在深厚饱和土层中，以人工挖孔灌注桩与预制桩型为优，这二类桩型中前者质量可靠性最优，没有沉桩挤土对环境影响，且施工质量可控性最好；预制桩型的制桩、按桩质量可控性也很好，也是较可靠桩型，但施工沉桩挤土对环境及已沉入土中的工程桩有一定影响。质量较可靠的桩型有沉管灌注桩及钻孔灌注桩型，沉管灌注桩沉桩挤土对桩的质量及邻周环境影响严重，而钻孔灌注桩一般造价较高，且孔底沉渣及桩周泥皮对桩的承载力值影响很大，尤其是水下砼灌注质量控制须特别严格，在离地表<15m深度范围桩体砼质量，往往因导管内砼自重压力不能有效置换导管内砼及孔壁泥皮，导管拔出砼面的概率较高，砼受泥浆混入、离析而强度大幅度降低，目前城市强制性规定采用商品砼，钻孔桩的质量有大幅度提高，所以钻孔桩型也列入较可靠桩型。所

以选择桩型应根据环境条件及施工的可能性，以质量可靠为优选原则。

工程造价最低原则。各类桩的材质、预制或就地灌注、施工工艺、桩径、桩长等均与经济性有关，不能单纯用单位立方体砼承载力值，或单位承载力桩体所用材料量来表示经济性指标。所谓经济性主要体现在工程造价，满足工程要求主要取决于桩的承载力值，所以优化设计指标只能用单位承载力所用的工程费用来表示、选择工程造价最低的桩型。再结合最不利的荷载组合单柱最大轴压力进行布桩，分析单项工程桩基础造价，选择工程造价最低设计原则。

柱下桩的承载力水平接近原则。桩基础不仅考虑柱下桩的承载力值大小，还须考虑同一建（构）筑物各承台下桩的变形协调，如果桩承载力水平相差过大，如计算需1.95根桩，按二桩布桩，计算需2.1根桩，一般均按三桩布桩设计，单柱轴压力仅差7%而桩的承载力差达50%，相邻承台下桩基础出现差异沉降，对于差异沉降敏感的框架结构或框剪结构出现较大的次应力，导致梁柱出现裂缝。差异沉降过大使裂缝开展，也会产生结构安全问题。要使桩的承载力水平接近，首先应对上部荷载（设计荷载组合 R 或标准荷载组合 Ra）进行统计，选择适宜桩的承载力值，部分承台通过适当调整桩长和桩径，使桩的承载力水平接近。

对邻近环境影响最小的原则。

没有环境影响地段。根据上部荷载的要求，桩的极限承载力值3000～6000kN的工程，优先选用质量可靠的预制钢筋混凝土桩（预应力管桩、钢筋混凝土预制桩）；桩的极限承载力值小于1000kN可选用沉管灌注桩，桩端大头型、扩底型沉管灌注桩或薄壁预应力管桩；极限承载力值在1000～3000kN宜选用钢筋混凝土空心方桩或预应力管桩，这些桩型经优化分析具有经济性和质量可靠性。施工工艺选择上，根据桩的极限承载力值，小于4000kN宜用静压沉桩，大于4000kN宜用锤击沉桩。

局部存在环境影响地段。在局部存在环境影响的工程宜采用以下措施减少或消除沉桩施工对环境影响：

挖防挤沟：沟底深度为被影响建（构）筑物基底以下0.5m，一般不宜超过2.5m，用清水护沟即可；

钻孔防挤桩孔：单列排列、桩孔间距2～4d（d为桩孔直径），视重要性选择桩孔间距，桩孔直径一般为0.6m，桩孔深度8～15m，原泥浆水护壁即可；

沉桩施工采用取土植桩：一般不宜采用钢管取土成孔，钢管取土会产生拔管时因真空负压产生缩孔，造成土体大面积扰动，宜采用护壁泥浆状态的钻孔植桩，钻孔直径比工程桩径小5cm，钻孔深度一般为10～15m，可在要求保护范围施工；

设置监测点：保护建（构）筑物，监测地面沉降和水平位移、深层土体位移，根据监测数据调整沉桩程序，控制日沉桩根数等。

上述措施根据重要性可采用单项措施或多项联合应用，采用上述措施后可按前文选用相关桩型。

对环境影响大或易引起民事纠纷地段。该地段不宜采用挤土桩型，或当设计要求单桩极限承载力值大于6000kN时，应采用钻（挖）孔灌注桩，该桩型工程造价最高，对施工队伍的素质和质量控制要求高，要降低造价只能使单桩承载力值提高，减少桩数。建议：

钻孔灌注桩孔底压浆。适用条件：桩端持力层土性为砂性土、砾砂、碎石类土的钻孔灌注桩孔底压浆，可使桩的承载力值提高50%～70%。

钢管护壁干取土机械、人工挖扩灌注桩。适用条件：硬-可塑黏土、粉质黏土持力层，单桩极限承载力值为 1000～2500kN，采用钢管护壁干取土挖扩灌注桩。

钢管护壁干取土人工嵌岩灌注桩。适用条件：桩穿越土层为软土，且岩层埋深小于 40m，可采用钢管护壁干取土人工嵌岩灌注桩。

钻孔支盘桩体。适用条件：多层地基、硬塑黏土、含水量小于 30%。

b. 地下室结构优化。

第一，车库楼面的基本设计。

基本结构参数。普通停车库的楼面活荷载取值为 $4kN/m^2$，板厚取值为 $h=110～120mm$，在合理跨度的情况下，配筋基本采用构造配筋。

框架梁高一般采用 1/12～1/10 足够，次梁采用 1/14～1/12 的跨度。

面层和找坡。普通停车库的面层和找坡应一起考虑，对于双面停车的车库楼面，一般采用 1% 上下都斜的同厚度结构找坡。

面层做法最多为 50mm，面层中需配 $\phi 4@150mm \times 150mm～200mm \times 200mm$ 的钢丝网片，提高面层的耐磨性和抗开裂性。

第二，地下车库埋深及标高控制。小高层、高层住宅地下室埋深一般为地上建筑高度的 1/30～1/15，约 3.3～4.0m；半地下车库埋深一般在 1.5～2.0m；全地下车库埋深因考虑绿化种植、管线综合及场地设计，一般在 4.2～5.0m。

地库埋深深度应尽量减小，以控制地下水浮力并减小开挖量；高层地下室埋深与地下车库埋深应进行协调，综合计算高层结构增加成本和基坑支护节省成本之间关系，达到最佳经济性。

第三，地库主体结构含钢量指标，见表 3-3。

表 3-3 地库主体结构含钢量指标

地下（砼框架）	地下停车库	普通停车库	人防停车库
		160	210
地下室钢筋含量/(kg/m²)[含天然基础和承台（不含桩基）]	塔楼地下室	普通地下室	人防地下室
		180	200

第四，地库主体结构混凝土量指标，见表 3-4、表 3-5。

表 3-4 复式机械地下单层车库混凝土用量分布

编号	内容	比例/%
1	承台+底板	60.3
2	外侧墙+柱	10.9
3	顶板+井字梁	26.0
4	楼梯	0.3
5	后浇带	2.5
总计	1+2+3+4+5	100

表 3-5　自走式地下双层车库混凝土用量分布

编号	内容	比例 /%
1	承台 + 底板	53.5
2	外侧墙 + 柱	10.8
3	顶（楼）板 + 井字梁	33.3
4	楼梯	0.2
5	后浇带	2.2
总计	1+2+3+4+5	100

第五，地下室顶板。

顶板厚度：顶板厚度和顶板所处的位置、顶板的覆土和跨度等有关，见表 3-6。

表 3-6　顶板厚度

顶板类型	顶板厚度 /mm	备注
住宅室内部分	100（由跨度确定）	仅供估算用，以计算为准
覆土 ≤ 300mm 的顶板	120	
覆土 >300mm 的顶板	150	
作为上部结构的嵌固部位时	180	
处于转换层的顶板	180	

顶板梁高：根据顶板的覆土、是否做人防而定，可大概估算，见表 3-7。

表 3-7　顶板梁高

顶板类型	顶板梁高	备注
覆土 ≤ 500mm	≈ 1/12 ~ 1/10 的跨度	仅供估算用，以计算为准
500mm< 覆土 ≤ 1000mm	≈ 1/10 的跨度	
1000mm< 覆土 ≤ 1500mm	≈ 1/8 的跨度	
1500mm< 覆土 ≤ 1800mm	≈ 1/8 ~ 1/6 的跨度	
1200mm< 覆土 ≤ 1800mm 的人防顶板	≈ 1/6 的跨度	跨度一般 ≤ 7.2m

注：为降低层高，也可考虑采用宽扁梁，但会增加一些造价。

一般不采用将大部分顶板梁上翻形成"水池"，如确实要上翻，上翻高度至少 ≥ 300mm，并应在梁上合适位置预留 ϕ50mm 的过水洞，洞底标高同板面。

顶板排水找坡：对于双面停车的车库顶面，一般采用 ≥ 2% 的上下都斜的同厚度结构找坡。

第六，基坑支护成本控制。基坑支护的大原则是根据基坑开挖深度、地质情况、周围环境采取合适的支护形式，保证基坑安全。

根据基坑形状，从支护形式角度看，狭长基坑使用内支撑较好，方形或圆形基坑采用外支撑较好。

从基坑面积大小角度看，基坑面积超过 4000m^2，采用逆作法或外支撑，比内支撑便于施工并节省成本。

从深基坑角度，用连续墙较安全，逆作法比大开挖安全；周围有重要建筑物或地下管线，对变形要求严格的，采用逆作法较好。

第七，地库排水优化设计。地库排水设计主要有地漏和明沟排水两种。

埋深较浅的半地下车库，在地下水位较低的条件下，可以采用地漏排水方式，优点是可以节省200mm左右厚度的垫层高度。

缺点是地漏内卫生问题，容易造成异味散发，虫、鼠害等，且因全部水平管线均在底板下，清理疏通和维修均较困难。

明沟式排水方式一般采用车库底板上做200～300mm厚垫层，垫层厚度主要由明沟长度决定。

优点是明沟构造简单，清理维修方便，无虫、鼠害，无车库内异味等卫生问题。

明沟设计布置，尽量沿停车位后部墙边或两排车之间进行。

除华东区条件较好的项目外，应尽量采用明沟排水方式，地面找坡控制在0.1%，排水沟坡度控制在0.3%～0.4%。

第八，地库底板成本优化方法。优化排水明沟布置方案，减少集水井数量。

据统计现有项目，每百平方米地库面积集水井数量差别在一倍以上，合理数量应在0.15左右。

优化结构设计方案，减少后浇带长度。

选择合理适当的柱网尺寸，以减少防水板厚度。

第九，地库排风优化设计。地下车库采用通风采光窗或庭院设计，通过自然补风，可以减少或取消机械补风系统设置，并可进一步减小机房面积。

一般通风面积为地库地面面积的1%，或每个防火分区40m^2。

自然补风设计结合诱导风机系统，可最大限度地减少成本投入和维护费用。

第十，地下车库室内排管优化设计控制。

排管设计以尽量避免或减少管线交叉为原则，且所有主管线尽可能集中在地库公共区域内排布，以方便维修。

风管应尽可能按直线布置，减少转弯和分流，以减小风管尺寸。

采用标准长度的直线管段，将各种变径管和接头的数量减至最少；只要安装空间范围允许，建议采用螺旋风管。

建议低成本项目采用镀锌铁管穿线，明装强、弱电管线。这样投入成本最低且便于检修和维护。

为节省成本，明沟式排水可仅在人行道、车行道宽度位置设置盖板；注意车行道上的明沟盖板构造设计，避免汽车长时间碾压而破坏。

底板柔性防水层，按照惯例施工时可予以取消（设计施工图不允许），每平方米可节约成本30～40元。

c.结构设计优化。

第一，国内关于结构优化的理论研究、著作及应用软件也相当成熟。国内关于设计优化的理论和应用软件研究成果较多，为设计优化提供了充分的理论基础和应用工具。例如JIFEX是中国自主研发的有限元分析与优化设计软件系统，已发展成为中国计算力学与CAE

研究领域最具特色的有限元分析与优化设计软件之一。

而关于结构优化的著作就更为丰富多彩，既有理论研究的著作，也有实战案例的解读与分析，各有千秋。本书整理了部分著作清单，供读者了解和参考（表3-8）。

表3-8　部分结构优化相关著作

序号	结构优化相关著作	作者	年份
1	《结构的优化设计》	李柄威	1979
2	《结构最优设计》	侯昶	1979
3	《工程结构优化设计》	钱令希	1983
4	《工程结构设计优化基础》	陈耿东	1983
5	《结构优化设计》	江爱川	1986
6	《土建结构优化设计》（第二版）	张炳华、侯昶	1998
7	《结构优化设计》	白新理	2008
8	《多高层钢筋混凝土结构设计优化与合理构造》	李国胜	2009
9	《建筑结构设计优化案例分析》	孙芳垂、汪祖培、冯康曾	2010
10	《建筑结构设计优化及实例》	徐传亮、光军	2012
11	《结构优化设计、探索与进展》	王栋	2013

第二，设计是规范加上判断和创造的产物，这就是设计优化客观存在、永恒存在的内在原因。

设计是规范加上判断和创造的产物，而规范永远是滞后于科技发展，判断和创造则是与时俱进的。今天的最优，不代表是明天的最优。

设计优化既是国家建设绿色节能建筑、建设资源节约型社会及企业成本控制等外部因素要求，也是地产企业迫于现阶段房地产市场的一系列不合理的客观情况所主动采取的应对措施。

设计单位随着房地产市场需要而呈现出多样性和复杂性，不规范的市场行为充斥其中，设计单位优劣难辨，设计成果的多版本、六边工程成为常态，设计师的工作强度和难度在客观上成倍增加。而我国的设计师职业责任和审图体制目前仍针对"安全性"这个首要问题，而对于"经济性"这个后首要问题的关注目前还停留在各结构设计规范的第一条上。加之国内大多数设计师的收入机制是"低固定工资＋高产值奖金"，即在一般意义上，设计师的收入与产量有关，与质量无关。因而，设计师一般不会对设计成果的"经济性"额外关注和投入精力，毕竟多数人都是趋利避害的，不会往没有产出的工作上去花费时间、投入精力。

设计优化对象涵盖各个专业，必须总体考虑，同时抓住重点：结构优化。

设计优化涵盖的内容很广，既是一个建筑、结构、机电、景观、装修等多专业可独立实施的过程，也更需要设计与施工多领域、建筑与结构等多专业统筹考虑，综合协调，追求整体优化效果。在优化设计工作上，切不可孤立地追求结构成本的最优，全面考虑总体的节约才是真实的节约；也不可片面地追求成本的最低，而需要全面考虑项目总体目标的最优匹配。

在追求整体效果的同时，我们需要抓重点，那就是最具优化潜力的结构成本。结构成本具有客户敏感度最小、优化空间最大、优化时间最紧迫的特点。结构成本是客户看不见，且不关注的那部分；结构成本占整个建安成本的比重最大，毛坯住宅约50%，公建约30%；结构成本的离散性大；同时，由于结构设计以建筑设计的完成为前提，存在接受条件最迟但要求出图最早、先用于施工的特点，导致我们容易放松对其经济性的关注。

第三，有关结构优化的两个误区。

其一，结构优化就只是为了"省钱"吗？

结构优化是对结构设计进行的检讨与改善，是一个再加工的过程，而不是单一的节约用钢量。

优化后的结构一般会达到指标更经济、建筑空间和室内使用更合理、结构安全度更高、现场施工更方便的效果，是一个统筹考虑、综合最优的结果。即结构优化既为"省钱"（更经济），也为"更安全""更适用""更方便"。

例如：上海东方明珠的设计者、我国工程院院士江欢成大师在1985年任华东院总工期间，对当时在上海广为流行和大量套用的仙霞型高层住宅大刀阔斧地删掉了许多剪力墙（楼板厚度由120mm增加至140mm），砼、钢筋量分别减少30%、38%，经济指标分别达到0.343m^3/m^2、40kg/m^2，取得较好的经济效益和舒适、灵活的空间使用效果，在施工难度上也大大降低，而后在上海多个项目套用（图3-1）。

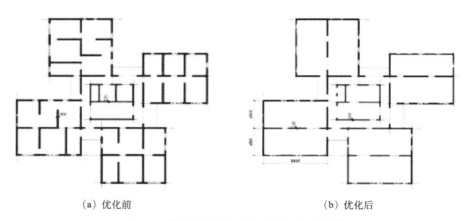

(a) 优化前　　　　　　　　(b) 优化后

图 3-1　仙霞型高层住宅剪力墙布置（底层）

而大师采取的优化措施共有5项，其中主要的3项见表3-9。

表 3-9　主要的优化措施

序号	优化措施	优化工作量	优化效果
1	减少剪力墙数量	总延长数由242m改成174m（减少28%）	成本降低 净面积变大 室内空间变大 空间使用灵活性变大
2	减薄剪力墙	1~6层由300mm改成200mm（减少33%）；7~15层240mm改成220mm（减少8%）；16~28层由200mm改成220mm（增加10%）；内筒由220mm改成200mm	成本降低 净面积变大 室内空间变大 施工更方便
3	上述措施减轻建筑自重	由2.08万吨降至1.87万吨（减少10%）	基础成本降低；剪力墙减少，结构延性提高，结构更安全；自重降低，抗震性能提高

再如，清华大学土木工程系教授董聪受命组建"北京奥运场馆结构选型及优化设计关键技术"课题小组，负责奥运场馆结构优化。在"鸟巢"瘦身过程中就表示："进行结构优化设计，必须要尊重建筑师的原创思想。这就像时下的吸脂美体术，只能在不改变人外观、健康和容貌的基础上，减去多余脂肪，达到健美目的。"据报道，"鸟巢"总预算从最初的38亿元减少到31.3亿元，节省6.7亿元（降低18%），结构安全性更好。

其二，我们有限额设计，还需要进行结构优化吗？

结构优化管理的总体思路：

全过程介入，越早越好；

与设计单位合作，以"双赢"为指导思想；

在力量有限的情况下，建议引入外部资源，并以"三赢"的思想处理好三方关系。

结构优化的工作方式：

结果优化：在施工图设计完成后介入，优化与设计串行的工作方式，通过对原设计图纸进行事后复核，并提出优化意见，说服设计单位对原设计图纸进行修改的优化方式；

过程优化：在项目设计过程中介入，优化与设计并行的工作方式。

各自特点如表3-10。

表3-10 结果优化与过程优化的特点

优化方法	优点	缺点
结果优化	优化效果"立竿见影"、省钱、直观、优化费用好计算	属于事后控制； 省钱少，优化效果较差； 设计修改增加设计工作量和心理障碍，设计单位阻力大； 在设计完成后进行优化、修改；直接增加设计周期，可以影响工期
过程优化	属于事前控制、事中控制； 省钱多，优化效果最好； 不增加设计工作量，甚至分担了部分工作量，可以实现"双赢"； 优化与设计同时进行，没有后置动作，不影响总体进度	在优化成果的认定上有困惑，需要事先约定好起算点

过程优化的一般做法。过程优化的一般做法概括来讲就是"三步走"：事前指导、事中检查、事后验证。同时针对三个设计阶段"方案、扩初、施工图"分别采取不同管理方法。

每个工作环节均按照"事前确认输入条件、事后复核输出成果"的思路进行过程管控。

事前指导。事前指导的主要目标是在设计开始前双方经过沟通、讨论，达成一致的限额目标和支持性的技术措施、双方合作流程等。

这个阶段最重要、技术含量最高，也最艰难。但"磨刀不误砍柴工"，事前指导可收到事半功倍之效。一旦完成，可以做到：设计一开始，就完成设计阶段成本控制的50%以上。在设计开始前，共同确定《结构设计技术措施》，先定技术标准，从设计前端进行管控将收到"牵住牛鼻子"之功效。先定下技术标准，是因为改标准比改图容易得多。

《结构设计技术措施》的具体内容是在《设计任务书》的基础上，增加以下四份文件作为开展结构设计所需的全部前置条件：《统一技术措施》《结构构件的标准构造做法》《结构设计总说明》《建筑做法》。标杆房企都已制定了《结构设计标准》。

《统一技术措施》包括电算模型及计算系数的取值、设计参数、材料选择、荷载取值、各构件的结构设计与配筋原则、结构指标在各构件上的分解目标（构件结构指标的预估值）等。

《统一技术措施》的内容，除了严格按规范取较经济的参数或系数外，同时需要对当地类似项目进行调研，以相关数据作为支撑。例如，笔者曾经因为大连某项目优化设计而对当地类似项目进行了主要参数的调查，见表3-11。

表3-11 一些项目的主要参数

图纸名称	基本参数				荷载标准值/(kN/m^3)					
	基本风压/(kN/m^3)	基本雪压/(kN/m^3)	抗震设防烈度	地面粗糙度	客户起居室	卫生间	楼梯	上人屋面	不上人屋面	挑阳台
本项目设计院数据	0.65	0.45	七度/地震加速度0.15g	A类	2	2/4	2	2	0.5	2.5
大连建筑设计院数据	0.65	0.4	七度/地震加速度0.1g	B类	2	4	2	2	0.5	2.5
哈工大设计院数据	0.6	0.4	七度/地震加速度0.15g	B类	2	2	2	—	0.5	2.5
大连松岩勘察设计——金州数据	0.75	0.4	七度/地震加速度0.15g	B类	2	2	3.5	2	0.5	2.5

《结构构件的标准构造做法》是针对按构造设计而非计算确定的构件，以满足规范的最低要求为标准先制定标准设计做法，避免设计单位任意加大。按构造设计的钢筋在总钢筋用量中占有较大比重，重要性如表3-12、表3-13所示（摘自徐珂《剪力墙住宅项目结构节材设计》）。

表3-12 材料用量

材料用量 =	承重构造用量（例如最小配筋率、最小截面尺寸）
	承重计算用量（例如梁计算纵筋、经济计算截面）
	抗震构造用量（例如暗柱配筋率、墙面积轴压比）
	抗震计算用量（例如连梁用钢量、墙体抗震刚度）

表3-13 钢筋比重

墙厚	水平分布筋		竖向分布筋		排数
	三级	四级	三级	四级	
180	8@200（0.279%）	8@200（0.279%）	8@200（0.279%）	8@200（0.279%）	2
200	8@200（0.251%）	8@200（0.251%）	8@200（0.251%）	8@200（0.251%）	2
250	8@150（0.268%）	8@200（0.201%）	8@150（0.268%）	8@200（0.201%）	2

续表

墙厚	水平分布筋		竖向分布筋		排数
	三级	四级	三级	四级	
300	10@200 （0.262%）	8@150 （0.223%）	10@200 （0.262%）	8@150 （0.223%）	2
350	10@170 （0.264%）	10@200 （0.224%）	10@170 （0.264%）	10@200 （0.224%）	2
400	10@150 （0.262%）	10@190 （0.206%）	10@150 （0.262%）	10@190 （0.206%）	2

注：高度小于 24m 且剪压比很小的四级剪力墙，其竖向分布筋的最小配筋率按 0.15% 采用。

《结构设计总说明》是对结构设计软件以外的内容进行经济性控制，特别关注"通用性"的设计说明，通用性越强设计越浪费（同时，设计更方便、施工更方便），避免出现一句话增加几十万的意外情况。例如关于"吊筋"的说明、关于过梁的说明、关于洞口加筋的说明等。

《建筑做法》主要是提前确定墙、地、顶以及其他部位的建筑做法，避免结构设计师在未知的情况下按最大可能的荷载进行取值。比如砌体材料的选择涉及材料密度、天棚是否抹灰等均涉及荷载取值等。

事中检查。结构设计的过程主要包括结构方案、扩初设计、施工图设计三个阶段，结构优化也是从上述三个阶段进行。各阶段的主要工作分别是：

方案阶段：结构体系的造型和结构布置合理性认证、结构计算和内力分析正确（重点），有经验表明，上述三个阶段中方案阶段对于结构成本控制的价值占 65%；

扩初阶段：结构方案的对比、优化；重点关注结构体系、基础方案、地下室的布置等关键环节，一般情况下如聘请顾问公司，则会提供至少两个方案进行对比，供甲方选择；

施工图阶段：是对结构构件设计的精细化管理，主要是对结构设计中的不精细做法进行纠正，如不合理的归并、有过大的富余、不经济的配筋方式和砼厚度取值等。

工作方法建议：先做先审、样板先行。先做样板单元（房、层、各构件）的设计，复核通过后，再开展大面积设计。这样基本可以避免出现一旦需要修改，就要全部修改，以及设计院不情愿、工作量太大影响工期等情况，大大减少和降低结构优化所致的返工量和障碍。即实现变"先设计后算量"为"先算量后设计"。

全过程、分阶段检查各个环节的设计情况，看是否符合《结构设计技术措施》的要求，包括结构建模、桩基、地下结构、地上结构；同时分构件验算设计的经济性。

事后验证。

一是在完成结构计算后进行粗略验证。具有以下特点：时间短，一般在完成结构计算后即可提供；不会发生算量成本；有偏差，大概比图纸量小 5% 左右；主要是设计师对软件计算结果人工干预后与软件计算值之间的差异，受设计师干预程度影响；这种方法可用于初估，或比较两种设计方案之间的指标差异。

二是完成结构画图后，抽样精确复核验证。在完成 CAD 画图后、正式出图前（大约有 7 个工作日）进行抽样复核或委托造价咨询公司结合工程量清单编制来进行全面的、准确的复核。

d. 土石方优化。

第一，按原有地势规划。

优化原理或经验：土方工程中的任何多余耗费均可以视为"无效成本"，优化土方工程方案的最基本原则就是动土量最少。尽可能按原有地势建造产品，例如在坡地上建造坡地建筑，在洼地中建造地下室，能有效减少动土量。

成本优化原则：按原有地势排布产品，使动土量最小。

第二，场内土方平衡。

优化原理或经验：外运及外购土方在项目实施过程中不仅耗费大量成本而且耗费极大精力，应尽可能减少土方外运及外购量。

成本优化原则：尽可能使场地土方挖填平衡，减少外运（购）土量。

第三，规划场地标高。

优化原理或经验：项目场地标高的确定直接影响场地内土方工程量，标高一旦确定则场地土方量确定，同时局部影响建造成本。

成本优化原则：根据原有地形、管网布置情况、道路情况合理制定场区标高。

第四，关注排水坡度。

优化原理或经验：雨水和污水均为无动力排水，由排水坡度决定。对于长距离的排水，排水坡度的大小决定相应地面的标高点。

成本优化原则：大量填土地块，考虑降低排水坡度，减少添土量。

第五，关注排水泵站。

优化原理或经验：排水泵站是指利用泵的动力将低洼地区收集的污水提升到其下游排水系统中，从而降低低洼区场地标高。排水泵站需要长期维护费用。

成本优化原则：大量填土地块，考虑排水泵站的长短期成本与土方回填成本比选。

e. 边坡支护优化。

优化原理或经验：在山地或坡地中使用较多，由于其对形成产品无直接作用，因此应考虑采用最经济而可靠的边坡支护形式。常见的边坡支护形式有毛石砌筑、钢筋混凝土挡墙、普通锚杆、预应力锚杆、花管注浆、喷锚护壁、自然放坡。

成本优化原则：在可靠方案的基础上，通过经济性比选，采用最经济的边坡支护方式。

f. 节能方案优化。

第一，约束体形系数。

优化原理或经验：体形系数是决定节能方案的最关键数据，不满足体形系数的要求即意味着将采用高成本的节能解决方案，但降低体形系数与建筑立面效果有一定冲突，因此体形系数是建筑方案中一个最棘手的问题。

成本优化原则：约束体形系数。

第二，控制合理的窗墙比。

优化原理或经验：窗是建筑中能量损耗较大的部位，门窗面积越大意味着能量损耗越大，越不能满足节能要求。节能计算中的窗墙比是一个重要的值。

成本优化原则：控制合理的窗墙比。

第三，优化墙体材料。

优化原理或经验：不同墙体材料的热传导性不同，对能耗的影响也不同，例如加气混凝土砌块与黏土砖墙的能耗就远低于钢筋混凝土墙体，因此选用低能耗的墙体材料也是解决节能问题的途径之一。

成本优化原则：优化墙体材料。

第四，核实节能计算书中系数取值。

优化原理或经验：节能计算中各种材料的热传导系数是有一定取值范围的，同一栋建筑物的同一节能解决方案若计算中系数取值不同，最终的计算结构将会大相径庭，甚至得出截然相反的结论。因此对设计单位节能计算书的系数要注意核实，以免因取值问题造成节能解决方案的选择错误。

成本优化原则：核实节能计算书中系数取值。

g. 结构方案优化。

第一，选用最优的结构形式。

优化原理或经验：从经济性上比较，住宅结构形式经济性由低到高依次为砖混结构、矩形柱框架、异形柱框架、框架短肢剪力墙、框架剪力墙、剪力墙。

成本优化原则：在满足建筑设计要求前提下采用经济性最好的结构形式。

第二，优化柱网布置。

优化原理或经验：在建筑平面确定情况下，科学合理的柱网布置能达到最好的经济性。反之，柱距过密或过大均会带来成本增加。

成本优化原则：优化柱网布置。

第三，优化构件截面，控制砼含量。

优化原理或经验：对混凝土而言，柱、墙、板、梁等构件截面一旦确定，则使用量随即确定。构件截面过大不仅成本增加，同时降低了房屋的有效使用空间。另一方面，构件截面从某种意义上与钢筋用量存在此消彼长的关系，因此构件截面并非简单的越小越好。

成本优化原则：优化构件截面，控制砼含量。

第四，减少沉降缝设置。

优化原理或经验：每设置一条沉降缝，不仅要增加缝自身的装饰费用，缝两侧也要增加柱、墙及基础的费用，因此沉降缝数量宜越少越好。

成本优化原则：在符合设计规范的情况下，减少沉降缝设置。

第五，优化设备层。

优化原理或经验：设备层往往容易被忽视，设计中的保守和浪费情况也较为普遍，结构设计优化中不应忽略对设备层的优化。

成本优化原则：优化设备层。

第六，优化转换层。

优化原理或经验：转换层是指柱网的转换，高层建筑中由于地下室柱网与上部住宅柱网的布置差异巨大，一般设置转换层。转换层由于承受上部全部荷载，往往出现界面巨大的转换梁，转换层用钢量与混凝土用量一般而言非常大，设计中应予以关注。

成本优化原则：优化转换层。

h. 供电方案优化。

第一，配电设备布置。

优化原理或经验：配电设备的布置影响到配电房的设计以及配电房面积。

成本优化原则：测算配电设备分期布置与合并布置的经济性；所有供配电设备（除发电机组外的高压柜、变压器、低压柜）尽可能设在同一房间内，确保在符合规范要求下距离最短，以减少之间连接线路。

第二，供电方案比选。

优化原理或经验：现行供电方案一般分环网式和开闭式，采用不同的供电方案对成本影响差别很大。

成本优化原则：测算环网式与开闭式供电经济性，一般情况下环网式比开闭式经济。

第三，开闭所选址。

优化原理或经验：开闭所是所有电缆的出口，其位置直接决定了所用电缆的长度。在电缆价格高昂的现阶段，其长度是影响成本的一个非常重要的因素。

成本优化原则：合理布置开闭所位置，使整体走线长度最短。

i. 供水方案优化。

第一，水泵房建设。

优化原理或经验：

小区的供水往往有以下几种方式：从市政供水管网直接供水；当市政供水管网压力不够时，对部分高层住宅通过水泵方式加压供水；为整个小区建设水泵房，统一加压供水。

成本优化原则：重点考虑建造水泵房的必要性；必须建造水泵房时应考虑建造位置及占用空间，应以距市政接入点最近为原则。

第二，供水方案比选。

优化原理或经验：不同供水方案的应用范围和成本有所不同。

成本优化原则：根据项目产品组合（高层、小高层、多层），进行供水方案技术经济比选（带水箱变频加压控制系统、无负压管网直联式供水系统、市政压力直供或多方案组合等）。

j. 消防方案优化。

第一，消防方案。

优化原理或经验：消防设计规范中有对消防分区的明确要求，各消防分区之间的消防设备有明确要求。一般而言应尽量最大限度地布置消防分区，并使其布置的消防分区的面积尽量为其整数倍。

成本优化原则：在符合消防规范的前提下，最大限度布置消防分区；布置防火分区应注意住宅、商用、地下车库（单体、复式）的区别。

第二，防火墙设置。

优化原理或经验：专业的消防防火墙造价昂贵，规范上允许利用建筑墙体作为防火墙。

成本优化原则：尽量利用建筑墙体设置防火墙，减少防火卷帘、防火门作为防火隔离等方法合理设置消防分区，减少消防水幕喷淋系统的设置。

k. 水处理优化。

第一，中水处理方案。

优化原理或经验：在满足小区中水处理要求的情况下，建造面积越小其造价越低。从节约管线长度出发布置中水处理站。

成本优化原则：中水处理站应根据项目特征，选用设计规定的最小规模；应选址在地块中心，使管线布置长度最短。

第二，污水提升泵站。

优化原理或经验：污水泵站是指利用泵的动力将低洼地区收集的污水提升到其下游污水系统中，从而降低低洼区场地标高。污水泵站需要长期维护费用。

成本优化原则：对大量填土地块，由于自然坡度无法达到排水要求，需考虑建设污水提升泵站。

l. 智能化工程优化。

第一，方案规划比选。

优化原理或经验：智能化的设计方案决定了智能化工程的成本，采用符合项目规划的智能化方案能较大程度地节约智能化工程的成本。

成本优化原则：以项目的市场定位、规划设计思想和物业管理思路来确定智能化系统规划设计方案。

第二，设备档次控制。

优化原理或经验：不同档次、不同品牌家居安防系统的采购价格差异较大，合理选用相应档次和品牌能有效地控制智能化系统成本。

成本优化原则：合理确定设备档次。

第三，对讲设备选型。

优化原理或经验：家居安防与可视对讲系统分别设置和二合一的技术经济比较及产品档次选择。

成本优化原则：对比方案及设备选型。

第四，红外对射探头设置。

优化原理或经验：红外对射原理是需要用 A 点的发射装置直线对射入 B 点的接收装置，所以围墙越长、越直，其探头数量就越少。

成本优化原则：红外对射探头的设置与小区围墙的走向优化，避免不规则围墙增加探头数量。

第五，安防系统方案优化。

优化原理或经验：不同功能成本差别大。

成本优化原则：从功能分析入手，通过对锁闭方式、限位功能的改进降低成本。

m. 景观方案优化。

第一，利用原状景观资源。

优化原理或经验：充分利用原状景观资源能有效减少后期景观投入，并且在工程上也减少了人为破坏造成的隐患，例如原状土的密实度远高于回填土。

成本优化原则：利用原有地形的起伏关系完成山水造型。避免洼地堆山、水系开挖的大量土方施工费用和地下管线反刨以及大面积新作水系增加防水、补水费用。

第二，配置均衡组团小品。

优化原理或经验：如果前期销售过程中的示范区小品较受客户的认同，而后期的组团建设中配置较少，会使客户产生期望落差。

成本优化原则：注意控制总量并均衡配置。

第三，软硬景比例控制。

优化原理或经验：同样面积的硬景造价远高于软景造价。合适的软硬景比例是建筑与成本的双赢。

成本优化原则：严格控制软硬景面积比例，并跟进测算。

第四，景观标准做法。

优化原理或经验：拥有多年经验的累计，有能力形成自己的兼备经济性与功能要求的标准景观做法，以避免在后期的各项目设计中出现不同的设计方案，增加优化工作量。

成本优化原则：提供软硬景观标准做法表（如草坪、绿篱、道路、石材、砌块）及相应价格表。

第五，控制景观构筑物的数量与体形。

优化原理或经验：景观构筑物主要包括景观桥、墙、亭、台、廊、雕塑等。这类构筑物造价往往较高，使用过多对景观效果会产生不利影响。

成本优化原则：控制景观构筑物的数量与体形。

第六，泳池选型。

优化原理或经验：泳池设备方案造价差异大。

成本优化原则：严格按照流量、过滤周期等参数合理选择泳池设备中的加压泵、沙缸、给水管等主要设备。

n. 小区围墙设计优化。

第一，围墙标准。

优化原理或经验：小区内围墙主要包括组团围墙、小区围墙与公建（例如学校）围墙，组团围墙与小区围墙的量所占比重较大。围墙的造价按不同的设计档次差别可达数倍之多。

成本优化原则：不同档次项目选择不同档次围墙。

第二，围墙基础设计。

优化原理或经验：围墙下部一般有砖或混凝土条形基础，上部围墙荷载越大，基础越深。上部围墙厚度越大，基础尺寸越大。控制上部围墙的荷载与厚度影响到围墙的基础设计。

成本优化原则：优化上部围墙。

第三，围墙装饰层设计。

优化原理或经验：围墙装饰层采用涂料、面砖、栏杆或其他造型，造价差异较大。

成本优化原则：根据项目档次设计围墙装饰层。

③ 施工图设计阶段。在施工图设计开始阶段，根据扩初图纸以及业主要求，协助业主编写施工图设计任务书。

在施工图结构计算开始时，向设计单位提供结构计算荷载、参数以及计算配筋结果要求。

在施工图结构计算过程中，反复检查复核设计单位提供的计算过程文件是否满足建筑条件和达到结构计算开始时约定的结构计算要求，并提出施工图结构计算优化意见与设计单位沟通落实。

如果结构计算配筋结果达到规定要求，则施工图结构计算结束。

在墙柱等竖向构件定位布置时，检查复核设计单位提供的墙柱等竖向构件布置是否满足建筑条件要求、是否与结构计算一致，并提出墙柱等竖向构件定位布置优化意见与设计单位沟通落实。

复核后的结构布置向甲方汇报，特别是架空层剪力墙布置、客厅与餐厅之间梁板布置、商业部分墙柱布置以及甲方特殊要求之处，并得到甲方的认可和确认。

在桩基础施工图设计时，反复检查复核设计单位提供的桩基础过程文件是否满足结构计算和基础选型报告要求，并提出桩基础优化意见与设计单位沟通落实。

在施工图结构配筋开始前，与设计单位确定梁、板、墙柱等结构各部位的配筋原则和构造要求。

在结构施工图配筋设计过程中,反复检查复核设计单位提供的梁、板、墙柱施工图过程文件是否满足事先约定的配筋原则和构造要求,并提出结构配筋优化意见与设计单位沟通落实。

在施工图设计校审阶段,与设计单位同步对施工图进行校审,并核对以前提供的设计优化意见是否都落实到施工图中,并提出施工图校审优化意见与设计单位沟通落实。

如果结构施工图满足设计优化要求,则结构施工图设计优化结束。

④ 后续服务工作。在施工图图纸审查阶段,配合业主、设计单位顺利解决施工图审查中的结构技术问题。

在施工图图纸交底阶段,配合业主、设计单位解决施工图图纸交底中的重大技术问题。

在土建施工过程中,配合业主、设计单位解决施工过程中出现的重大结构技术问题。

(2)结果设计优化。在施工图设计完成后进行的设计优化,通过对原设计图纸进行专业化和精细化的复核提出优化意见,并说服设计单位对原设计图纸进行设计修改的优化方式,其主要服务内容如下:

甲方提供项目建筑、结构、设备施工图等设计文件资料;

对上述设计文件进行仔细审查,并整理出项目设计优化意见和造价经济评估意见;

向甲方提供项目设计优化意见和造价经济评估意见,与甲方进行充分的沟通和解释,并形成最终的设计优化意见;

与设计单位沟通和落实项目最终设计优化意见,并监督和检查设计单位进行相应的设计优化修改和出图工作;

配合甲方对优化后施工图的审图工作和最终出图工作。

(3)设计方案经济比选。

① 设计方案经济比选方法。

利用价值工程方法,协助进行设计方案优化。设计方案优化的方法有很多,主要有目标规划法、层次分析法、模糊综合评价法、灰色综合评价法、价值工程法和人工神经网络法等,较为常用的是采用价值工程法进行方案比选和优化。

② 项目设计方案经济比选咨询工作流程,如图 3-2 所示。

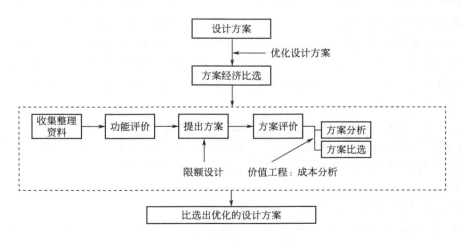

图 3-2　项目设计方案经济比选咨询工作流程

3.1.4 协助限额设计

3.1.4.1 限额设计工作内容

限额设计的过程是合理确定项目投资限额，科学分解投资目标，进行分目标的设计实施，设计实施的跟踪检查，检查信息反馈用于再控制的循环过程。

（1）合理确定项目投资限额。鉴于经审批的设计任务书中的项目总投资额，即为进行限额设计控制项目造价的主要依据，而设计任务书中的项目总投资额又是根据审批的项目可行性研究报告中的投资估算额下达的，那么提高项目可行性研究报告中投资估算的科学性、准确性、可信性，便成为合理确定项目投资限额的重要环节。为适应推行限额设计的要求，应适当加深项目可行性研究报告的深度，并维护项目投资估算的严肃性，使投资估算真正起到控制项目造价的作用。为此，在编制项目投资估算时，既要避免故意提高项目造价，又要避免有意压低项目造价和漏项，而使项目资金不足，真正做到科学地、实事求是地编制项目投资估算，使项目的投资限额与单项工程的数量、建筑标准、功能水平相协调。

（2）科学分配初步设计的投资限额。专业咨询工程师（设计）在进行设计以前，总咨询师应将项目设计任务书中规定的建设方针、设计原则、各项技术经济指标等向专业咨询工程师（设计）交底，并将设计任务与规定的投资限额分工程分专业下达到专业咨询工程师（设计），亦即将设计任务书中规定的投资限额分配到各单项工程和单位工程，作为进行初步设计的造价控制目标或称投资限额，并要求各专业设计人员认真研究实现投资限额的可行性，对项目的总图方案、工艺流程、关键设备、主要建筑和各种费用指标提出方案比选，做出投资限额决定。

（3）根据投资限额进行初步设计。初步设计开始时，总咨询师应将可行性研究报告的设计原则、建设方针和各项控制经济指标向专业咨询工程师（设计）交底，对关键设备、工艺流程、主要建筑和各种费用指标提出技术方案比较，研究实现可行性研究报告中投资限额的可行性，将设计任务和投资限额分专业下达，促使专业咨询工程师（设计）进行多方案比选，并以单位工程为考核单元，事先做好专业内部的平衡调整，提出节约投资的措施，力求将工程造价和工程量控制在限额内。对由于初步设计阶段的主要设计方案与可行性研究阶段的工程设想方案相比较发生重要变化所增加的投资，应本着节约的原则在概算静态投资不大于同年度估算投资的110%的前提下，经方案优化报总咨询师批准后，才可列入工程概算。初步设计阶段控制概算不超过投资估算，主要是对工程量和设备、材质的控制。为此，初步设计阶段的限额设计工程量应以可行性研究阶段审定的设计工程量和设备、材质标准为依据，对可行性研究阶段不易确定的某些工程量，可参照通用设计或类似已建工程的实物工程量确定。

（4）合理分配施工图设计的造价限额。经审查批准的建设项目或单项工程初步设计及初步设计概算，应作为施工图设计的造价控制限额。专业咨询工程师（设计）把概算限额分配给各单位工程各专业设计作为其造价控制额，使之按造价控制额确定施工图设计，选用材料及设备等。

（5）施工图设计的造价控制。

a.施工图设计必须满足批准的初步设计所确定的设计原则、设计范围、设计内容、功能质量要求。完成的施工图纸及其预算造价应严格控制在批准的初步设计概算以内，施工图阶段限额设计的重点应放在工程量控制上，控制的工程量标准是经审定的初步设计工程量，并作为施工图设计工程量的最高限额。

b. 在设计过程中和设计完成时，专业咨询工程师（设计）要注意算经济账，做技术经济分析。当经过技术经济分析证明设计是可行的，才能做出施工图设计的定案决定。

c. 施工图设计阶段的限额设计应在专业设计、总图设计阶段下达任务书，并附上审定的概算书、工程量和设备单价表等，供设计人员在限额设计中参考使用。

d. 施工图设计阶段的投资分解和工程量控制的项目划分应在与概算书相一致的前提下，由设计和造价人员协商并经总经济师审定。条件具备时，主要项目也可按施工图分次进行投资分解与工程量控制。施工图设计与初步设计的年份价差影响，在投资分解时不予考虑，均以初步设计时的价格水平为准。

e. 当建设规模、产品方案、工艺流程或设计方案发生重大变更时，必须重新编制或修改初步设计及其概算，并报原主管部门审批。其限额设计的投资控制额也以新批准的修改或新编的初步设计的概算造价为准。

3.1.4.2 限额设计流程图

如图 3-3 所示。

3.1.4.3 限额设计的要点

（1）准确合理分解投资目标，确定投资限额：各设计阶段投资总限额一般用投资估算控制方案设计；用设计估算控制初步设计；用初步设计概算控制施工图设计，要进行限额设计，还必须对投资总限额进行分解，明确建设项目各组成部分和各专业设计工种所分配的投资限额；在方案设计前的设计准备阶段，应通过编制投资规划，按照方案设计的深度对投资估算进行分解，明确建设项目各组成部分的投资限额。

（2）坚持投资限额的严肃性：投资限额目标一旦确定，必须坚持投资额的严肃性，不能随意变动。如有必要调整，必须通过分析论证，按规定进行调整。

（3）限额设计应以控制工程量为主要手段：限额设计是以控制投资为核心，为了方便有效地进行限额设计，应以控制工程量为主要手段，各专业设计人员应根据拟建项目的功能、规模、标准和投资限额分析各分部分项工程的工程量，要严格控制建设标准高、可做可不做的分部分项工程的工程量。

（4）跟踪限额设计的执行情况，应要求各专业专业咨询工程师（设计）负责人根据各专业

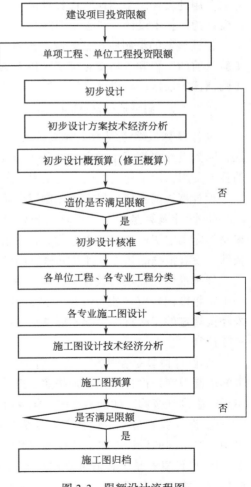

图 3-3 限额设计流程图

特点编制"各设计专业投资核算点表",并确定各设计专业投资控制点的计划完成时间。造价工程师按照投资核算点对各专业设计投资进行跟踪核算,并分析产生偏差的原因。

(5)建立实施限额设计的奖惩约束机制:投资人和全过程工程咨询单位对专业咨询工程师(设计)要实行节约投资的奖励措施与盲目设计导致投资超支的处罚办法。首先应在设计合同的条款中明确专业咨询工程师(设计)根据投资人下达的投资限额进行设计,若因专业咨询工程师(设计)的责任突破投资限额,设计必须修改、返工,并应承担由此带来的损失,鼓励通过精心优化设计,节省工程投资,并根据节约投资额的大小对专业咨询工程师(设计)实施奖励。

3.1.5 设计概算

3.1.5.1 设计概算的概念

设计概算是设计文件的重要组成部分,是在投资估算的控制下由设计单位根据初步设计图纸,概算定额(或概算指标),各项费用定额或取费标准(指标),建设地区自然、技术、经济条件和设备、材料预算价格等资料,编制和确定的建设项目从筹建至竣工交付使用所需全部费用的文件。采用两阶段设计的建设项目,初步设计阶段必须编制设计概算;采用三阶段设计的,技术设计阶段必须编制修正概算。

设计概算的编制应包括编制期价格、费率、利率、汇率等确定的静态投资和编制期到竣工验收前的工程和价格变化等多种因素的动态投资两部分。静态投资作为考核工程设计和施工图预算的依据;动态投资作为筹措、供应和控制资金使用的限额。

3.1.5.2 设计概算的作用

设计概算虽然也视为工程造价的一个阶段的表现形式,但严格地说,它不具备价格属性,因为设计概算不是在市场竞争中形成,它是设计单位根据有关依据计算出来的工程建设的预期费用,用于衡量建设投资是否超过估算并控制下一阶段费用支出。

设计概算的主要作用在于控制以后阶段的投资,具体表现为:

① 设计概算是编制建设项目投资计划、确定和控制建设项目投资的依据。国家规定,编制年度固定资产投资计划,确定计划投资总额及其构成数额,要以批准的初步设计概算为依据,没有批准的初步设计及其概算的建设工程不能列入年度固定资产投资计划。

经批准的建设项目设计总概算的投资额,是该工程建设投资的最高限额。在工程建设过程中,年度固定资产投资计划安排、银行拨款或贷款、施工图设计及其预算、竣工决算等,未经按规定的流程批准,都不能突破这一限额,以确保国家固定资产投资计划的严格执行和有效控制。

② 设计概算是控制施工图设计和施工图预算的依据。经批准的设计概算是建设项目投资的最高限额,设计单位必须按照批准的初步设计及其总概算进行施工图设计,施工图预算不得突破设计概算。如确需突破总概算时,应按规定流程进行审批。

③ 设计概算是衡量设计方案经济合理性和选择最佳设计方案的依据,根据设计概算可以用来对不同的设计方案进行技术与经济合理性的比较,以便选择最佳的设计方案。

④ 设计概算是工程造价管理及编制招标标底和投标报价的依据。设计总概算一经批准,就作为工程造价管理的最高限额,并据此对工程造价进行严格的控制。以设计概算进行招投

标的工程，招标单位编制标底是以设计概算造价为依据的，并以此作为评标定标的依据。承包单位为了在投标竞争中取胜，也必须以设计概算为依据，编制出合适的投标报价。

⑤ 设计概算是考核建设项目投资效果的依据。通过设计概算与竣工决算对比，可以分析和考核投资效果的好坏，同时还可以验证设计概算的准确性，有利于加强设计概算管理和建设项目的造价管理工作。

3.1.5.3　设计概算的内容

设计概算可分为单位工程概算、单项工程综合概算和建设项目总概算三级。

① 单位工程概算。单位工程概算是确定各单位工程建设费用的文件，是编制单项工程综合概算的依据，是单项工程综合概算的组成部分。单位工程概算按其工程性质分为建筑工程概算和设备及安装工程概算两大类。建筑工程概算包括土建工程概算，给排水、采暖工程概算，通风、空调工程概算，电气、照明工程概算，弱电工程概算，特殊构筑物工程概算，等等；设备及安装工程概算包括机械设备及安装工程概算，电气设备及安装工程概算，热力设备及安装工程概算，工具、器具及生产家具购置费概算，等等。

② 单项工程综合概算。单项工程综合概算是确定一个单项工程所需建设费用的文件，它是由单项工程中的各单位工程概算汇总编制而成的，是建设项目总概算的组成部分。

③ 建设项目总概算。建设项目总概算是确定整个建设项目从筹建到竣工验收所需全部费用的文件，它是由各单项工程综合概算、工程建设其他费用概算、预备费、建设期贷款利息和固定资产投资方向调节税概算汇总编制而成的。

3.1.5.4　概算编制流程

设计概算文件编制必须建立在正确、可靠、充分的编制依据基础之上。

① 参与设计方案讨论、进行方案比选。设计概算文件编制人员应与设计人员密切配合，以确保概算的质量，项目设计负责人和概算负责人应对全部设计概算的质量负责。有关的设计概算文件编制人员应参与设计方案的讨论，与设计人员共同做好最佳设计方案的技术经济比较工作，以选出技术先进、经济合理的方案。

② 科学编制设计概算。设计人员要坚持正确的设计指导思想，树立以经济效益为中心的观念，严格按照批准的可行性研究报告或立项批文所规定的内容及控制投资额度进行限额设计。严格按照规定要求，提出满足概算文件编制深度的设计技术资料。设计概算文件编制人员应对投资的合理性负责。杜绝不合理地人为增加或减少投资额度。

③ 投资人组织审查。专业咨询工程师（设计）完成初步设计概算后由全过程工程咨询单位发送给投资人，投资人必须及时组织力量对概算进行审核，并提出修改意见反馈并报送主管部门，由全过程工程咨询单位与投资人共同核实取得一致意见后，由专业咨询工程师进行修改。再随同初步设计一并报送主管部门审批。

3.1.5.5　设计概算的编制方法

① 单位工程概算的编制方法。单位工程是单项工程的组成部分，是指具有单独设计可以独立组织施工，但不能独立发挥生产能力或使用效益的工程。单位工程概算是确定单位工程建设费用的文件，是单项工程综合概算的组成部分。它由直接费、间接费、利润和税金组成。

单位工程概算分建筑工程概算和设备及安装工程概算两大类。建筑工程概算的编制方法有概算定额法、概算指标法、类似工程预算法等；设备及安装工程概算的编制方法有：预算单价法、扩大单价法、设备价值百分比法和综合吨位指标法等。

② 概算定额法编制建筑工程概算。概算定额法又叫扩大单价法或扩大结构定额法。它是采用概算定额编制建筑工程概算的方法，类似于用预算定额法编制施工图预算。其主要步骤是：

a. 计算工程量。

b. 套用概算定额。

c. 计算直接费。

d. 人工、材料、机械台班用量分析及汇总。

e. 计算间接费、利润和税金。

f. 最后汇总为概算工程造价。

概算定额法要求初步设计达到一定深度，建筑结构比较明确，能按照初步设计的平面、立面、剖面图纸计算出楼地面、墙身、门窗和屋面等扩大分项工程（或扩大结构构件）项目的工程量时，才可采用。

③ 概算指标法编制建筑工程概算。当设计图纸较简单，无法根据图纸计算出详细的实物工程量时，可以选择恰当的概算指标来编制概算。其主要步骤：

a. 根据拟建工程的具体情况，选择恰当的概算指标。

b. 根据选定的概算指标计算拟建工程概算造价。

c. 根据选定的概算指标计算拟建工程主要材料用量。

概算指标法的适用范围是当初步设计深度不够，不能准确地计算出工程量，但工程设计是采用技术比较成熟而又有类似工程概算指标可以利用时，可采用此法。由于拟建工程往往与类似工程的概算指标的技术条件不尽相同，而且概算指标编制年份的设备、材料、人工等价格与拟建工程当时当地的价格也不会一样。因此，必须对其进行调整。其调整方法是：设计对象的结构特征与概算指标有局部差异时的调整。

④ 类似工程预算法编制建筑工程概算。如果找不到合适的概算指标，也没有概算定额时，可以考虑采用类似的工程预算来编制设计概算。其主要编制步骤是：

a. 根据设计对象的各种特征参数，选择最合适的类似工程预算。

b. 根据本地区现行的各种价格和费用标准，计算类似工程预算的人工费修正系数、材料费修正系数、机械费修正系数、措施费修正系数、间接费修正系数等。

c. 根据类似工程预算修正系数和五项费用占预算成本的比重，计算预算成本总修正系数，并计算出修正后的类似工程平方米预算成本。

d. 根据类似工程修正后的平方米预算成本和编制概算地区的利税率计算修正后的类似工程平方米造价。

e. 根据拟建工程的建筑面积和修正后的类似工程平方米造价，计算拟建工程概算造价。

用类似工程预算编制概算时，应选择与所编制概算结构类型、建筑面积基本相同的工程预算为编制依据，并且设计图纸应能满足计算工程量的要求，只需个别项目按设计图纸调整，由于所选工程预算提供的各项数据较齐全、准确，概算编制的速度就较快。

⑤ 设备购置费概算的编制。设备购置费是根据初步设计的设备清单计算出设备原价，并汇总求出设备总原价，然后按有关规定的设备运杂费率乘以设备总原价，两项相加即为设

备购置费概算，其公式为：

设备购置费概算 = ∑（设备清单中的设备数量 × 设备原价）×（1+ 运杂费率）

或：

设备购置费概算 = ∑（设备清单中的设备数量 × 设备预算价格）

国产标准设备原价可根据设备型号、规格、性能、材质、数量及附带的配件，向制造厂家询价或向设备、材料信息部门查询或按主管部门规定的现行价格逐项计算。非主要标准设备和工器具、生产家具的原价可按主要标准设备原价的比例计算，比例指标按主管部门或地区有关规定执行。

⑥ 设备安装工程费概算的编制。设备安装工程费概算的编制方法是根据初步设计深度和要求明确的程度来确定的，其主要编制方法有：

a. 预算单价法。当初步设计较深，有详细的设备清单时，可直接按安装工程预算定额单价编制安装工程概算，概算编制流程基本同安装工程施工图预算。该法具有计算比较具体、精确性较高之优点。

b. 扩大单价法。当初步设计深度不够，设备清单不完备，只有主体设备或仅有成套设备重量时，可采用主体设备、成套设备的综合扩大安装单价来编制概算。

上述两种方法的具体操作与建筑工程概算相类似。

c. 设备价值百分比法，又叫安装设备百分比法。当初步设计深度不够，只有设备出厂价而无详细规格、重量时，安装费可按占设备费的比例计算。其比值（即安装费率）由主管部门制定或由设计单位根据已完工类似工程确定。该法常用于价格波动不大的定型产品和通用设备产品。

d. 综合吨位指标法。当初步设计提供的设备清单有规格和设备重量时，可采用综合吨位指标编制概算，其综合吨位指标由主管部门或由设计单位根据已完工类似工程资料确定。该法常用于设备价格波动较大的非标准设备和引进设备的安装工程概算。

⑦ 单项工程综合概算的编制方法。单项工程综合概算是确定单项工程建设费用的综合性文件，它是由该单项工程各专业的单位工程概算汇总而成的，是建设项目总概算的组成部分。单项工程综合概算文件一般包括编制说明（不编制总概算时列入）和综合概算表（含其所附的单位工程概算表和建筑材料表）两大部分。当建设项目只有一个单项工程时，此时综合概算文件（实为总概算）除包括上述两大部分外，还应包括工程建设其他费用、建设期贷款利息、预备费和固定资产投资方向调节税的概算。

⑧ 建设项目总概算的编制方法。建设项目总概算是设计文件的重要组成部分，是确定整个建设项目从筹建到竣工交付使用所预计花费的全部费用的文件。它是由各单项工程综合概算、工程建设其他费、建设期贷款利息、预备费、固定资产投资方向调节税和经营性项目的铺底流动资金概算所组成，按照主管部门规定的统一表格进行编制而成的。

3.1.5.6 设计概算的审查依据

设计概算审查应以下列文件为依据：

① 国家政策、法规；

② 各专业执行的设计规范、标准及现行国家及项目所在地的有关标准、规程；

③ 政府有关主管部门的批文、可行性研究报告、立项书、方案文件等的文号或名称；

④ 规划、用地、环保、卫生、绿化、消防、人防、抗震等要求和依据资料；
⑤ 投资人提供的有关使用要求或生产工艺等资料；
⑥ 审查计价指标；
⑦ 审查其他费用。

3.1.5.7　设计概算的审查内容

① 审查设计概算文件是否齐全。
② 审查设计概算的编制依据，审查的重点有：
a. 审查编制依据的合法性；
b. 审查编制依据的时效性；
c. 审查编制依据的适用范围。
③ 审查概算编制深度，审查重点有：
a. 审查编制说明；
b. 审查概算编制深度；
c. 审查概算的编制范围。
④ 审查建设规模、标准，审查重点有：
a. 审查概算的投资规模、生产能力、设计标准、建设用地、建筑面积、主要设备、配套工程等是否符合原批准可行性研究报告或立项批文的标准；
b. 如概算总投资超过原批准投资估算10%以上，应进一步审查超估算的原因。
⑤ 审查设备规格、数量和配置。
⑥ 审查建筑安装工程，根据初步设计图纸、概算定额及工程量计算规则、设备材料表、建（构）筑物和总图运输一览表，审查是否有无多算、重算、漏算。
⑦ 审查计价指标。
⑧ 审查其他费用。

3.1.5.8　设计概算的审查方法

采用适当方法审查设计概算，是确保审查质量、提高审查效率的关键。常用的方法有：
① 查询核实法。查询核实法是对一些关键设备和设施、重要装置、引进工程图纸不全、难以核算的较大投资进行多方查询核对，逐项落实的方法。
② 对比分析法。对比分析法是通过建设规模、标准与立项批文对比，工程数量与设计图纸对比，综合范围、内容与编制方法、规定对比，各项取费与规定标准对比，材料、人工单价与统一信息对比，引进投资与报价要求对比，技术经济指标与同类工程指标对比等，发现设计概算存在的主要问题和偏差。
③ 主要问题复核法。主要问题复核法是对审查中发现的主要问题、偏差大的工程进行复核，对重要、关键设备和生产装置或投资较大的项目进行复查。
④ 分类整理法。分类整理法是指对审查中发现的问题和偏差，对照单项、单位工程的顺序目录，先按设备费、安装工程费、建筑工程费和工程建设其他费用分类整理，再汇总核增或核减项目及其投资额，最后将具体审核数据，按照"原编概算""审核结果""增减资""增减幅度"四栏列表，并照原总概算表汇总顺序，将增减项目逐一列出，相应调整所属项目投资合计，再依次汇总审核后的总投资及增减投资额。

⑤ 联合会审法。联合会审前，可先采取多种形式审查，包括专业咨询工程师（设计）自审、投资人全过程工程咨询单位等单位初审、造价工程师评审、邀请同行专家预审，经层层审查把关后，再召开有关单位和专家的联合会审会议。设计概算应全面、完整地反映建设项目的投资数量和投资构成，通过上述的审查措施，使其真正成为控制投资规模和工程造价的主要依据。

3.1.5.9 概算编制与审核的工作流程

概算编制与审核的工作流程见图 3-4。

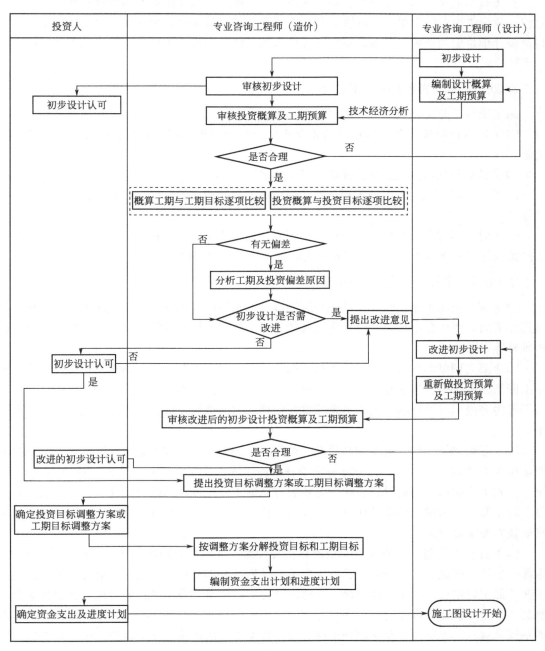

图 3-4 概算编制与审核的工作流程

3.1.6 施工图预算

3.1.6.1 施工图预算的概念

施工图预算是施工图设计预算的简称，又叫设计预算。它是由设计单位在施工图设计完成后，根据施工图设计图纸、现行预算定额、费用定额，以及地区设备、材料、人工、施工机械台班等预算价格编制和确定的建筑安装工程造价文件。

在工程量清单计价实施以前，施工图预算的编制是工程计价主要甚至唯一的方式，设计单位、建设单位、施工单位，都要编制施工图预算，只是编制的角度和目的不同。本节主要讨论设计单位编制的施工图预算。对于设计单位，施工图预算主要作为建设工程费用控制的一个环节。

3.1.6.2 施工图预算的作用

施工图预算的主要作用有：

（1）是设计阶段控制工程造价的重要环节，是控制施工图设计不突破设计概算的重要措施。

（2）是编制或调整固定资产投资计划的依据。

（3）对于实行施工招标的工程，施工图预算是编制标底的依据，也是承包企业投标报价的基础。

（4）对于不宜实行招标而采用施工图预算加调整价结算的工程，施工图预算可作为确定合同价款的基础或作为审查施工企业提出的施工图预算的依据。

3.1.6.3 施工图预算的内容和流程

（1）编制前的准备工作。主要收集编制施工图预算的编制依据。包括施工图纸、有关的通用标准图、图纸会审记录、设计变更通知、施工组织设计、预算定额、取费标准及市场材料价格等资料。

（2）熟悉图纸和预算定额。熟悉施工图等基础资料。编制施工图预算前，应熟悉并检查施工图纸是否齐全、尺寸是否清楚，了解设计意图，掌握工程全貌，另外，针对要编制预算的工程内容搜集有关资料，包括熟悉并掌握预算定额的使用范围、工程内容及工程量计算规则等。

（3）了解施工组织和施工现场情况。编制施工图预算前，应了解施工组织设计中影响工程造价的有关内容。例如，各分部分项工程的施工方法，土方工程中余土外运使用的工具、运距，施工平面图对建筑材料、构件等堆放点到施工操作地点的距离，等等，以便能正确计算工程量和正确套用或确定某些分项工程的基价。这对于正确计算工程造价、提高施工图预算质量有着重要意义。

（4）计算工程量。工程量计算应严格按照图纸尺寸和现行定额规定的工程量计算规则，遵循一定的顺序逐项计算分项子目的工程量，计算各分部分项工程量前，应先列项。也就是按照分部工程中各分项子目的顺序，先列出单位工程中所有分项子目的名称，然后再逐个计算其工程量。这样，可以避免工程量计算中，出现盲目、零乱的状况，使工程量计算工作有条不紊地进行，也可以避免漏项和重项。该阶段主要编制建筑安装工程费，设备及工具、器具购置费，等等。

（5）汇总工程量，套预算定额基价（预算单价）。各分部分项工程量计算完毕，并经复核无误后，按预算定额手册规定的分部分项工程顺序逐项汇总，然后将汇总后的工程量抄入工程预算表内，并把计算项目的相应定额编号、计量单位、预算定额基价以及其中的人工费、材料费、机械台班使用费填入工程预算表内。

（6）计算直接工程费。计算各分项工程直接费并汇总，即为一般土建工程定额直接费，再以此为基数计算其他直接费、现场经费，求和得到直接工程费。

（7）计取各项费用。按取费标准（或间接费定额）计算间接费、计划利润、税金等费用。求和得出工程预算价值，并填入预算费用汇总表中。同时计算技术经济指标，即单方造价。

（8）进行工料分析。计算出该单位工程所需要的各种材料用量和人工工日汇总，并填入材料汇总表中。这一步骤通常与套定额单价同时进行，以避免二次翻阅定额。如果需要，还要进行材料价差调整。

（9）编制说明、填写封面、装订成册。

编制施工图预算的流程见图 3-5。

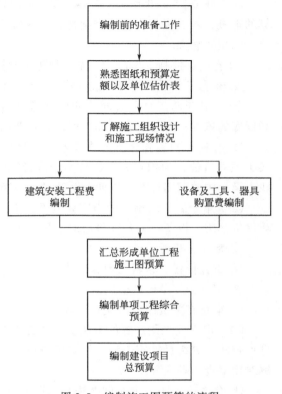

图 3-5　编制施工图预算的流程

3.1.6.4　施工图预算的编制方法

（1）单价法编制施工图预算。单价法是用事先编制好的分项工程的单位估价表来编制施工图预算的方法。

按施工图计算的各分项工程的工程量，乘以相应单价，汇总相加，得到单位工程的人工费、材料费、机械使用费之和；再加上按规定流程计算出来的措施费、间接费、利润和税金，便可得出单位工程的施工图预算造价。

单价法编制施工图预算的计算公式表述为：

$$单位工程预算直接工程费 = \sum（工程量 \times 预算定额单价）$$

（2）实物法编制施工图预算。实物法编制施工图预算，首先根据施工图纸分别计算出分项工程量，然后套用相应预算人工、材料、机械台班的定额用量，再分别乘以工程所在地当时的人工、材料、机械台班的实际单价，求出单位工程的人工费、材料费和施工机械使用费，并汇总求和，进而求得直接工程费，最后按规定计取其他各项费用，最后汇总就可得出单位工程施工图预算造价。

实物法编制施工图预算，其中直接工程费的计算公式为：

$$单位工程直接工程费 = \sum（工程量 \times 人工预算定额用量 \times 当时当地人工费单价）+ \\ \sum（工程量 \times 材料预算定额用量 \times 当时当地材料费单价）+ \\ \sum（工程量 \times 机械预算定额用量 \times 当时当地机械费单价）$$

3.1.6.5 施工图预算的审查

（1）审查施工图预算的意义。施工图预算编完之后，需要认真进行审查。加强施工图预算的审查，对于提高预算的准确性，正确贯彻党和国家的有关方针政策，降低工程造价具有重要的现实意义。

① 有利于控制工程造价，克服和防止预算超概算。

② 有利于加强固定资产投资管理，节约建设资金。

③ 有利于施工承包合同价的合理确定和控制。因为，施工图预算对于招标工程，是编制标底的依据；对于不宜招标工程，它是合同价款结算的基础。

④ 有利于积累和分析各项技术经济指标，不断提高设计水平。通过审查工程预算，核实了预算价值，为积累和分析技术经济指标，提供了准确数据，进而通过有关指标的比较，找出设计中的薄弱环节，以便及时改进，不断提高设计水平。

（2）审查施工图预算的内容和流程。审查施工图预算的重点，应该放在工程量计算、预算单价套用、设备材料预算价格取定是否正确、各项费用标准是否符合现行规定等方面。

① 审查工程量。

② 审查设备、材料的预算价格。

③ 审查预算单价的套用。

④ 审查有关费用项目及其计取。

（3）审查施工图预算的方法。审查施工图预算的方法较多，主要有全面审查法、标准预算审查法、分组计算审查法、筛选审查法、重点抽查法、对比审查法、利用手册审查法和分解对比审查法等八种。

① 全面审查法。全面审查法又叫逐项审查法，就是按预算定额顺序或施工的先后顺序，逐一地全部进行审查的方法。其具体计算方法和审查过程与编制施工图预算基本相同。此方法的优点是全面、细致，经审查的工程预算差错比较少，质量比较高。缺点是工作量大。对于一些工程量比较小、工艺比较简单的工程，编制工程预算的技术力量又比较薄弱，可采用全面审查法。

② 标准预算审查法。对于利用标准图纸或通用图纸施工的工程，先集中力量，编制标准预算，以此为标准审查预算的方法。按标准图纸设计或通用图纸施工的工程一般上部结构和做法相同，可集中力量细审一份预算或编制一份预算，作为这种标准图纸的标准预算，或用这种标准图纸的工程量为标准，对照审查，而对局部不同的部分作单独审查即可。这种方法的优点是时间短、效果好、好定案；缺点是只适应按标准图纸设计的工程，适用范围小。

③ 分组计算审查法。分组计算审查法是一种加快审查工程量速度的方法，把预算中的项目划分为若干组，并把相邻且有一定内在联系的项目编为一组，审查或计算同一组中某个分项工程量，利用工程量间具有相同或相似计算基础的关系，判断同组中其他几个分项工程量计算的准确程度。

④ 对比审查法。是用已建成工程的预算或虽未建成但已审查修正的工程预算对比审查拟建的类似工程预算的一种方法。

⑤ 筛选审查法。筛选法是统筹法的一种，也是一种对比方法。建筑工程虽然有建筑面积和高度的不同，但是它们的各个分部分项工程的工程量、造价、用工量在每个单位面积上

的数值变化不大，我们把这些数据加以汇集、优选、归纳为工程量、造价（价值）、用工三个单方基本值表，并注明其适用的建筑标准。这些基本值犹如"筛子孔"，用来筛选各分部分项工程，筛下去的就不审查了，没有筛下去的就意味着此分部分项的单位建筑面积数值不在基本值范围之内，应对该分部分项工程详细审查。当所审查的预算的建筑面积标准与"基本值"所适用的标准不同，就要对其进行调整。

⑥ 重点抽查法。此法是抓住工程预算中的重点进行审查的方法。审查的重点一般是工程量大或造价较高、工程结构复杂的工程，补充单位估价表，计取各项费用（计费基础、取费标准等）。

⑦ 利用手册审查法。此法是把工程中常用的构件、配件事先整理成预算手册，按手册对照审查的方法。如工程常用的预制构配件洗池、大便台、检查井、化粪池、碗柜等，几乎每个工程都有，把这些按标准图集计算出工程量，套上单价，编制成预算手册使用，可大大简化预结算的编审工作。

⑧ 分解对比审查法。一个单位工程，按直接费与间接费进行分解，然后再把直接费按工种和分部工程进行分解，分别与审定的标准预算进行对比分析的方法，叫分解对比审查法。

（4）审查施工图预算的步骤。

① 做好审查前的准备工作。

a. 熟悉施工图纸。施工图是编审预算分项数量的重要依据，必须全面熟悉了解，核对所有图纸，清点无误后，依次识读。

b. 了解预算包括的范围。根据预算编制说明，了解预算包括的工程内容，例如配套设施、室外管线、道路以及会审图纸后的设计变更等。

c. 弄清预算采用的单位估价表。任何单位估价表或预算定额都有一定的适用范围，应根据工程性质，搜集熟悉相应的单价、定额资料。

② 选择合适的审查方法，按相应内容审查。由于工程规模、繁简程度不同，施工方法和施工企业情况不一样，所编工程预算的质量也不同，因此，需选适当的审查方法进行审查。综合整理审查资料，并与编制单位交换意见，定案后编制调整预算。审查后，需要进行增加或核减的，经与编制单位协商，统一意见后，进行相应的修正。

审查施工图预算具体流程见图 3-6。

3.1.7 设计阶段投资管控工作的重点和难点

3.1.7.1 增强设计标准和标准设计意识

工程建设标准规范和标准设计，对于工程实践经验和科研成果，是工程建设必须遵循的科学依据。大量地加以实施，能在工程建设活动中得到最普遍有效的推广使用。无疑，这是科学技术转化为生产力的一条重要途径。另一方面，工程建设标准规范又是衡量工程建设质量的尺度，符合标准规范就是质量好，不符合标准规范就是质量差。抓设计质量，设计标准规范必须先行。设计标准规范一经颁发，就是技术法规，在一切工程设计工作中必须执行。标准设计一经颁发，建设单位和设计单位要因地制宜地积极应用。无特殊理由的不得另行设计。

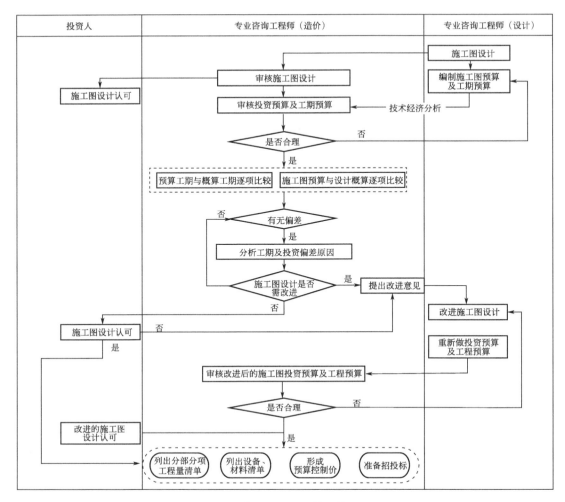

图 3-6 审查施工图预算具体流程

3.1.7.2 发挥价值工程优势

发挥价值工程优势，提高设计产品的价值。一切发生费用的地方都可以应用价值工程。工程建设需要大量人、财、物，因而价值工程在工程建设方面大有可为。它作为一种相当成熟又行之有效的管理办法，在许多国家的工程建设中得到广泛应用。价值工程尽管在我国还处于起步阶段，但大量事实证明，它在工程设计中对于控制项目投资、提高工程价值是大有作为的。特别是随勘察设计施工一体化总承包制推广，价值工程会越来越显示出它对控制项目投资所能发挥的巨大作用。

3.1.7.3 推行限额设计

积极推行限额设计，树立动态管理的观念。限额设计就是按标准的投资估算控制初步设计，按标准的初步设计总概算控制施工图设计，即将上阶段审定的投资额作为下一设计阶段投资控制的总体目标。在工程项目建设过程中采用限额设计是我国工程建设领域控制投资支出，有效使用建设资金的有力措施。限额设计的控制对象是影响工程设计静态投资（或基础价）的控制造价工作，把技术经济统一起来，切实做好限额设计的纵向、横向控制。

（1）初步设计要重视方案选择，按照审定的可行性研究阶段的投资进一步落实投资的可能性，将项目投资估算进一步具体化。

（2）把施工图预算严格控制在批准的概算内。施工图设计是指导工程建设的主要文件，设计单位的最终产品。限额设计控制就是将施工图预算严格控制在批准的设计概算范围以内并有所节约。

（3）在限额设计中树立动态管理理念。

（4）健全和加强设计单位对建设单位及设计单位内部的经济责任制，正确处理好责、权、利三者之间关系。

（5）建立设计单位内部限额设计责任制，实行限额设计节奖超罚。在推行限额设计同时，不断加强、完善和改进，充分体现控制投资的重要性，克服长期以来，重技术轻经济的思想。树立设计人员的高度责任感，不盲目追求高标准、高水平，不同国外攀比，使建设标准根据客观条件的许可体现中等适用的条件下注重美观的原则。合理使用人力、物力、财力，力争少投入，多生产，努力提高我国的基本建设的投资效益。

3.1.7.4 加强设计变更管理

除非不得不进行设计变更，否则任何人员无权擅自更改设计。设计变更应尽量提前，变更发生得越早，损失越小，反之就越大。如在设计阶段变更，则只需修改图纸，其他费用尚未发生，损失有限；如果在采购阶段变更，不仅需要修改图纸，而且设备、材料还须重新采购；若在施工阶段变更，除上述费用外，已施工的工程还须拆除，势必造成重大变更损失。为此，必须加强设计变更管理，尽可能把设计变更控制在设计阶段初期，尤其对影响工程造价的重大设计变更，更要用先算账后变更的办法解决。需进行由多方人员参加的技术经济论证，获得有关管理部门批准后方可进行，使工程造价得到有效控制。

3.1.8 设计阶段投资管控工作的输入和输出

3.1.8.1 相关依据和制度

（1）设计阶段投资管控要建立的相关制度。

① 设计大纲审核批准制度。设计大纲（设计要求）编写完成后要报管理单位审核，报业主批准确认以后，作为设计合同的附件，是监督设计工作和审核工程设计的重要依据。

② 设计方案和初步设计评审制度。项目管理部要组织专家对设计方案和初步设计进行评审，主要审核建设规模、建筑面积、使用功能、投资估算等与项目建议书和计划任务书的符合性。评审要编写评审报告报业主。

③ 工程概算、预算审核制度。项目管理部要对设计工程的概算和预算进行评审，配合设计单位达到控制投资的目的。

④ 设计文件审核制度。设计文件要报项目管理部进行审核，经过审核使设计的安全性、适用性、经济性达到最佳状态。审核意见报业主，作为设计修改或报批的参考。

（2）设计概算的编制原则和依据。

① 严格执行国家的建设方针和经济政策的原则。设计概算是一项重要的技术经济工作，要严格按照党和国家的方针、政策办事，坚决执行勤俭节约的方针，严格执行规定的

设计标准。

② 完整、准确地反映设计内容的原则。编制设计概算时，要认真了解设计意图，根据设计文件、图纸准确计算工程量，避免重算和漏算。设计修改后，要及时修正概算。

③ 坚持结合拟建工程的实际，反映工程所在地当时价格水平的原则。为提高设计概算的准确性，要实事求是地对工程所在地的建设条件，可能影响造价的各种因素进行认真的调查研究。在此基础上正确使用定额、指标、费率和价格等各项编制依据，按照现行工程造价的构成，根据有关部门发布的价格信息及价格调整指数，考虑建设期的价格变化因素，使概算尽可能地反映设计内容、施工条件和实际价格。

（3）设计概算的编制依据。

① 国家发布的有关法律、法规、规章、规程等。

② 批准的可行性研究报告及投资估算、设计图纸等有关资料。

③ 有关部门颁布的现行概算定额、概算指标、费用定额等和建设项目设计概算编制办法。

④ 有关部门发布的人工、设备、材料价格及造价指数等。

⑤ 建设地区的自然、技术、经济条件等资料。

⑥ 有关合同、协议等。

⑦ 其他有关资料。

（4）施工图预算编制依据。

① 施工图纸及说明书和标准图集。

② 现行预算定额及单位估价表。

③ 施工组织设计或施工方案。

④ 材料、人工、机械台班预算价格及调价规定。

⑤ 建筑安装工程费用定额。

⑥ 造价工作手册及有关工具书。

（5）开展限额设计依据。

①《工程建设标准强制性条文（房屋建筑部分）》（2013年修订）。

②《建筑工程设计文件编制深度规定》（2016年修订）。

③《建筑工程方案设计招标投标管理办法》。

④《工程勘察设计收费标准》（2002年修订）。

⑤《水利水电工程控制投资开展限额设计的规定》（能源水规〔1990〕677号）。

⑥《火电建设项目推行限额设计的若干意见》（电规〔1997〕75号）。

⑦ 建设项目的设计文件，包括设计说明书、设计总平面等。

（6）设计方案比选工作依据。

① 国家和省市的经济和社会发展规划。

② 有关机构发布的工程建设方面的标准、规范、定额。

③ 国家或有关部门颁布的有关项目评价的基本参数和指标。

④ 有关基础数据资料，包括同类项目的技术经济参数、指标等。

⑤ 项目设计说明书。

⑥ 项目的建议书（初步可行性研究报告）和咨询合同的具体委托要求。

⑦ 项目的投资估算。
⑧ 项目的概算等。

3.1.8.2 设计阶段投资管控的成果清单

（1）设计概算。
（2）施工图预算。

3.1.9 设计阶段投资管控质量标准

3.1.9.1 设计概算的质量标准

依据《建设工程造价咨询成果文件质量标准》（CECA/GC 7—2012），设计概算的质量标准如下。

（1）过程文件的组成和要求。

① 设计概算编制的过程文件应包括工程造价咨询合同、工作计划及实施方案、编制人的编制工作底稿、审核人的审核工作底稿、审定人的审定工作底稿、与设计概算成果文件形成相关的电子版文件、与设计师沟通联系记录、有关设计方案工程量确定的设计交底和会议纪要等、有关价格或费率确定的文件等、使用或移交的资料清单。

② 编制人的工作底稿应包括工程量计算书、询价记录、参数或率值计算或确定的过程文件等。审核人和审定人的工作底稿应包括工程量计算或复核书、价格审核记录、参数或率值计算或审核记录等。

③ 设计概算使用或移交的资料清单应明确文件存档或移交的单位、部门、接收人，其内容包括批准的可行性研究报告、设计文件、地质资料、工程建设其他费用确定相关的合同或协议、有关会议纪要、往来文件，以及影响工程造价的其他相关资料和其他计价依据等。

（2）设计概算成果文件的组成和要求。设计总概算文件一般应包括：封面及目录、编制说明、总概算表、工程建设其他费用概算表、单项工程综合概算表、单位工程概算表、工程量计算表、分年度投资汇总表、分年度资金流量汇总表、主要材料汇总表与工日数量表等。现将有关主要情况说明如下。

① 封面、签署页及目录。

② 编制说明。编制说明应包括下列内容：

a. 工程概况。简述建设项目性质、特点、生产规模、建设周期、建设地点等主要情况。引进项目要说明引进内容以及国内配套工程等主要情况。

b. 资金来源及投资方式。

c. 编制依据及编制原则。

d. 编制方法。说明设计概算是采用概算定额法，还是采用概算指标法等。

e. 投资分析。主要分析各项投资的比重、各专业投资的比重等经济指标。

f. 其他需要说明的问题。

③ 总概算表。总概算表应反映静态投资和动态投资两个部分。

静态投资是按设计概算编制期价格、费率、利率、汇率等确定的投资；动态投资是指概算编制时期到竣工验收前因价格变化等多种因素所需的投资。

④ 工程建设其他费用概算表。工程建设其他费用概算按国家、地区或部委所规定的项

目和标准确定，并按统一格式编制。

⑤ 单项工程综合概算表和建筑安装单位工程概算表。

⑥ 工程量计算表和工、料数量汇总表。

⑦ 分年度投资汇总表和分年度资金流量汇总表，设计概预算文件是建设工程造价的文件，是工程建设全过程控制、考核工程项目经济性和合理性的依据。因此，对概预算文件的审查在工程造价管理中具有非常重要的作用和现实意义。

（3）设计概算质量要求。

① 设计概算成果文件的格式应符合《建设工程造价咨询成果文件质量标准》（CECA/GC 7—2012）5.1"成果文件的组成和要求"的相关规定。

② 设计概算的编制方法、编制深度等应符合《建设项目设计概算编审规程》（CECA/GC 2）的有关规定。

③ 在相同口径下，建设项目的初步设计阶段设计概算的综合误差率应小于6%。

3.1.9.2 施工图预算质量标准

（1）成果文件的组成和要求。

① 施工图预算编制的成果文件的通常表现形式为单位工程施工图预算书，建设单位有要求的还应编制施工图预算汇总表、单项工程施工图预算汇总表。

② 施工图预算编制的成果文件应包括施工图预算书封面、签署页、目录、编制说明、施工图预算汇总表、单项工程施工图预算汇总表、单位工程施工图预算书、措施费用计算表、人工材料机械用量分析表及价差计算表、其他基本建设费用计算表等。

③ 施工图预算书封面应包括项目名称、编制单位名称和编制日期，并应加盖具有企业名称、资质等级、证书编号的工程造价咨询企业执业章。成果文件名称应为××工程施工图预算书。

④ 签署页应包括项目名称、预算总额、编制人、审核人、审定人和法定代表人或其授权人的签名。预算总额处应加盖工程造价咨询企业执业章，编制人、审核人、审定人应在签署页加盖执业（或从业）资格专用印章，法定代表人或其授权人应在签署页签字或盖章。

⑤ 施工图预算编制说明应阐述工程概况、编制范围、编制方法、编制依据、有关参数和率值选定、主要技术经济指标、主要施工方案以及特殊问题的说明等。

⑥ 施工图预算汇总表纵向应分解到单项工程，并应包括工程建设其他费用、预备费、建设期利息。生产经营性项目需要估算流动资金的，还应包括流动资金。施工图预算汇总表横向应分解到建筑工程费、设备及工器具购置费、安装工程费和其他费用。编制人、审核人、审定人应在施工图预算汇总表加盖执业（或从业）资格专用印章。

⑦ 单项工程施工图预算汇总表纵向应分解到单位工程，横向应分解到建筑工程费、设备及工器具购置费、安装工程费。单项工程施工图预算汇总表应有编制人、审核人的署名。

⑧ 单位工程施工图预算书可采用工料单价法或实物量法编制，其纵向均应依据相应预算定额的项目划分分解到分项工程。采用单价法编制，横向应分解到人工、材料、机械费用，然后按单位工程汇总定额直接费，最后调整价差，并计取有关税费；采用实物量法编制，横向应分解到人工、材料、机械消耗量，然后汇总人工、材料、机械消耗量，并依据人工、材料、机械单价计算并汇总定额直接费，最后计算有关税费。单位施工图预算书应有编

制人、审核人的署名。

⑨ 施工图预算书中，需要计算工程建设其他费用的，工程建设其他费用应参照工程概算计列。工程建设其他费用计算表应有编制人、审核人的署名。

⑩ 施工图预算编制的成果文件相关表式可依据行业特点自行设计或参考《建设项目施工图预算编审规程》(CECA/GC 5)编制。

（2）过程文件的组成和要求。

① 施工图预算编制的过程文件应包括工程造价咨询合同、预算编制工作计划及实施方案、编制人的工作底稿、审核人的审核工作底稿、审定人的审定工作底稿、与施工图预算成果文件形成相关的电子版文件、设计交底和会议纪要等、有关价格或费率确定的文件等、使用或移交的资料清单。

② 编制人的工作底稿应包括工程量计算书、询价记录、参数或率值计算或确定的过程文件等。审核人和审定人的工作底稿应包括工程量计算或复核书、价格审核记录、参数或率值计算或审核记录等。

③ 施工图预算使用或移交的资料清单应明确文件存档或移交的单位，其内容除含完整的施工图预算书外，应包括项目工程建设其他费用确定的相关合同或协议、有关会议纪要、影响工程造价的其他相关资料和其他计价依据等。

（3）质量评定标准。

① 施工图预算成果文件的格式应符合《建设项目施工图预算编审规程》(CECA/GC 5) 6.1"成果文件的组成和要求"的相关规定。

② 施工图预算的编制方法、编制深度等应符合《建设项目施工图预算编审规程》(CECA/GC 5—2010)的有关规定。

③ 相同口径下，在同一成果文件中，施工图预算的综合误差率应小于5%。

3.2 招标采购阶段投资管控

3.2.1 招标采购阶段投资管控的作用

招标采购包括工程发承包、货物采购和服务采购，通过招标采购，合同价款得以确定，通过施工图实际算量，已经比较接近工程的实际造价，能初步体现建筑成品，为施工阶段和工程竣工结算阶段的投资管控奠定了基础。

3.2.2 招标采购阶段投资管控的工作内容、依据和流程

参考广东省建设项目全过程造价管理规范（DBJ/T 15—153—2019）的相关内容，本书提出来，招标采购阶段投资管控工作可能包括以下内容：

① 招标采购策划；② 潜在投标人的考察；③ 招标采购文件及合同条款拟订；④ 招标采购清单；⑤ 最高投标限价；⑥ 预计中标价；⑦ 招标采购答疑；⑧ 清标及回标分析；⑨ 不平衡报价调整；⑩ 评标、询标、定标；⑪ 合同准备及签订。

3.2.3 招标采购策划

（1）招标采购策划包括合同规划、招标采购的需求分析、目标制定、编制招标方案及工

作计划等内容。

（2）招标采购策划可分为招标采购总策划和单次招标采购策划。

（3）招标采购总策划应在项目前期阶段进行，是项目前期阶段编制投资控制分解书的重要依据。

（4）招标采购总策划应包括合同规划、招标采购方式选择、标段划分、范围界定、合同形式和计价方式选择以及招标采购总体计划等。

（5）单次招标采购策划应包括招标采购总策划内容的细化、招标采购组织形式的确定、招标采购文件和合同范本的选用、招标采购流程以及详细计划的拟订等。

（6）单次招标采购策划过程中，如需对招标采购总策划拟订的内容进行修订时，应说明修订原因。

（7）招标采购策划遵循有利于充分竞争和控制造价、满足项目建设进度要求、促进招投标工作顺利开展的原则，同时应考虑项目的类型、规模与复杂程度、建设单位参与的程度、市场供求与竞争状况、招标风险及造价风险等因素。

（8）招标采购策划成果文件应包括下列主要内容：
① 封面、签署页、目录；
② 招标采购策划报告；
③ 招标采购总策划表；
④ 单次招标采购策划表；
⑤ 招标采购详细计划。

（9）招标采购策划报告包括项目概况、策划依据、策划说明及其他说明事项等内容。

3.2.4 潜在投标人的考察

（1）在项目招标采购前或评标结束后，投资管控单位可以自行组织或者委托专业机构对符合招标采购条件的潜在投标人或投标人进行考察，出具考察报告作为组织招标的参考或定标决策的辅助依据。

（2）评标结束后需要进行考察的，应在招标采购文件中予以明确。

（3）对潜在投标人或投标人的考察内容应包括企业性质、经营范围、注册资本、资质情况、资信等级、财务状况、奖罚情况、相似业绩、诚信评价以及人员资格水平等。

（4）对潜在投标人或投标人的考察应选取业务精进、政治素质高、廉洁公正的考察人员参与。考察人员与潜在投标人或投标人存在利益冲突的，应主动申请回避。

（5）考察前应编制考察方案，其考察内容和评价标准应与招标人要求保持一致。

（6）考察时应遵循公平、公正的原则，不允许考察成员私下接触潜在投标人或投标人，且应对考察过程进行有效监督，确保考察活动的严密性。

（7）考察完成后应形成考察报告，考察报告应当采用具体、客观的描述，应包括考察过程、考察情况、对比分析以及考察建议等内容，不能以分级、评价性意见代替。

（8）考察报告完成后应经所有考察人员签字认可。

3.2.5 招标采购文件及合同条款拟订

（1）招标采购文件是项目招标采购活动的主要依据，对招标采购活动各方均具有法律约束力。

（2）招标采购活动需要进行资格审查时，应编制资格审查文件。

（3）根据项目的投资性质和特点，应优先采用国家现行的或行业推荐的标准招标采购文件及合同范本。

（4）招标采购文件和合同条款的拟订应本着公开、公平、公正的原则，做到文本规范、文件完整、逻辑清晰、语言表达准确，并符合具体招标采购相关事项的要求。

（5）招标采购文件主要包括下列内容：

① 招标采购公告或投标邀请书；

② 投标人须知；

③ 评标办法；

④ 合同条款及格式；

⑤ 参考资料。

（6）合同价款的约定。

① 签约合同价与中标价的关系：

a. 签约合同价是指合同双方签订合同时在协议书中列明的合同价格；

b. 对于以单价合同形式招标的项目，工程量清单中各种价格的合计即为合同价；

c. 签约合同价就是中标价，因为中标价是指评标时经过算术修正的，并在中标通知书中申明招标人接受的投标价格。

② 合同价款约定内容。

a. 合同价款约定的一般规定。实行招标的工程合同价款应在中标通知书发出之日起30天内，由发承包双方依据招标文件和中标人的投标文件在书面合同中约定。

合同约定不得违背招标、投标文件中关于工期、造价、质量等方面的实质性内容。招标文件与中标人投标文件不一致的地方应以投标文件为准。

不实行招标的工程合同价款，应在发承包双方认可的工程价款基础上，由发承包双方在合同中约定。

实行工程量清单计价的工程，应采用单价合同；建设规模较小、技术难度较低、工期较短，且施工图设计已审查批准的建设工程可采用总价合同；紧急抢险、救灾以及施工技术特别复杂的建设工程可采用成本加酬金合同。

b. 约定内容。在签订合同时，合同双方应就以下内容进行约定：

预付工程款的数额、支付时间及抵扣方式；

安全文明施工费的支付计划、使用要求，安全文明施工费应专款专用，发包人应按相关规定合理支付，并写明使用要求；

工程计量与支付工程价款的方式、额度及时间；

工程价款的调整因素、方法、程序、支付时间；

施工索赔与现场签证的程序、金额确认与支付时间；

承担计价风险的内容、范围以及超出约定内容、范围的调整办法；

工程竣工价款结算编制、核对、支付时间；

工程质量保证金的数额、预留方式及时间；

违约责任以及发生工程价款争议的解决方法及时间；

与履行合同、支付价款有关的其他事项。

3.2.6 招标采购清单

（1）招标采购清单分为建设工程的工程量清单、货物采购清单和服务采购清单。

（2）招标采购清单应符合招标采购文件的要求，做到数量准确、单位适用、工作内容与工作要求或特征表述准确和完整。

（3）工程量清单应依据招标文件中约定的工程量计算规则计算工程量，且应列出招标范围内图纸、招标文件、技术规范等要求的所有工程内容的清单编号、名称、项目特征或工作内容、单位以及数量。

（4）货物采购清单应符合货物采购文件中关于货物名称、种类、规格、型号、参数以及技术标准等方面的要求，且应列出货物采购的名称、规格、型号、技术要求、单位以及数量。

（5）服务采购清单应包括服务采购文件中已明确的服务内容、服务要求、服务时间和服务质量等内容。

（6）编审招标采购清单时，应检查清单编审依据的完整性、合理性和准确性。对编审依据存在疑问时，应及时与相关单位进行沟通、协调并协助加以解决和修正。

（7）招标采购清单的成果文件包括下列内容：

① 封面、签署页、目录；

② 招标采购清单编审说明；

③ 招标采购清单填报说明；

④ 招标采购清单报表。

3.2.7 工程量清单编制与审核

（1）工程量清单的作用。招标人在组织工程招标的过程中，最重要的工作是编制招标文件和确定合同价格。招标工程量清单是招标文件的重要组成部分，招标工程量清单编制的合理性，将影响到投标人的投标策略和技巧，影响到工程实施阶段的结算环节。

建设工程工程量清单计价规范（GB 50500—2013）（以下简称"计价规范"）明确规定：全部使用国有资金或以国有资金投资为主的建设工程施工发承包，必须采用工程量清单计价；非国有资金投资的建设工程，宜采用工程量清单计价。

招标工程量清单是招标人依据国家标准、招标文件、设计文件以及施工现场实际情况编制的，随招标文件发布供投标报价的工程量清单，包括对其的说明和表格。招标工程量清单由招标人或其委托的工程造价咨询人编制。编制招标工程量清单，应充分体现"量价分离"的"风险分担"原则。

实施清单计价的工程，招标工程量清单必须作为招标文件的组成部分，其准确性和完整性由招标人负责；投标人应结合企业自身实际，参考市场有关价格信息完成清单项目工程的组合报价，并对其承担风险。招标工程量清单是工程量清单计价的基础，应作为编制最高投标限价、投标报价、计算工程量、工程索赔等的依据之一。

（2）工程量清单的构成。招标工程量清单包括分部分项工程量清单、措施项目清单、其他项目清单、规费项目清单和税金项目清单。

① 分部分项工程量清单。主要针对构成工程实体或辅助工程实体形成的分部分项工

程而编制的工程量清单，由项目编码、项目名称、项目特征、计量单位和工程量五个部分构成。

② 措施项目清单。措施项目清单主要针对工程施工前和施工过程中技术、生活、安全等方面非工程实体项目而编制的清单，如安全文明施工费、冬雨季施工增加费、建筑工程的垂直运输机械费、装饰工程的室内空气污染测试费、安装工程的组装平台和施工大棚、市政工程的现场施工围栏和便道等。编制措施项目清单时需考虑多方面的因素，除工程本身，还涉及气象、水文、环境、安全等因素。措施项目清单应根据拟建工程的实际情况列项，若清单计价规范中存在未列项目，可根据实际情况进行补充。

措施项目清单的确定要按照以下要求：

a. 参考拟建工程的施工组织设计，以确定环境保护、安全文明施工、二次搬运等项目；

b. 参考施工技术方案，以确定夜间施工、混凝土模板与支架、施工排水、施工降水、垂直运输机械、大型机械设备进出场及安拆脚手架等项目。

c. 参考相关施工规范与工程验收规范，以及技术方案没有表述但是为了实现施工规范和验收规范要求而必须发生的技术措施。

③ 其他项目清单。其他项目清单是指除分部分项工程量清单、措施项目清单所包含的内容以外，因招标人的特殊要求而发生的与拟建工程有关的其他费用项目和相应数量的清单。其影响因素包括工程建设标准的高低、工程的复杂程度、工程的工期长短、工程的组成内容、发包人对工程管理要求等。其他项目清单的内容包括暂列金额、暂估价、计日工和总承包服务费，未包含项目需要补充。

暂列金额指建设单位在工程量清单中暂定并包括在工程合同价款中的一笔款项。用于施工合同签订时尚未确定或者不可预见的所需材料、工程设备、服务的采购，施工中可能发生的工程变更、合同约定调整因素出现时的工程价款调整以及发生的索赔、现场签证确认等的费用，暂列金额的数量由招标人在招标工程量清单中列出。

暂估价指招标人在工程量清单中提供的用于支付必然发生但暂时不能确定价格的材料、工程设备的单价以及专业工程的金额。

计日工指施工过程中，施工企业完成建设单位提出的施工图纸以外的零星项目或工作所需的费用，计日工的数量由招标人在招标工程量清单中列出。

总承包服务费指总承包人为配合、协调建设单位进行的专业工程发包，对建设单位自行采购的材料、工程设备等进行保管以及施工现场管理、竣工资料汇总整理等服务所需的费用。

④ 规费、税金项目清单编制。规费项目清单应包括工程排污费、社会保障费（养老保险、失业保险、医疗保险）、住房公积金、危险作业意外伤害保险费。税金项目清单包括营业税、城市维护建设税、教育费附加。

（3）编制工程量清单的依据。

①《建设工程工程量清单计价规范》（GB 50500—2013）。

②《建设项目全过程造价咨询规程》（CECA/GC 4—2017）。

③ 国家或省级、行业建设主管部门颁发的计价定额和办法。

④ 建设工程设计文件。

⑤ 与建设项目有关的标准、规范、技术资料。

⑥ 招标文件及其补充通知、答疑纪要。

⑦ 施工现场实际情况、地勘水文资料、工程特点及常规施工方案。

⑧ 其他相关资料。

（4）编制工程量清单的准备工作。招标工程量清单编制的相关工作在收集资料包括编制依据的基础上，需进行如下工作。

① 初步研究。对各种资料进行认真研究，为工程量清单的编制做准备。主要包括：

a. 熟悉《建设工程工程量清单计价规范》（GB 50500—2013）、专业工程量计算规范、当地计价规定及相关文件；熟悉设计文件，掌握工程全貌，便于清单项目的列项完整、工程量的准确计算及清单项目的准确描述，对设计文件中出现的问题应及时提出。

b. 熟悉招标文件、招标图纸，确定工程量清单编审的范围及需要设定的暂估价；收集相关市场价格信息，为暂估价的确定提供依据。

c. 对《建设工程工程量清单计价规范》GB 50500—2013 缺项的新材料、新技术、新工艺，收集足够的基础资料，为补充项目的制定提供依据。

② 现场踏勘。为了选用合理的施工组织设计和施工技术方案，需进行现场踏勘。以充分了解施工现场情况及工程特点，主要对以下两方面进行调查：

a. 自然地理条件：工程所在地的地理位置、地形、地貌、用地范围等；气象、水文情况，包括气温、湿度、降雨量等；地质情况，包括地质构造及特征、承载能力等；地震、洪水及其他自然灾害情况。

b. 施工条件：工程现场周围的道路、进出场条件、交通限制情况；工程现场施工临时设施、大型施工机具、材料堆放场地安排情况；工程现场邻近建筑物与招标工程的间距、结构形式、基础埋深、新旧程度、高度；市政给排水管线位置、管径、压力，废水、污水处理方式，市政与消防供水管道管径、压力、位置等；现场供电方式、方位、距离、电压等；工程现场通信线路的连接和铺设；当地政府有关部门对施工现场管理的一般要求、特殊要求及规定等。

③ 拟订常规施工组织设计。施工组织设计是指导拟建工程项目的施工准备和施工的技术经济文件。根据项目的具体情况编制施工组织设计，拟订工程的施工方案、施工顺序、施工方法等，便于工程量清单的编制及准确计算，特别是工程量清单中的措施项目。施工组织设计编制的主要依据：招标文件中的相关要求，设计文件中的图纸及相关说明，现场踏勘资料，有关定额，现行有关技术标准、施工规范或规则，等等。作为招标人，仅需拟订常规的施工组织设计即可。

在拟订常规的施工组织设计时需注意以下问题：

a. 估算整体工程量。根据概算指标或类似工程进行估算，且仅对主要项目加以估算即可，如土石方、混凝土等。

b. 拟订施工总方案。施工总方案只需对重大问题和关键工艺作原则性的规定，不需考虑施工步骤，主要包括：施工方法、施工机械设备的选择、科学的施工组织、合理的施工进度、现场的平面布置及各种技术措施。制订总方案要满足以下原则：从实际出发，符合现场的实际情况，在切实可行的范围内尽量求其先进和快速；满足工期的要求；确保工程质量和施工安全；尽量降低施工成本，使方案更加经济合理。

c. 确定施工顺序。合理确定施工顺序需要考虑以下几点：各分部分项工程之间的关系，施工方法和施工机械的要求，当地的气候条件和水文要求，施工顺序对工期的影响。

　　d. 编制施工进度计划。施工进度计划要满足合同对工期的要求，在不增加资源的前提下尽量提前。编制施工进度计划时要处理好工程中各分部、分项、单位工程之间的关系，避免出现施工顺序的颠倒或工种相互冲突。

　　e. 计算人、材、机资源需要量。人工工日数量根据估算的工程量、选用的定额、拟订的施工总方案、施工方法及要求的工期来确定，并考虑节假日、气候等的影响。材料需要量主要根据估算的工程量和选用的材料消耗定额进行计算。机具台班数量则根据施工方案确定机械设备方案及仪器仪表和种类的匹配要求，再根据估算的工程量和机具消耗定额进行计算。

　　f. 施工平面的布置。施工平面布置是根据施工方案、施工进度要求，对施工现场的道路交通、材料仓库、临时设施等做出合理的规划布置，主要包括：建设项目施工总平面图上的一切地上、地下已有和拟建的建筑物、构筑物以及其他设施的位置和尺寸；所有为施工服务的临时设施的布置位置，如施工用地范围，施工用道路，材料仓库，取土与弃土位置，水源、电源位置，安全、消防设施位置；永久性测量放线标桩位置；等等。

　　（5）工程量清单的编制要求。

　　① 分部分项工程量清单。

　　a. 列项。列项指将招标范围内的工程按计价规范分解成计价子目单元的过程，即清单分部分项工程子目。列项准确不仅指列出的子目单元的编码名称能够覆盖招标工程范围，其项目特征描述也应齐全、准确地表达具体子目反映价值的本质属性。在实际工程中，容易出现子目漏项、项目特征描述遗漏或项目特征描述不准确的情况，从而导致工程结算阶段出现一些不必要的签证和索赔问题。

　　b. 项目编码。分部分项工程量清单的项目编码，应根据拟建工程的工程量清单项目名称设置，同一招标工程的项目编码不得有重码。

　　c. 项目名称。分部分项工程量清单的项目名称应按专业工程计量规范附录的项目名称结合拟建工程的实际确定。在分部分项工程量清单中所列出的项目，应是在单位工程的施工过程中，其本身构成该单位工程实体的分项工程，但应注意下列问题：

　　当拟建工程的施工图纸中有体现，并且在专业工程计量规范附录中也有相对应的项目时，则根据附录中的规定直接列项，计算工程量，确定其项目编码；

　　当拟建工程的施工图纸中有体现，但在专业工程计量规范附录中没有相对应的项目，并且在附录项目的"项目特征"或"工程内容"中也没有提示时，则必须编制针对这些分项工程的补充项目，在清单中单独列项并在清单的编制说明中注明。

　　d. 项目特征描述。工程量清单的项目特征是确定一个清单项目综合单价不可缺少的重要依据，在编制工程量清单时，必须对项目特征进行准确和全面的描述。但有些项目特征用文字往往又难以准确和全面地描述。为达到规范、简洁、准确、全面描述项目特征的要求，在描述工程量清单项目特征时应按以下原则进行：

　　项目特征描述的内容应按附录中的规定，结合拟建工程的实际，满足确定综合单价的需要；

　　若采用标准图集或施工图纸能够全部或部分满足项目特征描述的要求，项目特征描述可直接采用详见××图集或××图号的方式。对不能满足项目特征描述要求的部分，仍应用文字描述。

e. 工程量计算。分部分项工程量清单中所列工程量应按专业工程计量规范规定的工程量计算规则计算。另外，对补充项的工程量计算规则必须符合下述原则：一是其计算规则要具有可计算性，二是计算结果要具有唯一性。

工程量的计算是一项繁杂而细致的工作，为了计算快速准确并尽量避免漏算或重算，必须依据一定的计算原则及方法：

计算口径一致。根据施工图列出的工程量清单项目，必须与专业工程计量规范中相应清单项目的口径相一致。

按工程量计算规则计算。工程量计算规则是综合确定各项消耗指标的基本依据，也是具体工程测算和分析资料的基准。

按图纸计算。工程量按每一分项工程，根据设计图纸进行计算，计算时采用的原始数据必须以施工图纸所表示的尺寸或施工图纸能读出的尺寸为准进行计算，不得任意增减。

按一定顺序计算。计算分部分项工程量时，可以按照定额编目顺序或施工图专业顺序依次进行计算。计算同一张图纸的分项工程量时，一般可采用以下几种顺序：按顺时针或逆时针顺序计算，按先横后纵顺序计算，按轴线编号顺序计算，按施工先后顺序计算，按定额分部分项顺序计算。

② 措施项目清单。工程量清单计价模式体现了实体性消耗与措施性消耗相分离的原则。措施项目清单是为完成工程项目施工，发生于该工程施工前和施工过程中技术、生活、安全等方面的非工程实体项目的清单。

措施项目清单的编制需考虑多种因素，除工程本身的因素外，还涉及水文、气象、环境、安全等因素。招标人提出的措施项目清单是根据一般情况确定的，必须根据相关工程现行国家计量规范的规定编制，同时应考虑拟建工程的实际情况列项，不需要考虑不同投标人的特殊情况。若出现《建设工程工程量清单计价规范》GB 50500—2013 中未列的项目，可根据工程实际情况补充。项目清单的设置要考虑拟建工程的施工组织设计、施工技术方案、相关的施工规范与施工验收规范、招标文件中提出的某些必须通过一定的技术措施才能实现的要求、设计文件中一些不足以写进技术方案的但是要通过一定的技术措施才能实现的内容。

措施项目中可以计算工程量的项目，宜采用分部分项工程量清单的方式编制，称之为单价措施项目，如混凝土模板及支架（撑）、脚手架等；不能计算工程量的项目清单，称之为总价措施项目，按总价措施项目列出项目名称即可，如安全文明施工费、夜间施工增加费、冬雨季施工增加费等。

③ 其他项目清单。其他项目清单是应招标人的特殊要求而发生的与拟建工程有关的其他费用项目和相应数量的清单。工程建设标准的高低、工程的复杂程度、工程的工期长短、工程的组成内容、发包人对工程管理要求等都直接影响到其具体内容。当出现未包含在表格中的项目时，可根据实际情况补充，其中：

a. 暂列金额。属于必须编写的项目，此项费用由招标人填写其项目名称、计量单位、暂定金额等，若不能详列，也可只列暂定金额总额。由于暂列金额由招标人支配，实际发生后才得以支付，因此，在确定暂列金额时应根据施工图纸的深度、暂估价设定的水平、合同价款约定调整的因素以及工程实际情况合理确定。一般可按分部分项工程项目清单的 10%～15% 确定，不同专业预留的暂列金额应分别列项。

b. 暂估价。暂估材料单价：该项的存在视情况而定，当有难以确定单价的材料和甲供材料时必须列取，否则不予列项；一般按照工程造价管理机构发布的工程造价信息或参考市场价格确定。

专业工程暂估价：应分不同专业，按有关计价规定估算。以"项"为计量单位给出的专业工程暂估价一般应是综合暂估价，即应当包括除规费、税金以外的管理费、利润等。

c. 计日工。计日工为额外工作的计价提供一个方便快捷的途径，属于必须编写的项目。计日工对完成零星工作所消耗的人工工时、材料数量、机具台班进行计量，并按照计日工表中填报的适用项目的单价进行计价支付。招标人编制计日工表格时，一定要给出暂定数量，并且需要根据经验，尽可能估算一个比较贴近实际的数量，且尽可能把项目列全，以消除因此而产生的争议。

d. 总承包服务费。是为了解决招标人在法律法规允许的条件下，进行专业工程发包以及自行采购供应材料、设备时，要求总承包人对发包的专业工程提供协调和配合服务，对供应的材料、设备提供收、发和保管服务以及对施工现场进行统一管理，对竣工资料进行统一汇总整理等发生并向承包人支付的费用。该项的存在视情况而定，当有专业分包工程时必须列取，否则不予列项。招标人应当按照投标人的投标报价支付该项费用。

④ 规费项目清单、税金项目清单。规费与税金项目清单应按照规定的内容列项，当出现规范中没有的项目，应根据省级政府或有关部门的规定列项。税金项目清单除规定的内容外，如国家税法发生变化或增加税种，应对税金项目清单进行补充。规费、税金的计算基础和费率均应按国家或地方相关部门的规定执行。

⑤ 工程量清单总说明的编制。工程量清单总说明包括以下内容：

a. 工程概况。工程概况中要对建设规模、工程特征、计划工期、施工现场实际情况、自然地理条件、环境保护要求等做出描述。其中建设规模是指建筑面积；工程特征应说明基础及结构类型、建筑层数、高度、门窗类型及各部位装饰装修做法；计划工期是指按工期定额计算的施工天数；施工现场实际情况是指施工场地的地表状况；自然地理条件是指建筑场地所处地理位置的气候及交通运输条件；环境保护要求，是针对施工噪声及材料运输可能对周围环境造成的影响和污染所提出的防护要求。

b. 工程招标及分包范围。招标范围是指单位工程的招标范围，如建筑工程招标范围为"全部建筑工程"，装饰装修工程招标范围为"全部装饰装修工程"，或招标范围不含桩基础、幕墙、门窗等。工程分包是指特殊工程项目的分包，如招标人自行采购安装铝合金门窗等。

c. 工程量清单编制依据。包括《建设工程工程量清单计价规范》、设计文件、招标文件、施工现场情况、工程特点及常规施工方案等。

d. 工程质量、材料、施工等的特殊要求。工程质量的要求，是指招标人要求拟建工程的质量应达到合格或优良标准；对材料的要求，是指招标人根据工程的重要性、使用功能及装饰装修标准提出，诸如对水泥的品牌、钢材的生产厂家、花岗石的出产地及品牌等的要求；施工要求，一般是指建设项目中对单项工程的施工顺序等的要求。

e. 其他需要说明的事项。

⑥ 招标工程量清单汇总。在分部分项工程项目清单、措施项目清单、其他项目清单、规费和税金项目清单编制完成以后，经审查复核，与工程量清单封面及总说明汇总并装订，由相关责任人签字和盖章，形成完整的招标工程量清单文件。

（6）工程量清单编制流程。依据《建设工程工程量清单计价规范》（GB 50500—2013）、《建设项目全过程造价咨询规程》（2017年实施手册），建设项目工程量清单编制流程如图3-7所示。

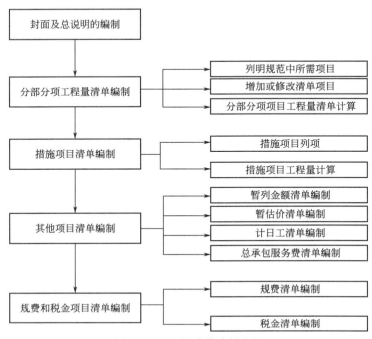

图3-7 工程量清单编制流程

（7）工程量清单审核流程。工程量清单的审核可以分为对封面及相关盖章的审核、工程量清单总说明的审核、分部分项工程量清单的审核、措施项目清单的审核、其他项目清单的审核、规费税金项目清单的审核及补充工程量清单项目的审核。

工程量清单审核流程如图3-8所示。

3.2.8 最高投标限价的编制与审核

工程量清单计价已成为建设工程招投标中的主要计价方式；按工程量清单计价方式编制的最高投标限价已逐渐取代传统的标底，并对围标哄抬报价起着很好的限制作用，也对形成合理的工程合同价格起着十分重要的作用。

（1）最高投标限价的编制要求。《建设工程工程量清单计价规范》GB 50500—2013规定，国有资金投资的建设工程招标，招标人必须编制最高投标限价。最高投标限价应由具有编制能力的招标人或受其委托具有相应资质的工程造价咨询人编制和复核。

（2）最高投标限价的编制依据。

① 现行《建设工程工程量清单计价规范》。

② 国家或省级建设主管部门颁发的计价定额和计价办法。

③ 建设工程设计文件及相关资料。

④ 招标文件中的工程量清单及有关要求。

⑤ 与建设项目相关的标准、规范、技术资料。

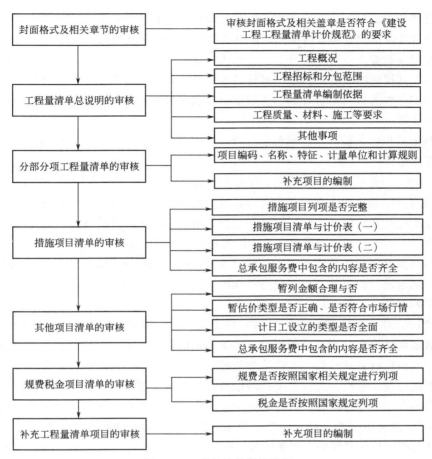

图 3-8 工程量清单审核流程

⑥工程造价管理机构发布的工程造价信息，工程造价信息没有发布的参照市场价。

⑦其他的相关资料，主要指施工现场情况、工程特点及常规施工方案等。

（3）最高投标限价的编制过程。一般采用综合单价法来编制最高投标限价，首先依据现行计量规范、工程图纸和其他工程资料编制工程量清单，然后根据编制依据，确定各项费用及税金，并汇总形成最高投标限价。

（4）各项费用及税金的确定方法。

①分部分项工程费确定。综合单价应根据拟订的招标文件和招标工程量清单项目中的特征描述及有关要求确定，综合单价还应包括招标文件中划分的应由投标人承担的风险范围及其费用。工程量按国家有关行政主管部门颁布的不同专业的工程量计算规范确定。如招标文件提供了暂估单价材料的，按暂估的单价计入综合单价。

②措施项目费确定。措施项目费应按招标文件中提供的措施项目清单确定。措施项目采用分部分项工程综合单价形式进行计价的工程量，应按措施项目清单中的工程量确定综合单价；以"项"为单位计价的，价格包括除规费、税金以外的全部费用。措施项目费中的安全文明施工费应当按照国家或省级、行业建设主管部门的规定标准计价。

③其他项目费确定。

a.暂列金额应按招标工程量清单中列出的金额填写。

b. 暂估价中的材料及工程设备单价、控制价应按招标工程量清单列出的单价计入综合单价。暂估价中专业工程金额应按招标工程量清单中列出的金额填写。

c. 编制最高投标限价时，对计日工中的人工单价和施工机械台班单价应按省级、行业建设主管部门或其授权的工程造价管理机构公布的单价计算；材料应按工程造价管理机构发布的工程造价信息中的材料单价计算，工程造价信息未发布材料单价的，其价格应按市场调查确定的单价计算。

d. 编制最高投标限价时，总承包服务费应按照省级或行业建设主管部门的规定计算，或参考相关规范计算。

④ 规费和税金的确定。规费和税金应按国家或省级、行业建设主管部门规定的标准计算。

（5）最高投标限价的发布。招标人应在发布招标文件时公布最高投标限价，同时应将最高投标限价及有关资料报送工程所在地或有该工程管辖权的行业管理部门、工程造价管理机构备查。招标人不得对所编制的最高投标限价进行上浮或下调。

（6）最高投标限价的投诉和处理。投标人经复核认为招标人公布的最高投标限价未按照计价规范的规定进行编制的，应在最高投标限价公布后5天内向招投标监督机构和工程造价管理机构投诉。

工程造价管理机构在接到投诉书后应在2个工作日内进行审查，工程造价管理机构应在不迟于结束审查的次日将是否受理投诉的决定书面通知投诉人、被投诉人以及负责该工程招投标监督的招投标管理机构。工程造价管理机构受理投诉后，应立即对最高投标限价进行复查，组织投诉人、被投诉人或其委托的最高投标限价编制人等单位人员对投诉问题逐一核对。有关当事人应当予以配合，并应保证所提供资料的真实性。工程造价管理机构应当在受理投诉的10天内完成复查，特殊情况下可适当延长，并作出书面结论通知投诉人、被投诉人及负责该工程招投标监督的招投标管理机构。

当最高投标限价复查结论与原公布的最高投标限价误差大于 ±3% 时，应当责成招标人改正。招标人根据最高投标限价复查结论需要重新公布最高投标限价的，其最终公布的时间至招标文件要求提交投标文件截止时间不足15天的，应相应延长投标文件的截止时间。

（7）最高投标限价的审核。最高投标限价的审核主体一般为建设项目所在地的工程造价管理机构或其委托的工程造价咨询机构。最高投标限价应重点审核以下几个方面：

① 最高投标限价的项目编码、项目名称、项目特征、工程数量、计量单位等是否与发布的招标工程量清单项目一致。

② 最高投标限价的总价是否全面，汇总是否正确。

③ 计价流程是否符合《建设工程工程量清单计价规范》GB 50500—2013 和其他相关工程造价计价的要求。

④ 分部分项工程综合单价的组成是否与相应清单特征描述内容匹配，定额子目选取及换算是否准确。

⑤ 主要材料及设备价格的取定是否结合了招标文件中相关技术参数要求，取值是否合理。

⑥ 措施项目所依据的施工方案是否正确、可行，费用的计取是否合理，安全文明施工费是否执行了国家或省级、行业建设主管部门的规定。

⑦ 管理费、利润、风险等费用计取是否正确、得当。

⑧ 规费、税金等费用计取是否正确。
⑨ 专业工程暂估价的工程估价累计是否超过相关法规规定的比例。
审核要点如下：
① 最高投标限价应与招标文件（含工程量清单和图纸）相吻合，并结合施工现场情况确定，确保最高投标限价的编制内容符合现场的实际情况，以免造成最高投标限价与实际情况脱离。
② 最高投标限价确定既要符合相关规定，也要有可靠的信息来源，又要与市场情况相吻合。
③ 措施项目费用的计取范围、标准必须符合规定，并与拟订的合适的施工组织设计和施工方案相对应。
④ 在审核最高投标限价时，要有对招标文件进行进一步审议的思路，对存在的问题及时反馈处理，避免合同履行时的纠纷或争议等问题。
（8）最高投标限价编制和审核流程。
① 最高投标限价编制流程。最高投标限价编制工作的基本流程包括编制前准备、收集编制资料、编制最高投标限价价格、整理最高投标限价文件相关资料、形成最高投标限价编制成果文件。具体如图 3-9 所示。

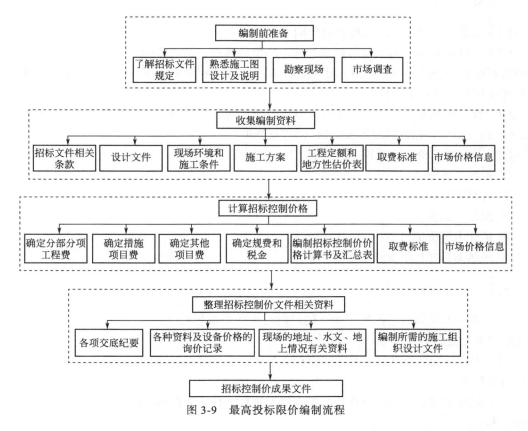

图 3-9 最高投标限价编制流程

② 最高投标限价审核流程。最高投标限价审核工作的基本流程包括审核前准备、审核最高投标限价文件、形成最高投标限价审核成果文件，具体如图 3-10 所示。

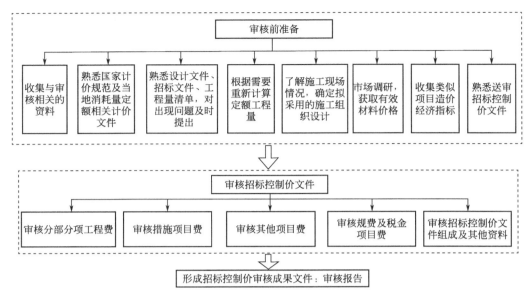

图 3-10 最高投标限价审核流程

3.2.9 预计中标价

（1）预计中标价可与最高投标限价同步编制。

（2）预计中标价的编制应通过充分的市场价格调查，结合招标文件、合同条款及招标标的物实际情况进行成本分析，并适当考虑潜在投标人的利润水平进行确定，或参考同期类似项目的中标价格水平综合确定。

（3）预计中标价不得低于成本价，也不得超过最高投标限价，如有超出，应分析超出原因，对预计中标价或最高投标限价进行调整或修正。

（4）预计中标价的成果报告应包括下列主要内容：

① 封面、签署页、目录；

② 编制说明；

③ 预计中标价的汇总表；

④ 预计中标价细目表；

⑤ 同期类似项目中标价的对比分析表。

3.2.10 招标采购答疑

（1）招标采购答疑应按招标文件约定的时间收集投标疑问，并经相关专业人员的沟通、讨论、分析后进行答复。

（2）招标采购疑问的解答必须经招标人签字盖章后以书面或有效的电子文件形式统一通知所有投标人。

（3）招标采购答疑如需要补充资料或修改招标文件实质性内容的，应按规定延长或更改投标时间。

（4）招标采购答疑的文件应包括以下内容：

① 投标疑问汇总文件；

② 投标疑问解答文件；
③ 对招标采购文件的补充或修正文件。

3.2.11 评标分析及定标

3.2.11.1 清标与回标分析

（1）概念。清标指对投标文件的符合性、响应性、完整性、合理性、算术性错误和偏差等进行比较、分析、检查和整理的工作。

回标分析指对各投标人的投（回）标报价进行详细的对比、分析和评价的工作。回标分析中，应对各回标单位的回标情况进行对比分析，归纳共性问题和个性问题，总结各回标单位投标文件的优缺点，并进行综合分析。需要进行清标和回标分析时，在招标采购文件中应予以明确。

（2）清标目的。所谓清标就是通过采用核对、比较、筛选等方法，对投标文件进行的基础性的数据分析和整理工作，其目的是找出投标文件中可能存在疑义或者显著异常的数据，为初步评审以及详细评审中的质疑工作提供基础。技术标和商务标都有进行清标的必要，但一般清标主要是针对商务标（投标报价）部分。

清标也是国际上通行的做法，在现有建设工程招标投标法律法规的框架体系内，清标属于评标工作的范畴。清标的实质是通过清标专家对投标文件客观、专业、负责的核查和分析，找出问题，剖析原因，给出专业意见，供评标专家和投资人参考，以提高评标质量，并为后续的工程项目管理提供指引。

（3）清标工作组的组成。清标应该由清标工作组完成，也可以由招标人依法组建的评标委员会进行，招标人也可以另行组建清标工作组负责清标。清标工作组应该由招标人选派或者邀请熟悉招标工程项目情况和招标投标流程、专业水平和职业素质较高的专业人员组成。招标人也可以委托工程招标代理单位、工程造价咨询单位或者监理单位，组织具备相应条件的人员组成清标工作组。清标工作组人员的具体数量应该视工作量的大小确定，一般建议应该在3人以上。

（4）清标工作的原则。清标工作是评标工作的基础性工作。清标工作是仅对各投标文件的商务标投标状况作出客观性比较，不能改变各投标文件的实质性内容。清标工作应当客观、准确、力求全面，不得营私舞弊、歪曲事实。

清标小组的任何人员均不得行使依法应当由评标委员会成员行使的评审、评判等权利。清标工作组同样应当遵守法律、法规、规章等关于评标工作原则、评标保密和回避等国家关于评标委员会的评标的规定。

（5）清标和评标的区别。评标的要点在于评价，评标委员会依据既定的要点对各投标单位进行排序，即要为招标人给出评价结果；清标的要点在于审查投标文件，为评标提供基础信息，而不能做出倾向性的评价。

清标有可能由代理公司、清标软件的开发公司委派的技术员或者评标委员会等来完成。评标只能由评标委员会的评委来完成。

（6）清标工作的主要内容：
① 算术性错误的复核与整理；
② 不平衡报价的分析与整理；

③ 错项、漏项、多项的核查与整理；
④ 综合单价、取费标准合理性分析与整理；
⑤ 投标报价的合理性和全面性分析与整理；
⑥ 形成书面的清标情况报告。

（7）清单商务标清标。

① 清单商务标清标的必要性。清单计价模式实施后，清标环节的工作除了包含清单计价模式实施前的清标工作内容外，还增加了如下工作：

其一，清标项数增加。定额计价模式下，工程评标往往只评总价；清单计价模式实施后，工程评标时不能只评总价，还要评定综合单价、措施项目费、清单项目费、主要材料报价等，因而清标时也增加了清单项目费、措施项目费和数量较大的清单项目费和主要材料报价，清标的工作量加大。

其二，一致性核对工作量加大。清单计价模式实施的是单价合同，评标环节需要认真核对投标人与招标人清单的一致性，判断投标人是否改变招标文件中的暂列金额、暂估价等；判断其与招标人的清单是否一致。

其三，内部数据闭合性工作量加大。清单清标时需审查投标人报价内部数据的闭合性，如单价的汇总是否与合价相等，人工费、材料费、机械费、管理费和利润的和是否等于综合单价，数据闭合性审查的工作量大。

其四，合理性分析工作量大。清单清标需要考虑综合单价、主要材料报价的合理性，要对其进行偏差分析，计算投标人各项报价数据的浮动范围，判断其合理性，这个工作量很大。

由上述分析可以发现，清单商务标评标所增加的数据审查和分析工作非常大，而且非常重要，是整个评标定标工作的初始部分，对投标文件起把关作用，能够保证投标文件能全面响应招标文件的要求。

清标工作的存在，减轻了评委在后续过程中的工作量，因此可以说，在当今的国内建设工程招投标过程中，评标过程中的清标环节必不可少，这一步如果做不好，将会给评标和中标后的工作都带来巨大的影响。

② 清单商务标清标工作的原则。清标工作为评标提供基础性的信息，其侧重点在于反映投标文件中的信息，并应遵循如下原则：

a. 客观性原则。清标工作是仅对各投标文件的商务标投标状况作出客观性比较，不得歪曲事实，不能改变各投标文件的实质性内容。

b. 全面性原则。清标工作应当对各投标人投标文件进行全面的审查，不得断章取义，妨碍对投标文件进行准确全面的分析。

c. 合法性原则。清标工作组同样应当遵守法律、法规、规章等关于评标工作原则、评标保密和回避等国家关于评标委员会的评标的规定。清标小组的任何人员均不得行使依法应当由评标委员会成员行使的评审、评判等权利。

（8）清标的重点：

① 对照招标文件，查看投标人的投标文件是否完全响应招标文件；
② 对工程量大的单价和单价远高于或远低于清标均价的项目要重点审查；
③ 在清标过程中要发现清单不严谨的表现所在，妥善处理；

④ 对措施费用合价包干的项目单价，要对照施工方案的可行性进行审查；
⑤ 对工程总价、各项目单价及要素价格的合理性进行分析、测算；
⑥ 对投标人所采用的报价技巧，要辩证地分析判断其合理性。

（9）清标报告的内容。清标报告是评标委员会进行评审的主要依据，它的准确与否将可能直接影响评标委员会的评审结果和最终的中标结果，因此至关重要。清标报告一般应包括如下内容：

① 招标工程项目的范围、内容、规模等情况；
② 对投标价格进行换算的依据和换算结果；
③ 投标文件算术计算错误的修正方法、修正标准和建议的修正结果；
④ 在列出的所有偏差中，建议作为重大偏差的情形和相关依据；
⑤ 在列出的所有偏差中，建议作为细微偏差的情形和进行相应补正所依据的方法；
⑥ 列出投标价格过高或者过低的清单项目的序号、项目编码、项目名称、项目特征、工程内容、与招标文件规定的标准之间存在的偏差幅度和产生偏差的技术与经济等方面原因的摘录；
⑦ 投标文件中存在的含义不明确、对同类问题表述不一致或者有明显文字错误的情形；
⑧ 其他在清标过程中发现的，要提请评标委员会讨论、决定的投标文件中的问题。

（10）计算机辅助清标。清单计价模式下，清标工作中难度最大，也最容易出现问题的主要是对商务标的审查。商务标主要是规范化的数据信息，商务标清标的大量工作主要是定量计算分析和对比判断，因此这些定量工作比较适合交给计算机来完成，既保证速度、提高效率，又可以极大减少人为因素的影响。

① 计算机辅助清标的主要内容。计算机辅助清标应该充分发挥计算机定量分析处理的长处，因而其清标内容主要包括如下部分：

a. 符合性审查。将投标文件与招标文件进行对比，判断其是否更改工程量清单。
b. 闭合性审查。审查投标文件有无计算错误，内部数据是否闭合。
c. 合理性分析。审查各项取费的合理性。
d. 一致性审查。审查规格类型相同的材料在不同单项中报价是否一致，是否存在"同料不同价"的问题。
e. 偏差分析。对工程量大的单价和单价过高或过低的项目进行重点审查，分析判断其偏差范围，并统计范围之外的项数。

此外，计算机辅助清标系统，还应能够进行数据抽项，为评标评分计算选择基础数据的功能。

② 计算机辅助清标的流程。计算机辅助清标能够很好地发挥计算机在定量规范化对比判断、分析计算等方面的查询和计算优势，解放评标专家的劳动，这样评标专家能够集中精力进行定性的分析和判断，避免评标专家在较短的时间内应付大量较低专业技术性和重复性操作，从而降低了出错的可能性，提高了数据分析的速度。计算机辅助清标在保证质量的同时充分提高了评标的效率，也充分发挥了专家的特长。

同时，计算机辅助清标评标系统的运用，能够形成工程造价信息数据收集、使用、更新的良性循环，提高了整个行业的现代化水平和相关部门的管理效率。

（11）做好清标工作的建议。如何高效合理地完成审查项目数据巨大的清标工作是工程招投标领域亟待解决的问题，对做好清标工作建议如下：

① 重视清标工作。由于清标工作的重要基础信息地位，首先招标人要重视清标工作，尽可能地成立清标专家组，聘请专业人员进行清标工作。各级地方相关管理部门，要积极宣传清标工作的重要性，形成重视清标的行业氛围。

② 理顺评标工作流程。政府及行业主管部门从法规、规章的高度对评标工作程序予以规范化，对工程量清单招标的工程，必须履行先清标，后评标。

要求工程评标前形成临时性清标工作小组，实行组长负责制。小组全体成员在认真完成清标工作的基础上形成清标工作报告，清标工作小组为清标报告的真实性、客观性负责，评标委员会全体评标专家承担连带责任，并且实行工程实施期间全过程负责制，以保证清标工作的规范性和有效性。

③ 吸引优秀专家介入清标工作。由于清标工作不带有倾向性，只提供专业的基础信息服务，因此清标工作十分适合工程咨询领域，也可以邀请相应软件公司的专业人员介入，以行业化来促进其专业化，吸引更多的专业人才进入该领域。改变当前由临时性的评标专家控制清标工作的局面，建立一支健康稳定的清标专家队伍。

④ 加快信息化建设，提高清标工作效率。由于清标的数据分析和处理具有一定的模式化特点，大量的基础定量分析工作可以交给计算机来实现。当前，有很多专家和部分软件公司都在寻求利用信息化技术来解决清标问题。

计算机软件主要解决大量的定量计算和比较、核对、判断工作，剩下少量的却很重要的定性分析的工作交给评标委员会，这样他们就能集中时间和精力来解决关键性问题，避免了评标专家在短时间内应付大量烦琐枯燥的重复性操作，从而降低了可能出错的概率，提高了效率，又保证了质量。

3.2.11.2 评标、询标、定标

（1）工程评标环节决定了建设工程交易合作方的最终确定，是合同确定的基础，因而非常重要。由于工程规模、建设类型、交易模式、评标办法的不同，不同工程的评标过程有很大的差异，但大多数工程都表现出注重对投标文件的清理审查，评审方面主要包括技术标分析和商务标分析工作。

（2）评标、询标、定标阶段应当负责或协助组建评标委员会，组织评标、协助招标人定标。

（3）应严格按照招标文件规定参加或主持本阶段有关活动，保证程序合法，引导招投标活动各参与方遵守法规，各尽其责。

（4）在定标前，必须对招标采购活动的重要事项予以严格保密。主要包括：投标人情况、评标专家信息、评标情况和投标文件内容等。

（5）审核评标方法和评分标准。

① 审核拟采用的评标方法：在《标准施工招标文件》中给出了经评审的最低投标价法和综合评估法，审核项目的评标方法是否适合项目的特点。

② 审核评分标准：在招标文件的"评标办法前附表"中，招标代理机构对各项评分因素均制定了评分标准，并确定了施工组织设计、项目管理机构、投标报价、其他评分因素的权重，还确定了评标基准价的计算方法。对上述评分标准进行审核时应掌握下列原则：

a. 施工组织设计评分标准要强调投标人对工程项目特点、重点、难点的把握，以及施工组织和施工方案的针对性、科学性和可行性；

b. 项目管理机构评分标准要强调项目经理和技术负责人的任职资格学历和实实在在的业绩，应要求附证明材料；强调项目管理机构人员的到位承诺；应增加对项目经理、技术负责人等主要成员面试的评分；

c. 投标报价的权重要适当，对技术不复杂、规模不太大或对投标人均比较了解，且对各投标人均较信任情况下，权重宜加大；反之，权重不宜过大；

d. 其他评分因素可增加对各投标单位考察的结果，使评标不只是评委对投标文件的评审，应综合投标人的实际素质、能力、业绩和信用程度。

③ 投标人对清标存在问题给予书面答复澄清承诺函，最终经评标委员会提出的书面评标报告和推荐的中标候选人确定中标人。

全过程工程咨询机构到机关行政监督部门将定标结果进行备案（或按项目所在地规定）并公示中标候选人。

④ 合同洽谈及签订。全过程工程咨询单位应协助投资人进行合同澄清、洽谈、细化合同条款等工作，投资人和中标人应当自中标通知书发出之日起三十日内，按照招标文件和中标人的投标文件订立书面合同。

3.2.11.3 不平衡报价调整

（1）项目造价管理组织可在清标或回标分析过程中，组织投标人对不平衡报价进行调整。

（2）不平衡报价调整应由投标人根据市场价格水平、最高投标限价或回标分析情况对投标报价进行修正，其修正结果不得改变投标总价。

（3）不平衡报价的评判标准、调整的方法应在招标采购文件中明确，调整后的单价适用范围应在招标采购文件和合同文件中予以明确。

（4）不平衡报价调整的文件应包括的内容如下：

① 封面、签署页、目录；

② 不平衡报价调整说明；

③ 报价调整对比表。

3.2.12 合同准备及签订

（1）合同准备。包括合同条款的谈判、磋商、确定和合同组卷。

（2）合同谈判。在合同签订前，可组织合同双方进行合同谈判，将双方在招标采购过程中达成的协议具体化，并对一些未明确的事项予以明确和确认，但不得对招标采购文件进行实质性改变。合同谈判过程应形成合同谈判备忘录，并作为合同文件的组成部分。

（3）订立书面合同。招标采购人和中标人应当自中标通知书发出之日起三十日内，按照招标采购文件和中标人的投标文件订立书面合同。

（4）合同谈判的内容。工程项目经过招标、投标、开标等阶段后，业主经过研究，往往选出两三家投标人就工程价格及合同条款等进行谈判，然后择优选择中标者。这一过程习惯上称为商务谈判。

① 招标人合同谈判的目的。

a. 通过谈判，了解投标者报价的构成，进一步审核和压低报价。

b. 进一步了解和审查投标者的施工规划和各项技术措施是否合理，以及项目经理班子力量是否雄厚，能否保证工程的质量和进度。

c. 根据参加谈判的投标者的建议和要求，也可吸收其他投标者的合理建议。对设计方案、图纸、技术规范进行某些修改后，估计可能对工程报价和功能质量的影响等。

② 投标人参加谈判的目的。

a. 争取中标。即通过谈判宣传自己的优势和长处，包括公司的信誉、成功的经验、技术方案的先进性、报价的合理性、所提建议方案的特点、许诺优惠条件等，以期战胜竞争对手，争取中标。

b. 争取合理的价格。既要准备对付业主的进一步压价，又要准备当业主拟增加项目修改设计或提高标准时适当增加报价。

c. 争取改善合同条款。通过谈判争取修改苛刻的和不合理的条款，澄清模糊的条款以及增加有利于保护承包商利益的条款。合同谈判应朝着争取签订合同的方向发展。签订一份公正、公平、合理的合同应该是业主和承包商追求的共同目标。一份好的合同并不是对一方特别有利，对另一方特别不利，而是合同双方通过谈判都认为已在合同中最大程度地实现了自己的利益，满足了自己的要求。

③ 谈判的阶段及主要内容。在实际工作中，有的招标人把全部谈判均放在决标之前进行，以利用投标者急于中标的心理压价并取得对自己有利的条件；也有的招标人将谈判分为决标前和决标后两个阶段进行。下面就后一种方式讨论一下谈判的主要内容。

a. 决标前的谈判。在决标前，业主与初选出的几家投标者谈判的主要内容有两个方面：一是技术答辩，二是价格问题。技术答辩由评标委员会主持，了解投标者如果中标后将如何组织施工，如何保证工期和质量，对技术难度较大的部位采取什么措施等。投标者在编制投标文件时已有准备，但在开标后还应该在这方面再进行仔细的准备，争取顺利通过技术答辩。价格问题是双方关注的十分重要的问题，业主会利用他的有利地位，要求投标者降低报价，并就工程款额中自由外汇比率、付款期限、贷款利率（对有贷款的投标）以及延期付款条件，甚至要求带资承包等方面要求投标者作出让步。投标者在此阶段一定要沉着冷静，在适当时机适当地、逐步地让步。因此谈判有时会持续较长时间。

b. 决标后的谈判。经过决标前的谈判，业主确定中标者并发出中标通知书，这时业主和中标者还要进行决标后的谈判，即将过去双方达成的协议具体化，并最后签署合同协议书，对价格及所有条款加以确认。决标后，中标者地位有所改善，他可以利用这一点，积极地、有理有节地同业主进行决标后的谈判，争取协议条款公正合理，对关键性条款的谈判，要做到彬彬有礼而又不作大的让步。对有些过分不合理的条款，一旦接受会带来无法负担的损失，则宁可冒损失投标保证金的风险也要拒绝业主的要求或退出谈判，以迫使业主让步，因为谈判时合同并未签订，中标者除受投标保证金约束外，不在合同约束之内，也未提交履约保证。业主和中标者在对价格和合同条款达成充分一致的基础上，就可签订合同协议书，双方就建立了受法律保护的经济法律关系，至此招标投标工作即告完成。

④ 合同谈判的策略和技巧。谈判是一门艺术性、技巧性很强的学问，其策略、技巧运用得好坏，直接影响到谈判的成功与否。作为一名成熟的谈判者应知策略懂技巧。

a. 谈判的策略知识。谈判策略具有强烈的攻击性和唯我性。因此谈判者的最高宗旨是以最有利的条件实现合同的签约。需要促使攻击，利益促使唯我，策略选择的好坏都会影响到合同的签约。而策略是根据客观环境的变化而不断变化与丰富的，从来不是僵化的或一成不变的，人类也在不断地总结，比如鸿门宴、恻隐术、疲劳战、声东击西等，不胜枚举，掌握了策略内容之后，根本问题是如何选择策略。良好、正确的策略选择主要体现在针对性、适应性和效益性三个方面。

针对性：策略运用应与客观环境（人、时间、内容）相符合。

适应性：谈判策略应随着谈判的发展而变化。

效益性：所谓效益性是指策略的效益。

b. 谈判的技巧。谈判要想取得预定和满意的收获，技巧的运用是必不可少的。谈判的技巧非常多，这里简单讨论几种：

反复阐述自己的优势；

对等的让步；

调和折中；

先成交后抬价。

总之，谈判的方式多种多样，谈判的技巧更是因事而异，它是经过人们参与谈判取得成功与失败之后，总结出来的经验与策略，不能理解为一种模式，或者一种原则，而只能归纳于方法范畴之中。

（5）建筑施工合同审查和签订。

① 常见的合同问题。在工程实施过程中，常会出现如下合同问题：

a. 合同签订后才发现，合同中缺少某些重要的、必不可少的条款，但双方已签字盖章，难以或不可能再作修改或补充。

b. 在合同实施中发现，合同规定含混，难以分清双方的责任和权益；合同条款之间，不同的合同文件之间规定和要求不一致，甚至互相矛盾。

c. 合同条款本身缺陷和漏洞太多，对许多可能发生的情况未作估计和具体规定。有些合同条款都是原则性规定，可操作性不强。

d. 合同双方对同一合同条款的理解大相径庭，在合同实施过程中出现激烈的争执。双方在签约前未就合同条款的理解进行沟通。

e. 合同一方在合同实施中才发现，合同的某些条款对自己极为不利，隐藏着极大的风险，甚至中了对方有意设下的圈套。

f. 有些施工合同甚至合法性不足。例如合同签订不符合法定程序，合同中的有些条款与国家或地方的法律、法规相抵触，结果导致整个施工合同或合同中的部分条款无效。

② 合同审查的目的。在合同签订前进行合同审查，可以有效地避免上述情况的发生，或使谈判对它们有清醒的认识和充分的准备。合同审查包括投标前对招标文件中的合同文本进行审查以及合同正式签订前对形成的合同草稿的审查，前者是为承包商的投标报价服务，后者则是为了签订一个公平、公正、合理、对自己有利的合同。合同审查的目的主要有：

a. 将合同文本"解剖"开来，使它"透明"和易于理解，使谈判者对合同有一个全面、完整的认识和了解。

b. 检查合同结构和内容的完整性，可用标准的合同文本和结构对照合同文本，即可发现它缺少或遗漏哪些必需的条款。

c. 分析评价每一合同条款执行的法律后果，其中隐含哪些风险，为投标报价的制定提供资料，为合同谈判和签订提供决策依据。

d. 通过审查还可以发现：

合同内容含糊，概念不清，或自己未能完全理解的条款；

合同条款之间的矛盾或不一致；

隐含较大风险的条款；

过于苛刻、单方面约束性的条款。

总之，通过合同审查可以发现合同文本中存在的许多问题或不清之处，并加以仔细研究，认真分析，采取相应的措施，如向业主提出解释和澄清要求，或在投标报价中作出相应考虑，或通过谈判修改或完善某些条款等，以减少合同中的风险，减少合同谈判和签订中的失误。对于一些重大的工程项目或合同关系和内容很复杂的工程，合同审查的结果应经律师或合同法律专家核对评价，或在他们的直接指导下进行审查后，才能正式签订双方间的施工合同。

③ 合同审查的内容。

a. 合同文本审查。合同签订前对合同文本的审查，应针对以下内容：

合同文件是否齐全；

内容是否齐全，条款是否完整；

定义是否清楚、准确；

合同内容是否公平、合理；

合同风险分担是否合理。

b. 合同内容审查。对具体合同条款的审查，应结合合同管理的有关内容以及具体工程项目的背景和实际情况进行。因合同条款较多，以下仅给出对工作内容、价格、工期、验收、违约责任等条款审查时应注意的有关问题。

工作内容审查：工作内容是指承包商所承担的工作范围，包括施工材料和设备的供应、施工人员的提供、工程量的确定、质量的要求及其他责任义务等。这些内容是否与双方谈判时的意见一致，工作内容的范围是否清楚，责任是否分明。在这方面常出现的问题是：

因工作范围和内容规定不明确，或承包商未能正确理解而出现的报价漏项、缺项。如果漏项、缺项，成本就要受到影响，有时甚至会招致整个项目的严重亏损。

规定工作内容时，文字表达不清楚。如有的合同规定由承包商提供厕所内的卫生设备，但提供何种卫生设备没有具体说明。因为卫生设备标准不同，价格也不一样，在以后执行合同时，双方容易扯皮。

价格条款审查：价格条款是施工合同最主要内容之一，是双方讨论的关键，它包括单价、总价、工资、加班费和其他各项费用，以及付款方式和付款的附带条件等。价格主要是受工作内容、工期和其他各项义务的制约。在审查价格时，一定要注意以下三个方面：

是采用固定价格投标，还是同时考虑合同可包括一些伸缩性条款来应付货币贬值、物价上涨等变化因素，即遇到货币贬值等因素时合同价格是否可以调整等。

有无可能采用成本加酬金合同形式。

在合同期间，业主是否能够保证一种商品价格的稳定。如在国际承包活动中，有些国家虽然要求承包商用固定价格投标，但可保证少数商品价格稳定。如水泥，若此种商品价格上涨，则合同价可以提高。

工期条款审查：工期是施工合同的关键条件之一，是影响价格的一项重要因素，同时它是违约误期罚款的唯一依据。工期审查要注意以下问题：

不能把工期等同于合同期。合同期是表明一个合同的有效期间，以合同生效之日起到合同终止。而工期是对承包商完成其工作所规定的时间。在工程承包合同中，通常施工期虽已结束，但合同期并未终止。

由于业主及其他非承包商原因造成工期延长，承包商有权提出延长工期要求。在施工过程中，如业主未按时交付施工场地、施工图纸，或增加工程量、修改设计内容，或业主不能按时验收已完成工程而迫使承包商中断施工等，承包商有权要求延长工期，要在合同中明确规定。

质量验收条款审查：验收主要包括对中间和隐蔽工程的验收、竣工验收和对材料设备的验收。在审查验收条款时，应注意的问题是验收范围、验收时间和验收质量标准等问题是否在合同中明确表明。因为验收直接影响工程的工期和质量问题，需要认真对待。

违约责任审查：为了确认违约责任，处罚得当，在审查违约条款时，以下两点较为重要：

要明确不履行合同的行为，如合同到期后未能完工，或施工过程中施工质量不符合要求，或劳务合同中的人员素质不符合要求，或业主不能按期付款，等等。在对自己一方确定违约责任时，一定要同时规定对方的某些行为是自己一方履约的先决条件，否则不应构成违约责任。

针对自己关键性的权利，即对方的主要义务，应向对方规定违约责任。如承包必须按期、按质完工，业主必须按规定付款，要详细规定各自的履约义务和违约责任。

④ 施工合同的签订。合同签订的过程，是双方当事人经过互相协商最后就各方的权利、义务达成一致意见的过程，签约是双方意志统一的表现。签订施工合同的准备工作时间很长，实际上是从准备招标文件开始，继而经过招标、投标、评标、中标，直至合同谈判结束为止的一整段时间。合同签订通常应考虑如下几方面问题：

a. 合同签订应遵守的基本原则。
b. 合同签订的程序。
c. 合同的文件组成及其主要内容。
d. 合同签订的形式等。

合同协议书由业主和承包商的法人代表正式授权委托的全权代表签署并加盖公章后，合同即开始生效。一般国际工程项目均要求中标者在收到中标函后一定时间内（不超过 30 天）提交履约保证，否则业主有权取消中标资格。

3.3 施工建造阶段的投资管控

全过程工程咨询单位在项目建造阶段的投资管控主要体现在资金使用计划的管理、工程计量与工程价款的支付管理、造价动态管理、工程变更及现场签证的管理、索赔费用的管理、合同期中结算、终止结算审核。

本阶段全过程工程咨询单位负责项目投资管理的决策，确定项目投资控制的重点难点，确定项目投资控制目标，并对项目的专业造价工程师的工作进行过程和结果的考核。

3.3.1 施工建造阶段的投资管控依据

（1）《建设工程项目管理规范》GB/T 50326—2017。
（2）《建设项目全过程造价咨询规程》CECA/GC 4—2017。
（3）建设项目可行性研究报告。
（4）设计概算。
（5）施工图预算。
（6）施工合同。
（7）施工组织设计、施工进度计划等。

3.3.2 施工建造阶段的投资管控内容

（1）编制资金使用计划，确定、分解投资控制目标。对工程项目造价目标进行风险分析，并制订防范性对策。
（2）进行工程计量。
（3）复核工程付款账单，签发付款证书。
（4）在施工过程中进行投资跟踪控制，定期地进行投资实际支出值与计划目标值的比较，发现偏差，分析产生偏差的原因，采取纠偏措施。
（5）协商确定工程变更的价款，审核竣工结算。
（6）对工程施工过程中的投资支出作好分析与预测，经常或定期向投资人提交项目投资控制及其存在问题的报告。

3.3.3 施工建造阶段的投资管控流程

如图 3-11 所示。

施工建造阶段的投资管控要点：

（1）在保证工程项目功能目标、质量目标和工期控制目标的前提下，合理编制投资控制计划和采取切实有效措施实行动态控制，不能为了减少投资而采用降低功能目标、降低质量标准和拖延工期的办法。

（2）工程项目投资控制，不仅要考虑项目建设期的资本投入，还要考虑项目建成后的经常性开支。应从工程项目长期创造效益出发，全面考虑工程项目整个生命周期的总成本费用，绝不能为压缩建设投资而造成建成投产后经常性使用（运营）费用增加，最终导致工程项目投资效益降低。

（3）动态控制，投资控制贯穿于工程项目的整个生命周期，这个过程，包括对投资计划的分析和论证，对投资计划执行状况的跟踪、检查、分析和评估，及时发现计划执行中出现的偏差，分析偏差产生的原因，并针对出现的偏差采取有效措施，纠正和消除产生偏差的原因，确保投资控制目标的实现。

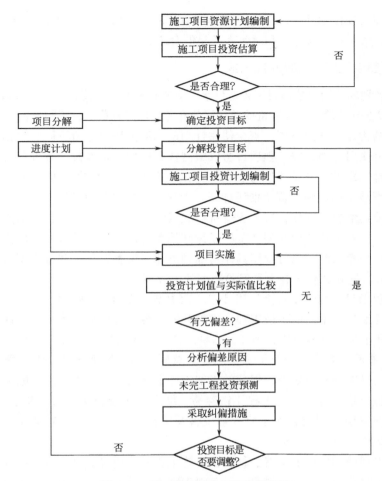

图 3-11 施工建造阶段投资管控流程

施工建造阶段的投资管控的内容分述如下。

3.3.4 资金计划编制

3.3.4.1 资金计划及其作用

（1）资金使用计划。资金使用计划的编制是在工程项目结构分解的基础上，将工程造价的总目标值逐层分解到各个工作单元，形成各分目标值及各详细目标值，从而可以定期地将工程项目中各个子目标实际支出额与目标值进行比较，以便于及时发现偏差，找出偏差原因并及时采取纠正措施，将工程造价偏差控制在一定范围内。

（2）资金使用计划的作用。

① 科学合理的资金使用计划能够合理确定工程造价施工阶段目标值，使工程造价的控制有所依据，并为资金的筹集与协调打下基础。

② 科学编制资金使用计划，可以对未来工程项目的资金使用和进度控制有所预测，消除不必要的资金浪费和进度失控，也能够避免在今后工程项目中由于缺乏依据而进行轻率判断所造成的损失，使现有资金充分发挥作用。

③ 可以有效地控制工程造价，最大限度地节约投资，提高投资效益。对脱离实际的工

程造价目标值和资金使用计划,应在科学评估的前提下,允许修订和修改,使工程造价更加趋于合理水平,从而保障发包人和承包人各自的合法利益。

3.3.4.2 资金使用计划的编制方法

资金使用计划的编制与控制对工程造价水平有着重要影响。建设单位通过科学地编制资金使用计划,可以合理地确定工程造价的总目标值和各阶段目标值,使工程造价控制有据可依。

依据项目结构分解方法不同,资金使用计划的编制方法也有所不同,常见的有按工程造价构成编制资金使用计划、按工程项目组成编制资金使用计划和按工程进度编制资金使用计划。这三种不同的编制方法可以有效地结合起来,组成一个详细完备的资金使用计划体系。

(1) 按工程造价构成编制资金使用计划。工程造价主要分为建筑安装工程费、设备工器具费和工程建设其他费三部分,按工程造价构成编制的资金使用计划也分为建筑安装工程费使用计划、设备工器具费使用计划和工程建设其他费使用计划。每部分费用比例根据以往经验或已建立的数据库确定,也可根据具体情况做出适当调整,每一部分还可以做进一步的划分。这种编制方法比较适合于有大量经验数据的工程项目。

(2) 按工程项目组成编制资金使用计划。大中型工程项目一般由多个单项工程组成,每个单项工程又可细分为不同的单位工程,进而分解为各个分部分项工程。设计概算、预算都是按单项工程和单位工程编制的,因此,这种编制方法比较简单,易于操作。

① 按工程项目构成恰当分解资金使用计划总额。为了按不同子项划分资金的使用,首先必须对工程项目进行合理划分,划分的粗细程度根据实际需要而定。一般来说,将工程造价目标分解到各单项工程、单位工程比较容易,结果也比较合理可靠。按这种方式分解时,不仅要分解建筑安装工程费,而且要分解设备及工器具购置费以及工程建设其他费、预备费、建设期贷款利息等。

建筑安装工程费用中的人工费、材料费、施工机具使用费等直接费,可直接分解到各工程分项。而企业管理费、利润、规费、税金则不宜直接进行分解。措施项目费应分析具体情况,将其中与各工程分项有关的费用(如二次搬运费、检验试验费等)分离出来,按一定比例分解到相应的工程分项;其他与单位工程、分部工程有关的费用(如临时设施费、保险费等),则不能分解到各工程分项。

② 编制各工程分项的资金支出计划。在完成工程项目造价目标的分解之后,确定各工程分项的资金支出预算。

③ 编制详细的资金使用计划表。各工程分项的详细资金使用计划表应包括:工程分项编号、工程内容、计量单位、工程数量及单价、工程分项总价等内容。

在编制资金使用计划时,应在主要的工程分项中考虑适当的不可预见费。此外,对于实际工程量与计划工程量(如工程量清单)的差异较大者,还应特殊标明,以便在实施中主动采取必要的造价控制措施。

(3) 按工程进度编制资金使用计划

由于施工项目是分阶段实施的,资金的使用与时间进度密切相关。因此,将施工项目的资金使用计划按施工进度进行分解,确定各施工阶段具体的目标值。

① 确定工程施工进度计划。根据项目进度控制中的网络图绘制原理,在建立起进度网络图后,计算相应的时间参数,并确定出关键线路。在确定工程分项支出预算、编制资金使

用计划时，可将"进度计划"中的某些密切相关的子项进行适当的合并。

② 计算单位时间内的资金支出目标。根据单位时间 i（月、旬或周）拟完成的实物工程量、投入的资源数量，可以计算出其相应的资金支出额 q_i，并将其绘制在网络图上，见图 3-12。

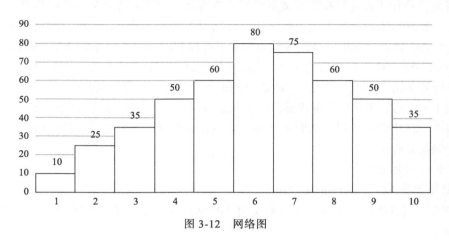

图 3-12　网络图

③ 计算时间的累计资金支出额。若 q_i 为单位时间 i 的资金支出计划数额，t 为规定的计算时间，则相应的累计资金支出数额 q_t 可按下式计算：

$$q_t = \sum_{i=1}^{t} q_i$$

绘制资金使用时间进度计划的 S 型曲线，将各规定时间 t 及对应的 q_t 值进行"描点"，即可绘制成资金使用与时间进度的 S 型曲线，见图 3-13。

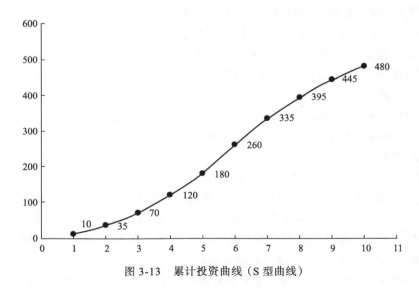

图 3-13　累计投资曲线（S 型曲线）

3.3.5　造价动态管理

3.3.5.1　含义

对建设项目实施全过程造价跟踪，比较实际投资与计划投资的差异，分析偏差产生的原因，采取有效措施纠偏并控制偏差，编制建设项目全过程造价动态管理分析报表和报告。

3.3.5.2 费用偏差及其表示方法

费用偏差是指工程项目投资或成本的实际值与计划值之间的差额。进度偏差与费用偏差密切相关，如果不考虑进度偏差，就不能正确反映费用偏差的实际情况，因此，有必要引入进度偏差的概念。对费用偏差和进度偏差的分析可以利用拟完工程计划费用（Budget Cost of Work Scheduled，BCWS）、已完工程实际费用（Actual Cost of Work Performed，ACWP）、已完工程计划费用（Budget Cost of Work Performed，BCWP）三个参数完成，通过三个参数间的差额（或比值）测算相关费用偏差指标值，并进一步分析偏差产生的原因，从而采取措施纠正偏差。费用偏差分析方法既可以用于业主方的投资偏差分析，也可以用于施工承包单位的成本偏差分析。

（1）偏差表示方法。

① 费用偏差（Cost Variance，CV）

费用偏差（CV）= 已完工程计划费用（BCWP）- 已完工程实际费用（ACWP）

其中：

已完工程计划费用（BCWP）= ∑已完工程量（实际工程量）× 计划单价

已完工程实际费用（ACWP）= ∑已完工程量（实际工程量）× 实际单价

当CV>0时，说明工程费用节约；当CV<0时，说明工程费用超支。

② 进度偏差（Schedule Variance，SV）。

进度偏差（SV）= 已完工程计划费用（BCWP）- 拟完工程计划费用（BCWS）

其中：

拟完工程计划费用（BCWS）= ∑已完工程量（实际工程量）× 计划单价

当SV>0时，说明工程进度超前；当SV<0时，说明工程进度拖后。

[例] 某工程施工至2017年9月底，经统计分析得：已完工程计划费用为1600万元，已完工程实际费用为2000万元，拟完工程计划费用为1800万元。则该工程此时的费用偏差和进度偏差各为多少？

解：费用偏差 =1600-2000=-400（万元），说明工程费用超支400万元。

进度偏差 =1600-1800=-200（万元），说明工程进度拖后200万元。

（2）偏差参数。

① 局部偏差与累计偏差。局部偏差有两层含义：一是对于整个工程项目而言，指各单项工程、单位工程和分部分项工程的偏差；二是相对于工程项目实施的时间而言，指每一控制周期所发生的偏差。累计偏差是指在工程项目已经实施的时间内累计发生的偏差。累计偏差是一个动态的概念，其数值总是与具体时间联系在一起，第一个累计偏差在数值上等于局部偏差，最终的累计偏差就是整个工程项目的偏差。

在进行费用偏差分析时，对局部偏差和累计偏差都要进行分析。在每一控制周期内，发生局部偏差的工程内容及原因一般都比较明确，分析结果比较可靠，而累计偏差所涉及的工程内容较多、范围较大，且原因也较复杂。因此，累计偏差的分析必须以局部偏差分析为基础。但是，累计偏差分析并不是对局部偏差分析的简单汇总，需要对局部偏差的分析结果进行综合分析，其结果更能显示代表性和规律性，对费用控制工作在较大范围内具有指导作用。

② 绝对偏差与相对偏差。绝对偏差是指实际值与计划值比较所得到的差额。相对偏差则是指偏差的相对数或比例数，通常是用绝对偏差与费用计划值的比值来表示。

与绝对偏差一样，相对偏差可正可负，且两者符号相同。正值表示费用节约，负值表示费用超支。两者都只涉及费用的计划值和实际值，既不受工程项目层次的限制，也不受工程项目实施时间的限制，因而在各种费用比较中均可采用。

③ 绩效指数。

a. 费用绩效指数（Cost Performance Index，CPI）。

$$CPI=BCWP/ACWP$$

CPI>1，表示实际费用节约；CPI<1，表示实际费用超支。

b. 进度绩效指数（Schedule Performance Index，SPI）。

$$SPI=BCWP/BCWS$$

SPI>1，表示实际进度超前；SPI<1，表示实际进度拖后。

这里的绩效指数是相对值，既可用于工程项目内部的偏差分析，也可用于不同工程项目之间的偏差比较。而前述的偏差（费用偏差和进度偏差）主要适用于工程项目内部的偏差分析。

[例] 某项目经过统计"主体工程"子项目的相关费用和完工情况如表 3-14 所示（单位：千元）。

表 3-14 相关费用和完工情况

工作代号	预算	按月预算分配					前 3 个月实际完成的比例
		1	2	3	4	5	
A	120	60	60				100%
B	80	20	30	30			100%
C	200		60	100	40		100%
D	100		60		40		75%
E	30	20	10				75%
F	400			200	150	50	50%
G	30				30		50%
H	30				20	10	50%
I	20				10	10	25%
J	40				20	20	25%

要求：① 计算该子项目截至 3 月底（包含第 3 个月）的计划工作预算成本（BCWS）。

② 计算该子项目截至 3 月底（包含第 3 个月）的挣值（BCWP）。

③ 如果该子项目前 3 个月实际已支付的成本为 800 千元，请分析该子项目截至 3 月底（包含第 3 个月）的费用和进度执行情况，要求计算 CV、SV、CPI、SPI。

解答：① 截至 3 月底的计划工作预算成本 =A+B+C（2、3月成本）+D（2月成本）+E+F（3月成本），其余工作按计划不在 3 月以前开展，因此不计入。

BCWS=60+60+20+30+30+60+100+60+20+10+200=650（千元）。

② 挣值 = 预算额 × 实际完成比例。

BCWP=（60+60）× 100%+（20+30+30）× 100%+（60+100+40）× 100%+（60+40）× 75%+（20+10）× 75%+（200+150+50）× 50%+30 × 50%+（20+10）× 50%+（10+10）×

25%+（20+20）×25%=742.5（千元）。

③ 截至 3 月底实际支出费用 ACWP=800（千元）。

本项目的成本绩效指数 CV=BCWP−ACWP=742.5−800=−57.5<0，
CPI=BCWP/ACWP=742.5/800≈0.93<1，费用超支；

本项目的进度绩效指数 SV=BCWP−BCWS=742.5−650=92.5>0，
SPI=BCWP/BCWS=742.5/650≈1.14>1，进度超前。

3.3.5.3 常用偏差分析方法

常用偏差分析方法有横道图法、时标网络图法、表格法和曲线法。

（1）横道图法。应用横道图法进行费用偏差分析，是用不同的横道线标识已完工程计划费用、拟完工程计划费用和已完工程实际费用，横道线的长度与其数值成正比。然后，再根据上述数据分析费用偏差和进度偏差。

横道图法具有简单、直观的优点，便于掌握工程费用的全貌。但这种方法反映的信息量少，因而其应用具有一定的局限性。

（2）时标网络图法。应用时标网络图法进行费用偏差分析，是根据时标网络图得到每一时间段拟完工程计划费用，然后根据实际工作完成情况测得已完工程实际费用，并通过分析时标网络图中的实际进度前锋线，得出每一时间段已完工程计划费用，这样，即可分析费用偏差和进度偏差。实际进度前锋线表示整个工程项目目前实际完成的工作面情况，将某一确定时点下时标网络图中各项工作的实际进度点相连就可得到实际进度前锋线。

时标网络图法具有简单、直观的优点，可用来反映累计偏差和局部偏差，但实际进度前锋线的绘制需要以工程网络计划为基础。

（3）表格法。表格法是一种进行偏差分析的最常用方法。应用表格法分析偏差，是将项目编号、名称、各个费用参数及费用偏差值等综合纳入一张表格中，可在表格中直接进行偏差的比较分析。

应用表格法进行偏差分析具有如下优点：灵活、适用性强，可根据实际需要设计表格，信息量大，可反映偏差分析所需的资料，从而有利于工程造价管理人员及时采取针对措施，加强控制；表格处理可借助于电子计算机，从而节约大量人力，并提高数据处理速度。

（4）曲线法。曲线法是用费用累计曲线（S 曲线）来分析费用偏差和进度偏差的一种方法。用曲线法进行偏差分析时，通常有三条曲线，即已完工程实际费用曲线 a、已完工程计划费用曲线 b 和拟完工程计划费用曲线 p，如图 3-14 所示。图 3-14 中曲线 a 和曲线 b 的竖向距离表示费用偏差，曲线 b 和曲线 p 的水平距离表示进度偏差。

图 3-14 反映的偏差为累计偏差。用曲线法进行偏差分析同样具有形象、直观的特点，但这种方法很难用于局部偏差分析。

3.3.5.4 偏差产生的原因及控制措施

（1）偏差产生的原因。偏差分析的一个重要目的就是要找出引起偏差的原因，从而有可能采取有针对性的措施，减少或避免相同原因再次发生。一般来说，产生费用偏差的原因包括：

① 客观原因。包括人工费涨价、材料涨价、设备涨价、利率及汇率变化、自然因素、地基因素、交通原因、社会原因、法规变化等。

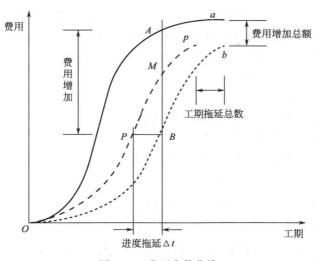

图 3-14 费用参数曲线

② 建设单位原因。包括增加工程内容、投资规划不当、组织不落实、建设手续不健全、未按时付款、协调出现问题等。

③ 设计原因。设计错误或漏项、设计标准变更、设计保守、图纸提供不及时、结构变更等。

④ 施工原因。施工组织设计不合理、质量事故、进度安排不当、施工技术措施不当、与外单位关系协调不当等。

从偏差产生原因的角度，由于客观原因是无法避免的，施工原因造成的损失由施工承包单位自己负责，因此，建设单位纠偏的主要对象是自己原因及设计原因造成的费用偏差。

（2）费用偏差的纠正措施。对偏差原因进行分析的目的是有针对性地采取纠偏措施，从而实现费用的动态控制和主动控制。费用偏差的纠正措施通常包括以下四个方面：

① 组织措施。是指从费用控制的组织管理方面采取的措施，包括：落实费用控制的组织机构和人员，明确各级费用控制人员的任务、职责分工，改善费用控制工作流程，等等。组织措施是其他措施的前提和保障。

② 经济措施。主要是指审核工程量和签发支付证书，包括：检查费用目标分解是否合理，检查资金使用计划。

③ 技术措施。主要是指对工程方案进行技术经济比较，包括：制订合理的技术方案，进行技术分析，针对偏差进行技术改正，等等。

④ 合同措施。在纠偏方面主要是指索赔管理。在施工过程中常出现索赔事件，要认真审查有关索赔依据是否符合合同规定、索赔计算是否合理等，从主动控制的角度，加强日常的合同管理，落实合同规定的责任。

3.3.6 工程计量及工程价款的支付管控

3.3.6.1 工程计量及工程价款的支付管控依据

全过程工程咨询单位在对工程计量与工程价款支付的管理中，主要体现对工程计量与工程进度款的审核，主要依据：

（1）《中华人民共和国招标投标法》以及其他国家、行业和地方政府的现行有关规定；
（2）《建设工程工程量清单计价规范》(GB 50500—2013)；
（3）《建设项目全过程造价咨询规程》(CECA/GC 4—2017)；
（4）承发包双方签订的施工合同；
（5）工程施工图纸；
（6）施工过程中的签证、变更费用洽商单和索赔报告等；
（7）监理单位核准的工程形象进度确认单；
（8）已核准的工程变更令及修订的工程量清单等；
（9）监理单位核准的签认付款证书。

3.3.6.2 工程计量及工程价款的支付管控内容

（1）工程计量是向施工单位支付工程款的前提和凭证，是约束施工单位履行施工合同义务，强化施工单位合同意识的手段。在项目管理过程中，全过程工程咨询单位应充分发挥监理单位及造价部门在工程计量及工程款（进度款）支付管理中的作用，应严格审查从以下几方面对工程进度进行付款：

① 必须达到合同约定的付款节点；
② 已完工程项目达到合同约定的质量；
③ 造价部分对已完工程进行造价审核。

（2）全过程工程咨询单位或其专业咨询工程师（造价）职责：

① 根据工程施工或采购合同中有关工程计量周期及合同价款支付时点的约定，审核工程计量报告与合同价款支付申请，编制《工程计量与支付表》《工程预付款支付申请核准表》及《工程进度款支付申请核准表》。

② 应对承包人提交的工程计量结果进行审核，根据合同约定确定本期应付合同价款金额；对于投资人提供的甲供材料（设备）金额，应按照合同约定列入本期应扣减的金额中，并向投资人提交合同价款支付审核意见。

③ 工程造价咨询单位应对所咨询的项目建立工程款支付台账，编制《合同价与费用支付情况表（建安工程）/〔工程建设其他费用〕》。工程款支付台账应按施工合同分类建立，其内容应包括：当前累计已付工程款金额、当前累计已付工程款比例、未付工程合同价余额、未付工程合同价比例、预计剩余工程用款金额、预计工程总用款与合同价的差值、产生较大或重大偏差的原因分析等。工程造价咨询单位向投资人提交的工程款支付审核意见，应包括下列主要内容：

a. 工程合同总价款；
b. 期初累计已完成的合同价款及其占总价款比例；
c. 期末累计已实际支付的合同价款及其占总价款比例；
d. 本期合计完成的合同价款及其占总价款比例；
e. 本期合计应扣减的金额及其占总价款比例；
f. 本期实际应支付的合同价款及其占总价款比例；
g. 其他说明及建议。

（3）全过程工程咨询单位或专业咨询工程师（监理）职责。

① 对工程款支付进行把关审核，应重点审核进度款支付申请中所涉及的增减工程变更金额和增减索赔金额，这是控制工程计量与进度款支付的关键环节。

② 审核是否有超报、虚报及质量不合格的项目，将审定的完成工程投资进度款登入台账。其中：

a. 工程量计量：

当建设工程施工合同无约定时，工程量计量宜每周期计量一次，根据专业监理工程师签认的已完工程，审核签署施工单位报送的《工程款支付报审表》；

对某些特定的分项、分部工程的计量方法，可由项目监理机构、投资人和施工单位根据合同约定协商确定；

对一些不可预见的工程量，如地基基础处理、地下不明障碍物处理等，项目监理机构应会同投资人、施工单位等相关单位按实际工程量进行计量，并留存影像资料。

b. 审核工程款支付：

工程预付款支付：施工单位填写《工程款支付报审表》，报全过程工程咨询单位或专业咨询工程师（监理）。专业监理工程师提出审查意见，总监理工程师审核是否符合建设工程施工合同的约定，并签署《工程款支付证书》。

工程进度款支付：施工单位填写《工程款支付报审表》，报项目监理单位。专业监理工程师应依据工程量清单对施工单位申报的工程量和支付金额进行复核，确定实际完成的工程量及应支付的金额。总监理工程师对专业监理工程师的审查意见进行审核，签认《工程款支付证书》后报投资人审批。

变更款和索赔款支付：施工单位按合同约定填报《工程变更费用报审表》和《费用索赔报审表》，报项目监理单位，项目监理单位应依据建设工程施工合同约定，对施工单位申报的工程变更的工程量、变更费用以及索赔事实、索赔费用进行复核，总监理工程师签署审核意见，签认后报投资人审批。

竣工结算款支付：专业监理工程师应对施工单位提交的竣工结算资料进行审查，提出审查意见，总监理工程师对专业监理工程师的审查意见进行审核，根据各方协商一致的结论，签发竣工结算《工程款支付证书》。

3.3.6.3 工程计量及工程价款的支付管控流程

全过程工程咨询单位监理部门应按下列流程进行工程计量和付款签证。

（1）监理部门专业监理工程师对施工单位在工程款支付报审表中提交的工程量和支付金额进行复核，确定实际完成的工程量，提出到期应支付给施工单位的金额，并提出相应的支持性材料。

（2）监理部门总监理工程师对专业监理工程师的审查意见进行审核，签认后报投资人审批。

（3）总监理工程师根据投资人的审批意见，向施工单位签发工程款支付证书。

在施工过程中，工程计量与进度款支付是控制工程投资的重要环节。

工程支付款的流程如图3-15所示。

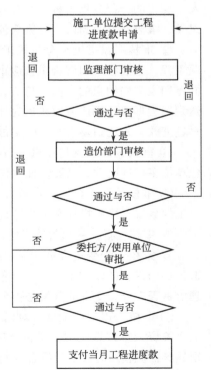

图3-15 工程支付款流程

3.3.6.4　工程计量及工程价款支付的审核

工程计量与进度款支付为控制工程投资的重要环节。为了更好地控制投资，全过程工程咨询单位应保证工程计量与进度款支付的工作质量。在进行工程计量与进度款支付审核时，应重点从工程计量和进度款支付申请进行控制。

（1）全过程工程咨询单位在审核承包单位提交的工程计量报告时应重点审核：

① 审核计量项目。审核计量项目就是审核项目是否属于该计量项目的范围，以免重复计量。如投标报价按招标工程量清单漏项的项目或其特征描述已包含在其他报价中的项目，则均不属于该计量项目的范围。

② 审核计量计算规则。全过程工程咨询单位应熟练掌握计量的计算规则，审核是否按计量规则计算工程量。

③ 审核计量数据。全过程工程咨询单位审核的计量数据，就是对其几何尺寸及数量等原始数据，对照设计图纸或实地测量进行审核，做到每一数据准确无误。

④ 全面审核。全过程工程咨询单位或专业咨询工程师（监理）对计量资料应进行全面的检查和审核。内容包括质量检测、试验结果、中间交验证书和各类计量资料及其结果，重点审查计量项目是否符合计量条件，全过程工程咨询单位审核后签认工程计量。

（2）工程进度款支付申请的审核。全过程工程咨询单位审核承包单位提交的进度款支付申请是进度款支付流程中的重点，审核内容包括：

① 审核分部分项工程综合单价。审核分部分项工程综合单价的正确性。对于施工过程中未发生变化的分部分项工程，其综合单价应按照投标文件中的综合单价计取；施工过程中因政策，物价波动，工程量清单内容错项、漏项，设计变更，工程量增减等引起的综合单价发生变化的分部分项工程，其综合单价要严格按照合同约定的调整方法进行调整，并且需经过发、承包双方的确认，避免承包单位出现高报、重报的现象。

② 审核形象进度或分阶段工程量。对于签订总价合同的工程或作为总价子目支付的单项工程，全过程工程咨询单位应审核每一支付周期内承包单位实际完成的工程量，对照在合同专用条款中约定的合同总价支付分解表所表示的阶段性或分项计量的支持性资料，以及所达到工程形象目标或分阶段需完成的工程量和有关资料进行审核。达到支付分解表要求的支付进度款，未达到要求的不应支付进度款。

③ 审核进度款支付比例。审核进度款支付的比例，应严格按照合同约定，既不能向承包单位多付进度款，又要保证承包单位的资金周转，避免因资金不到位而影响工程进度。

④ 审核计日工金额。审核计日工的数量，依据现场签证或变更报价单上双方确认的计日工的数量，按照投标文件中计日工的综合单价计算本支付周期内应支付的计日工金额。

⑤ 审核应抵扣的预付款。应严格按照合同约定的办法计算应抵扣预付款的具体金额。

⑥ 审核工程变更金额。对已确认的工程变更，凡涉及工程造价变化的，在监理单位或造价部门审核的基础上，由全过程工程咨询单位审核工程变更的流程是否符合要求，变更的理由是否充分，变更的金额是否准确。

⑦ 审核工程签证金额。对已确认的工程签证，在监理单位或造价咨询单位审核的基础上由投资人审核签证主体是否合法、审核签证形式是否有效、审核签证内容是否真实合理、审核签证流程及时间是否符合合同约定、审核签证的金额是否准确。

⑧ 审核工程索赔金额。对工程索赔报告的真实性进行审核，重点审核索赔的流程和相

关辅助资料的合理性,对费用索赔的计算过程、计算方法及计算结果的准确性进行审核,注意审核索赔费用组成合理性。

3.3.6.5 工程款支付审批管理

(1)根据项目施工用款总计划,结合造价管理中的动态控制对项目趋势进行分析,编制项目施工用款年度、季度、月度付款计划。经投资人批准的月度投资用款计划是审核工程款支付的依据。

(2)按照合同约定的工程预付款、工程进度款等付款规定条件,审核施工单位的相关款项支付申请报告。

(3)如因施工项目的特殊情况,如暂时性资金紧张、工程进度滞后等情况,导致工程实际付款与计划付款严重不符时,经投资人同意,并与相关各方进行相应的协调工作后,调整项目投资用款计划。

(4)造价管理人员负责资金支付的管理,建立工程款付款台账,填写合同付款登记表,留存付款申请表原件等,保证支付账目管理有据清晰。

(5)定期对工程现场实际施工情况与工程款支付的情况进行对比,工程进度款与完成的工程量挂钩,对实际款项发生值与计划控制值进行分析、比较,运用合同和支付等手段确保投资款的合理使用,并控制在预定目标内。

(6)工程竣工结算前,注意付款的截止比例,以免超付。

3.3.6.6 工程计量及工程价款的支付管控要点

(1)为防止施工招标的工程量清单准确性不够,出现多算、漏算等现象,提高投资控制精度,待施工合同签订后,全过程工程咨询单位应及时组织施工单位对招标的工程量清单予以复核。

(2)施工过程中产生的索赔成立后,根据合同约定可在进度款中同期支付。

(3)暂估价格与实际价格的差额根据合同约定可在进度款中同期支付。

3.3.7 工程变更及现场工程签证的管理

全过程工程咨询单位或专业咨询工程师(造价)应在工程变更和工程签证确认前,对可能引起的费用变化提出建议,并根据施工合同的约定对有效的工程变更和工程签证进行审核,计算工程变更和工程签证引起的造价变化,并计入当期工程造价。造价部门认为工程变更、工程签证签署不明或有异议时,可要求施工单位、投资人或监理单位予以澄清。

3.3.7.1 工程变更管理

(1)工程变更管理依据。工程变更是施工阶段费用增减的主要途径,全过程工程咨询单位必须重视工程变更管理,主要依据:

① 国家、行业、地方有关技术标准和质量验收规范及规定等;
②《建设工程工程量清单计价规范》(GB 50500—2013);
③《建设项目全过程造价咨询规程》(CECA/GC 4—2017);
④ 承发包施工合同;
⑤ 施工图纸;
⑥ 人工、材料、机械台班的信息价以及市场价格;

⑦ 变更通知书及变更指示；

⑧ 计量签证。

（2）工程变更管理内容。在建设项目施工过程中，由于各种原因，经常出现工程变更和合同争执等许多问题。这些问题的产生，一方面是由于勘察设计疏漏，导致在施工过程中发现设计没有考虑或考虑不周的施工项目，不得不补充设计或变更设计，以及投资人方案调整、施工单位方案优化。另一方面是由于发生不可预见的事故，如自然或社会原因引起的停工和工期拖延等。由于工程变更所引起的工程量变化、施工单位索赔等，都有可能使建设项目投资超出投资控制目标，全过程工程咨询单位必须重视工程变更及其价款的管理。

建设项目工程变更管理主要是对工程变更资料的审查，审查的重点包括审查变更理由的充分性、变更流程的正确性、变更估价的准确性。对于施工单位或监理单位提出的工程变更，若在建设项目合同授权范围内且不影响使用功能的情况下，需经投资人和全过程工程咨询单位同意，所有工程变更经设计部门同意后，由监理单位发出。

全过程工程咨询单位在进行工程变更管理过程中，应建立严格的审批制度和审批流程，防止任意提高设计标准，改变工程规模，增加工程投资，切实把投资控制在目标范围内。

（3）工程变更管理流程。

① 全过程工程咨询单位或其专业咨询工程师（造价）对工程变更和工程签证的审核应遵循以下原则：

a. 审核工程变更和工程签证的必要性和合理性；

b. 审核工程变更和工程签证方案的合法性、合规性、有效性、可行性和经济性。

② 工程变更价款确定的原则如下：

a. 合同中已有适用于变更工程的价格，按合同已有的价格计算、变更合同价款；

b. 合同中有类似于变更工程的价格，可参照类似价格变更合同价款；

c. 合同中没有适用或类似于变更工程的价格，全过程工程咨询单位或专业咨询工程师（监理）应与投资人、施工单位就工程变更价款进行充分协商达成一致；如双方达不成一致，由总监理工程师按照成本加利润的原则确定工程变更的合理单价或价款，如有异议，按施工合同约定的争议流程处理。

工程变更对工程项目建设产生极大影响，全过程工程咨询单位应从工程变更的提出到工程变更的完成，再到支付施工承包商工程价款，对整个过程的工程变更进行管理。

其中设计变更工作流程以及工程变更管理的程序如图 3-16、图 3-17 所示。

③ 全过程工程咨询单位进行工程变更管理的主要工作：

a. 审查变更理由的充分性。全过程工程咨询单位对施工单位提出的变更，应严格审查变更的理由是否充分，防止施工单位利用变更增加工程造价，减少自己应承担的风险和责任。区分施工方提出的变更是技术变更，还是经济变更，对其提出合理降低工程造价的变更应积极支持。

全过程工程咨询单位对设计部门提出的设计变更应进行调查、分析，如果属于设计粗糙、错误等原因造成的，根据合同追究设计责任。

全过程工程咨询单位对于投资人提出的设计变更，若因不能满足使用功能或在投资可能的前提下提高设计标准，经分析可以变更。

b. 审查变更流程的正确性。全过程工程咨询单位审查承包单位提出变更流程的正确性，应按照双方签订的合同对变更流程的要求进行审查，在审查过程中主要应注意四个关键环节：

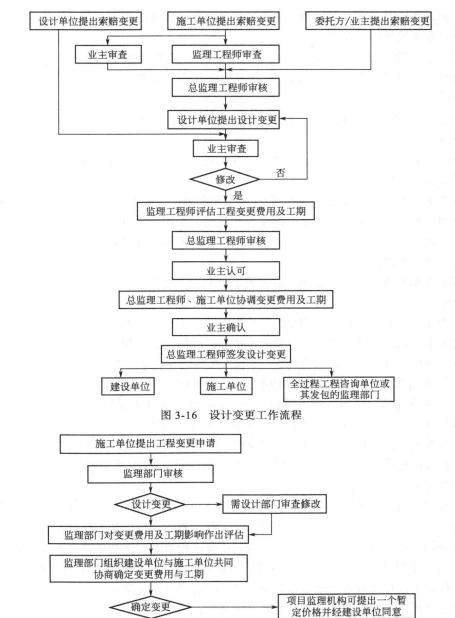

图 3-16　设计变更工作流程

图 3-17　工程变更管理的流程

施工中发生工程变更，承包单位按照经投资人认可的变更设计文件，进行变更施工，其中，政府投资项目重大变更，需按基本建设流程报批后方可施工。

在工程设计变更确定后 14 天内，设计变更涉及合同价款调整的，由承包单位向投资人提出，经投资人审核同意后调整合同价款。

工程设计变更确定后 14 天内，如承包单位未提出变更工程价款报告，则投资人可根据所掌握的资料决定是否调整合同价款和调整具体金额。重大工程变更涉及工程价款变更报告和确认的时限由双方协商确定。

收到变更工程价款报告一方，应在收到之日起 14 天内予以确认或提出协商意见，自变更工程价款报告送达之日起 14 天内，对方未确认也未提出协商意见时，视为变更工程价款报告已被确认。

c. 审查变更估价的准确性。在工程变更管理过程中，全过程工程咨询单位对工程变更的估价的处理应遵循以下原则：

工程变更计量应按合同约定方法计算工程变更增减工程量，合同没约定的按国家和地方现行的工程量计算规则计算。

工程变更计价应按合同约定条款计算工程变更价款，合同没约定的，可按下列原则计价：

已标价工程量清单中有适用于变更工程项目的，采用该项目的单价；但当工程变更导致该清单项目的工程数量发生变化，且工程量偏差超过 15%，此时，该项目单价应按照工程量偏差的相关规定调整；

已标价工程量清单中没有适用，但有类似于变更工程项目的，可在合理范围内参照类似项目的单价；

已标价工程量清单中没有适用也没有类似于变更工程项目的，由承包人根据变更工程资料、计量规则、计价办法、工程造价管理机构发布的信息价格和承包人报价浮动率提出变更工程项目的单价，报投资人确认后调整；承包人报价的浮动率可按下列公式计算：

$$招标工程：承包人报价浮动率 L=（1-中标价/最高投标限价）\times 100\%$$

$$非招标工程：承包人报价浮动率 L=（1-报价/施工图预算）\times 100\%$$

已标价工程量清单中没有适用也没有类似于变更工程项目，且工程造价管理机构发布的信息价格缺价的，由承包人根据变更工程资料、计量规则、计价办法和通过市场调查等取得有合法依据的市场价格提出变更工程项目的单价，报投资人确认后调整。

合同中另有约定的，按约定执行。

对于建设项目，按照一般规定在合同中没有适用或类似于变更的价格，由施工单位提出适当的变更价格，经监理单位确认后执行。全过程工程咨询单位为了有效控制投资，在施工合同专用条款中对上述条款进行修改，在合同没有适用或类似于变更的工程价格时由施工单位提出适当的变更价格，经监理单位审核后，报造价部门进行审核，必要时报投资人审批。若施工单位对全过程工程咨询单位最后确认的价格有异议，而又无法套用或无法参考相关定额的，由全过程工程咨询单位或专业咨询工程师（监理）和施工单位共同进行市场调研，力争达成共识。对涉及金额较大的项目，由全过程工程咨询单位（监理单位和造价部门）同施工单位等相关方共同编制补充定额，报造价部门审批，确定变更工程价款。

d. 提出审核意见，签认变更报价书。

全过程工程咨询单位审查同意承包商的要求，若投资人授权全过程工程咨询单位，则可以直接签认；若投资人未授权，则需报投资人签认。

全过程工程咨询单位审查未同意承包商的要求，则需要注明变更报价书上的错误、未同意的原因、提出的变更价款调整方案，并抄送监理单位审阅。

（4）工程变更管理要点。

① 因不能满足项目使用功能或施工技术要求的需要，则必须进行变更。

② 在满足项目使用功能及施工技术要求的前提下，尽管变更理由充分，若总投资不可控，则全过程工程咨询单位仍不能同意变更。

③ 若经相关单位审核同意变更，则应按变更流程确定变更项目综合单价。

④ 严格执行应当拒绝的现场工程变更、签证；现场工程变更、签证是施工阶段费用增加的主要途径，必须重视现场工程变更、签证的管理，严格设计现场工程变更、签证的审批流程，建立现场工程变更、签证台账制度，每月进行统计分析，并加强现场工程签证的预防工作，将现场工程变更、签证控制在合理的范围内。

下列情形的工作内容不予办理工程变更或现场签证：

a. 招标文件规定应由施工单位自行承担的；

b. 施工合同约定或已包括在合同价款内应由施工单位自行承担的；

c. 施工单位在投标文件中承诺自行承担的或投标时应预见的风险；

d. 由施工单位责任造成的工程量增加；

e. 法律、法规、规章规定不能办理的；

f. 严格执行现场工程变更、签证事项。

⑤ 现场变更、签证应明确根据《建设工程工程量清单计价规范》（GB 50500—2013）相关规定和要求，对不符合相关规定和要求的应当拒签。

a. 严格界定工程变更的定义。工程变更是指：合同工程实施过程中由投资人提出或由承包人提出经投资人批准的合同工程的任何一项工作的增、减、取消，或施工工艺、顺序改变；设计图纸的修改；施工条件的改变；招标工程量清单的错、漏，从而引起的合同条件的改变或工程类的增减变化。除此之外的情形不属于工程变更的范围。

b. 严格签证内容要求的条件。需要签证的内容尽可能出具正式图纸，如不能实现出具相关图纸或图纸不能体现的地方，必须在施工前由各方人员现场确认工程量。避免在签证中签认单价或总价。

c. 签证应注意时效性。办理签证必须在签证单中注明发生时间，以作为在结算时准确判定调整价差的依据。

3.3.7.2 现场工程签证管理

（1）现场工程签证管理依据。全过程工程咨询单位在进行现场签证管理时，主要依据：

① 国家、行业和地方政府的有关规定；

② 承发包合同；

③ 现场地质相关资料；

④ 现场变化相关依据；

⑤ 计量签证；

⑥ 工程联系单、会议纪要等资料。

（2）内容。现场工程签证是指在施工现场由全过程工程咨询单位和施工单位共同签署的，必要时需投资人签认，用以证实在施工过程中已发生的某些特殊情况的一种书面证明材料。现场签证的管理必须坚持"先签证、后施工"的原则。

现场工程签证主要涉及工程技术、工程隐蔽、工程经济、工程进度等方面内容，均会直接或间接地发生现场签证价款，从而影响工程造价。

（3）现场工程签证管理流程。结合工程实践，全过程工程咨询单位进行规范化的工程签证流程如图3-18。

现场工程签证需要以有理、有据、有节为原则，即签证的理由成立、签证的依据完整有效、签证的依据计算正确，且每一步都要得到各行为主体的认可和同意，才能继续下一个流程的运行。

现场工程签证具体内容具有不确定、无规律的特征，也是施工单位获取额外利润的重要手段。因此做好现场签证管理，是全过程工程咨询单位项目投资控制的一项极其重要的工作，也是影响项目投资控制的关键因素之一。全过程工程咨询单位应要求监理单位和造价部门严格审查现场工程签证，并把好最后的审核关。对于涉及金额较大、签证理由不充足的，全过程工程咨询单位还要征得投资人的同意，实行投资人、全过程工程咨询单位、监理单位、施工单位和造价部门会签制度。全过程工程咨询单位进行现场签证管理主要体现：

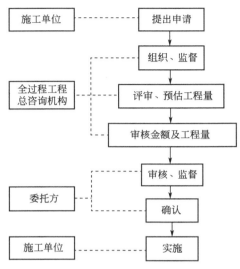

图3-18 规范化的工程签证流程

① 明确现场工程签证内容。施工过程中的签证工作必须符合法律、法规、规章、规范性文件约束下合同对签证的具体约定。全过程工程咨询单位与施工单位对签证中需要明确的内容，可以在施工合同专用条款中重点写明，其涉及的主要内容在合同中应约定签证的签发原则，哪些内容可以签证，哪些内容不能签证，如果签证则签证的内容有哪些。凡涉及经济费用支出的停工、窝工、用工、机械台班签证等，由现场代表认真核实后签证，并注明原因、背景、时间、部位等。应在施工组织设计中审批的内容，不能做签证处理。

全过程工程咨询单位应在合同中约定签证的效力，此外，全过程工程咨询单位与施工单位根据单张签证涉及费用大小的签证权限，建立不同层次的签证制度。涉及金额较小的内容可由全过程工程咨询单位现场代表和监理人共同签字认可；涉及金额较大的内容应由全过程工程咨询单位或监理单位、承包单位两方召开专题会议，形成会议纪要，通过签署补充合同的形式予以确定。

② 合同约定时间内及时签办。现场签证要在合同约定的时间内及时办理，不应拖延或过后回忆补签。一方面保证签证的效力，另一方面由于工程建设自身的特点，很多工序会被下一道工序覆盖，如基础土方工程；还有的会在施工过程中被拆除，如临时设施。而且参加建设的各方人员都有可能变动。因此，全过程工程咨询单位在现场签证中应当做到一次一签，一事一签，及时处理，及时审核。对于一些重大的现场变化，还应该拍照或录像，作为签证的参考证据。

③ 加强签证审查。全过程工程咨询单位对签证的审查主要包括：审查签证主体是否合法、审查签证形式是否有效、审查签证内容是否真实合理、审查签证流程及时间是否符合合同约定。下面具体说明：

a. 签证主体合法。签证主体是施工合同双方在履行合同过程中在签证单上签字的行为人。签证单上的签字人是否有权代表承发包双方签证，直接关系到该签证是否有效，关系到承包方在履行合同过程中所做的签证是否最终能进入工程结算价。因此，签证主体必须为合同中明确约定的主体。

b. 签证形式有效。工程签证相当于施工合同的补充协议，一般来说应采用书面形式，审查内容应当包括签证的当事人、签证的事实和理由、签证主体的签字以及承发包双方的公章。

c. 签证内容真实合理。审查签证内容是否真实合理。真实性表现在签证内容属实，有些承包单位采取欺骗手段，虚报隐蔽工程量，如虚增道路、场地混凝土的厚度等。另外，建筑材料品种繁多，尤其是装饰材料，从表面看上去相同的材料，其价格却相差很远。合理性表现在签证内容应符合合同约定，签证内容涉及价款调整、工期顺延及经济补偿等内容，应坚持合同原则，严格按照合同约定的计算方法、调整方法等进行相应签证。

④ 签证流程及时间符合合同约定。审查应严格遵循合同中约定的签证流程进行签证，未按照时效和流程会导致签证无效。

（4）现场工程签证管理要点。

① 现场签证手续办理要及时。在施工过程中，签证发生时应及时办理签证手续，如零星工作、零星用工等。对因施工时间紧迫，不能及时办理签证手续的，事后应及时督促监理单位等相关单位补办签证手续，避免工程结算时发生纠纷。

② 加强现场工程签证的审核。在现场签证中，施工单位有可能提供与实际情况不符的内容及费用，如多报工程量、提供虚假的签证等。因此，全过程工程咨询单位应首先要求监理单位严格审查，同时把好最后的审核关，避免出现施工单位的签证不实或虚假签证情况的发生。

③ 规范现场工程签证。建立现场工程签证会签制度，明确规定现场工程签证必须由全过程工程咨询单位或专业咨询工程师（监理）、造价部门和施工单位共同签认才能生效，必须经由投资人签认，缺少任何一方的签证均无效，不能作为竣工结算和索赔的依据。在施工过程中，投资人有可能提出增加建设内容或提高建设标准，须经投资人进行签认。因此，在委托合同中应明确其增加的投资由投资人负责。

3.3.8 索赔费用的管控

3.3.8.1 索赔费用的管理

（1）索赔费用的管理依据。全过程工程咨询单位进行索赔费用处理时主要依据：

① 国家和省级或行业建设主管部门有关工程造价、工期的法律、法规、政策文件等；

② 招标文件、工程合同、经认可的施工组织设计、工程图纸、技术规范等；

③ 工程各项来往的信件、指令、信函、通知、答复等；

④ 工程各项有关的设计交底、变更图纸、变更施工指令等；

⑤ 工程各项经监理工程师签认的签证及变更通知等；

⑥ 工程各种会议纪要；

⑦ 施工进度计划和实际施工进度表；

⑧ 施工现场工程文件；

⑨ 工程有关施工部位的照片及录像等；

⑩ 工程现场气候记录，如有关天气的温度、风力、雨雪等；

⑪ 建筑材料和设备采购、订货运输使用记录等；

⑫ 工地交接班记录及市场行情记录等。

（2）索赔费用的管理内容。审核造价部门对工程索赔的审核应遵循以下原则：

① 审核索赔事项的时效性、流程的有效性和相关手续的完整性；

② 审核索赔理由的真实性和正当性；
③ 审核索赔资料的全面性和完整性；
④ 审核索赔依据的关联性；
⑤ 审核索赔工期和索赔费用计算的准确性。

（3）工程造价部门审核工程索赔费用后，应在签证单上签署意见或出具报告，意见或报告应包括下列主要内容：
① 索赔事项和要求；
② 审核范围和依据；
③ 审核引证的相关合同条款；
④ 索赔费用审核计算方法；
⑤ 索赔费用审核计算细目。

（4）全过程工程咨询单位对于施工过程中索赔费用管理，主要包括：
① 索赔的预防：做好日常施工记录，为可能发生的索赔提供证据；
② 索赔费用的处理：索赔费用的计算及索赔审批流程。

3.3.8.2 索赔的预防

全过程工程咨询单位通过工程投资计划的分析，找出项目最易突破投资的子项和最易发生费用索赔的因素，考虑风险的转移，制定具体防范对策。例如：在编制招标文件和施工承包合同时，应有索赔的意识，重点识别和分析因合同不完善而可能引起的索赔风险，避免工程费用的增加。全过程工程咨询单位应严格审查施工单位编制的施工组织设计，对主要施工技术方案进行全面的技术经济分析，防止在技术方案中出现投资增加的漏洞。

3.3.8.3 索赔费用的处理

全过程工程咨询单位应严格审批索赔流程，组织监理单位进行有效的日常工程管理，切实认真做好工程施工记录，同时注意保存各种文件图纸，为可能发生的索赔处理提供依据。当索赔发生后，要迅速妥当处置。根据收集的工程索赔的相关资料，迅速对索赔事项开展调查，分析索赔原因，审核索赔金额，并征得投资人意见后负责与施工单位据实妥善协商解决。

3.3.8.4 索赔的流程

（1）全过程工程咨询单位或专业咨询工程师（监理）可按下列流程处理施工单位提出的费用索赔：
① 受理施工单位在施工合同约定的期限内提交的费用索赔意向通知书；
② 收集与索赔有关的资料；
③ 受理施工单位在施工合同约定的期限内提交的费用索赔报审表；
④ 审查费用索赔报审表，需要施工单位进一步提交详细资料时，应在施工合同约定的期限内发出通知；
⑤ 与投资人和施工单位协商一致后，在施工合同约定的期限内签发费用索赔报审表，并报投资人。

（2）全过程工程咨询单位或专业咨询工程师（监理）批准施工单位费用索赔应同时满足下列条件：
① 施工单位在施工合同约定的期限内提出费用索赔；

② 索赔事件是因非施工单位原因造成，且符合施工合同约定；

③ 索赔事件造成施工单位直接经济损失；

④ 当施工单位的费用索赔要求与工程延期要求相关联时，全过程工程咨询单位或专业咨询工程师（监理）可提出费用索赔和工程延期的综合处理意见，并应与投资人和施工单位协商；

⑤ 因施工单位原因造成投资人损失，投资人提出索赔时，全过程工程咨询单位应与投资人和施工单位协商处理。

当全过程工程咨询单位未能按合同约定履行自己的各项义务或工作失误，以及应由全过程工程咨询单位承担责任的其他情况，造成施工单位的工期延误或经济损失，按照国家有关规定和施工合同的要求，施工单位可按流程向全过程工程咨询单位进行索赔，索赔流程如图 3-19。

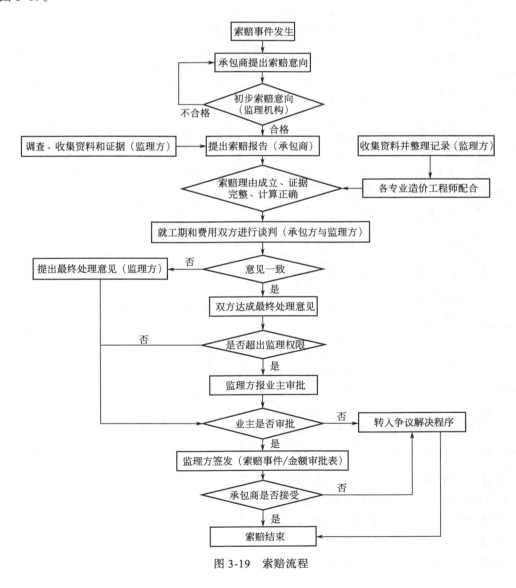

图 3-19 索赔流程

（3）全过程工程咨询单位对施工单位索赔方法如下：

① 收集索赔原始资料。索赔原始资料证据的准备程度决定了索赔能否成功。因此，全过程工程咨询单位对于原始证据的收集整理尤为重要。索赔资料的收集如表 3-15 所示。

表 3-15　索赔资料的收集

类型		收集资料内容
签订合同阶段资料	招标文件	招标文件中约定的工程范围更改、施工技术更换、现场水文地质情况的变化以及招标文件中的数据错误等均可导致索赔
	投标文件	投标文件是索赔重要的依据之一，尤其是其中的工程量清单和进度计划将是费用索赔和工期索赔的重要参考依据
	工程量清单	工程量清单也是索赔的重要依据之一，在工程变更增加新的工作或处理索赔时，可以从工程量清单中选择或参照工程量清单中的单价来确定新项目或者索赔事项的单价或价格
	计日工表	包括有关的施工机械设备、常用材料、各类人员相应的单价，作为索赔施工期间投资人指令要求承包商实施额外工作所发生费用的依据
	合同条件	包括双方签订的合同与所使用的合同范本两部分，合同中又包括合同协议书、通用合同条件、专用合同条件、规范要求、图纸、其他附件等
施工阶段资料	往来信函	监理的工程变更指令、口头变更确认图、加速施工指令、工程单价变更通知、对承包商问题的书面回答等
	会议纪要	标前会议纪要、工程协调会议纪要、工程进度变更会议纪要、技术讨论会议纪要、索赔会议纪要等，并且会议纪要上必须有双方负责人的签字
	现场记录	施工日志、施工检查记录、工时记录、质量检查记录、施工机械设备使用记录、材料使用记录、施工进度记录等。重要的记录如质量检查、验收记录，还应有投资人或其代表的签字认可
	现场气象记录	每月降水量、风力、气温、河水位、河水流量、洪水位、洪水流量、施工基坑地下水状况、地震、泥石流、海啸、台风等特殊自然灾害的记录
	工程进度计划	批准的进度计划、实际的进度计划
	工程财务记录	工程进度款每月的支付申请表、工人劳动计时卡（或工人工作时间记录）、工资单、设备材料和零配件采购单、付款收据、工程开支月报等
	索赔事件发生时现场的情况	描述性文件、工程照片及声像资料、各种检查检验报告和技术鉴定报告
其他资料	相关法律与法规	招标投标法、政府采购法、合同法、公司法、劳动法、仲裁法及有关外汇管理的指令、货币兑换限制、税收变更指令及工程仲裁规则等
	市场信息资料	当地当时的市场价格信息，价格调整决定等价格变动信息，当地政府、行业建设主管部门发布的工程造价指数、物价指数、外汇兑换率（如果有）等市场信息
	先例与国际惯例	以前处理此类索赔问题的先例，处理此类索赔问题的国内、国际惯例，所谓惯例是指在事件中逐渐形成的不成文的准则。是一种不成文的法律规范，最初只被一些国家（地区）使用，后果被大多数国家（地区）接受，成为公认的准则

涉及工程费用索赔的有关施工和监理文件资料包括：施工合同、采购合同、工程变更单、施工组织设计、专项施工方案、施工进度计划、投资人和施工单位的有关文件、会议纪要、监理记录、监理工作联系单、监理通知单、监理月报及相关监理文件资料等。

② 索赔费用的计算。

a. 总费用法。总费用法是指发生了多起索赔事件后，重新计算该工程的实际总费用，再减去原合同价,其差额即为承包商索赔的费用。

计算公式:
$$索赔金额 = 实际总费用 - 投标报价估算费用$$

但这种方法对全过程工程咨询单位不利,因为实际发生的总费用中可能有承包商的施工组织不合理因素;承包商在投标报价时为竞争中标而压低报价,中标后通过索赔可以得到补偿。

b. 修正总费用法。修正总费用法即在总费用计算的原则上,去掉不合理的费用,使其更合理。修正的内容包括:计算索赔款的时段仅局限于受到外界影响的时间;只计算受影响时段内的某项工作所受影响的损失;对投标报价费用重新进行核算,按受影响时段内该项工作的实际单价进行核算,乘以实际完成的该项工作的工程量,得出调整后的报价费用。

计算公式:
$$索赔金额 = 某项工作调整后的实际总费用 - 该项工作的报价费用$$

c. 分项计算法。分项计算法即按照各种索赔事件所引起的费用损失,分别计算索赔款。这种方法比较科学、合理,同时方便全过程工程咨询单位审核索赔款项,但计算比较复杂。分项计算法如表3-16所示。使用这种方法计算索赔款时,应先分析干扰事件引起的费用索赔项目,然后计算各费用项目的损失值,最后加以汇总。

表3-16 分项计算法

	工程量增加	窝工
人工费	预算单价 × 增加量	窝工费 × 窝工时间
材料费	实际损失材料量 × 原单价 × 调值系数	
机械台班费	预算单价 × 增加量	(自有)折旧费 × 时间 (租赁)租金 × 时间
管理费	(合同价款 / 合同工期)× 费率 × 延误天数	一般情况下不考虑
总部管理费	① 按照投标书中总部管理费的一定比例计算: 总部管理费 = 合同中总部管理费比率 ×(直接费索赔款额 + 现场管理费索赔款额等) ② 按照公司总部统一规定的管理费比率计算: 总部管理费 = 公司总部管理费比率 ×(直接费索赔款额 + 现场管理费索赔款额等) ③ 以工期延长的总天数为基础。计算总部管理费: 索赔的总部管理费 = 该工程的每日管理费 × 工程延期的天数	
利润	(合同价款 / 合同工期)× 利润率 × 变更天数	一般情况下不考虑
利息	利息 = 计息基数 × 约定的利率	一般情况下不考虑

3.3.9 材料及设备询价

3.3.9.1 工程询价

在建筑产品的生产中所使用的各种人工、材料、机械设备等生产要素的用量是相对稳定的,但其价格可能会随时间、地点和供求关系在一个很大的范围内上下浮动。生产要素价格确定是否准确,对于能够按实调整价差的合同来说也许影响不大,但对于闭口合同(如固定总价合同、固定单价合同)来说,则可能会导致投标失败或中标后严重的亏损。因此,在估价前承包人必须通过各种渠道，采用各种手段对工程所需各种材料、设备等资源的价格、质量、供应时间、供应数量等各方面进行系统全面的了解，这一工作就称为工程询价。工程询价的内容还应包括对分包项目的分包形式、分包范围、分包人报价、分包人履约能力及信誉做全面调查。

询价是估价的基础。询价不能只单纯地了解生产要素的价格，对影响生产要素价格的各个方面都应做全面、准确的了解，为工程估价提供可靠的依据。

询价时要特别注意两个问题：一是产品质量必须可靠，并满足招标文件的有关规定；二是供货方式、时间、地点，有无附加条件和费用。

询价一般由估价人员或采购人员承担，询价人员不但要具有较高的专业技术业务知识，而且要有很好的公关能力并能熟悉和掌握市场行情。

3.3.9.2　询价范围和渠道

（1）询价范围。

① 经济方面。询价时对于经济方面应着重了解材料、设备供应商的经济实力和信誉，以及成交以后能否按期按质交货。在实际工作中，承包人与材料供应商之间因不能按期交货或质量不符合要求而产生的纠纷时有发生。因此，在询价时就应预测供应商违约的可能性，了解该供应商的售后服务态度。另外，在经济方面还应了解工程项目所在地区近期财政方面的大致情况、主要生产要素和有关生活物资价格的上涨幅度等。这些都会影响招标人对工程款的支付能力和生产过程中承包人的实际支出。

② 社会方面。社会方面主要应了解工程项目所在地对工程所需材料（特别是地方材料）的生产情况、分布情况以及相互之间的关系、销售渠道。如果能得到供应，则应了解供应的数量、时间能否满足要求，供应商是否会因大型工程建设或外地施工企业而抬高物价。社会方面还应了解当地劳务人员就业情况、当地的生活习俗等。

③ 自然条件方面。自然条件的询价包括工程所在地区的地理、地质、水文、气象条件和环境保护要求等。这些都会对工程造价产生直接影响。另外，还应了解当地地方材料的开发利用情况，对材料性质、材料质量、运输条件以及价格做出比较，供估价时参考。例如，有些偏远地区淡水资源非常缺乏，施工及生活需自行打井取水，询价人员就需增加对打井设备的购置费或租用费的了解。询价范围虽然很广，但主要还应从资源价格和工程估价角度来进行。

（2）询价渠道。

① 直接与生产厂商联系。

② 通过生产厂商的代理人或从事该项业务的经纪人。

③ 经营该项产品的销售商。

④ 咨询公司。

⑤ 通过互联网了解。

⑥ 向同行或亲朋好友了解。

⑦ 进行市场调查或信函询价。

询价要抱着"货问三家不吃亏"的原则进行，但要特别注意招标人在招标文件中有无明确规定采用某厂生产的某种牌号产品或招标人供货的条文。如果供应商知道某产品是招标人指定产品，可能会提高价格，询价时应特别注意并做出充分估计。要避免此类风险，首先，在投标报价前要向招标人了解该产品是否由招标人供货，或招标人是否已经与厂商签订合同；其次，在中标后既要订货迅速，又要订货充足，并配齐足够的配件，否则也可能吃亏。

3.3.9.3 生产要素询价

（1）材料询价。材料询价的内容包括调查对比材料价格、供应数量、运输方式、保险和有效期、不同买卖条件下的支付方式等。询价人员在施工方案初步确定后，立即发出材料询价单，并催促材料供应商及时报价。收到询价单后，询价人员应将从各种渠道所询得的材料报价及其他有关资料汇总整理。对同种材料从不同经销部门所得到的所有资料进行比较分析，选择合适、可靠的材料供应商的报价，提供给工程报价人员使用。

材料询价应该是随着企业材料造价及管理水平的提高，本着全方位、面向未来、循序渐进、逐步提升的原则进行。

① 材料询价的内容。材料询价的内容包括了解和对比材料价格、供应数量、运输方式、保险及有效期等各个方面，具体应从以下几个方面进行：

a. 材料的价格。材料价格一般包括原价、包装费、运输费、保险费、仓储费、装卸费、杂费、利润和税收等。

b. 材料的供应数量。材料供应商能否按材料需用量计划中规定的时间和用量供应材料。当一个供应商不能提供足够的供应量或供应没有保障时，**应选取多个材料供应商签订合同**。

c. 材料的运输。材料的运输费在材料预算价格中有可能占较大比例，因此，合理选择运输方式对降低价格和保证运输质量非常重要。

d. 运输保险。货物运输保险是指保险公司承保货物运输风险并收取约定的保险费后，被保险货物在遭到承保范围内的风险受到损失后负责经济赔偿。

e. 检验、索赔和付款。材料经检验合格后方能付款。对检验的时间、地点，检验的机构，检验的标准，违约的索赔及合格后的付款方式应有明确规定。

另外，还应注意不同的买卖价格条件，这些条件又是依据材料的支付地点、支付方法及双方应承担的责任和费用来划分。

② 材料询价单。为规范材料询价工作，询价人员应设计出用于材料询价的标准格式的材料询价单，供材料供应商填写报价。材料询价单一般应包含如下内容：

a. 材料的规格和质量要求。

b. 材料的数量及计量单位应与工程总需要量相适应，并考虑合理的损耗。

c. 材料的供应计划。

d. 工程地点或到货地点及当地各种交通限制。

e. 运输方式及可提供的条件。

f. 材料报价的形式（固定价还是提货价）、支付方式、所报单价的有效时间。

g. 送出报价单或收取报价单的具体日期。此外，还可从技术规范或其他合同文件中摘取有关内容作为询价单的附件。

③ 重点分析主要材料，预测材料价格走势。在建筑材料中有主要材料、辅助材料和零星材料之分，主要材料如钢筋、水泥、预制混凝土、构件、门窗、防水材料等。通常叫做"二八比例原则"，也就是说在所有材料费用中，占材料种类20%的主要材料却占了材料总

费用的 80%，这种说法是比较形象贴切的。

主材采购必须选择三家或三家以上的单位进行询价，辅材采购选择两家或两家以上供货商进行询价，零星材料由项目部自行比价。

④ 材料询价分析。询价人员在项目的施工方案初步研究后，应立即发出材料询价单，并催促材料供应商及时报价。

⑤ 建立企业自有材料价格库。在清单计价模式下，施工企业在编制企业材料消耗定额的同时还应逐步建立起企业自有的材料价格动态信息库，这需要利用计算机先进技术，并历经长时间的信息积累。企业自有的材料价格动态信息库应具备一套完整的建设材料分类编码体系，保障材料归类整理及方便查询，能够接收、处理多渠道来源的价格信息，能够动态地对各种渠道获取的价格信息进行系统的综合、对比、整理、分析，生成满足造价人员需要的价格信息。一旦形成自有的材料价格信息库，企业在报价时随时调取动态的信息资料，以充分发挥企业造价管理优势，准确实施成本测算，增强企业竞争力。

在瞬息万变的材料价格市场中，遵循全方位、循序渐进的原则，广泛地获取价格信息，准确地判定材料价格。

需要强调的是，企业材料消耗定额应该随着企业管理和技术水平的提高而不断得到更新的动态定额，材料询价也应该随着企业造价及材料管理水平的提高而不断得到深化完善。相信会有更多的企业将不断地摸索经验，以准确的成本测算为基础制定报价策略，帮助企业在未来的市场环境中取得竞争优势。

（2）施工机具询价。在外地施工需用的施工机具，有时在当地租赁或采购可能更为有利，因此，事前有必要进行施工机具的询价。必须采购的施工机具，可向供应厂商询价。对于租赁的施工机具，可向专门从事租赁业务的机构询价，并应详细了解其计价方法。例如，各种施工机具每台班的租赁费、最低计费起点、施工机具停滞时租赁费及进出厂费的计算、燃料费及机上人员工资是否在台班租赁费之内，如需另行计算，这些费用项目的具体数额为多少等。

（3）劳务询价。如果承包商准备在工程所在地招募工人，则劳务询价是必不可少的。劳务询价主要有两种情况：一是成建制的劳务公司，相当于劳务分包，一般费用较高，但素质较可靠，工效较高，承包商的管理工作较轻；另一种是劳务市场招募零散劳动力，根据需要进行选择，这种方式虽然劳务价格低廉，但有时素质达不到要求或工效较低，且承包商的管理工作较繁重。投标人应在对劳务市场充分了解的基础上决定采用哪种方式，并以此为依据进行投标报价。

施工单位在确定人工单价时，应充分参考地方定额中所编选的人工预算价格和当地预算造价管理部门按期发布的人工市场信息价格；通过有关网站和市场询价，取得信息价格。承包工程可使用本企业的工人，也可从本地或工程所在地的劳务市场雇佣工人。具体应经过比较而定。

对于本企业的工人，在整个工程施工期间，人工工资有比较具体的规定，而雇佣的劳动力则必须通过询价，了解各种技术等级工人的日工资或月工资单价。如有可能还必须了解雇佣工人的劳动生产效率。

根据技术熟练程度和在施工中的责任不同，一般把操作工人分为高级技工、熟练工、半熟练工和普工，根据各地习惯也可用其他的方法划分。工人的技术等级不同支付的工资也不同。另外，不同季节的人工工资也可能是变化的，如我国的施工企业大量使用农民工，在农忙季节工资单价就相对地高一些。

多数情况下可将技术含量较低的分项工程进行劳务分包。

3.3.9.4 分包询价

总承包商在确定了分包工作内容后，就将拟分包的专业工程施工图纸和技术说明送交预先选定的分包单位，请他们在约定的时间内报价，以便进行比较选择，最终选择合适的分包人。对分包人询价应注意以下几点：分包标函是否完整，分包工程单价所包含的内容，分包人的工程质量、信誉及可信赖程度，质量保证措施，分包报价。

3.3.10 合同期中结算、终止结算审核

3.3.10.1 合同期中结算

工程实施阶段期中结算审核，应包括工程预付款和工程进度款支付的结算审核，以及单项工程、单位工程、规模较大的分部工程或标段工程完成后的结算审核。实施阶段期中结算审核，应遵循合同约定并按国家和行业现行相关标准规范执行。

经发承包双方签署认可的期中结算成果，应作为终止结算或竣工结算编制与审核的组成部分，无须再对该部分工程内容进行计量计价，但对于已完工程部分有变更或返修的除外。

3.3.10.2 施工过程结算

建设工程施工过程结算（以下简称"施工过程结算"），是指在房屋建筑和市政设施工程发承包合同范围内，发承包双方结合项目实际，依据合同约定的支付周期或工程进度节点，对已完成的分部工程或标志性节点形象工程的价款进行的计算、调整、确认和支付等活动。

2018年9月，为解决企业工资拖欠问题，《2018年度保障农民工工资支付工作考核细则》（人社部发〔2018〕55号）发布实施。指出：全面推行施工过程结算，对于政府投资的工程，严禁施工企业带资承包。这个举措是为了解决"结算难"的问题，从源头防止农民工被欠薪。各省市纷纷响应号召，目前，各省市分别发布了建设工程施工过程结算办法，推行施工过程结算。这是建筑业结算方式的重大转变，是优化市场环境、实现建筑业高质量发展的重要保障。

以《广东省建设工程施工过程结算办法（试行）(征求意见稿)》为例，办法规定：

（1）广东省行政区域内的房屋建筑和市政设施工程，施工工期二年以上的大型项目必须实施施工过程结算。鼓励其他工程项目依据本办法实施施工过程结算。

（2）发承包双方应在合同中约定施工过程结算的支付周期或完成进度节点（统称"施工过程结算节点"）进行工程价款结算和支付的依据、程序和方法。施工过程结算节点可根据工程特点、施工工期及分部（工程）验收需要等，参照以下一种方法或若干方法确定：

① 工程分标段施工的，以标段完成后作为施工过程结算节点；

② 以完成单项工程、单位工程、分部工程作为施工过程结算节点；

③ 规模较大的分部工程或分部工程计划完成时间在一年以上的，以完成分部工程的进度节点或时间（季、年等）节点作为施工过程结算节点；

④ 以完成工程功能内容或专业工程作为施工过程结算节点。

（3）发承包双方应在合同中约定施工过程结算款的计量、价款支付节点周期。支付周期应与计量周期一致。

发承包双方应依据已确认的本周期已完合同价款报告，按照合同约定的时间、程序和方法，办理过程价款结算，支付施工过程结算款。

（4）发承包双方可根据工程计价合同类型按以下方法进行施工过程结算：

① 采用总价合同的，按合同约定确定施工过程节点工程价款，并对该节点的工程变更、现场签证、施工措施、工程索赔以及价差等合同约定可以调整的内容进行调整。

施工过程结算的措施费按施工过程结算节点实际完成的分部分项费用与合同工程分部分项总费用的比例乘以合同工程总措施费用计算。

② 采用单价合同的，计算或核定按施工图完成的施工过程结算节点范围内各个分部分项工程量，按合同约定的计价方式确定分部分项工程项目价格和工程价款，并对设计变更、现场签证、施工措施、工程索赔以及价差等合同约定可以调整的内容进行调整。

③ 施工过程结算的措施费可按以下计算：

a. 按系数计算的措施费依据施工过程结算节点实际完成的工程费用按规定乘以系数计算；

b. 按子项列项的措施费按当期完成的工程施工措施工作量计量及计价计算。

④ 采用成本加酬金合同的，应依据合同约定的计价方式计算完成的施工过程结算节点范围内各个分部分项工程以及设计变更、现场签证、施工措施等内容的工程成本，并计算酬金及有关税费。

⑤ 发承包双方要加强施工过程的造价管控，及时对工程合同调整的事项如实记录并履行书面手续。凡经发承包双方授权的现场代表协商确定并签字的现场签证、工程变更、索赔等价款，应在施工过程结算中同期办理，不得因发承包双方现场代表的中途变换而改变其有效性。

⑥ 经发承包双方签署认可的施工过程结算文件，应作为竣工结算文件的组成部分，不应再重新对已确认的施工过程结算内容进行计量计价。工程竣工结算价款等于符合施工合同约定全部施工过程结算节点的工程价款与符合施工合同要求且施工过程结算未计算的价款之和。

3.3.10.3 终止结算审核

合同终止结算发生的原因包括项目实施阶段承包人违约、发包人违约或不可抗力等。

合同终止结算的编制与审核应按国家和行业现行相关标准规范执行，其编制与审核应包括下列内容：

（1）发承包双方确认已完成的分部分项工程费用、发承包双方确认已发生的措施项目费用及其他项目费用；

（2）发承包双方确认的对于招标工程量清单漏项的补偿费用、工程变更、工程签证、工程索赔等费用；

（3）发承包双方确认的工程索赔费用；

（4）按照施工合同约定对因市场物价变化引起的人工、材料、机械价格进行调整的费用；

（5）按照经批准的工程材料设备采购计划已进入现场的工程材料设备费用，以及根据工程材料设备采购合同约定已发生的相关费用；

（6）现场已发生的管理人员、机械费用及临时设施费用；

（7）发承包双方确认的合同终止违约赔偿或补偿费用，包括其他承包人及相关关联方的费用；

（8）规费和税金。

3.4 竣工验收阶段的投资管控

竣工验收阶段的投资管控工作主要包括竣工结算审核和竣工决算。

3.4.1 项目竣工结算审核

3.4.1.1 审核依据

（1）竣工结算审核编制依据应包括下列内容：

① 影响合同价款的法律、法规和规范性文件；

② 现场踏勘复验记录；

③ 工程结算审查委托合同；

④ 完整、有效的工程结算书；

⑤ 施工合同、专业分包合同及补充合同、有关材料和设备采购合同；

⑥ 与工程结算编制相关的国务院建设行政主管部门以及各省、自治区、直辖市和有关部门发布的建设工程造价计价标准、计价方法、计价定额、价格信息、相关规定等；

⑦ 招标文件、投标文件，包括招标答疑文件、投标承诺、中标报价书及其组成；

⑧ 工程施工图或竣工图、经批准的施工组织设计、设计变更、工程洽商、索赔与现场签证，以及相关的会议纪要；

⑨ 工程材料及设备中标价、认价单，发承包双方确认追加或核减的合同价款，经批准的开工、竣工报告或停工、复工报告；

⑩ 影响合同价款的其他相关资料。

因此，全过程工程咨询单位在竣工结算审核过程中，发现工程图纸、工程签证等与事实不符时，应由发承包双方书面澄清事实，并应据实进行调整，如未能取得书面澄清，工程造价咨询企业应进行判断，并就相关问题写入竣工结算审核报告。

3.4.1.2 审核内容

建设项目竣工审核应按准备、审查和审定三个阶段进行，并实行编制人、校对人和审核人分别署名盖章确认的内部审核制度。

（1）工程结算审核准备阶段主要包括以下工作内容：

① 审查工程结算手续的完备性、资料内容的完整性，对不符合要求的应退回，要求及时补正；

② 审查计价依据及资料与工程结算的相关性、有效性；

③ 熟悉施工合同、招标文件、投标文件、主要材料设备采购合同及相关文件；

④ 熟悉竣工图纸或施工图纸、施工组织设计、工程概况，以及设计变更、工程洽商和工程索赔情况等；

⑤ 掌握工程量清单计价规范、工程预算定额等与工程相关的国家和当地建设行政主管

部门发布的工程计价依据及相关规定。

（2）工程结算审核审查阶段主要包括以下工作内容：

① 审查工程结算的项目范围、内容与合同约定的项目范围、内容一致性；

② 审查分部分项建设项目、措施项目或其他项目工程量计算准确性，工程量计算规则与计价规范保持一致性；

③ 审查分部分项综合单价、措施项目或其他项目时应严格执行合同约定或现行的计价原则、方法；

④ 对于工程量清单或定额缺项以及新材料、新工艺，应根据施工过程中的合理消耗和市场价格，审核结算综合单价或单位估价分析表；

⑤ 审查变更签证凭证的真实性、有效性，核准变更工程费用；

⑥ 审查索赔是否依据合同约定的索赔处理原则、流程和计算方法以及索赔费用的真实性、合法性、准确性；

⑦ 审查分部分项费用、措施项目费用、其他项目费用、规费和税金等结算价格时，应严格执行合同约定或相关费用计取标准及有关规定，并审查费用计取依据的时效性、相符性；

⑧ 提交工程结算审查初步成果文件，包括编制与工程结算相对应的工程结算审查对比表，待校对、复核。

（3）工程结算审核审定阶段主要包括以下工作内容：

① 工程结算审查初稿编制完成后，应召开由工程结算编制人、工程结算审查投资人及工程结算审查人共同参加的会议，听取意见，并进行合理的调整；

② 由工程结算审查人的部门负责人对工程结算审查的初步成果文件进行检查校对；

③ 由工程结算审查人的审定人审核批准；

④ 发承包双方代表人或其授权投资人和工程结算审查单位的法定代表人应分别在工程结算审定签署表上签认并加盖公章；

⑤ 对工程结算审查结论有分歧的，应在出具工程结算审查报告前至少组织两次协调会；凡不能共同签认的，审查人可适时结束审查工作，并作出必要说明；

⑥ 在合同约定的期限内，向投资人提交经工程结算审查编制人、校对人、审核人加盖执业或从业印章，以及工程结算审查人单位盖章确认的正式工程结算审查报告。

3.4.1.3 审核流程

竣工结算审核工作应依据《建设项目工程结算编审规程》（CECA/GC 3—2010），主要包括准备、审查和审定三个工作阶段，如图 3-20 所示。

3.4.1.4 审核要点

（1）收集相关资料，为工程竣工结算审核编制提供全面而充分的依据。及时收集建设项目验收后的完工结算审核数据，充分理解和掌握实际情况。一方面，可以保证结算审核内容的完整性和合理性；另一方面，可以保证结算。审计工作进展顺利，审计过程中没有太多疑点或不一致之处。竣工结算审核人员应注意以下几方面资料的收集：

① 工程承发包合同，它是结算审核的最根本、最直接的依据，因为建设项目的承发包范围、双方的权利与义务、价款结算与调整方式、风险分配等都由此决定，另外结算中哪些

费用项目可以计入或调整、如何计算也都以此为据；

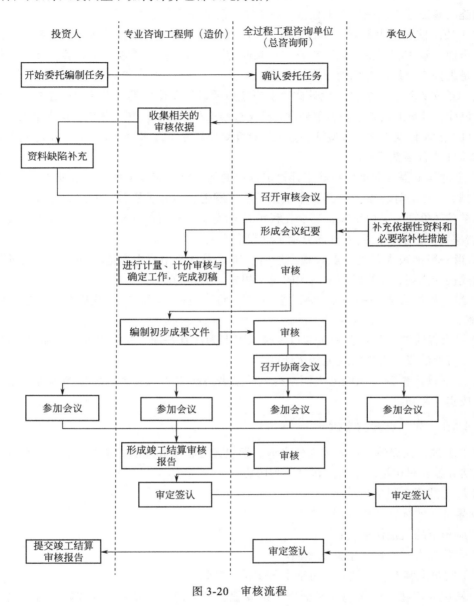

图 3-20　审核流程

② 施工图纸及图纸会审记录，它是确定中标价合理性及合同价的主要依据；

③ 招标文件、投标文件和设计变更图纸等原始资料，它是实际施工发生变化或进行增减项后调整有关费用的依据；

④ 设计变更通知单、工程开工和停工报告、监理单位指令等；

⑤ 施工组织设计、施工记录、原始票据、形象进度及现场照片等；

⑥ 有关定额（工程量清单）、费用调整的文件和规定；

⑦ 经审查批准的竣工图、工程竣工验收单、竣工报告等。

（2）检查隐蔽工程验收记录。所有隐蔽工程均需进行验收，签证应符合相关规定，签字手续齐全；实行工程监理的项目应经监理单位签证确认。审核竣工结算时注意隐蔽工程施工记录和验收签证等手续完整，工程量与竣工图一致方可列入结算。

（3）按图核实工程数量。实施审核时，应在熟练掌握工程量计算规则的基础上熟悉施工图纸，全面了解工程变更签证。审核工程量时应审查有无多计或者重复计算，计算单位是否一致，是否按工程量计算规则计算，等等。

（4）落实设计变更签证。设计修改变更应由原设计单位出具"设计变更通知单"和修改图纸，设计、校审人员签字并加盖公章，经全过程工程咨询单位和监理单位初审报投资人同意后，方可下发设计变更并办理签证；重大设计变更应经原审批部门审批，否则不应列入结算。

（5）注意各项费用计取。

① 全过程工程咨询单位在确定计价定额中的利润时，应以定额人工费或（定额人工费+定额机械费）作为计算基数，其费率根据历年工程造价积累的资料，并结合建筑市场实际确定，以单位（单项）工程测算，利润在税前建筑安装工程费的比例可按不低于5%且不高于7%的费率计算。利润应列入分部分项工程和措施项目中。

② 当一般纳税人采用一般计税方法时，工具用具使用费中增值税进项税额的抵扣以购进货物或接受修理，并搭配劳务适用的税率扣减，均为16%。

③ 当一般纳税人采用一般计税方法时，检验试验费进项税额现代服务业以适用的税率6%扣减。

④ 社会保险费和住房公积金应以定额人工费为计算基础，根据工程所在地省、自治区、直辖市或行业建设主管部门规定费率计算。

⑤ 工程排污费等其他应列入而未列入的规费应按工程所在地环境保护等部门规定标准缴纳，按实计取列入。

3.4.1.5 竣工结算款支付

（1）承包人提交竣工结算款支付申请。承包人应根据办理的竣工结算文件，向发包人提交竣工结算款支付申请。申请应包括下列内容：

① 竣工结算合同价款总额；

② 累计已实际支付的合同价款；

③ 应预留的质量保证金；

④ 实际应支付的竣工结算款金额。

（2）发包人签发竣工结算支付证书与支付结算款。

① 发包人应在收到承包人提交竣工结算款支付申请后7天内予以核实，向承包人签发竣工结算支付证书，并在签发竣工结算支付证书后的14天内，按照竣工结算支付证书列明的金额向承包人支付结算款。

② 发包人在收到承包人提交的竣工结算款支付申请后7天内不予核实，不向承包人签发竣工结算支付证书的，视为承包人的竣工结算款支付申请已被发包人认可；发包人应在收到承包人提交的竣工结算款支付申请7天后的14天内，按照承包人提交的竣工结算款支付申请列明的金额向承包人支付结算款。

3.4.1.6 质量保证金

发包人应按照合同约定的质量保证金比例从结算款中扣留质量保证金。承包人未按照合同约定履行属于自身责任的工程质量缺陷修复义务的，发包人有权从质量保证金中扣留用于缺陷修复的各项支出。经查验，工程质量缺陷属于发包人原因造成的，应由发包人承担查验和缺陷修复的费用。在合同约定的缺陷责任期终止后，发包人应按照合同中最终结清的相关规定，将剩余的质量保证金返还给承包人。当然，剩余质量保证金的返还，并不能免除承包人按照合同约定应承担的质量保修责任和应履行的质量保修义务。

3.4.1.7 最终结清

缺陷责任期终止后，承包人应按照合同约定向发包人提交最终结清支付申请。发包人对最终结清支付申请有异议的，有权要求承包人进行修正和提供补充资料。承包人修正后，应再次向发包人提交修正后的最终结清支付申请。发包人应在收到最终结清支付申请后的14天内予以核实，并应向承包人签发最终结清支付证书，并在签发最终结清支付证书后的14天内，按照最终结清支付证书列明的金额向承包人支付最终结清款。如果发包人未在约定的时间内核实，又未提出具体意见的，视为承包人提交的最终结清支付申请已被发包人认可。

发包人未按期最终结清支付的，承包人可催告发包人支付，并有权获得延迟支付的利息。最终结清时，如果承包人被扣留的质量保证金不足以抵减发包人工程质量缺陷修复费用的，承包人应承担不足部分的补偿责任。承包人对发包人支付的最终结清款有异议的，按照合同约定的争议解决方式处理。

3.4.2 竣工决算

3.4.2.1 建设项目竣工决算的概念及作用

（1）建设项目竣工决算的概念。项目竣工决算是指所有项目竣工后，项目单位按照国家有关规定在项目竣工验收阶段编制的竣工决算报告。竣工决算是以实物数量和货币指标为计量单位，综合反映竣工建设项目全部建设费用、建设成果和财务状况的总结性文件，是竣工验收报告的重要组成部分，竣工决算是正确核定新增固定资产价值、考核分析投资效果、建立健全经济责任制的依据，是反映建设项目实际造价和投资效果的文件。竣工决算是建设工程经济效益的全面反映，是项目法人核定各类新增资产价值、办理其交付使用的依据。竣工决算是工程造价管理的重要组成部分，做好竣工决算是全面完成工程造价管理目标的关键性因素之一。通过竣工决算，既能够正确反映建设工程的实际造价和投资结果，又可以通过竣工决算与概算、预算的对比分析，考核投资控制的工作成效，为工程建设提供重要的技术经济方面的基础资料，提高未来工程建设的投资效益。

项目竣工时，应编制建设项目竣工财务决算。建设周期长、建设内容多的项目，单项工程竣工，具备交付使用条件的，可编制单项工程竣工财务决算。建设项目全部竣工后应编制竣工财务总决算。

（2）建设项目竣工决算的作用。

① 建设项目竣工决算是综合全面地反映竣工项目建设成果及财务情况的总结性文件，它采用货币指标、实物数量、建设工期和各种技术经济指标综合、全面地反映建设项目自开始建设到竣工为止全部建设成果和财务状况。

② 建设项目竣工决算是办理交付使用资产的依据，也是竣工验收报告的重要组成部分。建设单位与使用单位在办理交付资产的验收交接手续时，通过竣工决算反映了交付使用资产

的全部价值，包括固定资产、流动资产、无形资产和其他资产的价值。及时编制竣工决算可以正确核定固定资产价值并及时办理交付使用，可缩短工程建设周期，节约建设项目投资，准确考核和分析投资效果，可作为建设主管部门向企业使用单位移交财产的依据。

③ 建设项目竣工决算是分析和检查设计概算的执行情况，考核建设项目管理水平和投资效果的依据。竣工决算反映了竣工项目计划、实际的建设规模、建设工期以及设计和实际的生产能力，反映了概算总投资和实际的建设成本，同时还反映了所达到的主要技术经济指标。通过对这些指标计划数、概算数与实际数进行对比分析，不仅可以全面掌握建设项目计划和概算执行情况，而且可以考核建设项目投资效果，为今后制订建设项目计划，降低建设成本，提高投资效果提供必要的参考资料。

3.4.2.2 建设项目竣工决算的内容和编制

（1）竣工决算的内容。建设项目竣工决算应包括从筹集到竣工投产全过程的全部实际费用，即包括建筑工程费、安装工程费、设备工器具购置费及预备费等费用。根据财政部、国家发展改革委及住房和城乡建设部的有关文件规定，竣工决算是由竣工财务决算说明书、竣工财务决算报表、工程竣工图和工程竣工造价对比分析四部分组成。其中竣工财务决算说明书和竣工财务决算报表两部分又称建设项目竣工财务决算，是竣工决算的核心内容。竣工财务决算是正确核定项目资产价值、反映竣工项目建设成果的文件，是办理资产移交和产权登记的依据。

① 竣工财务决算说明书。竣工财务决算说明书主要反映竣工工程建设成果和经验，是对竣工决算报表进行分析和补充说明的文件，是全面考核分析工程投资与造价的书面总结，是竣工决算报告的重要组成部分，其内容主要包括：

a. 项目概况。一般从进度、质量、安全和造价方面进行分析说明。进度方面主要说明开工和竣工时间，对照合理工期和要求工期分析是提前还是延期；质量方面主要根据竣工验收委员会或相当一级质量监督部门的验收评定等级、合格率和优良品率；安全方面主要根据劳动工资和施工部门的记录，对有无设备和人身事故进行说明；造价方面主要对照概算造价，说明节约或超支的情况，用金额和比例进行分析说明。

b. 会计账务的处理、财产物资清理及债权债务的清偿情况。

c. 项目建设资金计划及到位情况，财政资金支出预算、投资计划及到位情况。

d. 项目建设资金使用、项目结余资金分配情况。

e. 项目概（预）算执行情况及分析，竣工实际完成投资与概算差异及原因分析。

f. 尾工工程情况。项目一般不得预留尾工工程，确需预留尾工工程的，尾工工程投资不得超过批准的项目概（预）算总投资的5%。

g. 历次审计、检查、审核、稽查意见及整改落实情况。

h. 主要技术经济指标的分析、计算情况。概算执行情况分析，根据实际投资完成额与概算进行对比分析；新增生产能力的效益分析，说明交付使用财产占总投资额的比例，不增加固定资产的造价占投资总额的比例，分析有机构成和成果。

i. 项目管理经验、主要问题和建议。

j. 预备费动用情况。

k. 项目建设管理制度执行情况、政府采购情况、合同履行情况。

l. 征地拆迁补偿情况、移民安置情况。

m. 需说明的其他事项。

② 竣工财务决算报表。建设项目竣工财务决算报表包括：基本建设项目概况表、基本建设项目竣工财务决算表、基本建设项目资金情况明细表、基本建设项目交付使用资产总表、基本建设项目交付使用资产明细表、待摊投资明细表、待核销基建支出明细表、转出投资明细表等。

a. 基本建设项目概况表。该表综合反映基本建设项目的基本概况，内容包括该项目总投资、建设起止时间、新增生产能力、主要材料消耗、建设成本、完成主要工程量和主要技术经济指标，为全面考核和分析投资效果提供依据。

b. 基本建设项目竣工财务决算表。竣工财务决算表是竣工财务决算报表的一种，基本建设项目竣工财务决算表是用来反映建设项目的全部资金来源和资金占用情况，是考核和分析投资效果的依据。该表反映竣工的建设项目从开工到竣工为止全部资金来源和资金运用的情况。它是考核和分析投资效果、落实结余资金，并作为报告上级核销基本建设支出和基本建设拨款的依据。在编制该表前，应先编制出项目竣工年度财务决算，根据编制出的竣工年度财务决算和历年财务决算编制项目的竣工财务决算。此表采用平衡表形式，即资金来源合计等于资金支出合计。

c. 基本建设项目交付使用资产总表。该表反映建设项目建成后新增固定资产、流动资产、无形资产价值的情况，作为财产交接、检查投资计划完成情况和分析投资效果的依据。

d. 基本建设项目交付使用资产明细表。该表反映交付使用的固定资产、流动资产、无形资产价值的明细情况，是办理资产交接和接收单位登记资产账目的依据，是使用单位建立资产明细账和登记新增资产价值的依据。编制时要做到齐全完整，数字准确，各栏目价值应与会计账目中相应科目的数据保持一致。

③ 工程竣工造价对比分析。对控制工程造价所采取的措施、效果及其动态的变化需要进行认真的比较对比，总结经验教训。批准的概算是考核建设工程造价的依据。在分析时，可先对比整个项目的总概算，然后将建筑安装工程费、设备工器具费和其他工程费用逐一与竣工决算表中所提供的实际数据和相关资料及批准的概算、预算指标和实际的工程造价进行对比分析，以确定竣工项目总造价是节约还是超支，并在对比的基础上，总结先进经验，找出节约和超支的内容和原因，提出改进措施。在实际工作中，应主要分析以下内容：

a. 考核主要实物工程量。对于实物工程量出入比较大的情况，必须查明原因。

b. 考核主要材料消耗量。要按照竣工决算表中所列明的三大材料实际超概算的消耗量，查明是在工程的哪个环节超出量最大，再进一步查明超耗的原因。

c. 考核建设单位管理费、措施费和间接费的取费标准。建设单位管理费、措施费和间接费的取费标准要按照国家和各地的有关规定，根据竣工决算报表中所列的建设单位管理费与概预算所列的建设单位管理费数额进行比较，依据规定查明多列或少列的费用项目，确定其节约或超支的数额，并查明原因。

（2）竣工决算的编制。

① 建设项目竣工决算的编制条件。编制工程竣工决算应具备下列条件：

a. 经批准的初步设计所确定的工程内容已完成；

b. 单项工程或建设项目竣工结算已完成；

c. 收尾工程投资和预留费用不超过规定的比例；

d. 涉及法律诉讼、工程质量纠纷的事项已处理完毕；

e. 其他影响工程竣工决算编制的重大问题已解决。

② 建设项目竣工决算的编制依据。建设项目竣工决算应依据下列资料编制：

a.《基本建设财务规则》(财政部令第81号)等法律、法规和规范性文件；

b. 项目计划任务书及立项批复文件；

c. 项目总概算书和单项工程概算书文件；

d. 经批准的设计文件及设计交底、图纸会审资料；

e. 招标文件和最高投标限价；

f. 工程合同文件；

g. 项目竣工结算文件；

h. 工程签证、工程索赔等合同价款调整文件；

i. 设备、材料调价文件记录；

j. 会计核算及财务管理资料；

k. 其他有关项目管理的文件。

③ 竣工决算的编制要求。为了严格执行建设项目竣工验收制度，正确核定新增固定资产价值，考核分析投资效果，建立健全经济责任制，所有新建、扩建和改建的建设项目竣工后，都应及时、完整、正确地编制好竣工决算。建设单位要做好以下工作：

a. 按照规定组织竣工验收，保证竣工决算的及时性。对建设工程全面考核，所有的建设项目（或单项工程）按照批准的设计文件所规定的内容建成后，具备了投产和使用条件的，都要及时组织验收。对于竣工验收中发现的问题，应及时查明原因，采取措施加以解决，以保证建设项目按时交付使用和及时编制竣工决算。

b. 积累、整理竣工项目资料，保证竣工决算的完整性。积累、整理竣工项目资料是编制竣工决算的基础工作，它关系到竣工决算的完整性和质量的好坏。因此，在建设过程中，建设单位必须随时收集项目建设的各种资料，并在竣工验收前，对各种资料进行系统整理，分类立卷，为编制竣工决算提供完整的数据资料，为投产后加强固定资产管理提供依据。在工程竣工时，建设单位应将各种基础资料与竣工决算一起移交给生产单位或使用单位。

c. 清理、核对各项账目，保证竣工决算的正确性。工程竣工后，建设单位要认真核实各项交付使用资产的建设成本；做好各项账务、物资以及债权的清理结余工作，应偿还的及时偿还，该收回的应及时收回，对各种结余的材料、设备、施工机械工具等，要逐项清点核实，妥善保管，按照国家有关规定进行处理，不得任意侵占；对竣工后的结余资金，要按规定上交财政部门或上级主管部门。在完成上述工作，核实了各项数字的基础上，正确编制从年初起到竣工月份止的竣工年度财务决算，以便根据历年的财务决算和竣工年度财务决算进行整理汇总，编制建设项目竣工决算。

④ 竣工决算的编制流程。竣工决算的编制流程分为前期准备、实施、完成和资料归档四个阶段。前期准备工作阶段的主要工作内容如下：

a. 了解编制工程竣工决算建设项目的基本情况，收集和整理基本的编制资料。在编制竣工决算文件之前，应系统地整理所有的技术资料、工料结算的经济文件、施工图纸和各种变更与签证资料，并分析它们的准确性。完整、齐全的资料，是准确而迅速编制竣工决算的必要条件。

b. 确定项目负责人，配置相应的编制人员。

c. 制订切实可行、符合建设项目情况的编制计划。

d. 由项目负责人对成员进行培训。

实施阶段主要工作内容如下：

a. 收集完整的编制流程依据资料。在收集、整理和分析有关资料中，要特别注意建设工程从筹建到竣工投产或使用的全部费用的各项账务、债权和债务的清理，做到工程完毕账目清晰，既要核对账目，又要查点库存实物的数量，做到账与物相等，账与账相符，对结余的各种材料、工器具和设备，要逐项清点核实，妥善管理，并按规定及时处理，收回资金。对各种往来款项要及时进行全面清理，为编制竣工决算提供准确的数据和结果。

b. 协助建设单位做好各项清理工作。

c. 编制完成规范的工作底稿。

d. 对过程中发现的问题应与建设单位进行充分沟通，达成一致意见。

e. 与建设单位相关部门一起做好实际支出与批复概算的对比分析工作。重新核实各单位工程、单项工程造价，将竣工资料与原设计图纸进行查对、核实，必要时可实地测量，确认实际变更情况；根据经审定的承包人竣工结算等原始资料，按照有关规定对原概算、预算进行增减调整，重新核定工程造价。

完成阶段主要工作内容如下：

a. 完成工程竣工决算编制咨询报告、基本建设项目竣工决算报表及附表、竣工财务决算说明书、相关附件等，清理、装订好竣工图，做好工程造价对比分析。

b. 与建设单位沟通工程竣工决算的所有事项。

c. 经工程造价咨询企业内部复核后，出具正式工程竣工决算编制成果文件。

资料归档阶段主要工作内容如下：

a. 工程竣工决算编制过程中形成的工作底稿应进行分类整理，与工程竣工决算编制成果文件一并形成归档纸质资料。

b. 对工作底稿、编制数据、工程竣工决算报告进行电子化处理，形成电子档案。

3.4.2.3 项目竣工决算审查

（1）项目竣工决算审查依据。建设项目全部竣工后，全过程工程咨询单位要按照基本建设财务管理制度要求，及时编制项目竣工财务决算，并报财政部门委托的投资评审机构或财政部门认可的有资质的社会中介机构进行审核，财政部门再按有关规定向项目全过程工程咨询单位批复项目竣工财务决算。依据《财政部关于印发〈基本建设财务管理规定〉的通知》（财建〔2002〕394号）、《财政部关于解释〈基本建设财务管理规定〉执行中有关问题的通知》（财建〔2003〕724号）、《财政部关于进一步加强中央基本建设项目竣工财务决算工作的通知》（财办建〔2008〕91号）等文件规定了基本建设项目竣工财务决算编制依据，具体如下：

①《中华人民共和国招标投标法》；

②《财政部关于印发〈基本建设财务管理规定〉的通知》（财建〔2002〕394号）；

③《基本建设财务规则》（财政部令第81号）；

④《财政部关于进一步加强中央基本建设项目竣工财务决算工作的通知》(财办建〔2008〕91号);

⑤《建设工程价款结算暂行办法》(财建〔2004〕369号);

⑥《工程造价咨询企业管理办法》;

⑦《注册造价工程师管理办法》;

⑧ 基本建设项目竣工财务决算报表,包括竣工财务决算说明书;

⑨ 经批准的可行性研究报告、初步设计、概算及调整文件等相关文件;

⑩ 规划许可证书、施工许可证书或经批准的开工报告、竣工报告或停、复工报告;

⑪ 会计核算及财务管理资料;

⑫ 基本建设项目竣工验收资料;

⑬ 招投标文件、项目合同(协议),包括勘察、设计、施工、监理、设备采购合同等;

⑭ 工程结算报告书等有关资料;

⑮ 项目剩余物资盘点资料;

⑯ 其他有关资料等。

(2)项目竣工决算审查内容。全过程工程咨询单位应协助投资人接受审计部门的审计监督。其中重点协助审查的内容包括:

① 全过程工程咨询单位应当协助投资人接受审计机关对项目总预算或者概算的执行、年度预算的执行情况的审计监督;

② 全过程工程咨询单位应当协助投资人接受审计机关对项目建设流程、资金来源和其他前期工作的审计,也应当接受审计机关对于建设流程、建设资金筹集、征地拆迁等前期工作真实性和合法性的检查;

③ 全过程工程咨询单位应当协助投资人接受审计机关对建设资金管理与使用情况进行的审计;

④ 全过程工程咨询单位应当协助投资人接受审计机关根据需要对项目的勘察、设计、施工、监理、采购、供货等方面招标投标和工程承发包情况的审计;

⑤ 全过程工程咨询单位应当协助投资人接受审计机关根据需要对于项目有关合同订立、效力、履行、变更、转让、终止的真实性和合法性的审计;

⑥ 全过程工程咨询单位应当协助投资人接受审计机关对于项目设备、材料的采购保管、使用的真实性、合法性和有效性审计;

⑦ 全过程工程咨询单位应当协助投资人接受审计机关对于项目概算执行情况及概算审批、执行、调整的真实性和合法性的审计;

⑧ 全过程工程咨询单位应当协助投资人接受审计机关对于项目债权债务的真实性和合法性审计;

⑨ 全过程工程咨询单位应当协助投资人接受审计机关对于项目税费缴纳的真实性和合法性的审计;

⑩ 全过程工程咨询单位应当协助投资人接受审计机关对于建设成本的真实性和合法性审计;

⑪ 全过程工程咨询单位应当协助投资人接受审计机关对于项目基本建设收入、结余资金的审计,应当接受形成和分配的真实性和合法性的检查;

⑫ 全过程工程咨询单位应当协助投资人接受审计机关对于工程结算和工程决算的审计，及检查工程价款结算与实际完成投资的真实性、合法性及工程造价控制的有效性；

⑬ 全过程工程咨询单位应当协助投资人接受审计机关对于项目的交付使用资产的审计；

⑭ 全过程工程咨询单位应当协助投资人接受审计机关对于项目尾工工程的审计，及检查未完工程投资的真实性和合法性；

⑮ 全过程工程咨询单位应当协助投资人接受审计机关对于投资人会计报表的审计，及检查年度会计报表、竣工决算报表的真实性和合法性；

⑯ 全过程工程咨询单位应当协助投资人接受审计机关对于项目的勘察、设计、施工、监理、采购、供货等单位的审计，及检查项目勘察、设计、施工、监理、采购、供货等单位与国家建设项目直接有关的收费和其他财务收支事项的真实性和合法性；

⑰ 全过程工程咨询单位应当协助投资人接受审计机关对于项目工程质量管理的审计，及检查勘察、设计、建设、施工和监理等单位资质的真实性和合法性，以及对工程质量管理的有效性。

（3）建设项目竣工决算审核的具体步骤包括：

① 全过程工程咨询单位配合审计部门对自身情况和项目的相关情况做深入了解以及对其进行风险评估；

② 全过程工程咨询单位根据项目情况选派相应专业人员配合审计部门的审查与监督；

③ 全过程工程咨询单位配合审计部门收集项目立项报告、可行性研究报告、初步设计投资计划、概算、工程决算报表、工程结算报告或建设内容调整等有关批复文件及资料；

④ 全过程工程咨询单位配合审计部门编制竣工决算审查实施方案；

⑤ 全过程工程咨询单位配合审计部门出具工程决算审核报告；

⑥ 审计部门对工程决算审核报告（初稿）通过三级复核并完成相关流程后出具正式报告。

（4）竣工决算审核的方法。竣工决算审核一般应采用全面审核法，也可采用延伸审查等方法。具体审核方法主要包括：

① 现场勘察。到建设项目现场实地查看，获取对项目的初步感性认识，核实相关工程量及以竣工图核对实物存在状态。可以选择在项目现场施工阶段初期、中期或完成阶段前进行。

② 审阅项目资料。对全过程工程咨询单位提供的批复文件、科目余额表、可行性研究报告、初步设计、招投标资料、合同、记账凭证、竣工结算书、工程决算报表等所有资料进行认真审阅。

③ 重新计算。对于项目建设期间的贷款利息和待摊费用的分配、招待费占投资人管理费的比例、结算中的主要工程量等重大事项必须进行重新计算。

④ 函证。对于银行存款余额和资金往来余额必须进行函证。函证是指注册会计师为了获取影响财务报表或相关披露认定的项目的信息，通过直接来自第三方对有关信息和现存状况的声明，获取和评价审核证据的过程。函证是受到高度重视并经常被使用的一种重要流程。

⑤ 询问。对审核工程中的疑问，全过程工程咨询单位总咨询师进行询问，必要时要求相关人员写出说明并签字。

⑥ 沟通。对审核中发现的问题，全过程工程咨询单位要充分进行沟通，对审核中发现的重大问题充分与审核单位相关领导进行沟通。

（5）项目竣工决算审查要点：

① 全过程工程咨询单位应在过程管理中，高度重视政府审计的问题，关注过程资料的完整性、合理性，及时将资料归档保存，以便顺利通过审计。

② 配合投资人建立相应的制度，规范各方行为，建立工程变更及签证制度。

③ 审计前，全过程工程咨询单位应逐一检查各合同的完成情况，在实际执行中与合同约定有不相符的，如合同范围的改变、合同工期的延误、调价原则的说明等必须加以书面说明。

3.5 项目运营维护阶段的投资管控

3.5.1 运营维护阶段投资管控工作流程

运营维护阶段投资管控工作流程见图 3-21。

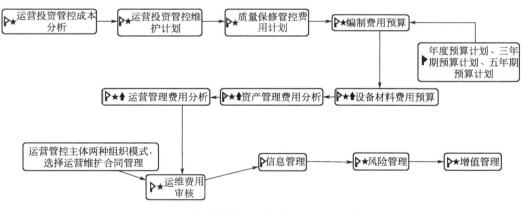

图 3-21 投资管控在运营维护阶段的工作流程

3.5.2 运营维护阶段的投资管控工作内容

编制运营维护费用预算是投资管控中的主要内容。

（1）编制运营维护费用的内容。根据项目的运维特点，搜集和整理运营维护阶段的全部收入及支出资料，按财务管理年报计划进行相关科目列支；运营维护成本计划表主要体现为财务年度成本计划表、三年期财务年度成本计划表、五年期财务年度成本计划表；工程类项目按工程项目预算口径进行编制后列入固定资产，运营维护中所需耗材、设备和工器具类按财务管理制度的相关要求列入，财务费用、无形资产等与收入或者支出有关的项目均按照财务管理制度及相关法规所约定的科目列入。

（2）编制运营维护费用预算的方法。编制成本计划，因项目的规模大小、管理要求不同而不同。大中型项目一般采用分级编制的方式，即先由各部门提出部门成本计划，再由项目经理部汇总编制全项目工程的成本计划。小型项目一般采用集中编制方式，即由项目经理部先编制各部门成本计划，再汇总编制全项目运营维护的成本计划。

（3）编制运营维护费用预算的依据。国家有关编制运营维护成本计划的法律、法规和上级部门、企业管理制度；运维部与企业签订的预算费用承包合同及企业下达的运维费用成本降低额、降低率和其他有关技术经济指标，有关运维成本预测、决策资料；运维项目使用的机械设备生产能力及其利用情况、工器具情况、项目运维资产情况；运维项目的材料消耗、物资供应、劳动工资及劳动效率等计划资料；运维计划期内的物料消耗定额、劳动工时定额、费用定额等资料；同类项目运维成本计划的实际执行情况及有关技术经济指标完成情况的对标分析资料；同行业同类项目的成本、定额、技术经济指标资料及增产节约的经验和有效措施；历史先进水平和当时的先进技术手段、措施；国内外同类项目的先进技术手段、措施的实施所带来的成本优化预期降低成本水平情况等资料。

（4）编制运营维护费用预算的作用。通过编制运营维护成本计划，可以把运维目标成本层层分解，落实到运维过程的每个环节，可以有效控制运维投资成本；运营维护的成本计划编制工作，是一项非常重要的工作，不应仅仅把它看作是几张计划表的编制过程，更重要的是项目运营维护成本管理的决策过程，技术上可行、经济上合理、能给项目的全生命周期带来最优的经济效益、财务综合评价指标最优。

3.5.3 运营维护阶段投资管控工作的重点和难点

（1）运营维护管理主体是全过程工程咨询单位，其可以制定出详细的运营维护成本规划并予以执行。若执行过程中，发生较大偏差，则由其考虑采取什么样的措施进行相关的控制，以保障科学的运行，维护成本规划的落实，形成的数据资料进入数据库。

（2）运营维护阶段投资管控的重点和难点主要在于设施投资评估和运维预算管理，全过程工程咨询单位必须配备相应的财务管理人才，以达到全过程财务管理的目标，降低设施全生命周期成本，实现资产价值的最大化。

（3）资产管理涉及内容繁多，管理的方法、评价指标差异很大，资产管理的内容包括：运维状态下的固定资产管理、无形资产管理、存货、工程物质、在建工程和应收账款管理，货币资金、金融资产以及长期股权投资、应收账款以外的其他应收款、预付款项等。各项资产管理内容如何进行细化，并且形成标准的控制方法，这是运营维护阶段投资管控的难点所在。

（4）设施管理人员在全过程工程咨询单位的组织下参与项目前期设施的投资评估和采购管理，以便为业主在投资决策时提供设施的投资收益及潜在风险等信息。在设施管理阶段，设施管理人员需要掌握设施预算信息，包括设施管理职员成本、设施历史维护费用、建设设施构件的损耗折旧、改造费用和经营成本信息等，财务管理还应该关注固定资产收购和租赁。

（5）项目运维成本分析：通过项目前期各阶段及其运营管理主体前期介入方式等综合形成的项目交付成果，已经发生了项目LCC中的全部建设成本，并且已形成了影响后期运营维护成本发生的项目设施实体。但项目的运营维护成本的实际发生毕竟是在运营维护阶段，因此，运营维护管理主体对项目进行基于 LCC 的日常运营维护管理将进一步实现 LCC 的总目标，为此，本阶段的另一方面重要工作是基于设施质量功能目标与性能监测的全生命周期运营维护成本规划与控制。

（6）要形成运营成本规划必须依据三个方面的因素来执行：① 设施的质量与功能目标标准及运营过程中的动态性能监测参数的对比结果；② 类似项目运营维护阶段的可供参考的相关信息；③ 基于 LCC 的项目成本分析。

3.5.4　运营维护阶段投资管控工作的质量标准

运营维护阶段投资管控工作的质量标准的评价指标主要为定性指标，通过对运营维护阶段所面对对象的投资管控资产的增值和运营进行分析，为委托人提供管理依据。需充分了解各方需求，为资产管理制定清晰的目标，并为委托人提供合理化建议。

（1）运营维护阶段投资管控工作的质量标准在于制定的目标、所提的建议是否合理、绩效评价指标是否恰当。

（2）合同完善，无法律死角，也是投资管控工作在运营维护阶段的质量衡量标准之一。如：

① 处理合同争议时，当运营维护单位不履行合同义务或履行合同义务不符合合同约定时，不论其是否有过错责任，均应要求其承担继续履行、采取补救措施或者赔偿损失等责任；因不可抗力不能履行合同时，对不可抗力影响的部分（或者全部）责任免除，法律另有规定的除外。

② 发生违约时，如：运营维护单位延迟履行后发生不可抗力的，是否可以免除其责任；运营维护单位因第三方的原因造成违约的，全过程工程咨询单位应要求其承担违约责任；建设单位违约后，运营维护单位应当采取适当措施防止损失的扩大，否则其扩大的损失不予赔偿。

③ 索赔处理时，任何一方提出索赔必须有正当的索赔理由和充足的证据，全过程工程咨询单位应按照法律规定及合同约定处理索赔，认真、如实、合理、正确地计算索赔费用。

④ 发生争议，应建议双方协商解决，并居中调解；协商不成的，建议双方通过法律途径解决。

⑤ 全过程工程咨询单位处理索赔、争议方式的正确性也是衡量投资管控工作在运营维护阶段的质量标准之一。收到索赔报告后按合同约定时间完成审查并报建设单位，如果对索赔报告存在异议，应要求运营维护单位提交全部原始记录副本。建设单位处理后，咨询人向运营维护单位出具经建设单位签认的索赔处理结果。运维单位接受索赔处理结果的，索赔款项按合同约定支付；运维单位不接受索赔处理结果的，按照合同争议约定处理。

⑥ 全过程工程咨询单位在运营维护阶段，按业主合约约定完成了工作，交接、善后工作的完整性、系统性、周到性也是衡量投资管控工作在运营维护阶段的质量标准之一。咨询工程师在协助建设单位办理合同的权利义务终止后，应提醒建设单位并敦促运营维护单位。双方还负有后合同义务，应当遵循诚实信用原则履行通知、协助、保密等义务。

3.5.5　运营维护阶段投资管控进度标准

投资管控在运营维护阶段进度标准根据项目的性质、大小、特点、运营时间来进行规划和费用策划，有年度计划、三年期计划、五年期计划甚至十年期计划，根据每类计划，确定时间节点。

以商业综合体年度计划为例，投资管控涉及以下内容（表 3-17）。

表 3-17 商业综合体年度计划

管理领域	流程名称	关注点
一、重点计划管理	年度方案计划	招商策划 / 调整方案计划
1.1 全年推广方案计划		
1.2 安全防范方案计划		
1.3 全年人力筹划		
二、年度预算管理	租金 / 多级定价管理	
维保管理		
三、年度指标管理	平均租金指标管理	
3.1 多种经营收入指标管理		
3.2 开业率指标管理		
3.3 营业额指标管理		
3.4 应收账款回收率指标管理		
3.5 会员活跃度指标管理		
四、关键质量管理（执行管理）	招商管理	关键节点招商进度管理
4.1 关键铺位招商进度管理		
4.2 运营管理	开业进度管理	
4.3 重点商户经营管理		
4.4 商户满意度管理		
4.5 消费者满意度管理		
五、推广管理	重大活动费效比管理	
5.1 舆情监控与应对		
5.2 危机公关		
六、安全管理	商户安全重大事件管理	
项目安全重大事件管理		
七、后评估管理	未达成指标管理	招商指标未达成项评估管理
7.1 运营指标未达成项评估管理		
7.2 财务指标未达成项评估管理		
八、优化管理	租赁优化方案评估管理	
8.1 运营优化方案评估管理		
8.2 推广优化方案评估管理		

以上八项内容均是根据商业综合体投资管控的特点、要点进行的要素归总，对于运营项

目的收入、支出、折旧、摊销等相关要素进行细化与分解,把费用落到实处。

3.5.6 运营维护阶段投资管控工作的输入和输出

运营维护阶段投资管控工作的输入和输出均取决于运营维护管理目标。

运营维护阶段投资管控工作的输入主要是指为实现投资管控目标所必需的物质流、资源流、数据流,管控目标的输出以报表或者报告之类的表现形式体现,如运营维护财务综合评价。

运营维护阶段投资管控工作的输入主要由收入和支出组成,必须考虑所有信息,包括但不限于运维期间的预算拨付收入、租金(多级定价管理)、人力筹划、能耗、运营、推广、租赁、优化管理、安保、存货、折旧等所涉及的维护收入与支出,详实到运维项目最细微节点和具体管理事务的详细费用上。

运维阶段投资管控是一个按时间轴(根据项目管理精度,可按周、月、年、N 年)不断纠偏的过程,其每一阶段的投资管控输出的结果都是后一个阶段的输入条件,这样不断循环,迭代更新。

而投资管理在运营维护阶段工作的输入是多层次、多维度的,输出体现为相同层次、相同维度的内容和标准的迭代更新。如公司各部门员工的职责划分及工作指引、能耗分析及能源改造、控制的能耗指标作为投资管控的一部分,其在运营维护阶段作为资源或者工作的输入,通过本投资管控阶段资源输入、目标调整和结果分析,形成该项目此阶段投资管理的更高层次的、更优化的职责划分及工作指引,更高层次的、更优化的能耗分析及能源改造方案,更高标准的用于控制的能耗指标。

3.5.6.1 相关依据和制度

运营维护阶段投资管控的依据可以分为法律法规和项目各阶段资料两类,具体总结如下:

(1)国家及该地区对政府投资建设运营维护项目管理的相关法律、法规及规定;

(2)地区总体规划、各项事业行业发展规划和专项建设规划;

(3)国家有关运营维护资产部门或者企业管理制度,运维部与企业签订的预算费用承包合同及企业下达的运维资产管理制度等有关资料。

3.5.6.2 运营维护阶段投资管控需要的资料

(1)资料来源。运营维护阶段投资管控所需要的资料通过信息化平台获得,信息化平台可以规避信息孤岛,不依赖于某个人、某个组织而独立存在。运维方案的分析和策划可以提前介入,便于在项目建设的每个阶段提取所需要的资料,用于决策所需。

(2)运营维护阶段投资管控所需要的资料,包含项目建设各阶段的资料文件,具体如下:

决策阶段的资料:项目建议书、项目建议书咨询评估意见、国家或有关部门批准项目建议书的文件、项目可行性研究报告、对项目可行性研究评估咨询资料、国家或有关部门对可行性研究报告的批准文件、经国家或有关部门批准的土地征用文件及开工报告、初步设计及扩大初步设计、设计委托方式与费用、投资概算及资金来源等资料、建设项目运维机构的组织与人员构成。

招标采购及施工建造阶段的资料：设备、材料采购的相关资料，设备采购招标、投标文件及议标、评标、定标的资料，设备、材料采购合同，合同中明确的对设备、材料的质量、价格、储运和供应进度的要求，设备、材料出厂合格证明及资料，建设施工阶段资料，有关项目建设工期、建设成本、工程质量的控制资料，建设运营投产阶段资料，项目运营后生产企业经营管理状况。

运营维护阶段的资料：投产后产生的经济效益资料，包括产品的产量、质量、价格及可预计的经济效益，同时也包括与项目生产运行状况有关的资料。

与项目特质有关的信息资料：业态形式、运维内容、运维范围、确认各项收入、进行各项收入整理、租金的收缴、广告费用的收入、仓库租赁费用收入、物业服务费和有偿服务收入，以及在日常运维过程中，经营、生产、运行、维护、维修过程中获得的各种收入、内部客户业务收入、外部客户业务收入。

其他相关有必要的资料。

3.5.6.3 投资管控在运营维护阶段的成果清单

（1）各种制度和计划，如：年度指标管理制度、年度方案计划、招商策划、调整方案计划、年度预算管理制度、租金/多级定价管理制度、维保管理制度、关键质量管理（执行管理）制度、招商管理制度、关键节点招商进度管理制度、推广管理制度、重大活动费效比管理制度、安全管理制度、商户安全重大事件管理制度、项目安全重大事件管理制度、后评估管理制度、未达成指标管理制度、招商指标未达成项评估管理制度、运营指标未达成项评估管理制度、财务指标未达成项评估管理制度、优化管理制度、租赁优化方案评估管理制度。

（2）各种报表及预算，如：运维期长期财务预算、中期财务预算、年度财务预算及相关预算明细表。

（3）财务综合评价指标、运维管理评估体系。

（4）运维管理评估体系示例（表3-18）。

表3-18 运维管理评估体系示例

步骤		工作内容	工作成果
阶段一：项目启动与准备			
1.1	项目计划	明确项目的实际需求和对本次项目的期望，确定工作方法和工作时间表等；确定双方项目人员安排，建立项目沟通机制	项目计划（含工作时间安排、双方工作内容描述等）
1.2	项目启动	召开项目启动会（如需），介绍项目工作方法与开展需求	启动会材料（含项目工作方法、思路、时间等介绍）
阶段二：项目实施			
2.1	风险识别	开展管理层访谈及信息调研，了解全过程咨询运维项目的业务运营现状；梳理关键管理领域中所面临的主要风险，形成风险清单	风险清单（针对3个关键管理领域的主要管控风险点进行梳理）
2.2	关键控制梳理	以风险为导向，从资产管理者的角度出发，对各管理领域的主要流程进行梳理，通过访谈、资料调阅、行业对标等方式确定关键控制、管控目标及具体管控方式等	关键控制清单（针对3个关键管理领域的9个流程的控制点进行梳理）

续表

步骤	工作内容	工作成果
2.3 建立资产运营管理评估体系	根据经管理层确认的管控思路，结合全过程咨询运维项目经营管理数据、行业对标等，确定关键控制的具体管控标准，包括关注维度、定性或定量的管理标准、评价方式、合理指标区间等，并编制形成资产运营管理评估体系文档（初稿）；管理层对资产运营管理评估体系的实用性与有效性进行确认；定稿运营管理标准化体系文档	运营管理标准化体系文档

（5）年度维护费用编制示例（表3-19）。

表3-19 年度维护费用编制示例

年度维护费用预算			
科目	××项目	××项目	××项目
一、年度运维费用收入			
（一）运维费用预算			
（二）租金收入			
（三）广告收入			
（四）服务收入			
（五）……			
（六）其他（含税、费）			
收入总额			
二、年度运维费用支出			
（七）人力类（安保、清洁、管理类）			
（八）物料类			
（九）能耗			
（十）维保工程类（绿化等）			
（十一）……			
（十二）其他（含税、费）			
支出总额			
三、余额			

（6）年度运维费用预算编制表示例（表3-20）。

表3-20 年度运维费用预算编制表示例

组织机构	业务范围	年度预算方案（年度预算准备）					
		各运维范围预算编制策略	预测	固定资产投资需求	固定资产投资能力测算	利润、EVA、资产负债率、固定资产投资预控目标	预算编制大纲
公司董事会（党组会）	—						
全面预算管理委员会	—						

续表

组织机构		业务范围	年度预算方案（年度预算准备）					
			各运维范围预算编制策略	预测	固定资产投资需求	固定资产投资能力测算	利润、EVA、资产负债率、固定资产投资预控目标	预算编制大纲
归口管理部门	财务部	预算编制大纲、年度经营预控目标						
专业管理部门	市场营销部	预测费用						
	计划发展部	管制业务固定资产投资						
	产业投资部	综合能源等固定资产投资						
	业务部	国际业务固定资产投资						
	其他业务部门	专业管理项目						

第4章

投资管控的绩效评价

4.1 全过程工程咨询投资管控绩效评价概述

4.1.1 绩效评价在我国的发展和作用

随着我国政府投资基本建设项目规模数量逐年增加，新的《中华人民共和国预算法》于2015年1月1日正式施行，体现了对财政预算支出绩效管理的强制性要求。各层面的绩效评价工作也备受关注。真实合理的绩效评价工作对政府投资资金的有效利用提供了强有力的反哺和指导作用。

2018年9月25日，中共中央、国务院印发了《中共中央 国务院关于全面实施预算绩效管理的意见》（以下简称"意见"）。意见围绕"全面"和"绩效"两个关键点，对全面实施预算绩效管理作出部署。意见明确，我国力争用3至5年时间基本建成全方位、全过程、全覆盖的预算绩效管理体系。

构建全方位预算绩效管理格局，就是要实施政府预算、部门和单位预算、政策和项目预算绩效管理。将各级政府收支预算全面纳入绩效管理，推动提高收入质量和财政资源配置效率，增强财政可持续性。将部门和单位预算收支全面纳入绩效管理，增强其预算统筹能力，推动提高部门和单位整体绩效水平。将政策和项目预算全面纳入绩效管理，实行全周期跟踪问效，建立动态评价调整机制，推动提高政策和项目实施效果。

建立全过程预算绩效管理链条就是要将绩效理念和方法深度融入预算编制、执行、监督全过程，构建事前、事中、事后绩效管理闭环系统，包括建立绩效评估机制、强化绩效目标管理、做好绩效运行监控、开展绩效评价和加强结果应用等内容。

完善全覆盖预算绩效管理体系，就是要各级政府将一般公共预算、政府性基金预算、国有资本经营预算、社会保险基金预算全部纳入绩效管理。积极开展涉及财政资金的政府投资基金、主权财富基金、政府和社会资本合作（PPP）、政府采购、政府购买服务、政府债务项目绩效管理。

4.1.2 绩效评价的含义

在做绩效评价前，应明确相关概念。绩效是什么？绩效是组织或个人为了达到某种目标而采取的各种行为的结果。评价是什么？评价是明确价值的过程，评价包括主体、客体、目标、流程、标准及方法共六个基本要素。而绩效评价是组织依照预先确定的标准和一定的评价流程，运用科学的评价方法、按照评价的内容和标准对评价对象的工作能力、工作业绩进行定期和不定期的考核及评价。

4.1.3 绩效评价与后评价的区别

绩效评价与项目后评价都是评价主体对评价对象进行考核和评价的活动，但其在概念、评价时间、评价性质、评价目的、评价过程、评价作用、评价结果和评价细则方面均存在差异，如表4-1所示。

表4-1 绩效评价与项目后评价的区别

评价目标	项目绩效评价	项目后评价
评价时间	从项目的前期计划开始进行，贯穿项目实施的全过程	项目已经完成并运行一段时间后
评价性质	循环性	回顾性
评价依据	以结果为导向面向过程	将结果作为评价依据
评价目的	形成过程评价习惯	形成总结习惯
评价过程	进行循环评价改善	一次性评价
评价作用	反馈	总结
评价结果	提出改善方向	显示结果
评价细则	通过适用的量化指标及评价标准、规范的考核方法，对项目的前期计划、实施过程及其完成结果进行的综合性考核与评价，对项目管理、经济、技术、社会、生态和可持续发展绩效等内容进行客观的衡量比较和综合评判，以更好地实现项目目标，提高资金的使用效益	全面总结投资项目的决策、实施和运营情况、分析项目的技术、经济、社会和环境效益的影响，为投资决策和项目管理提供经验教训，改进并完善建设项目，提高其可持续性

项目绩效评价是权衡项目的利害得失和成功与否的一种方式，以项目实施者对项目的要求和关心的目标为出发点，相比项目后评价而言，其出发点更明确，对影响项目成功与否的各方面因素考虑得更加细致全面。项目绩效评价是通过绩效评价的过程，强化管理层与执行层的沟通，根据绩效评价结果进行绩效诊断，找出项目管理和实施中的经验及不足，及时进行改进。政府投资基本建设项目的绩效评价是一种以结果为导向面向过程的管理模式，它是按照绩效预算的基本原理，对财政项目支出实施的一项全过程的综合管理模式，目的是更好地提供公共产品和服务，提高财政资金的使用效益。

4.1.4 全过程工程咨询投资管控绩效评价的政策和标准

有关全过程工程咨询投资管控绩效评价，目前还没有见到政策层面出台的单独针对全过程咨询投资管控绩效的评价办法和政策。本书尝试参考现阶段已出台的一些政府投资项目和 PPP 项目绩效评价的政策和方法、实际操作案例，并结合全过程工程咨询投资管控的目标，各阶段的投资管控的重点、难点，构建出开展全过程工程咨询投资管控绩效评价的思路、方法、原则、依据、流程、评价模型、组织实施、所要输出的成果文件清单和质量标准以及绩效评价结果的应用。

4.1.5 全过程工程咨询投资管控绩效评价的主体

4.1.5.1 第三方评价

全过程工程咨询投资管控绩效第三方评价是指第三方评估机构接受业主委托，根据设定的投资管控绩效目标，运用科学合理的绩效评价指标、评价标准和评价方法对绩效目标完成效果和实际达标情况进行真实客观的评价。这里的绩效评价强调的是由独立的第三方参与的后评价，第三方评价最大的好处是能保证评价结果的客观性，作为独立第三方通常是学术团体、专业咨询公司、高校、社会中介组织和社会公众等，他们可能是营利性的，也可能是非营利性的。第三方评价一般具有较强的专业实力、丰富的评估实践经验，能较好地把握评估结论的质量。广东省《全过程工程咨询服务指引（咨询企业版）》规定，对于将工程造价列入全过程工程咨询服务的，投资人宜另选造价咨询单位开展全过程投资跟踪审计工作，体现了第三方评价的机制。

4.1.5.2 自我评价

全过程工程咨询投资管控绩效自我评价，是指在全过程工程咨询项目实施过程中，由全过程工程咨询单位根据设定的投资管控绩效目标，运用科学合理的绩效评价指标、评价标准和评价方法对绩效目标完成效果和实际达标情况进行自我真实客观的评价。

4.1.6 全过程工程咨询投资管控绩效评价的客体

投资管控绩效评价的评价客体是绩效评价的对象。投资管控绩效评价的客体为决策阶段、设计阶段、招标采购阶段、建造阶段、竣工验收阶段、运营维护阶段六大阶段的投资管控的工作内容，包括在各个阶段的投资管控工作行为、投资管控成果文件以及影响投资成果的关键因素、各阶段投资管控目标完成效果和实际达标情况。

4.2 投资管控绩效评价的基本内容

① 投资管控绩效目标的设定情况。
② 资金投入和使用情况。
③ 为实现投资管控绩效目标制定的制度、采取的措施等。
④ 投资管控绩效目标的实现程度及效果。
⑤ 投资管控绩效评价的其他内容。

4.3 贯穿全过程的投资管控绩效管理

为了实现全过程的投资管控绩效管理，在决策阶段、建设实施阶段、运营维护阶段都应开展绩效评价，项目运营若干年后应当进行项目后评价。

4.3.1 决策阶段的投资管控绩效评价

决策阶段的投资管控绩效评价是事前的绩效评价，由第三方评价机构从项目建设规模、建设标准、建设必要性、可行性和经济性、项目存在的风险等方面对项目进行评价，有助于提高决策水平，优化财政资金的配置，从源头上防控资源配置的低效和无效，对不具备立项条件的项目建议不予立项，防止条件不成熟的项目立项，造成资金的浪费；决策阶段的投资管控绩效评价要结合预算评审、项目审批等工作来开展，更加突出绩效导向。评估结果作为核准、审批、备案和申请预算的前置条件。财政部门要加强新增重大政策和项目预算审核，必要时可以组织第三方机构独立开展绩效评估，审核和评估结果作为预算安排的重要参考依据。

4.3.2 建设实施阶段的投资管控绩效评价

建设实施阶段的投资管控绩效评价是事中的绩效评价，单项工程项目的建设期绩效评价按单位项目进行，在每个单位工程竣工验收后，分别进行建设期绩效评价。投资管控绩效评价应在项目竣工验收后两个月内完成。单位工程在建设实施的各阶段，也可以根据需要展开绩效评价。

4.3.3 项目运维阶段的投资管控绩效评价

项目运维阶段的投资管控绩效评价是在项目运营一段时间后进行的绩效评价。以某污水处理厂在运营期的绩效评价为例：

在项目运营期（共 19 年）内，在每个运营年度结束的次月，考核小组对项目的运营维护绩效进行一次年度绩效考核，主要采取现场查看、调研、走访等方式，并根据绩效考核结果计算当年的绩效付费。

4.3.4 投资管控的后评价

根据项目的实际投资情况与计划投资的对比分析，反映项目投资控制的实际状况，形成书面报告。报告主要内容为：

（1）项目计划投资和实际投资比的差异情况；

（2）从各阶段投资差异和原因分析，主要为投资估算差异、设计概算差异、施工预算差异和施工结算差异等；

（3）项目资金使用计划的差异和原因分析；

（4）项目投资控制采取的方法与措施；

（5）项目投资控制的建议。

4.4 投资管控绩效评价的方式

投资管控绩效评价主要通过资料核查的方式，依据投资管控绩效评价指标体系的指标说明、所占权重等计算得分。评价前，第三方评价机构应提前一定的时间通知全过程工程咨询单位，给予一定的准备时间。通过投资管控绩效评价对全过程工程咨询单位的投资管控情况进行考核,评价全过程工程咨询单位投资管控目标是否实现、是否有效,依据全过程工程咨询合同,将这个评价结果作为支付全过程工程咨询单位投资管控费用的依据。

投资管控绩效评价要收集的资料清单见表 4-2。

表 4-2 投资管控绩效评价资料收集清单

阶段	序号		文件名称
决策阶段	1	立项报批文件	项目建议书
			可行性研究报告
	2	项目批复文件	立项报批的批复文件
			可行性研究报告批复文件
	3	评审意见	项目评审意见
			专家论证意见
			投资决策意见
	4	会议纪要	办公会会议纪要
			董事会决议
	5	调整文件及批复	项目规划内容调整报告及批复文件
			可行性研究报告调整及批复文件
	6	融资文件	融资方案
			金融机构出具的融资承诺文件
设计阶段	7	项目勘察资料	初步勘察报告及详细勘察报告
	8	项目初步设计资料	初步设计方案、图纸
			初步设计概算
			方案比选的过程资料
			限额设计的情况
			标准化设计的情况
			估算与概算的对比
	9	项目施工图设计资料	施工图纸
			施工图预算
			施工图预算与概算的对比
	10	评审意见	初步设计评审意见(含初步设计概算评审)
			施工图评审意见
			施工图预算评审意见
			办公会会议纪要
			董事会决议
			初步设计概算批复
			施工图预算批复
			初步设计概算调整文件及批复
			施工图预算调整文件及批复

续表

阶段	序号		文件名称
发承包阶段	11	会议纪要	办公会会议纪要
			董事会决议
	12	项目批复文件	初步设计概算批复
			施工图预算批复
	13	调整文件及批复	初步设计概算调整文件及批复
			施工图预算调整文件及批复
	14	招标采购资料	招标方案
			招标文件
			投标文件
			清标报告（含不平衡报价分析）
			商务谈判纪要
			工程量清单
			招标控制价
	15	评审意见	工程量清单审查意见
			招标控制价审核意见
	16	会议纪要	招标文件答疑纪要
实施阶段	17	项目开工资料	开工报告（核查工期用）
			施工组织方案
	18	项目合同资料	合同文件及相应的合同审核记录
			合同管理台账
	19	调整合同价相关资料	设计变更单（附变更预算及审批记录）
			签证单和审批记录
			索赔报批资料及处理过程的记录，审批的情况
			台账记录（变更单和签证单台账）
	20	资金使用计划	资金使用计划
			投资偏差分析表
			投资偏差纠正措施方案
	21	资金支付	预付款的申请报告、形象进度确认表、进度款的审核报告、进度款支付凭证
			进度款的申请、审核及支付凭证
	22	赢得值管理	工程投资分析月报
			"基建项目造价管理表单"和"基建项目赢得值管理表单"
	23	期中结算	期中结算书及相关结算资料
			期中结算审核报告及相关明细
			期中结算审核与概算，预算、合同价对比分析
			总结算报告
	24	材料及设备价格管理	设备材料询价意见书

续表

阶段	序号	文件名称	
竣工验收阶段	25	竣工验收资料	竣工验收报告、分项验收意见、整改措施
	26	竣工结算	竣工结算书及相关结算资料
			竣工结算审核报告及相关明细
			竣工结算审核与概算，预算、合同价对比分析
			结算工作往来函件、结算协调会会议纪要
			总结算报告
	27	保修期	质量保修内容清单
			缺陷检查和记录
			缺陷汇总分析，判别和归类，责任划分并落实
			修复验收、试运行、确认记录
			缺陷责任期终止协议
			尾款支付申请和审核、支付证书
			设备维修保养工作内容清单
运营阶段	28	运营阶段	运营管理方案
			运营成本规划
			全生命周期成本计算
			运营财务预算
			运营成本管理基准体系
			空间使用成本分析报告

4.5 投资管控绩效评价的基本原则

（1）客观、公正、真实的原则。项目绩效评价分析研究的是项目的实际运行情况，必须确保数据的真实可靠，评估结论客观公正，对策措施切实可行。

（2）科学规范的原则。项目绩效评价应当采用科学的评价方法，严格执行规定的流程，按照科学可行的要求，采用定量与定性分析相结合的方法，将定性指标转化为定量指标，以定量分析为主，尽量构建可量化的评价指标体系，在量化的基础上再进行统一化处理，使指标体系统一化。

（3）全面、及时的原则。项目绩效评价的内容要全面、完整，不仅要分析项目投资过程、经济效益、社会效益等，而且要分析项目经营管理水平和项目发展的后劲和潜力。项目竣工投产后，要按规定及时进行项目后评价工作。

（4）独立的原则。项目绩效评价应由独立的第三方完成，评价过程和结论不受项目决策者、管理者、执行者的干扰，这是评价的公正性和客观性的重要保障。

（5）绩效相关性原则。绩效评价应当与绩效目标有直接的联系，能够恰当反映目标的实现程度。针对具体支出及其产出绩效进行，评价结果应当清晰反映支出和产出绩效之间的紧密对应关系。

(6)经济性原则。绩效评价应当通俗易懂、简便易行,数据的获得应当考虑现实条件和可操作性,符合成本效益原则。

(7)可比性原则。绩效评价对同类评价对象要设定共性的绩效评价指标,以便于评价结果可以相互比较。

(8)重要性原则。绩效评价应当优先使用最具代表性、最能反映评价要求的核心指标。

4.6 投资管控绩效评价的主要依据

(1)与项目相关的法律法规和规章制度。

(2)与项目相关的各级政府制定的国民经济与社会发展规划和方针政策;各级政府或财政部门关于财政支出绩效评价的管理办法及规定。

(3)上级部门审查报告及财政监督检查报告。

(4)预算部门职能职责、中长期发展规划及年度工作目标和计划。

(5)相关行业政策、行业标准及专业技术规范、定额、清单计价规范。

(6)工程建设项目各阶段投资管控相关资料。

(7)申请预算时提出的资金申报书、立项评价报告、主管部门投资批复、项目绩效目标、财政部门预算批复、经财政部门批准的预算方案或调整方案、财政部门和预算部门年度预算执行情况及年度决算报告。

(8)预算管理制度、资金及财务管理办法、资金使用概况、专项审计报告等财务会计资料。

(9)项目管理制度、项目管理数据、项目(部门)年度或季度工作总结。

(10)项目竣工验收报告、竣工财务决算和有关财务资料(预算执行报告)。

(11)绩效自评报告、上年度绩效评价报告或相关总结。

(12)其他相关资料。

4.7 投资管控绩效评价的工作流程

绩效评价的三个阶段:前期准备阶段、实施阶段和绩效评价报告的编制和提交阶段。

4.7.1 绩效评价前期准备阶段

(1)接受绩效评价主体的委托,签订业务约定书。

(2)成立绩效评价工作组。

(3)明确绩效评价基本事项,包括:

① 项目的背景和基本情况;

② 绩效评价的对象和内容;

③ 项目的绩效目标、管理情况及相关要求;

④ 绩效评价的目的;

⑤ 委托方及绩效评价报告使用者;

⑥ 其他重要事项。

(4)制订绩效评价方案。

4.7.2 绩效评价实施阶段

（1）根据项目特点，按照绩效评价方案，通过案卷研究、数据填报、实地调研、座谈会及问卷调查等方法收集相关评价数据。

（2）对数据进行甄别、汇总和分析。

（3）结合所收集和分析的数据，按绩效评价相关规定及要求，运用科学合理的评价方法对项目绩效进行综合评价，对各项指标进行具体计算、分析并给出各指标的评价结果及项目的绩效评价结论。

4.7.3 绩效评价报告的编制和提交阶段

（1）根据各指标的评价结果及项目的整体评价结论，按绩效评价相关规定及要求编制绩效评价报告。

（2）与委托方就绩效评价报告进行充分沟通。

（3）履行评估机构内部审核流程。

（4）提交绩效评价报告。

（5）工作底稿归档。

4.7.4 项目绩效评价流程图

项目绩效评价流程如图 4-1。

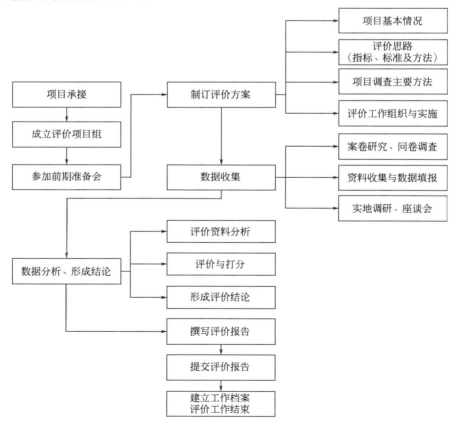

图 4-1 项目绩效评价流程图

4.8 投资管控绩效评价指标体系

绩效评价指标体系通常包括具体指标、指标权重、指标解释、数据来源、评价标准、评分方法等。

4.8.1 投资管控绩效评价指标标准

绩效评价指标标准是衡量项目绩效目标完成程度的尺度。绩效评价指标标准的选用需要坚持客观公正、规范有效的原则。根据不同的项目特点，可以选用不同的评价指标标准。绩效评价指标标准的选取应遵循以下标准。

（1）行业标准，是指参照国家公布的行业指标数据制定的评价标准。目前针对估算、概算、施工图预算、工程量清单、招标控制价等的编制，国家有质量标准。

（2）计划标准，是指以"全过程工程咨询合同"约定的投资管控目标、计划、预算、规范等数据作为评价的标准。

（3）历史标准，是指参照同类型项目的历史数据制定的评价标准。

目前，针对政府投资项目和PPP项目，国务院、财政部、国家发展改革委以及国家其他部委等有关部门相继制定发布了一系列政策文件，但是，对于全过程工程咨询投资管控，目前尚没有一个较明确和较为完整的绩效评价标准，本书尝试做出探索。

4.8.2 指标体系建立的思路

指标体系的建立应遵循指标独立性、代表性、可行性和动态性的原则，并使用定量指标和定性指标相结合的方法，以各阶段投资控制为基本目标，分析各阶段投资管控工作过程的有效性和投资控制目标的完成情况，并结合管理过程绩效评价和管理结果绩效评价的目标建立初始绩效评价指标。通过分析筛选初始评价指标，优化建设项目投资管控绩效评价指标，最终形成建设项目全过程投资管控绩效评价指标体系。

本书参考《预算绩效评价共性指标体系框架》（财预〔2013〕53号），将投资管控绩效评价指标体系的结构划分为三个层次：一级指标、二级指标、三级指标。一级指标主要指对投资管控的阶段划分，二级指标主要反映各个阶段体现投资管控绩效的基础性指标，三级指标主要是针对二级基础性指标的进一步解释，是最基础、最具体的指标。同时，赋予各类评价指标科学合理的权重分值，明确具体的评价标准，从而形成完善的绩效评价模型。

4.8.3 指标选取的原则

指标体系的建立是进行评价的前提和基础，也是重点和难点，设计的评价指标要能够反映出投资管控工作的效果。因此，选取指标时，需要遵循一些基本原则。

（1）科学性原则。投资管控绩效评价指标的选择应遵循科学性原则，保证选出的指标能够从科学的角度准确体现投资管理活动，刻画投资管理绩效。

（2）全面性原则。项目的开发流程虽然有很多阶段，但是，建设单位的投资管控是一个有机整体，是一个系统。选择评价指标要全面、完整，能够宏观反映出建设单位对整个项目投资管控的特征和状态。

（3）典型性原则。选取的投资管控绩效指标之间相互独立不重叠、不烦琐，具有典型代表性，能够很好地代表实际操作中的投资管控工作。

（4）定性指标与定量指标组合的原则。由于投资管控绩效评价体系涉及很多方面，有些是具体的投资管控的工作事项，有些是直接的投资管控成果，即投资费用。在设置指标时，可以考虑设置一些体现投资管控工作事项的定性指标，再设置一些投资管控成果化的投资费用的定量指标，将两类指标组合在一起，可以更加客观、准确地评价投资管控效果。

（5）可获得性原则。在选择投资管控绩效评价指标时，要考虑到收集选择的指标数据的难易程度，避免那些无法轻易收集到或者需要花费很多精力才能取得的指标，碰到此类指标，找指标替换或者直接舍弃。

（6）可操作、可量化原则。选取的评价指标要便于操作，否则没有意义。定性指标可以通过科学的方法考核相关的资料赋值，定量指标可以获得真实的数据，并且定性指标和定量指标可以统一口径进行数学计算和分析。

4.8.4　投资管控绩效评价指标

项目绩效评价指标体系是按照一定层次结构组成的有机整体，由多个互相联系、相互作用的评价指标组成。为反映每个阶段的过程投资管控绩效目标，分阶段建立投资管控绩效评价指标，即决策阶段绩效评价指标、设计阶段绩效评价指标、施工招投标阶段绩效评价指标、施工阶段绩效评价指标、竣工阶段的投资管控绩效评价指标和运维阶段投资管控绩效评价指标六大部分。

4.8.4.1　决策阶段投资管控绩效评价指标

工程建设项目的决策是投资行动的依据，决策成功与否直接关系着整个项目的投资效益。决策的正确性是工程投资合理性的前提，决策的内容是确定投资的基础，决策的深度影响估算的精确性和投资控制。根据关键绩效指标法，本书将决策阶段影响投资的关键因素划分为项目建议书和可行性研究报告两份重要的成果文件，以及有关的项目参与方。

（1）项目建议书。项目建议书是建设单位向主管部门提交的立项申请文件。项目建议书只是一个建设规划的意见，因此主要是在宏观上说明项目的必要性与可能性，是可行性研究的重要依据。

有以下几个指标：

① 建设的必要性。工程建设项目的建设关系到国计民生，建设的必要性是项目成败的根本和基础。项目建议书主要就是说明建设该项目是否符合城市发展规划，是否能够发挥投资效益。

② 建设的合理性。

a. 建设技术标准合理性。建设技术标准是编制、评估、审批项目可行性研究报告的重要依据，建设标准的高低直接影响到工程投资。建设技术标准需要依据相关技术标准和规范，考虑项目所处的环境、地理条件、沿线区域的特殊性和差异性，在满足工程项目安全性和功能条件的基础上，通过对工程方案和技术经济比较，科学合理地确定建设技术标准。

b. 建设规模合理性。建设规模的合理性是通过相关数据来表示。在决策建设规模时，需要根据近期和远期的社会经济、自然条件和建设资金等，并分析该建设规模在经济上是否合理，在技术上是否可行，为项目决策提供科学依据。

③ 融资方案。建设项目的融资方案是根据建设项目的资金需求、项目投资人等实际情况，分析资金渠道、融资方式、融资成本、融资风险并评估，对多个融资方案比选后确定的方案。

④ 资本金比例。项目资本金比例是项目资本金与项目总投资之比。项目资本金是建设项目投资者的出资总量，建设项目的资本金的大小应与建设规模、建设标准相适应。我国有关法规规定，建设项目资本金最低比例必须达到最低的要求。但对具体的建设项目，最低比例不一定是最佳比例。

⑤ 融资成本率。建设项目融资成本指标大多用融资成本率来表示。建设单位应根据建设项目的特点及自身的出资能力测算融资成本，注意资金来源结构，使资本与负债有机结合，取得最低资金成本的融资方案。

（2）可行性研究报告。工程建设项目如果工程量大、重要性强，可行性研究可能包括机会研究、初步可行性研究、详细可行性研究和评估阶段。各阶段的主要工作内容包含项目设想、项目初步选择、项目拟订和项目评估。可行性研究报告在许多大型项目中是项目建议书的一部分，但因其重要性本书将单独立为一项评价指标。可行性研究可分为初步可行性研究和详细可行性研究。相对于项目建议书，其对建设规划内容分析更加深入细致，主要包括项目概况、建设方案、现场选址、环境影响评价、经济和社会评价等。有以下几个指标：

① 保障措施的有效性。可行性研究报告需要列出项目具体的资金、技术、组织、人力等保障措施和方法。有效的保障措施会对工程投资产生重要的影响。

② 经济评价的合理性。投资者最终的目标是获得尽可能大的收益。经济评价主要包含项目的经济评价和国民经济评价，虽然两种评价的评价角度、效益费用含义划分和参数都不同，但能相互辅助。评价要有可靠的数据支撑、科学的评价方法、完整的评价内容和合规的评价流程。

③ 投资估算文件的编制合理性。投资估算在项目建议书和可行性研究中都要编制，因为可行性研究中编制比较详细，一般要求控制在10%左右，因此主要评价该投资估算。投资估算是概算编制的基础，是资金来源的依据文件，也是工程建设项目的决策依据。估算编制的合理性主要包括：估算编制的依据是否符合之前的文件、国家的规范和市场状况，编制的内容是否完整，格式是否符合规定要求，方法是否根据具体项目特征而合理选择。

④ 估算文件的审批合规性。将估算等相关文件准备齐全，按规定送去政府机关审批，审批过后，应该及时根据审批意见进行修改更正，如有需要继而进行复审。

⑤ 估算偏差率。投资估算偏差率是反映项目建议书的投资估算与可行性研究的估算的偏差。公式如下：

$$估算偏差率 = (编制估算 - 审核估算) / 审核估算 \times 100\%$$

⑥ 风险管理的有效性。任何项目都存在着风险，工程建设项目的风险相对更大。如何做好风险的管控是投资管理工作的重要方面。

4.8.4.2　设计阶段投资管控绩效评价指标

设计阶段建立在决策的基础上，主要包括方案设计、初步设计、详细设计和施工图设计四个过程。因为设计水平的高低对工程投资的影响程度最大，所以设计阶段是控制项目投资最关键的阶段。对设计阶段的忽视和把控不严是工程建设项目投资虚高和投资浪费的重要因素。为此应该对设计阶段的工作和投资文件进行严格把控，避免出现不合理的工程概算和预算。本书从设计阶段影响工程投资的概算文件和预算文件两份关键成果文件，以及设计质量和有关的项目参与方四个角度建立项目设计阶段的绩效评价指标。

（1）设计质量管理。工程设计质量不仅决定了工程最终能达到的质量水平，而且对工程实施程度和费用有决定性的作用。工程设计质量要满足功能性、可信性、安全性、经济性、可实施性，主要有以下几个指标：

① 设计方案比选及优化。设计方案比选是从技术、结构、功能、环境上选择经济合理的最优设计方案。优化设计贯穿整个建设项目全过程，通过设计招标和设计方案的竞选优化设计方案，在设计过程中采用价值工程优化设计方案。建设项目应根据国家现行的政策法令，结合工程地的自然条件、土地利用条件等，对设计方案选择符合技术标准，又经济合理的可持续发展的最佳设计方案。

② 限额设计。限额设计是按照批准的初步设计总概算控制施工图设计的思想，并把投资额分解到各单位工程和分部工程中进行设计，对技术设计和施工图设计中的不合理变更严格控制，把造价控制在总投资额内。限额设计可节约造价，实现对设计标准、设计规模、工程量、概算和预算指标的控制。

③ 标准化设计。标准化设计是工程建设标准化的组成部分，设计应根据颁发的技术标准设计规范，并结合建设项目自然条件和技术水平，合理利用资源、材料等，采用通用性强、技术先进、经济合理和确保质量的标准化设计。

（2）概算文件质量管理。概算作为初步设计阶段最重要的投资成果文件，是在投资估算的控制下，根据设计文件计算出的工程全部建设费用，要求不能超过投资估算。设计概算根据初设的图纸和说明、概算定额、各项费用定额或取费指标、材料和设备的预算价格等资料，编制出工程项目全过程的全部费用。主要有以下几个指标：

① 概算编制情况。设计概算的编制内容主要包括总概算、单项工程概算、单位工程概算和其他工程费用概算。编制的过程中保证不更改标准，在设计的基础上不漏项。同时概算编制的依据要充分合理，具有时效性和适用性，深度符合现行的编制规定，格式要符合相关规定，方法需科学恰当。

② 工程量计算正确性。应审核概算的工程量计算是否正确，及时发现有无多算、漏算和重复计算现象。

③ 计价指标和取费。计价指标应符合国家和各地区的行业规范，取费应根据各地区概算规定，人、材、机各项单价应符合当地的市场价格水平。工程量清单的列项要在要求的范围以内。建设周期较长的项目，人、材、机费和税费定额的规范都可能产生变化，进而影响总投资。

④ 概算文件的审批合规性。概算等相关文件准备齐全，要按规定时间送去政府机关审批。审批过后，应该及时根据审批意见进行修改更正，如有需要还要进行复审。

⑤ 概算编审的偏差率。概算编审的偏差率是编制的概算与审核的概算的偏差大小。

⑥ 估概算比率。估概算比率是指工程估算和概算的偏差比例。

总概算在投资估算的限额调整范围内，并对其具体情况分析，一般把概算控制在估算内，不允许出现概算超过估算的现象。

（3）预算文件质量管理。施工预算是依据施工设计图纸和概算计算的建设总费用，要求不能超过概算。施工图预算也称设计预算，是设计阶段最终的投资成果文件，是招投标阶段投标报价和编写固定资产投资计划的依据，也是控制施工图设计不超过设计概算的重要措施。主要有以下几个指标：

① 预算编制情况。设计预算的编制内容主要包括总预算、单项工程预算和单位工程预算。编制的过程中保证不更改标准，在设计的基础上不漏项。同时预算编制的依据要充分合理，格式要符合相关规定，方法需科学恰当。施工图预算的主要方法有单价法、实物法和综合单价法。

② 工程量计算正确性。工程量计算正确，无多算、漏算和重复计算现象。

③ 计价指标和取费。计价指标应符合国家和各地区的行业规范，取费应根据各地区概算规定，人、材、机各项单价应符合当地的市场价格水平。

④ 预算文件的审批合规性。将预算等相关文件准备齐全，按规定时间送去政府机关审批。审批过后，应该及时根据审批意见进行修改更正，如有需要还要进行复审。

⑤ 定额使用合理性。定额的换算和套用应该正确无误，要避免因定额使用的不合理对投资产生影响。

⑥ 概预算比率。概预算比率是指工程施工图预算和概算间偏差比例。

4.8.4.3 施工招投标阶段投资管控绩效评价指标

（1）招标文件。进行设备、材料和服务、施工招投标应按照《中华人民共和国招标投标法》《中华人民共和国招标投标法实施条例》的规定选择合理的招标方式，组织工程项目招投标，选择合理科学的计价方式编制招标控制价，并确定合同价。招投标阶段工作重点是编制招标控制价，在招标控制价控制的预算内，组建评标专家组审查投标报价，选择技术实力强、信誉好、注重施工技术的承包商，并选择有利的合同类型，从而达到节约成本的目的。主要指标如下：

① 招标文件编制情况。招标文件是承包商投标报价的主要依据。招标文件的主要内容包括工程综合说明、工程量清单和单价表、招标控制价、设计图纸和技术说明书、投标须知和技术规范。

根据《中华人民共和国招标投标法实施条例》，招标文件主要由招标公告、投标人须知、评标办法、合同条款和格式、工程量清单、图纸、技术标准和要求以及投标文件格式组成。招标文件要确保内容的准确和全面以及流程的合规性。

② 施工标段划分。工程项目一般规模较大，周期较长，适当进行标段划分有利于项目的顺利进行。划分时一般可综合考虑项目的规模、专业复杂程度、承包单位专长、资金等因素。对于规模不大的项目可以一次性实施，对于规模较大的群体项目，可以分标段由多家单位同时实施，可以大大缩短工期，避免一家单位施工的任务中，劳动力不足，管理压力大。对于大型的园区绿化工程，可以根据专业将绿化和主体分标段施工。对于精装修的工程，可以按照楼层和使用功能分标段施工，可以施展装修单位的特长。对于建设资金不足的大项目，可以按照单项工程分标段分期建设，减少资金压力。

③ 工程量清单编制情况。工程量清单是合同范围内需要完成工作内容及数量的列表。它对所有项目有一致的要求，比如名称、编号和单位等。工程量清单列出了需要完成的工程项目名称、部位、型号、工作内容、质量要求和数量，为所有投标人都提供了相同的项目特

征和工作内容,为投标人提供了公平竞争的基础。在清单编制过程中,形容特征和工作内容时,一定按照业主的意图予以真实详细形容,这样有利于造价更加精细、更加精确,同时也避免以后出现变更索赔。在确定工程量时,要特别注意严格依照施工图纸和执行计算规则,保证数值的编制质量。

④ 招标控制价编制情况。招标控制价是按照相关计价文件和规定以及与项目相关文件,在招标时公布的建设单位可以接受的项目最大报价。招标控制价的公布,可以避免投标人违标故意提升项目报价,同时将中标价限定在公布的限价内,可以有效管控项目造价。招标控制价编制时,要收集齐资料,包括一些计价规范、计价定额、施工图纸和施工方案等,熟悉完资料后开始编制。其编制主体应该是业主或者有资质的造价咨询公司,编制过程中,需要严格执行国家或者行业的相关标准,需要走入现场了解现场环境,注重对招标文件、图纸、施工方案等相关资料的阅读。招标控制价编制质量直接影响到项目报价,过高会增加业主的投资,过低则施工单位没有利润,施工单位会放弃投标,不放弃投标的施工单位中标后,会选择巧立名目变更加大投资达到增加利润的目的,或者偷工减料减少成本达到增加利润的目的,所以,对其进行审核对保证编制质量很有意义。只有经过审核的招标控制价才能保证其合理性、准确性、公正性,使承发包双方利益都能得到保护,调动双方的积极性。审核内容包括:招标控制价有没有超过设计概算、清单编制方法有没有同招标文件规定相符、预算编制内容有没有与图纸内容相同、工程量是否正确等。

⑤ 招标控制价偏差(分两个指标)如下:

a. 招标控制价与中标价偏差率。将招标项目的中标价与招标控制价比较,对差异进行分析和评价。一般情况下,若出现投标人的投标价超过招标控制价,则废标。

b. 招标控制价编审偏差率:编制的招标控制价与审核的招标控制价偏差的大小。

⑥ 工程量清单和招标控制价的审核合规性。将清单和招标控制价等相关文件准备齐全,按规定时间送去政府机关审批,审批过后,建设单位应该及时根据审批意见进行修改更正,如有需要还要进行复审备案。

(2) 工程合同。主要指标如下:

① 合同种类。目前工程领域主要存在总价合同、单价合同和成本加酬金合同。合同类型不同,承发包的责权和风险也相应不同。业主可以结合工程体量、工期、工程的投标激烈程度、工程施工难易度、图纸设计深度、施工工艺的水平等综合考虑选择合适的合同类型。既有利于项目竞争报价,也有利于合理分担合同履行中风险。

② 合同内容。合同管理是指依法签订、执行、变动、废止等与合同相关行为的统称。在订立合同时,要仔细推敲合同,使得合同条款详尽规范、内容准确、责权明确。尤其是关于材料调价、工程变更等涉及合同价款调整的内容更要特别注意,文字措辞一定要准确,避免歧义。合同订立时做得越好,越有利于后期的顺利履行,操作性更强,避免发生扯皮。

③ 合同价和预算价的偏差。该指标是指签订的合同总价和设计阶段的预算价的比值,公式如下:

$$合同价和预算价的偏差 = 合同价 / 预算 \times 100\%$$

(3) 招标行为过程管理。整个招投标过程应该保持公平、公正和公开的基本原则,确保整个流程的合规性和合法性。建设项目的开标、评标和定标是招标流程中重要的环节。主要指标如下:

① 采购方式的合理性。结合相关法律法规和工程实际情况，选择合适的采购方式。不同的招标方式对于工程投资的影响各有利弊，应根据工程项目的特点采用合适的招标方式。

② 评标方法的有效性。评标方法主要有最低评估法、打分法和合理低价法，应该根据利弊合理选择。对于预计投标单位过多的情况，应该进行资格预审，排除一部分不合格的施工方，降低评标的工作量和难度，减少不合理的低价投标。

③ 不平衡报价比率。不平衡报价方法是在确定工程项目的总报价基础上，调整内部各个子项目报价的方法，该方法对不合理支出的费用部分适当进行调整。

4.8.4.4 施工阶段投资管控绩效评价指标

施工阶段是把大量的资金转换成建筑实体，执行实施施工图纸的阶段。在施工阶段，存在项目施工组织设计各异、工程中的各种变更和各种索赔、项目计量方式的不同、不以人的意志控制的物价变化等很多的不可预见的因素，导致本阶段的造价管控的难度很大。本阶段极易造成浪费，可以从编制资金使用计划、严格按照合同约定进行工程计量和工程进度款的支付、严格控制工程变更、加强索赔管理以及设备材料的采购等方面加强投资管控。

（1）资金使用计划。资金使用计划的编制是把拟建项目的资金按照一定的原则进行合理安排。目前采用的方式主要有两种：第一种，按照项目构成进行合理分配编制，整体划分单项，再划分到单位，再往下划分到分部分项，再到建安费、设备费、其他费等，分解深度根据需要确定，这种分解方式结果比较合理可靠；第二种，按照施工时间进度进行编制，资金投入与工程施工进度密切挂钩，需要确定施工活动完成的时间以及该施工活动合理的资金投入，这种通常采用项目的进度网络图加工而成，这种方式的好处是可以依据时间确定项目的资金筹集运用，充分运作资金，避免闲置或者占用。

资金使用计划的编制对于本阶段投资管控具有很重要的意义。编制科学的资金使用计划，是对未来工程资金使用进行的提前预测，是投资管控的目标值，是资金筹集的依据，也是后期施工中投资控制的依据。在项目建设过程中，应按期将投入的资金与编制的资金使用计划值对比，寻找差异，查找来源，使用一定的方法进行改进。主要指标如下：

① 资金使用计划编制合理性。资金使用计划应该根据施工活动进行合理编制，减少资金占用和利息的支付。人力、物力和财力有计划的编制既可以控制项目工期，又可以节省投资支出。

② 投资偏差分析有效性。当资金的实际投入值和计划不一致时就出现了投资偏差。此时需要及时分析总结原因，使偏差的影响降低。在进行偏差分析时，需要进行局部和累计偏差分析，局部偏差分析是累计偏差分析的基础。

③ 投资控制措施有效性。偏差的原因一般来自四个方面，分别是建设单位、施工单位、咨询单位和客观环境的负面影响。在偏差分析之后，需要采用强有力的措施和方法来纠正，加强动态控制和主动控制，维持投资目标不偏移。

（2）工程投资台账。台账是每项工作资料的整理集合，在工程上应用频繁。项目各参与方在施工阶段都要建立台账，包括投资台账、计量支付台账、索赔台账、变更台账和价格调差台账以及其他费用台账。主要指标如下：

① 台账的完整性。当项目发生变更或索赔等状况时，项目各参与方都要有完整而有效的台账记录。

② 台账的准确性。对于支付和投资等台账，计算数据必须正确可靠。

（3）工程变更管理。工程变更是合同文件中设计图纸、技术规范或工程量清单的变更，是合同变更的一种特殊形式。无论是发包人对原设计进行变更，还是承包人的原因对原设计变更，工程变更都应严格按照流程进行，使用合同中已有的、能参照适用的条款确定变更合同价款。

① 变更的流程。变更的发生可由发包人或承包人发起，也有因合同协商发生的变更。无论是何种变更发生方式，都应该遵照规定的流程，及时完成报批手续。大型公共工程项目的重大变更需要递交有关部门审批。

② 变更的合理性。变更的前提是要有完备的依据和充分的证明材料，增加的单价或者子项符合规定，产生变更的金额计算有合理依据。

③ 变更金额报审偏差率。指实际变更金额与报批变更金额的偏差率。

④ 变更数额占比。该指标是指变更数额和合同价的比值。

⑤ 重大变更比。投资管控应该明确重大变更数额的界限。

（4）进度管控。进度、质量和成本是工程施工管理中最重要的三大关键控制点。三者联系紧密，相互影响。工程进度的控制好坏将直接影响工程投资管控。

① 进度计划的合理性。施工单位要用横道图和网络计划图，结合资金使用计划，建立合理的整个工程进度计划。

② 实际进度情况。整个工程的每个单项工程、重要的分部分项工程和施工过程的重要控制节点是否符合设计的进度计划，有多少工期延误状况出现。

（5）工程索赔管理。工程索赔管理是施工阶段投资控制的重要手段。施工过程中由于出现施工现场条件变化、气候条件变化、施工进度等因素的影响，不可避免出现索赔导致项目的工程投资发生变化。索赔是双方面的，不仅承包人可以向发包人索赔，发包人也可以向承包人索赔。

① 索赔手续完备性。索赔批复手续办理合理，按合同条款和有关规定执行。索赔依据是否成立，是否遵循索赔流程。

② 索赔费用合规性。索赔费用按合同条款和有关规定计算。价格调整有无合同文件依据，各项参数取值是否合理并符合合同文件规定，是否存在乱收乱支的行为。

③ 索赔报批资料真实及完整性。索赔事件证明材料的真实性，应符合相关合同条款和有关规定。

④ 合同索赔占比。该指标是指因合同原因导致的索赔占总索赔的比例，公式如下：

$$合同索赔占比 = 合同索赔额 / 总索赔额 \times 100\%$$

（6）签证管控。签证不同于变更，多是由合同外的施工现场发生的状况导致的工程费用的变化。签证是甲乙双方协商后的结果，可作为结算的依据。

① 签证的合规性。签证需完整的信息和法律规定的流程，不允许随意签证的发生，也不能出现漏签。

② 签证的及时性。签证必须根据合同图纸和现场状况衡量仔细后及时进行。

（7）支付管控。在施工过程中，建设单位通过工程的计量来支付给承包商工程进度款，进而控制建安工程造价。进度款是承包商的生命线，可以保证工程施工的有序进行。进度款的支付要根据已完工的工程量进行审核。

① 支付的有效性。对工程款的计量应该准确，支付应符合合同规定，超付、少付和迟付都会影响工程的施工。

② 预备费、甲供材料的使用。预备费和甲供材料应该严格按照合同规定使用和支付。

③ 材料价格的审查。在支付之前应严格审查施工单位使用的材料是否符合合同要求，避免施工单位为谋求利益而以次充好，少用滥用。

④ 合同价与批复概算比对。将合同价与批复概算比对，严防费用超支现象。

⑤ 迟付款利息。迟付款利息是针对建设单位不及时拨付工程进度款的惩罚措施。公式如下：

$$迟付款利息 = Q(1+r)^n$$

式中，Q 为迟付的人民币或外币额，r 为日利率，n 为迟付天数。该利息的大小也可反映项目造价的控制效果。

⑥ 工程支付款拖欠比。该指标是指建设单位拖欠的工程款占应支付工程款的比例，公式如下：

$$工程支付款拖欠比 = 拖欠工程款 / 应付工程款 \times 100\%$$

（8）概算批复执行。在项目施工阶段，国家或主管部门通过法律和法规进行投资管理，如交通运输部颁发的《公路工程施工招标投标管理办法》《公路工程施工监理办法》《公路工程竣（交）工验收办法》《交通基本建设项目竣工决算报告编制办法》等统一规范公路行业在施工阶段的投资管控工作。主管部门采用工程开工前审计、工程价款结算审计等办法来保证建设项目在经济技术上符合相关政策，对概算结果批复并提出修改意见。

① 合同价与批复概算比较分析。对签约合同价与批复的概算进行比较分析。若出现费用超支的情况，对超支部分向政府有关部门申请，并按权限对其进行审批。

② 概算预留费用使用。预留费由工程投资增长预留费和预备费组成，预留费用的使用要遵循先报批后使用的原则，建设单位严格控制工程变更费用，确保其在合同预留费内避免出现追加工程预算投资的情况。

4.8.4.5 竣工阶段投资管控绩效评价指标

建设单位在建设项目竣工阶段及时编制工程竣工结算，参与审计部门或投资咨询单位对施工总承包方报送的竣工结算审核，把审计结算控制在合同价内，并分析最终的建设成本与预算成本的偏差，进行经济评价，为类似建设项目的管理提供可靠的数据管理依据。

（1）结算审核。竣工结算是指合同中所约定的全部工作内容被完成后，经过建设单位组建的质量检查小组检查，达到约定的质量标准后，与施工方之间的最终结算。审定的结算是竣工决算的内容之一。

① 结算审核的内容。

a. 对结算文件的上交流程及手续合法性审查。

b. 对结算文件完整性和准确性审查。

c. 对采用的定额和取费标准详细审查。

d. 对概算遵循情况审查。

e. 对主材和设备价格审查。

f. 对重大设计变更流程和相关文件审查。

g. 对竣工图纸数量和结算量的审查。

② 结算价与合同价的偏差。该指标指结算价与工程合同价的比值，公式如下：

$$结算价与合同价的偏差 = (结算价 - 合同价) / 合同价 \times 100\%$$

③ 工程结算编审偏差率。送审结算与审核结算的偏差，公式如下：

$$工程结算编审偏差率 = (送审结算价 - 合同价) / 合同价 \times 100\%$$

④ 结算文件报批合规性。结算文件应当按规定送去相关机构审批，审批过后，建设单位应该及时根据审批意见进行修改更正，如有需要还要进行复审备案。

（2）竣工决算。竣工决算是指在整个项目竣工结算完成后，以竣工结算为基础，加上从立项到完工的其他费用的所有业主支出费用，包含建安费、设备费及其他税费等。竣工决算的重心是财务决算，包括决算说明和决算报表。可以详细地揭示工程建设项目的财务状况，有利于对项目的资金投入计划进行考核，同时，也为投资管控积累资料，供其他项目参考。从以下三个方面进行绩效评价：

① 决算编制依据是否全面；

② 决算编制步骤是否规范；

③ 决算文件内容是否完整。

（3）验收过程管理。项目完工后，承包商先申请交工验收，施工管理再现场初验，最后各相关单位正式验收，合格后办理验收签证书。

进度、质量、安全是工程项目管理的三大目标，成本与这三大目标紧密相连，投资管控绩效评价应对整个工程进行工期分析、质量分析和安全施工评价分析，总结工程建设项目中的经验和教训，在保证三大目标完成的前提下，进行投资管控。可以把工程质量指标、施工安全指标、工程工期指标作为工程投资管理绩效评价指标，形成对整个建设项目造价管理绩效评价。

① 工程质量。从工程质量检查合格率和工程质量评定等级评定工程质量的好坏。

竣工验收工程质量等级评定分优良、合格和不合格，交工验收不合格的工程应返工整改，直至合格为止。验收中提出工程质量缺陷问题，由项目法人责成施工单位限期整改。

② 施工安全规范性。按规范进行现场施工安全管理。

③ 工期偏差率。指实际工期与合同工期的比较，是否提前或延后。计算公式为：

$$工期偏差率 = (合同工期 - 实际工期) / 实际工期 \times 100\%$$

（4）保修期管理。

① 工程质量保修范围。一般来说，凡是施工单位的责任或者由于施工质量不良造成的问题，都属保修范围。

保修的内容主要有以下几个方面：基础、主体结构、屋面、地下室、外墙、阳台、厕所浴室、卫生间及厨房等处渗水、漏水；各种管道渗水、漏水、漏气；通风孔和烟道堵塞；水泥地面大面积起砂、裂缝、空鼓；墙面抹灰大面积起泡、空鼓、脱落；暖气局部不热、接口不严渗漏；其他使用功能不能正常发挥的部位。凡是由于用户使用不当而造成建筑功能不良或者损坏者，不属于保修范围。

② 工程质量保修期限。《建设工程质量管理条例》规定，在正常使用条件下，建设工程的最低保修期限为：基础设施工程、房屋建筑的地基基础工程和主体结构工程，为设计文件规定的该工程的合理使用年限；屋面防水工程、有防水要求的卫生间、房间和外墙面的防渗

漏，为 5 年；供热与供冷系统，为 2 个采暖期、供冷期；电气管线、给水排水管道、设备安装和装修工程，为 2 年；其他工程保修期限由发包方与承包方约定，建设工程保修期，自竣工验收合格之日起计算。

③ 工程保修责任划分。建设工程在保修范围和保修期限内发生质量问题，全过程工程咨询单位应督促监理立即分析原因，找出责任单位，并要求相关责任单位在规定时间内完成修补工作，若责任单位拒不或迟迟不予处理的，由全过程工程咨询单位上报投资人认可后，可另行委托施工单位给予维修，产生的费用从责任单位保修金内支出。质保期满后，全过程工程咨询单位应组织使用人、物管方、监理单位以及施工单位进行质量缺陷的检查，确认无质量缺陷后，办理书面手续，并以此作为退还质保金的依据。保修期过后，施工单位的质保义务解除，全过程工程咨询单位完成质保金退还手续后，相应的义务也完成。

④ 保修费用的处理方法。建设项目一般比较复杂，往往存在多种修理原因，所以责任主体必须根据修理项目的性质、内容和修理原因诸因素确定，由全过程工程咨询单位组织施工单位共同确认。一般分为以下几种处理方法：

修理工程确实由施工单位施工责任或施工质量不良遗留的隐患造成的，应由施工单位承担全部修理费用；修理工程是由使用单位和施工单位双方的责任造成的，双方应实事求是地共同商定各自承担的修理费用；修理工程是由甲供设备、材料、成品、半成品及工业产品等质量不良原因造成的，应由设备、材料供应厂家或投资人承担修理费用；修理工程是因用户使用不当，造成建筑物功能不良或损坏，应由使用单位承担全部修理费用；涉外工程的保修问题，除按照上述处理办法外，还应按照合同条款的有关规定执行。

综上所述，保修期投资管控绩效指标提取为：

a. 工程质量保修范围：凡是施工单位的责任或者由于施工质量不良造成的问题，都属保修范围。

b. 工程质量保修期限：符合《建设工程质量管理条例》所规定的最低保修期限。

c. 工程保修责任划分：对保修期内出现的质量问题，原因分析合理、责任划分到位、处理措施得力、组织消缺措施得当、退还质保金及时。

d. 保修费用的承担：根据不同的修理原因，确定承担保修费用的责任主体。

4.8.4.6 运维阶段投资管控绩效评价指标

运维阶段投资管控工作内容有以下几个方面。

（1）运营成本规划。

① 对运营的要求进行战略分析。进行战略分析时应汇集组织目标需求及政策、有形资产和空间利用情况、当前服务提供的总体情况及详细全面的成本分析等所有相关因素，以充分了解组织不动产的现状及其运营管理的方案。

② 制定运营成本目标。利用运营需求的分析，形成多种运营规划方案，经评估选最优者形成真正的运营规划，规划应当包括财务、质量、成本、时间等目标，效率提高和改进的目标，不确定性风险的应对方案，内包和外包的策略等内容。

（2）开展全生命周期成本分析。组织追求整体投资效益，对建筑物生命周期成本进行管理，不仅满足自身的需要，更要能够提高建筑物投入使用后的运行效率，为节省运行与维护成本打下良好基础，以此达到生命周期成本最低的目标。步骤如下：

① 界定建筑物及其附属设备设施生命周期长度。
② 分析建筑物生命周期成本构成，主要包括：
a. 初始化建设成本，包括前期工程成本、建设期工程费等。
b. 运营成本，包括能源消耗和净化成本、日常管理费、年度监管费等。
c. 维护成本，包括预防性维护成本、响应性维修成本、计划性维护成本及递延维护成本等。
d. 处置费用等。
③ 计算建筑物生命周期成本。

（3）编制并管理运营财务预算。运营预算是为落实运营管理战略和实现长短期目标而制定的详细计划。

运营管理目标是通过战略的形式表现出来的，而其财务预算主要解决战略实现所需要的资金来源、资金投向及资金分配等问题，为损益、现金流量和财务状况设定了具体的目标。

① 选取合适方法编制运营管理预算，可选方法包括项目预算法、作业基础预算法、增量预算法、零基预算法、滚动预算法及弹性预算法等，并提交上级管理者批准实施。
② 比较实际结果与预算目标，分析差额及差异原因，必要时采取矫正措施。
③ 周期性审查监控预算，考核奖惩。
④ 必要时，对预算进行调整。

（4）建立运营成本管理基准体系并持续改进。为界定行业领先水平从而选择清晰的追赶目标，帮助组织寻找最佳实践、提升运营绩效，建立运营成本基准分析体系。

① 进行基准分析前准备，包括策划基准分析、选取调查对象、选择研究方法和设计调查问卷等。
② 收集基准分析数据。
③ 实施研究，输出基准分析报告。
④ 针对基准分析结果进行持续改进。

（5）建立建筑空间成本评估及分摊机制。根据建筑空间布局和空间使用情况，建立合适的空间成本评估及分摊机制，在年末进行空间成本分摊，形成空间使用成本分析报告。

① 确认空间责任主体，确认为空间使用成本负责并付费的责任主体。当责任主体为各部门时，各部门按照空间分摊比例相应地承担空间使用成本。当责任主体为设施管理部门时，空间使用成本包含在设施管理预算内。
② 进行空间内部计费。确定单位面积的费率，一般简易计算可由上一个会计周期结束时确定下一周期的总平均费率；计算费用，部门所占用部分的面积直接乘以费率可以得到计费数字；公共面积按照各部门面积占比来分摊。

根据以上运维阶段投资管控的工作内容，提炼出影响运维阶段投资管控效果的关键指标如下：

运营成本规划、全生命周期成本分析、运营财务预算管理、运营成本管理基准体系、建筑空间成本评估及分摊机制。

4.8.4.7 投资管控绩效评价指标汇总框架

投资管控绩效评价指标和体系的正确设置是绩效评价的核心工作。

结合《关于印发〈预算绩效评价共性指标体系框架〉的通知》（财预〔2013〕53号）四

个阶段划分，设置以下指标体系框架，具体分级指标再结合项目特征进行个性化设置，评价内容建议参照表4-3设置并结合项目特点具体完善。

表4-3 投资管控绩效评价指标体系框架表

一级指标	二级指标	三级指标	评价指标说明
决策阶段绩效评价指标	项目建议书	建设的必要性	项目建议书要论证建设该项目是否符合城市发展规划，是否能够发挥投资效益
		建设的合理性	依据相关技术标准和规范，考虑项目所处的环境编制建设技术标准，建设规模充分考虑市场因素、技术因素、环境因素等方面
		融资方案	资本金（项目资本金与项目总投资之比）和融资成本（项目融资成本与项目融资额之比）
	可行性研究报告	保障措施的有效性	可行性研究报告需要列出项目具体的资金、技术、组织、人力等保障措施和方法，有效的保障措施会对工程投资产生重要的影响
		经济评价的合理性	估算编制内容完整和形式符合规定
		投资估算文件的编制合理性	评价要有可靠的数据支撑、科学的评价方法、完整的评价内容和合规的评价流程
		估算文件的审批合规性	将估算等相关文件准备齐全，按规定送去政府机关审批，审批过后，建设单位应该及时根据审批意见进行修改更正，如有需要继而进行复审
		估算偏差率	反映项目建议书的投资估算与可行性研究的估算的偏差。公式如下： 估算偏差率 =（编制估算 - 审核估算）/ 审核估算 × 100%
		风险管理的有效性	风险的管理是投资管理工作的重要方面
	决策项目参与方管理	从业人员资质管理	从业人员必须拥有相应的工作能力和资格证书，并且实名认证，持证上岗。决策阶段的资料文件的签名和证件需要真实有效
		造价监督手续合规性	建设单位应该按照相关规定，按时完成办理造价监督手续的流程
		项目组织管理模式	建设单位需根据项目具体要求和目标，选择最有效的模式
设计阶段绩效评价指标	设计质量管理	设计方案的选择	从技术、结构、功能、环境上选择经济合理的最优设计方案，采用价值工程优化设计方案
		限额设计情况	按照批准的初步设计总概算控制施工图设计的思想，并把投资额分解到各单位工程和分部工程中进行设计
		标准化设计情况	根据颁发的技术标准设计规范，并结合建设项目自然条件和技术水平，合理利用资源、材料等，采用通用性强、技术先进、经济合理和确保质量的标准设计
	概算文件	概算编制情况	概算编制的依据要充分合理，具有时效性和适用性，深度符合现行的编制规定，格式要符合相关规定，方法需科学恰当
		工程量计算正确性	应审核概算的工程量计算是否正确，及时发现有无多算、漏算和重复计算现象
		计价指标和取费	计价指标应符合国家和各地区的行业规范，取费应根据各地区概算规定，人、材、机各项单价应符合当地的市场价格水平
		概算文件的审批合规性	概算等相关文件准备齐全，要按规定时间送去政府机关审批。审批过后，应该及时根据审批意见进行修改更正，如有需要还要进行复审
		概算编审的偏差率	概算编审的偏差率是编制的概算与审核的概算的偏差大小，可用计算公式表示为： 概算编审的偏差率 =（编制概算 - 审核概算）/ 审核概算 × 100%
		估概算比率	估概算比率是指工程估算和概算的偏差比例，公式如下： 估概算比率 =（估算 - 概算）/ 概算 × 100%

续表

一级指标	二级指标	三级指标	评价指标说明
设计阶段绩效评价指标	预算文件	预算编制情况	预算编制的依据要充分合理，格式要符合相关规定，方法需科学恰当
		工程量计算正确性	工程量计算正确，无多算、漏算和重复计算现象
		计价指标和取费	计价指标应符合国家和各地区的行业规范，取费应根据各地区概算规定，人、材、机各项单价应符合当地的市场价格水平
		预算文件的审批合规性	将预算等相关文件准备齐全，按规定时间送去政府机关审批。审批过后，应该及时根据审批意见进行修改更正，如有需要还要进行复审
		定额使用合理性	定额的换算和套用应该正确无误，要避免因定额使用的不合理对投资产生影响
		概预算比率	概预算比率是指工程施工图预算和概算间偏差比例，公式如下： 概预算比率 =（概算 − 预算）/ 概算 ×100%
施工招投标阶段绩效评价指标	招标文件	招标文件编制情况	招标文件主要由招标公告、投标人须知、评标办法、合同条款和格式、工程量清单、图纸、技术标准和要求以及投标文件格式组成。招标文件要确保内容的准确和全面以及流程的合规性
		施工标段划分	工程项目一般规模较大，周期较长，适当进行标段划分有利于项目的顺利进行。划分时一般可综合考虑项目的规模、专业复杂程度、承包单位专长、资金等因素
		工程量清单编制情况	① 工程量清单的完整性 ② 项目特征和工作内容的完整性 ③ 工程数量的准确性
		招标控制价编制情况	① 招标控制价金额是否在批准的初步设计概算范围内 ② 清单编制方法是否和招标文件统一 ③ 预算编制内容是否与施工图一致 ④ 分部分项工程量计算是否准确 ⑤ 措施项目选用是否合理 ⑥ 其他项目费用合理性
		招标控制价偏差	① 招标控制价与中标价偏差率计算公式为： 招标控制价与中标价偏差率 =（招标控制价 − 中标价）/ 中标价 ×100% ② 招标控制价编审偏差率计算公式为： 招标控制价编审偏差率 =（编制招标控制价 − 审核招标控制价）/ 审核招标控制价 ×100%
		工程量清单和招标控制价的审核合规性	将清单和招标控制价等相关文件准备齐全，按规定时间送去政府机关审批，审批过后，建设单位应该及时根据审批意见进行修改更正，如有需要还要进行复审备案
	工程合同	合同种类	合同选择的合理性
		合同内容	① 合同条款明确 ② 合同承担的风险合理
		合同价和预算价的偏差	该指标是指签订的合同总价和设计阶段的预算价的比值，公式如下： 合同价和预算价的偏差 = 合同价 / 预算 ×100%
	招标行为过程管理	采购方式的合理性	结合相关法律法规和工程实际情况，选择合适的采购方式。不同的招标方式对于工程投资的影响各有利弊，应根据工程项目的特点采用合适的招标方式
		评标方法的有效性	评标方法主要有最低评估法、打分法和合理低价法。应该根据利弊合理选择
		不平衡报价比率	不平衡报价方法是在确定工程项目的总报价基础上，调整内部各个子项目报价的方法，该方法对不合理支出的费用部分适当进行调整。不平衡报价子目比例计算式为： 不平衡报价比率 = 不平衡报价子目数 / 清单报价子目数 ×100%

续表

一级指标	二级指标	三级指标	评价指标说明
施工阶段绩效评价指标	资金使用计划	资金使用计划编制合理性	资金使用计划应该根据施工活动进行合理编制，减少资金占用和利息的支付。人力、物力和财力有计划的编制既可以控制项目工期，又可以节省投资支出
		投资偏差分析有效性	当资金的实际投入值和计划不一致时就出现了投资偏差。此时需要及时分析总结原因，使偏差的影响降低。在进行偏差分析时，需要进行局部和累计偏差分析，局部偏差分析是累计偏差分析的基础
		投资控制措施有效性	在偏差分析之后，需要采用强有力的措施和方法来纠正，加强动态控制和主动控制，维持投资目标不偏移
	工程投资台账	台账的完整性	当项目发生变更或索赔等状况时，项目各参与方都要有完整而有效的台账记录
		台账的准确性	对于支付和投资等台账，计算数据必须正确可靠
	工程变更管理	变更的流程	变更的发生可由发包人或承包人发起，也有因合同协商而发生的变更。无论是何种变更发生方式，都应该遵照规定的流程，及时完成报批手续
		变更的合理性	变更的前提是要有完备的依据和充分的证明材料，增加的单价或者子项符合规定，产生变更的金额计算有合理依据
		变更金额报审偏差率	指实际变更金额与报批变更金额的偏差率。计算公式为： 变更金额报审偏差率 =（申报变更金额 – 审核变更金额）/ 审核变更金额 × 100%
		变更数额占比	该指标是指变更数额和合同价的比值，公式如下： 变更数额占比 = 变更金额 / 合同价 × 100%
		重大变更比	投资管控应该明确重大变更数额的界限，公式如下： 重大变更比 = 重大变更金额 / 总变更金额 × 100%
	进度管控	进度计划的合理性	施工单位要用横道图和网络计划图，结合资金使用计划，建立合理的整个工程进度计划
		实际进度情况	整个工程的每个单项工程、重要的分部分项工程和施工过程的重要控制节点是否符合设计的进度计划，有多少工期延误状况出现
	工程索赔管理	索赔手续完备性	索赔批复手续办理合理，按合同条款和有关规定执行。索赔依据是否成立，是否遵循索赔流程
		索赔费用合规性	索赔费用按合同条款和有关规定计算，价格调整有无合同文件依据，各项参数取值是否合理并符合合同文件规定，是否存在乱收乱支的行为
		索赔报批资料真实及完整性	索赔事件证明材料的真实性，应符合相关合同条款和有关规定
		合同索赔占比	该指标是指因合同原因导致的索赔占总索赔的比例，公式如下： 合同索赔占比 = 合同索赔额 / 总索赔额 × 100%
	签证管控	签证的合规性	签证需完整的信息和法律规定的流程，不允许随意签证的发生，也不能出现漏签
		签证的及时性	签证必须根据合同图纸和现场状况衡量仔细后及时进行
	支付管控	支付的有效性	对工程款的计量应该准确，支付应符合合同规定，超付、少付和迟付都会影响工程的施工
		预备费、甲供材料的使用	预备费和甲供材料应该严格按照合同规定使用和支付

续表

一级指标	二级指标	三级指标	评价指标说明
施工阶段绩效评价指标	支付管控	材料价格的审查	在支付之前应严格审查施工单位使用的材料是否符合合同要求，避免施工单位为谋求利益而以次充好，少用滥用
		合同价与批复概算比对	将合同价与批复概算比对，严防费用超支现象
		迟付款利息	迟付款利息是针对建设单位不及时拨付工程进度款的惩罚措施。公式如下： 迟付款利息 $= Q(1+r)^n$
		工程支付款拖欠比	该指标是指建设单位拖欠的工程款占应支付工程款的比例，公式如下： 工程支付款拖欠比 $=$ 拖欠工程款 $/$ 应付工程款 $\times 100\%$
	概算批复执行	合同价与批复概算比较分析	对签约合同价与批复的概算进行比较分析。若出现费用超支的情况，对超支部分向政府有关部门申请，并按权限对其进行审批
		概算预留费用使用	预留费由工程投资增长预留费和预备费组成，预留费用的使用要遵循先报批后使用的原则，建设单位严格控制工程变更费用，确保其在合同预留费内避免出现追加工程预算投资的情况
竣工阶段绩效评价指标	结算审核	结算审核的内容	① 结算审查的依据充分 ② 结算审查的内容全面 ③ 结算审查报告内容真实和完整
		结算价与合同价的偏差	该指标指结算价与工程合同价的比值，公式如下： 结算价与合同价的偏差 $=$ (结算价 $-$ 合同价) $/$ 合同价 $\times 100\%$
		工程结算编审偏差率	指送审结算与审核结算的偏差，公式如下： 工程结算编审偏差率 $=$ (送审结算价 $-$ 合同价) $/$ 合同价 $\times 100\%$
		结算文件报批合规性	结算文件应当按规定送去相关机构审批，审批过后，建设单位应该及时根据审批意见进行修改更正，如有需要还要进行复审备案
	竣工决算	决算编制依据	决算编制依据是否全面
		决算编制步骤	决算编制步骤是否规范
		决算文件内容	决算文件内容是否完整
	验收过程管理	工程质量	从工程质量检查合格率和工程质量评定等级评定工程质量的好坏
		施工安全规范性	按规范进行现场施工安全管理
		工期偏差率	实际工期与合同工期的比较，是否提前或延后。计算公式为： 工期偏差率 $=$ (合同工期 $-$ 实际工期) $/$ 实际工期 $\times 100\%$
	保修期管理	工程质量保修范围	凡是施工单位的责任或者由于施工质量不良造成的问题，都属保修范围
		工程质量保修期限	符合《建设工程质量管理条例》所规定的最低保修期限
		工程保修责任划分	对保修期内出现的质量问题，原因分析合理，责任划分到位，处理措施得力，组织消缺措施得当，退还质保金及时
		保修费用的承担	根据不同的修理原因，确定承担保修费用的责任主体
运维阶段绩效评价指标	运维期管理	运营成本规划	通过对运营的要求进行战略分析，制定运营成本目标
		全生命周期成本分析	分析建筑物生命周期成本构成，计算建筑物生命周期成本
		运营账务预算管理	财务预算主要解决战略实现所需要的资金来源、资金投向及资金分配等问题，为损益、现金流量和财务状况设定具体的目标
		运营成本管理基准体系	建立运营成本基准分析体系，针对基准分析结果进行持续改进
		建筑空间成本评估及分摊机制	根据建筑空间布局和空间使用情况，建立合适的空间成本评估及分摊机制

4.8.5 指标权重的确定

绩效指标设定后，就要对各项评价指标赋予一定的权重。在多目标决策中，各因素的重要程度一般是不一样的。为了体现不同因素有着不同的重要程度，就要对各个因素或各个指标相对重要性进行评估，赋予各因素不同的权重。科学地确定指标的权重，可以体现绩效评价价值取向，对绩效评价结果的有效性产生重要影响。为了保证权重设置的科学性、合理性和有效性，一般采用层次分析法和德尔菲法。

层次分析法，是一种定量与定性分析相结合的多目标决策分析方法，基本原理是按照层次性，将复杂的问题分解成一个个较小的简单组成因素，并将这些因素按照一定关系形成递阶层次结构。再通过两两比较其对系统的关联度的重要性，从而确定层次中诸因素的相对重要性，然后根据相关数据和分析，进行综合评估，确定诸因素相对重要性的排序和相关权重。层次分析法是目前确定指标权重的主要方法之一，但该方法要求内部有一个独立的递阶层次结构，每个层次中的两个元素相互独立，而事实上财政支出绩效评价指标体系中，不同元素往往相互影响、相互联系、相互支配，不存在独立的递阶层次结构，从而此时利用该方法进行指标权重确定就会受到一定限制。

德尔菲法，也称专家意见法，用德尔菲法确定指标权重，主要是根据指标对评价结果的影响程度，由专家们结合自身经验和分析判断来确定指标权重。德尔菲法由于采取匿名和"背对背"的形式，可以有效地避免个人因素对决策的重大影响，以及屈从于权威或盲目服从多数的缺陷，能够集思广益，提高了指标权重确定中的科学性。

因不同行业、不同类型的建设项目情况各有不同，各指标所占权重也就不同，本书只讲权重的确定方法，不给出具体的权重数值。

4.9 投资管控绩效评价成果文件及质量要求

投资管控绩效评价的成果文件，主要是投资管控绩效评价报告。

4.9.1 绩效评价报告应当满足的要求

（1）绩效评价报告内容完整。绩效评价报告所披露的事项应当全面、完整，主要内容通常包括项目的基本情况、评价目的、评价主要过程、综合评价结论、主要成绩和经验、存在的主要问题和不足及相关政策建议等。

（2）绩效评价报告客观公正。绩效评价报告所引用的数据应当来源可靠，所作出的判断和结论应当基于客观事实。评估机构在编制绩效评价报告时，应当坚持第三方独立立场，不被其他利益相关方的主观意见所左右。

（3）绩效评价报告表达清晰。绩效评价报告整体框架应当结构合理、条理清晰、逻辑严密，针对项目所提出的建议应当与项目所存在的问题和不足做到前后呼应。

（4）绩效评价报告结论合理。清晰、准确地陈述绩效评价报告内容，不得使用有误导性的表述。评估机构应当在绩效评价报告中提供必要信息，使绩效评价报告使用者能够准确理解评价结论。

（5）绩效评价报告语言简明扼要。绩效评价报告应当文字简单、篇幅适中、版面简洁。绩效评价报告所用语言和所引用的客观依据应当尽可能地简明扼要且直观易懂。

4.9.2 绩效评价报告的内容

编制和出具绩效评价报告，应当与委托方充分沟通并合理确定绩效评价报告的主要内容、使用限制说明等事项。绩效评价报告的主要内容通常包括以下几点。

4.9.2.1 项目基本概况

（1）项目背景。项目单位的基本情况介绍，项目的主要内容、历史情况、立项的目的和意义，预算部门确定立项的相关文件依据等。

（2）项目实施情况。项目实际开展情况、项目规模、项目范围、项目所在区域、资金投向等。

（3）资金来源和使用情况。项目资金拨付的主体、资金拨付流程、资金使用流程等财政资金来源与管理情况，各具体分项资金的预算及实际使用和支出情况，等等。对经常性项目，还包括历史年度资金的使用情况。

（4）绩效目标及实现程度。绩效目标，项目执行过程中目标、计划的调整情况，绩效总目标和阶段性目标的完成情况，项目的实际支出情况及财务管理状况，等等。

4.9.2.2 绩效评价的组织实施情况

（1）绩效评价目的。

（2）绩效评价实施过程。

（3）绩效评价人员构成。

（4）数据收集方法。

（5）绩效评价的局限性。

4.9.2.3 绩效评价指标体系、评价标准和评价方法

（1）绩效评价指标体系的设定原则及具体内容。

（2）绩效评价的具体标准及评价的具体方法。

4.9.2.4 绩效分析及绩效评价结论

（1）项目决策。项目决策是否符合经济社会发展规划的要求，项目申报和批复流程是否符合相关管理办法，是否根据需要制定相关资金管理办法，资金分配结果是否合理，等等。

（2）项目管理。资金到位率，资金是否及时到位，资金使用是否合规，资金管理、费用支出等制度是否健全，组织机构是否健全、分工是否明确，项目管理制度是否健全并得到有效执行，等等。

（3）项目绩效。项目产出数量、质量、时效是否达到绩效目标，项目产出成本是否按绩效目标控制，项目实施是否产生直接或间接的经济效益、社会效益、环境效益和可持续影响及项目服务对象满意度等。

在对绩效评价指标进行分析和评价时，要充分利用评价工作中所收集的数据，做到定量分析和定性分析相结合。绩效评价指标评分应当依据充分、数据使用合理恰当，确保绩效评价结果的公正性、客观性、合理性。

4.9.2.5 主要经验及做法

绩效评价报告要通过分析各指标的评价结果及项目的整体评价结论，总结项目在立项、

决策、实施、管理等方面的经验，为类似项目在以后年度开展积累经验。

4.9.2.6 存在问题及原因分析

绩效评价报告要通过分析各指标的评价结果及项目的整体评价结论，总结项目在立项、决策、实施、管理等方面存在的不足及原因，为相关建议的提出奠定基础。

4.9.2.7 相关建议

绩效评价报告需有针对性地对项目存在的不足提出改进措施和建议。建议或对策应当具有较强的可行性、前瞻性及科学性，有利于促进预算部门及项目实施单位提高绩效管理水平。

4.9.2.8 其他需要说明的问题

（1）绩效评价报告只能用于评价报告载明的评价目的。

（2）绩效评价报告只能由评价报告载明的评价报告使用者使用。

（3）未征得委托方、相关政府部门或出具绩效评价报告的评估机构同意，绩效评价报告的内容不得被摘抄、引用或披露于公开媒体，法律、法规规定及相关当事方另有约定的除外。

（4）绩效评价流程受限造成的评价报告的使用限制。

（5）在出具绩效评价报告前应当进行内部审核。

（6）出具绩效评价报告前，可以在不影响对最终评价结论进行独立判断的前提下，被评价方就绩效评价报告有关内容进行必要沟通。

（7）在委托方对绩效评价报告使用过程中，评价机构应当积极配合相关当事方对绩效评价报告进行解释，以促进绩效评价报告能够得到合理使用。

（8）绩效评价应当编制工作底稿，工作底稿内容通常包括：

① 项目开展过程中所收集的全部有效资料；

② 绩效评价方案、专家论证意见和建议、业务约定书、实地调研记录、座谈会记录、调查问卷等相关工作资料；

③ 绩效评价报告、专家评审意见和建议、结果公开与应用情况等相关资料。

（9）在绩效评价报告完成后，及时将工作底稿与绩效评价报告等一起归入评价业务档案，并由所在评价机构按照国家有关档案管理的法律法规的规定妥善管理。

4.9.2.9 评价机构签章

绩效评价报告应当由评价机构加盖公章。

4.9.2.10 相关附件

（1）主要评价依据。

（2）实地调研和座谈会相关资料。

（3）调查问卷格式及汇总信息。

（4）其他支持评价结论的相关资料。

（5）评估机构资质、资格证明文件。

4.9.3 投资管控绩效评价报告模板

本书以投资管控绩效自评价报告模板为例。

（1）项目概况

① 项目背景资料。简要说明项目名称、主要内容和用途（主要解决的问题）、资金来源与预算安排、项目历年安排等情况。

② 项目资金细化分配情况。

③ 项目政策依据。简要说明项目符合政府和本部门中长期规划，符合中央和地方政府有关政策情况。

（2）项目绩效目标和绩效指标设定情况

主要说明项目年度预期绩效目标、产出指标和效果指标设定情况（指标构成及分值权重）及设定原因。

（3）绩效自评价组织情况

① 绩效自评价目的。

② 绩效自评价标准和评价方法。

③ 绩效自评价实施过程。

a. 前期准备。

b. 组织实施。

c. 分析评价。

（4）绩效自评价指标分析情况

① 项目管理绩效情况分析。根据项目管理绩效自评价表中各指标得分对项目的立项定位、预算编制、组织实施、绩效自评价情况进行分析。

② 项目结果绩效情况分析。针对产出指标和效果指标完成情况进行绩效分析，重点说明经济、社会、政治效益对环境和社会可持续性影响等情况。

③ 分析要有因果关系，内容完整、逻辑清晰、勾稽关系严密。

（5）项目综合自评价等级和评价结论

① 项目综合自评价得分及自评价等级（分优、良、可、差四个等级，分别对应不同的分值）。

② 项目综合自评价结论。

（6）主要经验做法、存在的问题和建议

主要描述项目实现绩效目标过程中存在的问题和采取的改进措施，项目实施的经验、教训和建议。

（7）绩效自评价结果应用

重点说明应用绩效自评价结果、改进管理、合理预算安排、实施奖惩和问责以及对绩效自评价结果公开等情况。

4.10 投资管控绩效评价的组织与实施

做到三个明确：明确各个环节及各项工作的时间节点及工作计划，明确项目负责人及项目团队的职责与分工，明确参与评价工作各相关当事方的职责。

4.10.1 第三方绩效评价小组的组建

绩效评价小组主要由第三方专业咨询机构负责组建，考核小组应当由具备咨询工程师、造价工程师执业资格的专业人员组成，绩效评价小组对项目建设期的投资管控指标分别进行考核并评分。

政府投资项目会同实施单位、财政部门、审计部门等一起组成考核领导小组，共同参与评价，并对评价过程进行全程监管。

4.10.2 第三方绩效评价小组职责分工

第三方绩效评价小组职责分工见表4-4。

表4-4 绩效评价小组职责与分工表

序号	单位	人数/人	职责分工
1	实施单位	1	总体负责并参与考核评分
2	财政部门	1	作为监管部门，对项目绩效评价工作全过程监督
3	审计部门	1	作为监管部门，对项目绩效评价工作全过程监督
4	第三方评价机构	1	第三方咨询机构负责人，负责绩效评价的组织、协调等工作并参与考核打分
5		1	参与考核打分，负责决策阶段的评价
6		1	参与考核打分，负责设计阶段的评价
7		1	参与考核打分，负责招标采购及建造阶段的评价
8		1	参与考核打分，负责竣工验收阶段的评价
9		1	参与考核打分，负责运营维护阶段的评价

4.11 项目绩效评价结果的应用

建设项目绩效评价的结果应用既是绩效评价工作的延续，也是开展绩效评价工作的最终目标。绩效评价的最终目标就是要根据绩效评价结果，找出实际工作中存在的差距及不足，不断总结经验教训，以提高资金的使用效率。

建设项目绩效评价结果应用主要体现在：

① 项目绩效评价结果作为建设资金分配的重要依据，是本年度追加当年预算及以后年度预算安排的重要参考依据。

如《山东省地下综合管廊和海绵城市建设资金绩效评价办法》中规定：绩效评价结果将作为地下综合管廊和海绵城市建设资金分配的重要依据。绩效评价为"优秀"的城市，按照全省有关规划，统筹考虑加大省级地下综合管廊和海绵城市建设资金支持力度；绩效评价为"较好"的城市，按照全省有关规划，继续给予省级地下综合管廊和海绵城市建设资金支持；绩效评价为"合格"的城市，按照全省有关规划，统筹考虑减少省级地下综合管廊和海绵城市建设资金支持；绩效评价结果为"较差"的城市，不再给予省级地下综合管廊和海绵城市建设资金支持。

② 被评价单位应当根据已制定的绩效目标、绩效评价结论，及时改进和调整支出结构、支出方向，以后在编制年度预算时进行相应的适当调整，合理配置资源，优化支出结构，加强财务管理，进一步提高资金的使用效益和效率。

第5章 全过程投资管控中信息化手段的应用

5.1 投资管控信息化技术

5.1.1 投资管控信息化概述

建筑行业信息化是指运用信息技术，特别是计算机技术、网络技术、通信技术、控制技术、系统集成技术和信息安全技术等，改造和提升建筑业技术手段和生产组织方式，提高建筑企业经营管理水平和核心竞争能力，提高建筑业主管部门的管理、决策和服务水平。

全过程工程咨询信息管控是指在遵守国家法律、法规和政策文件的有关规定下，在建设单位的授权权限内，代表建设单位对项目的建设投资、质量、进度、安全等方面实施项目管理服务、施工监理、造价咨询、BIM应用、招标代理等全方位、全过程的咨询工作。全过程咨询涵盖了项目决策阶段、设计管理阶段、施工阶段、竣工验收阶段、运维阶段的全过程。BIM应用以项目策划、可研、设计管理、项目管理、招标、造价、监理等全过程咨询服务为载体，以BIM等技术为手段，贯穿规划、立项、勘察、设计、发承包、采购、施工、竣工到运维的建设项目全生命周期，实现建设全过程的可视化、数字化生产协作。应用BIM创建的三维建筑模型，通过数字信息仿真模拟建筑物所具有的真实状态，使建设单位、设计单位、施工单位、监理单位等项目参与方在同一平台上共享同一建筑信息模型。

5.1.2 投资管控信息化技术硬件

建筑信息化的第一步是BIM硬件的选择。

5.1.2.1 硬件配置原则

计算机采购方案包括计算机的硬件配置和软件配置两项重要内容。建筑信息化对计算机硬件配置要求高,在硬件环境的配置上,首先考虑计算机性能,同时从投资管控的角度出发,计算机硬件的选配要遵守实用性、高性价比、可靠性这三大原则。

(1)实用性原则。计算机硬件的选择,要求在满足性能和实际需求的条件下具有一定的前瞻性,就是满足了实用性原则。

(2)高性价比原则。配置计算机硬件不能盲目攀高,而应追求较高的性能价格比。同性能的硬件价格实际存在着差异,有些产品的价格高是因为附加功能多,实际用不上。因此实现较高的实用性能和较低的采购价格是配置计算机硬件的另一项重要原则。

(3)可靠性原则。计算机硬件的可靠性包含两方面的内容:一是性能稳定,故障率低;二是兼容性好,不存在硬件和软件的冲突问题。

5.1.2.2 计算机硬件的选择

做全过程咨询项目,涉及项目的整个过程,需要的软件涉及 BIM 设计软件、深化软件、算量软件、协同软件、渲染软件。这对硬件的要求会很高。

常规的建模软件、算量软件、进度管理软件、协同管理软件、运维管理软件、渲染软件,每一个 BIM 软件安装文件都在 2G 以上。同时安装以上 6 款软件,对计算机 CPU、内存、硬盘、显卡都有很高的要求。在满足性能的条件下,考虑性价比、可靠性、稳定性原则,计算机硬件的配置可以参考以下方案配置,既考虑到了满足目前的需求,又考虑了前瞻性。

(1) CPU 的选择。作为办公电脑,可靠性是仅次于实用性的重要原则。市场上常见的 CPU 品牌有 Intel 和 AMD。为 BIM 工作选择 CPU 时,遵循可靠性原则,选择以可靠性著称的 Intel 品牌 CPU。

CPU 系列型号有高端、低端之分。随着 CPU 技术和 IT 市场的发展,Intel 和 AMD 两大 CPU 生产厂商出于细分市场的目的,将自己旗下的 CPU 产品细分为高低端,从而以性能高低来细分市场。而高低端 CPU 系列型号之间的区别是二级缓存容量(一般低端产品都只具有高端产品的四分之一)、外频、前端总线频率、支持的指令集以及支持的特殊技术等几个重要方面,基本上可以认为低端 CPU 产品就是高端 CPU 产品的缩水版。

在桌面平台方面,Intel 有面向主流桌面市场的 Pentium Ⅱ、Pentium Ⅲ 和 Pentium 4(现在是 i7),以及面向低端桌面市场的 Celeron 系列(包括俗称的 Ⅰ / Ⅱ / Ⅲ / Ⅳ代)(现在是 i3),而现在的 i5 系列则介于 i7 和 i3 之间。

目前的桌面平台 CPU 命名方式基本可以用图 5-1 解释,如 i7 4790K 可以解释为:i7 产品、第四代、SKU=790(Stock Keeping Unit 的缩写,即生产商对这类相同规格的 CPU 赋予的统一编号,仅起标识作用)、K=Unlocked(表示不锁倍频的版本)。

除了桌面平台 CPU 之外,处理器 CPU 也可以用于组装个人电脑,而处理器 CPU 的命名方式较桌面平台 CPU 复杂,但通过图 5-1 也可以基本认识清楚,如 E3 1230 V5 可以解释为:E3 产品、最大节点为 1、插槽类型为 2、SKU=30、5 代版本。

采用 64 位 CPU 和 64 位操作系统对提升运行速度有一定的作用,大部分软件目前也推出了 64 位版本。多核系统可以提高 CPU 的运行效率,在同时运行多个流程时速度更快,即使软件本身并不支持多线程工作，采用多核也能在一定程度上优化其工作表现。在为 BIM 工作选择 CPU 时，主频为第一决定因素，核心数为第二决定因素。目前市面上最新的 Intel 系列 CPU 已全面支持 DDR4 系列内存，随着技术的进步，DDR4 内存也将逐步取代 DDR3 内存成为内存市场的主流，因此不再考虑老平台 CPU。

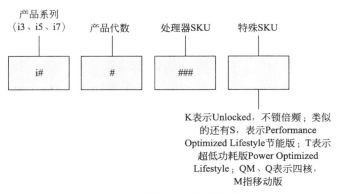

图 5-1 桌面 CPU 编号含义

推荐作为 BIM 工作计算机 CPU 配置的新一代 CPU 有：i7 6700K、i7 6700、i5 6600K（表 5-1）。

表 5-1 6700K、6700、6600K 详细参数对照表

	i7 6700K	i7 6700	i5 6600K
CPU 系列	i7	i7	i5
CPU 主频	4.0	3.4	3.5
最大睿频	4.2	4.0	3.9
CPU 架构	SkyLake	SkyLake	SkyLake
核心数	4	4	4
制作工艺	14nm	14nm	14nm
三级缓存	8M	8M	6M

以建模为主的计算机在经济条件允许的前提下应优先选择 6700K，因为此款 CPU 同时具备高主频和多核多线程工作能力，能有效地运行 BIM 相关的建模软件和分析软件，辅助提高建模人员的工作效率；而其他以模型分析优化、数据处理为主的计算机，遵循高性价比原则，可以配置价格相对低廉的 6700 和 6600K，以此获得较高的性价比。

（2）内存的选择。自 2007 年 DDR3 内存问世以来，直到 2015 年，DDR3 内存一直占据着主流内存市场。2015 年 DDR4 内存问世以后，虽然性能有所提升，但其配套的平台价格较高，使得其暂时无法称霸主流市场。随着最新的 Intel CPU 支持 DDR4 内存，DDR4 内存也逐渐成为市场主流。DDR4 内存和 DDR3 内存在支持处理器、外观、性能上都有较大区别。而作为使用者，我们仅需要了解其性能差别即可。

DDR4 内存的每个针脚都可以提供 2Gbps（256MB/s）的带宽，DDR4-3200 可达到 51.2GB/s，比 DDR3-1866 高出 70% 以上。DDR4 在使用了 3DS 堆叠封装技术后，单条内存

的容量最大可以达到目前产品的 8 倍之多。例如目前常见的大容量内存单条容量为 8GB（单颗芯片 512MB，共 16 颗），而 DDR4 则完全可以达到 64GB，甚至 128GB。而电压方面，DDR4 使用 20nm 以下的工艺来制造，电压从 DDR3 的 1.5V 降低至 DDR4 的 1.2V，移动版的 SO-DIMM DDR4 的电压还会降得更低，提高能效。

综上所述，采用新的 DDR4 内存已是大势所趋，为满足软件需要，双通道 8G 是最低配置，而 6700K 最高支持 64G 内存，存在一定的升级空间，对于操作单个 BIM 项目的计算机，32G 内存已经能满足项目需要。

（3）硬盘的选择。市面上的硬盘主要有固态硬盘 SSD 与机械硬盘 HDD。固态硬盘的存储介质分为两种，一种是采用闪存（FLASH 芯片）作为存储介质，另外一种是采用 DRAM 作为存储介质。固态硬盘（Solid State Drives），简称固盘，是用固态电子存储芯片阵列制成的硬盘，由控制单元和存储单元（FLASH 芯片、DRAM 芯片）组成。固态硬盘在接口的规范和定义、功能及使用方法上与普通硬盘完全相同，在产品外形和尺寸上也完全与普通硬盘一致。

机械硬盘即是传统普通硬盘，主要由盘片、磁头、盘片转轴及控制电机、磁头控制器、数据转换器、接口、缓存等几个部分组成。由于是机械式寻找数据，防振和数据寻找时间性能远低于 SSD。

固态硬盘采用闪存作为存储介质，读取速度相对机械硬盘更快。固态硬盘不用磁头，寻道时间几乎为 0。持续写入的速度非常快，但固态硬盘的快绝不仅仅体现在持续读写上，随机读写速度快才是固态硬盘的最大优势，这直接体现在绝大部分的日常操作中。与之相关的还有极低的存取时间，最常见的 7200 转机械硬盘的寻道时间一般为 12～14ms，而固态硬盘可以轻易达到 0.1ms 甚至更低。

固态硬盘与机械硬盘的优劣对照见表 5-2。

表 5-2　固态硬盘和机械硬盘优劣对照表

性能	固态硬盘	机械硬盘
读取速度	优	劣
体积和重量	优	劣
噪声和振动	优	劣
温度	优	劣
功耗	优	劣
容量	劣	优
价格	劣	优

总结固态硬盘和机械硬盘的特点，应该以固态硬盘为软件安装盘，机械硬盘作为文件存储盘。根据现有建模软件对系统盘的要求，固态硬盘至少需要 128G 以上才能获得较好的软件安装空间。

（4）显卡的选择。显卡芯片主要有 NVIDIA 和 ATI 两家，从用途上又分为游戏影音卡和专业绘图卡两种。由于市场上占有率最高的 BIM 建模软件 Revit 对 N 卡情有独钟，在选择显卡芯片时，为了保证软件兼容性，应该尽量选择 NVIDIA 芯片的显卡。

实际在 Revit 建模过程中,一般不需要把渲染效果调到最高,所以显卡的使用率并不高,考虑到性价比,显然游戏影音卡比专业绘图卡性价比更高。在上一代平台中,常用的 BIM 建模计算机会配置 GTX960 或 GTX970 显卡,而随着新一代显卡问世,号称不到 GTX970 的价格却有比拟 GTX980 性能的 GTX1060 成为了新平台中性价比最高的选择。

(5)显示器的选择。BIM 工作计算机对显示器的性能要求并不高,但在配置 BIM 工作站时,考虑到双显示器在数据调整、二维转三维建模、模型检查等方面的作用,大尺寸的双屏幕显示器对于工作效率的提升还是很有帮助的,常用的有双 24 英寸(1 英寸 = 25.4mm)1080P 分辨率组合或双 27 英寸 1080P 分辨率组合。

确定了显示器的尺寸,接下来就需要了解显示器的有关参数。显示器的面板是显示器最核心的组成部分,其占据一台显示器 80% 的成本。不同的液晶面板采用不同的技术手段制造,是确定屏幕性质的一个重要参数,现在液晶显示器面板常见的有 IPS、MVA、PVA、PLS、TN 等。

表 5-3 不同显示器面板优劣分析表

	优点	缺点
IPS	广视角,色彩优于普通 TN 屏幕	响应时间和对比度较差
MVA	漏光少,对比度很高,响应时间出色,常说的"不闪屏"	色域表现较差,色彩和灰阶方面较差,介于 TN 和 IPS 之间
PVA	低端的可以等同于 MVA 看待,高端的色彩优于 MVA	与 MVA 相同
TN	响应速度极快,价格低廉,技术成熟	色域和视角较窄

针对实际需要和预算,可参考表 5-3 选择不同面板材质的显示器,以此适应实际需求。

5.1.2.3 计算机主流配置方案推荐

表 5-4 主流建模计算机配置推荐表

配置	型号	数量
CPU	Intel i7 6700K	1
主板	华硕 Z170-A	1
内存	金士顿骇客神条 8G DDR4 2400	2
硬盘	希捷 2TB 7200 转	1
固态硬盘	三星 750 EVO SATA 250GB	1
显卡	影驰 GeForce GTX 1060 GAMER 6GB	1
机箱	先马坦克(透彻标准版)	1
电源	先马金牌 750W	1
散热器	九州风神大霜塔	1
显示器	AOC P2779V8	2

表 5-4 这套配置可以适应绝大多数的 BIM 建模需求,且具备一定的升级空间,可以满足

企业 3 年内的应用需求。当然如果经济条件不允许，也可以使用 i5 6600K 的 CPU 和 8G 内存。集中数据服务器硬件配置建议见表 5-5。

表 5-5 集中数据服务器硬件配置建议表

项目	基本配置	标准配置	高级配置
小于 100 个多并发用户（多个模型并存）	操作系统：Microsoft Windows Server 2012 R2 64 位	操作系统：Microsoft Windows Server 2012 R2 64 位	操作系统：Microsoft Windows Server 2012 R2 64 位
	WEB 服务器：Microsoft Internet Information Server 7.0 或更高版本	WEB 服务器：Microsoft Internet Information Server 7.0 或更高版本	WEB 服务器：Microsoft Internet Information Server 7.0 或更高版本
	CPU：4 核及以上，2.6GHz 及以上	CPU：6 核及以上，2.6GHz 及以上	CPU：6 核及以上，3.0GHz 及以上
	内存：4GB RAM	内存：8GB RAM	内存：16GB RAM
	硬盘：7200RPM（1RPM=1r/min）	硬盘：10000RPM	硬盘：15000RPM
100 个以上并发用户（多个模型并存）	操作系统：Microsoft Windows Server 2012 64 位，Microsoft Windows Server 2012 R2 64 位	操作系统：Microsoft Windows Server 2012 64 位，Microsoft Windows Server 2012 R2 64 位	操作系统：Microsoft Windows Server 2012 64 位，Microsoft Windows Server 2012 R2 64 位
	WEB 服务器：Microsoft Internet Information Server 7.0 或更高版本	WEB 服务器：Microsoft Internet Information Server 7.0 或更高版本	WEB 服务器：Microsoft Internet Information Server 7.0 或更高版本
	CPU：4 核及以上，2.6GHz 及以上	CPU：6 核及以上，2.6GHz 及以上	CPU：6 核及以上，3.0GHz 及以上
	内存：8GB RAM	内存：16GB RAM	内存：32GB RAM
	硬盘：10000RPM	硬盘：15000RPM	硬盘：高速 RAID 磁盘阵列

5.1.3 投资管控信息化技术软件

5.1.3.1 BIM 建模软件

市场上的三维建模软件非常多，BIM 的核心建模软件主要分为四家：Revit、ArchiCAD、CATIA、Bentley。

（1）Revit。Revit 是 Autodesk 公司一套系列软件的名称。Autodesk 公司的 Revit 建筑、结构和机电系列，在民用建筑市场借助 AutoCAD 的天然优势，有相当不错的市场表现。Revit 系列软件是专为建筑信息模型（BIM）构建的，可帮助建筑设计师设计、建造和维护质量更好、能效更高的建筑。早期的 Revit 分为 Architecture、Structure、MEP 三个模块，之后为了方便功能整合，将三个模块融合在一起，统称为 Revit。Revit 由于其强大的通用性和其参数化构件的特点，受到市场的认可，成为现有市场上占有率最高的 BIM 建模软件。

在 Architecture 方面，Revit 软件可以按照建筑师和设计师的思考方式进行设计，因此，可以提供更高质量、更加精确的建筑设计。建筑设计通过使用专为支持建筑信息模型工作流而构建的工具，可以获取并分析概念，并可通过设计、文档和建筑保持用户的视野。强大的建筑设计工具可帮助用户捕捉和分析概念，以及保持从设计到建筑的各个阶段的一致性。

在 MEP 方面，Revit 向暖通、电气和给排水（MEP）工程师提供工具，可以设计最复杂的建筑系统。Revit 支持建筑信息建模（BIM），可帮助导出更高效的建筑系统从概念到建筑的精确设计、分析和文档。MEP 工程设计使用信息丰富的模型在整个建筑生命周期中支持建筑系统。为暖通、电气和给排水（MEP）工程师构建的工具可帮助用户设计和分析高效的建筑系统以及为这些系统编档。

在 Structure 方面，Revit 软件为结构工程师和设计师提供了工具，可以更加精确地设计和建造高效的建筑结构。Revit 可帮助用户使用智能模型，通过模拟和分析深入了解项目，并在施工前预测性能。使用智能模型中固有的坐标和一致信息，提高文档设计的精确度。

Revit 集成了建筑、结构、水暖电三个模块，具有很强的通用性和开放性。Revit 带有的构件模块基本能满足项目建筑、结构、水暖电、景观、施工机械、车辆等所有的内容，全面性较好，其整合的功能基本能满足 BIM 模型服务项目全生命周期的需要。无论在设计还是在施工领域，Revit 都是一款不可多得的建模工具。

（2）ArchiCAD。ArchiCAD 是最早的具有市场影响力的 BIM 核心建模软件，提供了独一无二的、基于 BIM 的施工文档解决方案。简化了建筑的建模和文档过程，使模型达到前所未有的详细程度。可以提供自始至终的 BIM 工作流程，使得模型可以一直使用到项目结束。ArchiCAD 的缺点在于在中国其专业配套的功能（仅限于建筑专业）与多专业一体的设计院体制不匹配，很难实现业务突破。

ArchiCAD 可以建立智能化的建筑构件，建筑构件包含属性、尺寸、材料性能、造价等综合信息，ArchiCAD 的建筑信息能快速导入智能化分析模拟软件，从而获得真实可信的分析成果。现有的分析包含绿色建筑能量分析、热量分析、管道碰撞分析以及安全分析等。

但由于 ArchiCAD 本身倾向于建筑设计，配置有垂直、倾斜、圆弧等多类型的建筑设计工具，因此在建筑造型设计方面能让设计师得心应手。但其自身并不能带有其他开放领域的功能，所以使用该软件做轨道交通等专业时，缺少相应的专业功能。所以 ArchiCAD 仅仅适用于房建设计应用为主的企业。

（3）CATIA。CATIA 是法国达索公司的产品开发旗舰解决方案。作为 PLM 协同解决方案的一个重要组成部分，它可以帮助制造厂商设计他们未来的产品，并支持从项目准备阶段、具体的设计、分析、模拟、组装到维护在内的全部工业设计流程。CATIA 的优势在于对曲面模型有很强的处理能力。

达索公司的 CATIA 是全球最高端的机械设计制造软件，因其曲面设计能力十分出众，在航空、航天、汽车等领域具有接近垄断的市场地位，应用到工程建设行业，无论是对复杂形体还是超大规模建筑，其建模能力、表现能力和信息管理能力都比传统的建筑类软件有明显优势，而与工程建设行业的项目特点和人员特点的对接问题则是其不足之处。Digital Project 是 Gery Technology 公司在 CATIA 基础上开发的一个面向工程建设行业的应用软件（二次开发软件），其本质还是 CATIA，就跟天正的本质是 AutoCAD 一样。

（4）Bentley。Bentley 公司创建于美国，包含应用于管道、设备的 Bentley Plant Space（简称 PS），应用于土建的 Bentley Building（包含 Architecture 和 Structural），应用于工艺流程图的 P&ID，应用于市政工程的 Power Civil，等等。各流程又外挂有不同功能的模块，利用这些流程和模块可以实现厂房建模、设备建模、管道建模及建模后的二维图纸输出和快捷精确的材料统计。Bentley 产品在工厂设计（石油、化工、电力、医药等）和基础设施（道路、桥梁、市政、水利等）领域有无可争辩的优势。

Bentley 软件包含一整套的解决方案，涵盖 400 多个专业建模模块。由于其具有丰富的模块，使得建模快速而准确。其缺点是高昂的软件成本和学习成本，以及其建模方式导致其构件修改比较麻烦，难以快速进行模型修改，所以 Bentley 在设计阶段的应用明显多于施工企业的应用。

以上是市场上主流应用的软件，除此以外，还有 Trimble 的 SketchUp、Tekla，Robert McNeel 的 Rhino，国内建研科技的 PKPM、鸿业的 BIMSpace 等软件，表 5-6 对 BIM 建模软件进行梳理和对比。

表 5-6 常用 BIM 设计建模软件

软件工具			应用阶段		
公司	软件	专业功能	方案设计	初步设计	施工图设计
Graphisoft	ArchiCAD	建筑	√	√	√
Autodesk	Revit	建筑 结构 机电	√	√	√
	NavisWorks	协调 管理	√	√	
	Civil 3D	地形 场地 道路		√	√
Bentley	AECOsim Building Designer	建筑 结构 机电	√	√	
	ProSteel	钢构			√
	Navigator	协调 管理		√	√
达索	CATIA		√	√	
Trimble	SketchUp	造型	√	√	
Trimble	Tekla Structure	钢构		√	√
Robert McNeel	Rhino	造型	√		
Progman Oy	MagiCAD				√
建研科技	PKPM	结构	√	√	√
盈建科	YJK	结构		√	√
鸿业	BIMSpace	机电		√	

5.1.3.2 算量、计价软件

全过程咨询下的投资管控体现在工程项目全过程的投资控制，算量和计价贯穿于全过程的投资管控。BIM 技术工程计量是指在相关规范的指导下，通过 BIM 工程师建立 BIM 的模型，直接统计获得每一个分项工程或构件的工程数量，无需使用其他计量软件重复建模生成工程量数据的一种新的工程计量方式。BIM 计量是否准确以及能否供造价工程师利用作为计价的基础，还需要在模型建立时按照一定的计量规则和标准，设定构件的属性参数和模型创建。项目的参与方无论是设计人员、施工人员，还是咨询公司或者业主，所有使用该 BIM 模型的人，得到的工程量都是完全一致的。从理论上来讲，施工图所示构件的工程量是唯一

的数据，但在传统计量方法下，每一位造价人员出于对图纸的理解差异计算出不用的数值。因此在承发包双方商务谈判时，一个最为重要，也最为枯燥的工作内容就是核对工程量。

在应用 BIM 技术之后，统一的计量规范置入 BIM 模型中，形成了唯一的工程量计算标准，经过修改、深化的 BIM 模型作为竣工资料的主要部分，作为竣工结算和审核的基础。而基于这一个模型，无论施工单位还是咨询公司获取的工程量必然是一致的，工程量核对这一个关键的环节将大大简化。并且在建立模型的时候，通过定义模型各类构件的属性，即完成了计算工程量的初级工作。通过结合工程计量规范，统计获得工程量。由于减少了重复建立模型计量过程，大大缩短了工程计量时间，提高了效率。

目前 BIM 计量主要采用直接从 BIM 模型（以下 BIM 模型指目前较为通用的 Revit 模型）中获取工程计价所需的工程量。即在 BIM 设计建模时，按照计量规范的分类要求将建筑物的构件进行分类建模，同时模型中载入相关的工程量计算规则，特别是相交构件的扣减规则。当建筑及机电模型完成后，通过软件统计分析工程，直接形成构件工程量明细表。这种方法是最直接，也是最理想的计量方法。但存在以下问题：a. 没有详细的构件类型；b. 没有楼层概念；c. 没有构件间的计算规则；d. 没有计算公式；e. 绘制出现问题不易查找；f. 没有钢筋平法等问题。由于目前设计软件的开发现状，仍不能达到完全利用 Revit 建模软件的模式，因为 Revit 本身没有计价版块，对应的数据需要导入到其他的计价软件中，但是问题是在 Revit 模型文件格式转换过程中会存在数据丢失的情况，无法保证量差问题。利用 BIM 设计模型，通过基于 Revit 平台开发的算量软件，利用 Revit 设计模型，根据国标清单或者企业定义的清单工程量计算规则，直接在 Revit 平台上完成工程量计算分析，快速输出计算结果。按照传统计量方式形成分项工程，为下一步计价和进度计划的编制提供基础数据。这种方法将传统模式与 BIM 模型相结合，充分发挥了两者的专业优势，也是现阶段 BIM 技术应用中的普遍方法。

BIM 计价是在计量的基础上，以"量"为基础按照 BIM 建筑模型的各个构件自动挂接上对应的清单和定额，这样就可以实时地计算出造价清单，如果模型有变更修改也可以在造价中有所体现，真正实现了能实时体现变更情况、动态计量计价的工作模式。这样不但提高了算量的工作效率而且还提高了清单精确度，并且在软件中我们可以批量进行修改、多工程链接、可视化操作等一系列手段来灵活地完成我们的工作任务，BIM 以全新的协同模式来代替传统的单机工作模式。

BIM 相关算量和计价主流软件有宏业斯维尔、广联达、鲁班等。下面我们就来了解一下这些软件在算量计价中是如何应用的。

（1）宏业斯维尔。斯维尔 BIM 平台（图 5-2）基于 Revit 平台，采用映射的方式与 BIM 技术对接，基于 Revit 平台二次开发，可应用已有模型，进行 Revit 模型构件映射，完成工程量计算；计算方面，可按实物量出量也可用自动挂接相应的清单定额，但自动挂接做法可用度低，对正确划分工程量还需花一定的调整时间，所有构件均采用体积扣减体积的模式，没有详细过程；提供多样化报表，满足用户在出量过程中的各类需求。

斯维尔 BIM 工程量计算软件遵从步骤简化、方便易学原则，只需三步骤，即可完成工程量计算过程。

工程量计算流程如下：
① 新建 / 打开 Revit 设计模型；
② 设置工程：选择计算模式和依据，根据 Revit 标高设置楼层信息；

③ 调整规则：根据个性化需要调整构件计算规则、输出规则以及其他选项；
④ 模型转换：调整转换规则，将设计模型转换为工程量计算分析模型；
⑤ 智能布置：布置二次结构、装饰等构件；
⑥ 检查模型：检测构件不同检查项，找出模型中出现的问题，辅助调整模型；
⑦ 套用做法：构件手动挂接做法或依据原有做法库执行自动套挂做法；
⑧ 分析和统计：计算汇总工程量，查看计算式；
⑨ 报表输出、打印；
⑩ 导出结果数据文件到清单计价软件中。

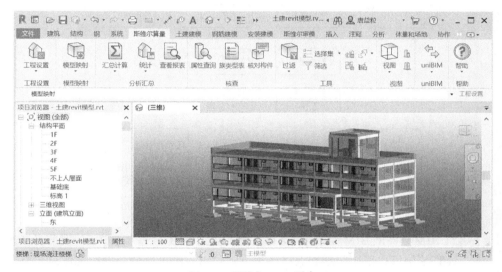

图 5-2　斯维尔 BIM 平台

（2）广联达 BIM。广联达 BIM 为自身平台，Revit 模型需二次导入广联达软件。广联达公司为主板上市公司，有自主开发的算量和计价软件，这款软件本身不具备算量功能，工程量计算需要借助其传统的算量平台，并且在导入图形算量软件时，保留对三维算量的操作习惯和核查工程量，不足的是需要承担转换过程中引起的数据丢失的风险。基于 Revit 本身建模灵活性很高，尤其是在对异形构件的处理方式上，导入软件后能否用于算量还需进一步验证。以 Revit 导出 GFC 为例（图 5-3）：

① 新建 / 打开 Revit 设计模型；
② Revit 批量修改族名称，使族类型名称符合规范中的"构件命名规则"，以及使相同族类型名称关键字前后统一，方便建立 Revit 与 GCL 构件之间转化关系以及调整转化规则；
③ 模型检查，以保证模型在源头就符合规范的要求，可避免在导入导出过程中丢失图元，并且 GCL 模型修改不能联动源头 Revit 模型修改，先检查可避免重复修改模型；
④ 模型转换：调整转换规则，将设计模型转换为工程量计算分析模型；
⑤ 检查模型：检测构件不同检查项，找出模型中出现的问题，辅助调整模型；
⑥ 套用做法：可实现少画图多出量的目的；
⑦ 汇总计算及模型调整：为了计算构件及所套做法的工程量，如汇总计算未通过，则需持续调整模型直至汇总计算通过；

⑧ 查看报表：查看所需工程量。

图 5-3　导出 GFC

导出 GFC 的整体流程见图 5-4。

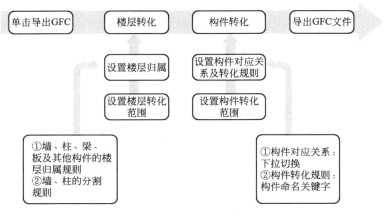

图 5-4　导出 GFC 的整体流程

（3）鲁班 BIM。鲁班 BIM 是基于 CAD 平台的企业级 BIM 系统，Revit 模型需二次导入鲁班软件；计算结果可以采用图形和表格两种方式输出，既可以分门别类地输出与施工图相同的工程量标注图，用于工程量核对、指导生产和绘制竣工图，也可以输出清单工程量和定额工程量、实物量表等，具有强大的报表反查能力，使对量更轻松（图 5-5、图 5-6）。

图 5-5　表格输出

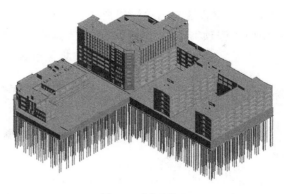

图 5-6　图形输出

（4）晨曦 BIM。晨曦 BIM（图 5-7）是基于 Revit 平台，与 BIM 技术对接，应用 Revit 平台研发的 BIM 算量软件。从创建模型、构件到出量，保证一个项目的完整算量流程在一款软件上，支持 CAD 翻模，可识别 CAD 图纸，快速将二维构件转换为三维模型。在计算方面提供自动套清单定额和手动调用，构件计算过程同手工习惯一致，异形和特殊构件的计算模式采用体积扣减体积，核查直观有效。并且软件集合 Revit 本身的明细表以及二次开发的算量报表，满足用户在应用过程中的各类需求。集成一模通用，土建、钢筋、安装均可共用一个模型进行布置和算量。在算量和研发功能方面，充分考虑了用户平常的操作习惯和出量要求，进行二次研发，同时注重模型调整和工程量出量，融入专业知识和细节，实现了实用性高和快速便捷两方面的特点。

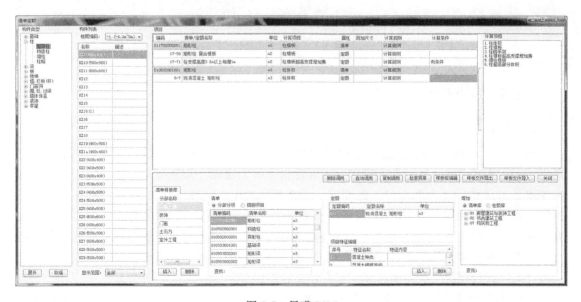

图 5-7　晨曦 BIM

（5）品茗 HiBIM。品茗 HiBIM（图 5-8）同样是基于 Revit 平台，可直接手工建模，也可以 CAD 图纸翻模，与 BIM 技术对接，在 Revit 内直接识别 CAD 文件进行模型转化；此外，还支持楼层表、门窗表和设备表的提取，提升 60% 的建模效率，内置碰撞报告功能，支持"软""硬"碰撞，支持自定义设置碰撞检测规则、快速定位反查修改等功能。在出量方面，基于 Revit 平台对接国内工程预算规则，输出专业的本地化算量结果，支持土建和安装算量，快速、准确地导出清单、定额工程量报表、Revit 实物量报表等。

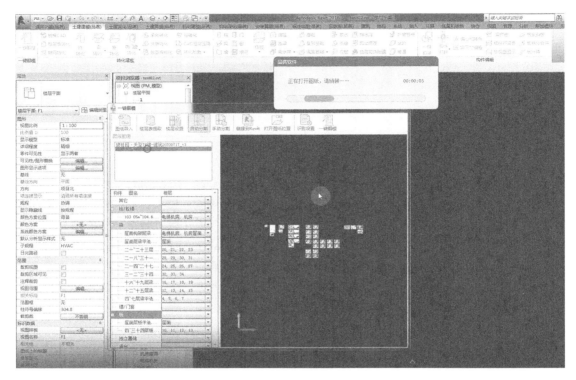

图 5-8　品茗 HiBIM

5.1.4　投资管控信息化技术平台

5.1.4.1　协同平台

建筑行业 BIM 管理平台是对 BIM 软件进行综合运用和管理的平台。BIM 协同平台能够集成 3D 可视化建模软件、进度管理、造价管理、施工管理、人员组织管理、物资管理、运维管理。BIM 协同平台在全过程咨询下，具有重要的作用，通过对 BIM 系列软件的集成和 BIM 中所蕴含的大量建筑数据，打破传统的信息、数据孤岛，实现建筑信息和数据在业主方、施工方、全过程咨询方的共享，提高建筑管理效率，降低建筑工程总成本。该成本是在总咨询下，从决策阶段、设计阶段、施工阶段到竣工验收阶段、运维阶段的投资控制，为全过程咨询投资管理提供技术支持和实现信息化管理的手段。

市场上 BIM 协同平台很多，随着市场的竞争和行业的运用和肯定，下面几家 BIM 协同平台在市场占据了领先地位，得到了市场的认可，也是平台软件使用公司最常见的选择。随着建筑协同平台的发展，目前的 BIM 平台也在不断地优化。在未来也将会有更多更成熟的平台。表 5-7 中对各软件平台的功能进行了对比。

表 5-7 常用平台软件简介表

序列	软件	特点
1	广联达 BIM 5D	广联达 BIM 5D 以 BIM 平台为核心，集成全专业模型，并以集成模型为载体，关联施工过程中的进度、合同、成本、质量、安全、图纸、物料等信息，为项目提供数据支撑，实现有效决策和精细管理，从而达到减少施工变更、缩短工期、控制成本、提升质量的目的
2	鲁班 Luban EDS	鲁班企业基础数据管理系统（Luban EDS）是基于 BIM 的企业基础库，对 BIM 模型进行管理和共享，根据不同的维度对数据进行处理。其包含的模块有：BIM 数据库、指标库、定额库、构件库、子账号管理等。通过 EDS 建立基于 BIM 的企业级项目基础数据库，实现 BIM 图形数据、报表数据共享，提升项目和企业协同能力。用鲁班建模软件创建企业基础数据，在 MC 和 BE 客户端实现产值统计、生产计划、材料用量分析、成本分析等多项企业应用。在 iBan 移动客户端中实现项目现场高效率、低成本的质量缺陷安全管理
3	EBIM	EBIM 云平台，是一款基于 Revit 模型开发的 BIM 应用平台，以 BIM 模型为载体，结合二维码技术和 RFID 技术，达到现场数据无感收集，项目工程问题及时交互解决，材料跟踪管理应用。已经开放有 EBIM for Revit、EBIM for iOS、EBIM for Android、EBIM for Web 四个客户端
4	斯维尔 BIM 5D	斯维尔 BIM 5D 利用 BIM 模型的数据集成能力，将项目进度、合同、成本、质量、安全、图纸、物料等信息整合并形象化地予以展示，可实现数据的形象化、过程化、档案化管理应用，为项目的进度、成本管控、物料管理等提供数据支撑。实现有效决策和精细管理，从而达到减少施工变更、缩短工期、控制成本、提升质量的目的
5	RIB iTWO 5D	iTWO 5D 平台是虚拟和实体建造过程的整合。将三维 BIM 模型和项目时间以及成本整合。包含从计划到执行和操作的全过程，以加速项目完成时间、提高质量和节约成本。通过在唯一真实数据来源中提供一致的项目信息，所有相关的项目参与方可以实时有效地参与到整个项目的各个阶段。通过 iTWO，可以用移动客户端管理项目，以及有针对性地进行项目分析。所有信息可以实现实时更新并共享给项目的所有人员，使得决策变得更有效率，也更基于事实

5.1.4.2 云平台

云计算是一种商业计算模型。它将计算任务分布在由大量计算机构成的资源池上，使各种应用系统能够根据需求获取计算力、存储空间和信息服务。云计算可以说是网格计算、分布式计算、并行计算、效用计算、网络存储、虚拟化、负载均衡等传统计算机技术和网络技术发展融合的产物。云计算实现了对共享可配置计算资源（网络、服务器、存储、应用和服务等）的方便、按需访问，这些资源可以通过极小的管理代价或者与服务提供者的交互被快速地准备和释放。

云计算平台也称为云平台。云计算平台可以划分为 3 类：以数据存储为主的存储型云平台、以数据处理为主的计算型云平台以及计算和数据存储处理兼顾的综合云计算平台。云计算服务具有基础资源租用、按需弹性使用、透明资源访问、自助业务部署和开放公众服务五大特征。

云计算与传统 IT 模式相比，具有降低成本、提高资源利用率、弹性计算和存储能力、灵活定制、高可靠性和安全性等特点。云计算具有前所未有的计算能力，同时具备虚拟化、高可靠性、通用性、高可扩展性、按需服务和廉价的优势。

全过程咨询下，建筑行业信息化具有 BIM 软件安装流程文件大、数据量大的特点。BIM 工作站处理器和存储量有限，云计算平台是建筑行业信息化发展的必然选择。云计算模式中，数据在云端，不怕丢失，不必备份，可以任意点恢复。软件在云端，不必下载自动升级。在任何时间、任意地点、任何设备登录后就可以进行计算服务。这对实现数据的共享、降低企业 BIM 使用成本具有巨大的优势。

云计算平台主要有：公有云、私有云、混合云。

（1）公有云。公有云是云计算服务提供商为工种提供服务的云计算平台，理论上任何人都可以通过授权进入该平台。公有云可以充分发挥云计算系统的规模经济效益，但同时也增加了安全风险。提供公有云服务的国内主要云服务平台是：阿里云、腾讯云、百度云、华为云。国际提供云平台服务的有 Google 的云计算平台、IBM 公司的"蓝云"平台以及 Amazon 公司的弹性计算云。

（2）私有云。私有云是云计算服务提供商在其内部建设的专有云计算系统。私有云系统存在于企业防火墙之内，为企业提供内部服务，安全性好，但成本高。提供私有云服务的有：华为的 FusionCloud、新华三的 CloudOS 3.0 云操作系统、浪潮的浪潮云海 OS、中国电信的私有云解决方案、阿里云的专业云解决方案。

图 5-9 是 2017—2018 年中国私有云市场竞争能力分析象限图。

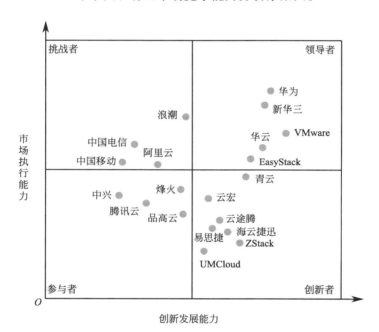

图 5-9　2017—2018 年中国私有云市场竞争能力分析象限图

（3）混合云。混合云集成公有云、私有云双重优势，是一种同时提供公有和私有服务的云计算系统，是介于公有云和私有云之间的一种折中方案。

5.1.4.3　协同网络配置

云计算体系结构的模型，由客户端、服务目录、系统管理、配置工具、监控、服务器几个模块构成，各模块负责不同的功能。

云平台服务器配置选择如下。

① 服务器主板。服务器承担长期高负荷的工作，对于服务器而言，稳定性是最重要的。

服务器的要求是稳定性、可靠性、可扩展性。这些要求决定了服务器主板多为较大的 ATX、EATX 或 WATX。中高端服务器主板一般都支持多个处理器，所采用的 CPU 也是专用的 CPU。主板的芯片组也是采用专用的服务器 / 工作站芯片组，比如 Intel E7520、

ServerWorks GC-HE 等。

在成本方面，如果想控制成本，可以采用入门级的服务器，可采用高端的台式机芯片组（比如 Intel 875P 芯片组），这样的主板通常要扩展板卡（比如网卡、SCSI 卡等），可以降低服务器的投资成本。在内存支持方面，要求能支持高达十几 GB 甚至几十 GB 的内存容量，ECC 内存是一种具有自动纠错功能的高可靠性内存，由于其优越的性能使造价也相当高，可以作为选择。存储设备接口方面，中高端服务器主板多采用 SCSI 接口、SATA 接口而非 IDE 接口，并且支持 RAID 方式以提高数据处理能力和数据安全性。在显示设备方面，服务器与工作站有很大不同，服务器对显示设备要求不高，一般多采用整合显卡的芯片组，例如在许多服务器芯片组中都整合有 ATI 的 RAGE XL 显示芯片，要求稍高点的就采用普通的 AGP 显卡。而如果是图形工作站，那一般都是选用高端的 3DLabs、ATI 等显卡公司的专业显卡。在网络接口方面，服务器／工作站主板也与台式机主板不同，服务器主板大多配备双网卡，甚至是双千兆网卡以满足局域网与互联网的不同需求。

② 服务器 CPU。CPU 是服务器的核心部件，一台服务器要接受少至几十人、多至成千上万人的访问，因此对服务器具有大数据量的快速吞吐、超强的稳定性、长时间运行等严格要求。所以说 CPU 是计算机的"大脑"，是衡量服务器性能的首要指标。

服务器的 CPU 按 CPU 的指令系统来区分，通常分为 CISC 型 CPU 和 RISC 型 CPU 两类。

CISC 是英文"Complex Instruction Set Computing"的缩写，中文意思是"复杂指令集"，它是指英特尔生产的 x86（Intel CPU 的一种命名规范）系列 CPU 及其兼容 CPU（其他厂商如 AMD、VIA 等生产的 CPU），它基于 PC 机（个人电脑）体系结构。这种 CPU 一般都是 32 位的结构，所以我们也把它称为 IA-32 CPU（IA: Intel Architecture，Intel 架构）。CISC 型 CPU 目前主要有 Intel 的服务器 CPU 和 AMD 的服务器 CPU 两类。

RISC 是英文"Reduced Instruction Set Computing"的缩写，中文意思是"精简指令集"。相对于 CISC 型，RISC 型 CPU 不仅精简了指令系统，还采用了一种"超标量和超流水线结构"，大大增加了并行处理能力，因此采用 RISC 架构的 CPU 比 CISC 架构的 CPU 性能高很多。但 RISC 型 CPU 与 Intel 和 AMD 的 CPU 在软件和硬件上都不兼容。

③ 服务器内存（图 5-10）。服务器运行着企业关键业务，一次内存错误导致的宕机将使数据永久丢失。

服务器内存与普通内存比较，在技术上采用了 ECC、ChipKill、Register 和热插拔技术等，这些技术的运用，大大提高了服务器的稳定性和纠错能力。

④ 服务器硬盘（图 5-11）。服务器硬盘是网络数据核心仓库，存储着各种用户数据及管理软件，因此对硬盘的可靠性要求很高。硬盘要求具有高稳定性、高速度性以及采用 SCSI 接口。现在服务器硬盘一般采用 SCSI 硬盘，因为它高速、稳定而且安全性高。在技术上，为了保证其稳定性，一般采用 S.M.A.R.T 技术（自监测、分析和报告技术，当然这一技术在普通硬盘上也有体现），同时硬盘厂商都采用了各自独有的先进技术来保证数据的安全。另外就是

图 5-10　服务器内存

冗余磁盘阵列（RAID）技术，RAID技术简言之就是把同样一份数据分别保存在不同的硬盘中，这样当其中一个硬盘发生损坏时可以从另一个硬盘进行恢复。

提高读写速度主要通过增加后写缓存来实现。服务器硬盘一般都配备64MB到128MB不等的高速缓存，这样平均访问时间将缩短，外部传输率和内部传输率就会更高。

采用SCSI接口，其全称是Small Computer System Interface，即小型计算机系统接口。SCSI接口在速度、性能和稳定性上都比IDE要好，SCSI接口的硬盘数据吞吐量大、CPU占有率极低，但在价格上比IDE贵很多。

⑤ 服务器机箱（图5-12）。服务器要求的是长年累月24h运行，因此，对系统稳定性的要求甚至超过了性能。由于高主频CPU、专用内存和万转SCSI硬盘这些发热大户集中在服务器狭小的空间内，因此要求服务器机箱散热好，通常配备多个大口径的涡轮风扇，保证机箱前后方向的空气流通，及时带走热量。

图5-11　服务器硬盘　　　　图5-12　服务器机箱

良好的服务器机箱应该充分考虑其升级能力。一个服务器机箱通常都要配备足够的驱动器扩充槽以满足目前使用及未来的升级所需。比如3.5"扩充槽（软驱/ZIP驱动器）、5.25"扩充槽，可以安装光驱、磁带机，当然还可以配置多个硬盘。

另外，机箱的用料方面也很重要，钢板的厚薄、用料的好坏，直接反映的就是屏蔽电磁干扰、保证系统稳定运行的能力。

电源部分，双电源系统对于企业网络服务器来说非常重要，现在的服务器机箱可以在不关闭服务器的情况下更换出现问题的电源，而无需关闭服务器进行调试。这是一个极大的改进，因为在正常情况下关闭服务器会影响到很多用户。

要保证服务器全天正常运行就必须确保所有的组件都工作在正常温度下，服务器机箱通常都需要在关键位置上配备多个散热风扇以确保机箱内的空气流通。

5.2　BIM技术在全过程投资管控中的应用

5.2.1　BIM软件技术在投资管控中的应用

5.2.1.1　决策阶段

BIM技术在投资管控不同阶段的工程成本控制会产生不同的效果，应该优先将决策、设计阶段作为工程成本控制的重点阶段。其中设计阶段作为一个投入少见效大的阶段,应该作为控制工作的主要部分。

成本节约曲线见图 5-13。

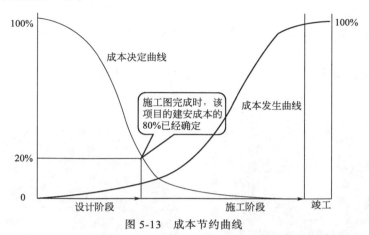

图 5-13　成本节约曲线

BIM 凭借协同工作、建造模拟、自动统计工程量、监控设施运行等各方面所需的技术和管理手段,目前已被广泛地应用。在决策阶段,满足业主功能需求的方案有很多种,不同的设计方案对工程费用影响巨大,运用 SketchUp、Rhino 造型软件,为业主方展示项目方案,减少在设计中的变更,确定最优方案,节约成本。

5.2.1.2　设计阶段

(1) BIM 正向设计。运用 BIM 进行正向设计是设计阶段发展的方向。传统的二维工作模式下,存在着大量的重复工作,设计效率低,设计图纸质量得不到保证。设计阶段的众多协作工作需要花费大量的时间和精力,靠人工检查平、立、剖面图是否达到协调统一或是否存在矛盾之处。在这样的工作形式下,设计图纸容易出现错误,以至于引起后续的工程变更而引起工程费用的上升。而 BIM 技术的使用让建筑设计从平面转向立体,并走向信息化建造,使设计师们不再需要用简单的二维图纸去表达建筑空间的三维复杂形态,可以将工程项目的预期结果在数字环境下提前实现。

BIM 技术应用于设计阶段的优势体现在:第一,参数化设计,在设计的同时,就包含了项目的建材信息、进度和成本信息等,是一个完整的建筑信息模型;第二,建筑、结构、机电、管道各专业在一个平台工作,项目信息修改,及与此相关的所有变动都体现在模型中,平、立、剖面图也将实时更新,减少了核对的重复工作,提高了设计工作的效率,减少了错误。

(2) BIM 深化设计。现阶段,BIM 在设计阶段应用更多的是 BIM 的深化设计,也称为 BIM 逆向设计,是在二维图纸基础上,BIM 建模人员将二维图纸转化为三维模型。通过这样的转化过程,检查设计中存在的问题,体现在:第一,异形构件的表现,由于某些异形构件在二维图纸上无法表达,需要借助三维模型来进行展示;第二,复杂节点的表现,建筑工程中某些复杂节点在二维图纸上难以表达的,用三维模型来展示,尤其是复杂结构钢筋的表达;第三,碰撞检测,这是目前 BIM 应用最多的部分,由于传统二维图纸在表达管线时的局限性,导致管线碰撞处多,运用 BIM 的碰撞检测技术可以检查管线的碰撞,进行管线的更合理排布,将问题解决在设计阶段,减少施工阶段管线碰撞带来的设计变更和成本的增加。

深化设计阶段 BIM 技术对投资管控的影响主要表现在三个方面：设计方案影响直接投资，例如各种施工材料、设备的采购，施工方案的选择，等等；设计方案影响经常性费用，不同的设计方案对于后期的运营维护也存在影响，如能源消耗、保养、维修等费用；设计质量间接影响投资，如不同专业之间的冲突矛盾、图纸错误等问题造成的施工返工、停工现象，各种设计变更造成施工阶段费用增加与资源浪费。BIM 对设计方案优化、设计质量提高有着很大的作用。

非线性建筑 BIM 的应用见图 5-14，机电的深化见图 5-15，节点的深化见图 5-16。

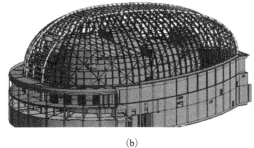

(a) (b)

图 5-14 非线性建筑 BIM 应用

图 5-15 机电的深化

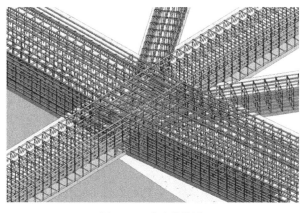

图 5-16 节点的深化

（3）造价信息化。工程造价涉及投资决策阶段、规划设计阶段、施工阶段、竣工验收阶段的全部过程，造价信息管理在全过程咨询中占有十分重要的地位。BIM 技术在工程造价中的运用提高了造价信息的准确性、效率和信息交互性。

造价信息管理包含以下内容：材料设备价格信息、清单项目综合单价信息、工程造价指标、材料设备供应商信息。这些庞大的造价信息需要采集大量信息、协同部门多、管理难度大。

采集信息多、需投入大量的专业人员、投资成本高、更新周期长，使得造价公司建立自己的造价管理系统成本高、难度大。公共造价信息化平台的建立就非常重要。运用造价信息化服务平台进行以下造价信息的管理（图 5-17）。

① 分析。造价信息平台汇集建筑项目案例，通过案例分析，对项目前期成本、项目预算提供参考和建议。各类工程可以按照统一规范的构件分类进行分析，如表 5-8。

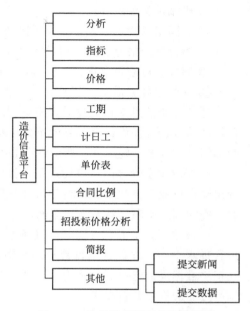

图 5-17 造价信息管理整体框架图

表 5-8 成本分析表

序号	要素	要素成本			
		要素总成本	每平方米成本	要素单位数据	要素单价
1	基础				
2	上部结构				
2.1	框架				
2.2	楼地面				
2.3	屋顶				
2.4	楼梯				
3	装修				
3.1	墙面装修				
3.2	地面装修				
3.3	天棚装修				
4	安装				
5	设备				
6	准备工作				
7	不可预见费用				
8	设备费用				

注：表中只列出了部分工作。

② 单方造价指标、功能单元造价指数。
③ 合理工期信息、合理工期估算。
④ 工人工资支出信息管理。
⑤ 企业劳务费用总支出信息管理。

⑥ 材料信息管理。

⑦ 机械设备信息管理。

⑧ 合同信息管理。包含对合同比例、违约赔偿、设计变更、担保等信息的管理。

⑨ 招投标价格分析。对招投标过程的投标指数、价格区间、样本数量等方面进行分析。

⑩ 简报。对建筑市场、建材市场、招投标价格的预测。

⑪ 新闻和数据提交。通过造价信息平台，分享行业内的新闻，分享个人成果。

建筑造价信息平台通过对真实案例成本的分析、工期的分析、市场价格的分析、典型工程管理的分析，提供详尽可靠的造价资料。通过平台造价信息的分析和共享，对政府建设主管部门、建设方、施工方、造价咨询等中介企业、造价人员都具有重要的意义。

政府建设主管部门可以通过平台价格信息洞察行业发展状况并预测今后的造价趋势，为制定建设行业各种政策提供科学可信的数据依据，有效地控制政府投资项目的造价，提高政府投资的利用率和效益，为社会创造价值。

建设方、施工方、咨询方可以通过及时的造价信息服务来提高造价工作的质量，提高造价管理水平，最终提升项目管理的效果，提高项目收益。通过各种网络、软件、硬件产品，真正将数据应用起来，形成有据可依、有案例可查的造价服务新模式。

对材料供应商，可以为厂商搭建一个受众精准的产品营销平台，提升营销效率，降低营销费用，可以建立自己的材料供应客户生态圈，逐步培养自己的忠实用户。

对造价人员，造价的信息化能够提高造价人员的工作效率，有利于造价人员工作水平的提升，对造价人员的日常工作进行实时测评，对形成造价人员的个人职业评价体系起到积极的作用，进一步提升市场的效率。

BIM 在造价中的运用，最终形成造价信息库：项目规划有依据、精准测算工程量、合理控制单方造价、工程招投标有参考、把握人材机价格行情（图 5-18）。

图 5-18 造价信息库模块图

5.2.1.3 施工阶段投资管控 BIM 技术应用

施工阶段 BIM 的应用主要在施工模拟、进度控制、质量检测、安全控制方面，涉及建设各相关主体，含建设方、总咨询方、施工方。通过施工阶段 BIM 的应用，减少返工，提高管理效率，节省建造成本。

（1）施工模拟。施工组织模拟主要包含施工方案编制及对比优选、施工工艺/方案模拟、可视化交底及方案优选等。利用 BIM 技术对方案中的重点难点进行模拟、深化，确定合理的施工流程、顺序，在满足工艺先进性、合理性，提高施工效率，保障安全的前提下达到降本增效的效益。

施工方案及对比优化流程见图 5-19。BIM 在施工模拟中的应用及案例见图 5-20、图 5-21。

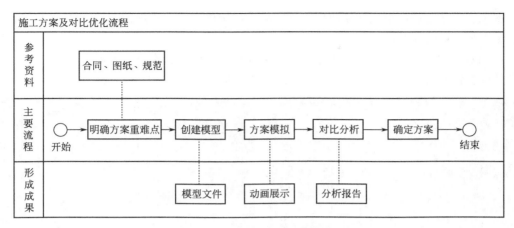

图 5-19 施工方案及对比优化流程

图 5-20 BIM 在施工模拟中的应用

图 5-21 地下室挡土墙支撑体系模型图

（2）可视化技术交底。可视化，是 BIM 技术最基本的特点之一，可视化交底将传统的二维图纸、文字交底的形式转换成以三维效果、动画展示的方式进行交底，区别于传统的交底，更直观、更清晰易懂。

例如对工程中复杂节点、异形结构、工艺操作等方面，在实现工艺模拟的同时就已经实现了其可视化交底。图 5-22 是利用 BIM 模型对特殊节点综合施工工艺进行施工优化、交底。

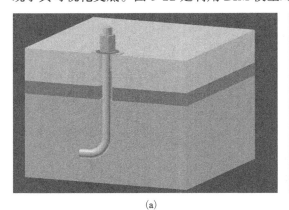
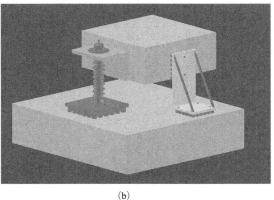

图 5-22　利用 BIM 模型进行施工优化和交底

（3）工期控制。对构件进行信息追踪，通过扫描枪扫描，将原材料进场验收时间、验收人、加工时间、检查人、运输时间、进场时间、安装时间等信息直接录入 BIM 平台中。通过进度对比及过程信息，最终实现调动现场所有资源进行整个平面的物料管理，实行随来随调、零库存的管理理念，实现工期的计划性及合理的控制，让构配件得到有序的控制（图 5-23）。

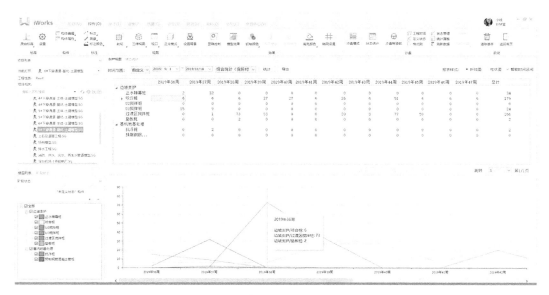

图 5-23　工期、资源、组织对比图

（4）场地与工作面的管理。运用 BIM 场布软件，进行更合理的场地布置，方便施工（图 5-24）。

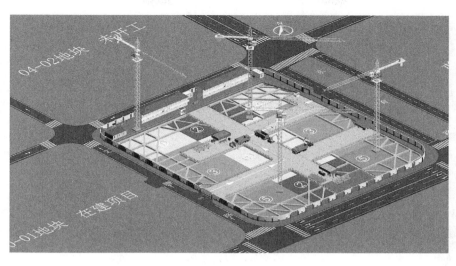

图 5-24　场地布置对比图

（5）资源成本的管理。将 BIM 模型与工程量清单相挂接，完成提量、成本测算等内容。利用地磅、摄像设备对钢筋、混凝土等施工主材进行称重，采集其重量数据，将计划进场量与实际进场量进行对比分析，分析其偏差，发生亏方即时预警，分等级推送给相关岗位管理人员分析风险，及时采取处理措施。并结合现场盘点数据，将统计实际消耗数据与物资实际进场数量进行对比，分析物资消耗实际情况，根据损耗情况进行分析及总结，起到投资管控的目的。

清单定额数据对比见图 5-25，成本曲线图见图 5-26，人力资源统计见图 5-27，材料设备统计见图 5-28。

	编码	类别	名称	项目特征	单位	工程量表	含量	工程量	单价	合价	综合单价	综合合价
41	030209002001	项	避雷装置	1.受雷体名称、材质、规格、技术要求（安装部位）:利用压顶内一根φ12以上主筋通长焊接作暗设避雷带 2.引下线材质、规格、技术要求（引下形式）:利用结构柱或剪力墙内两根φ16（或四根φ10）以上主筋通长焊接作为引下线 3.避雷带连接线：40*4镀锌扁钢 4.总等电位箱、局部等电位箱具体做法参照图纸	套	1		1			8549.05	8549.05
	C2-1083	定	避雷网安装均压环敷设利用圈梁钢筋		10m	178	17.8	17.8	35.05	623.89	41.2	733.36
	C2-1035	定	接地母线敷设户内接地母线敷设		10m	196	19.6	19.6	86.37	1692.85	147.79	2896.68
	50030103000101	主	避雷带40*4扁钢		m		10.5	205.8	5	1029		
	C2-1087	定	避雷引下线敷设利用建筑物主筋引下		10m	242	24.2	24.2	145.63	3524.25	169.86	4110.61
	C2-1084	定	避雷网安装柱主筋与圈梁钢筋焊接		10处	22	2.2	2.2	241.91	532.2	277.76	611.07
	C2-316	定	等电位箱		个	1	1	1	43.62	43.62	197.33	197.33
	51070119000301	主	等电位箱MEB		个		1	1	150	150		
42	030209001001	项	接地装置	1.利用建筑物基础作接地体,将基础底板上下两层主筋沿建筑物外圈焊接成环状	项	1		1			5175.81	5175.81
	C2-1083	定	避雷网安装均压环敷设利用圈梁钢筋		10m	560	56	56	35.05	1962.8	41.2	2307.2
	C2-1031	定	接地极(板)制作、安装圆钢接		根	4	4	4	39.4	157.6	95.8	383.2

工料机显示 | 查看单价构成 | 标准换算 | 换算信息 | 安装费用 | 特征及内容 | 工程量明细 | 内容指引 | 查询用户清单 | 说明信息

	编码	类别	名称	规格及型号	单位	损耗率	含量	数量	定额价	市场价	合价	是否暂估	锁定数量	原始含
1	50030103000101	主	避雷带40*4扁钢		m	0	10.5	205.8	5	5	1029			1(
2	100000010001	人	普工		工日		0.18	3.528	42	52	183.46			0.
3	100000010021	人	技工		工日		0.7	13.72	48	60	823.2			(
4	402701030007	材	电焊条	结422 Φ3.2	kg		0.21	4.116	6.01	6.01	24.74			0.
5	430111150013	材	镀锌扁钢	-60×6	kg		0.71	13.916	6.2	6.2	86.28			0.
6	440303170001	材	钢管保护管	Φ40×400	根		1	19.6	7.21	7.21	141.32			
7	455507040109	材	镀锌精制带帽螺栓	M16×100以	10套		0.1	1.96	21.18	21.18	41.51			(
8	470101150001	材	调和漆		kg		0.2	3.92	10.76	10.76	42.18			(
9	LXCL	材	零星材料		元		0.74	14.504	1	1	14.5			0.

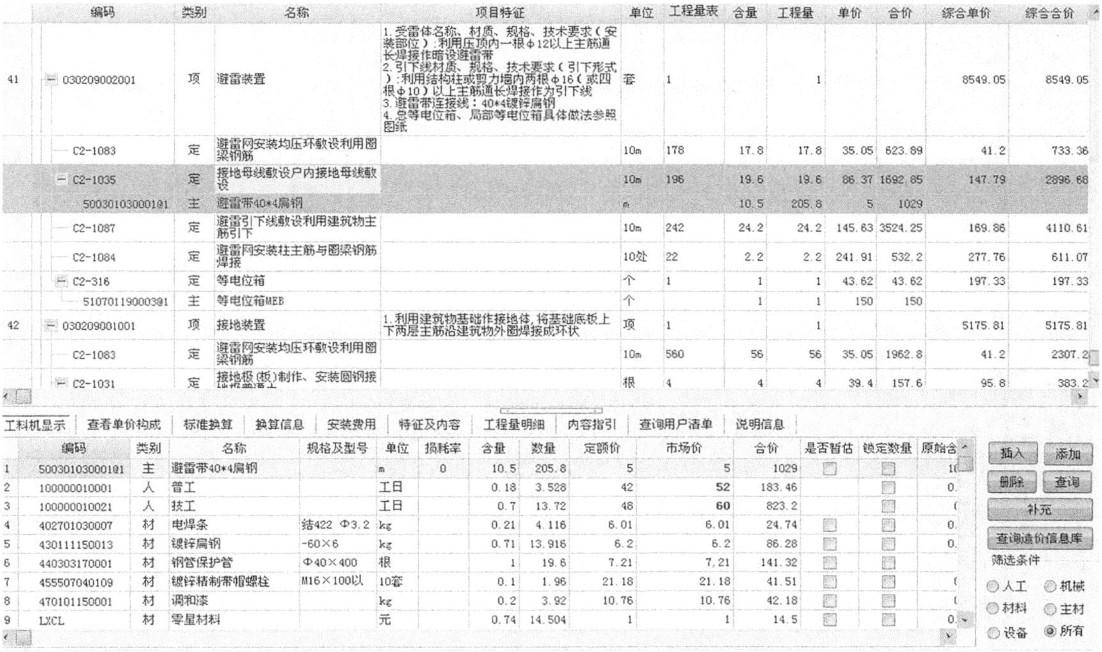

图 5-25　清单定额数据对比

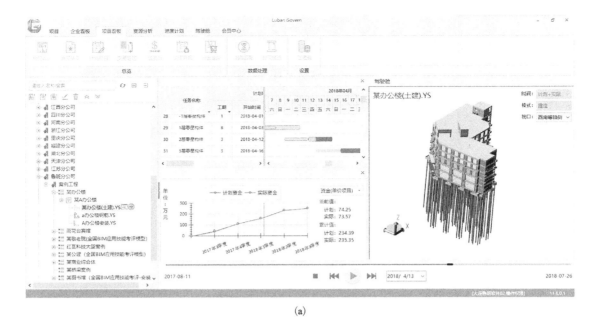

(a)

(b)

图 5-26 成本曲线图

时间范围：

		材料名称	规格	单位	当前用量	累计用量
		人工费			0	0
2	82001	泥瓦工		工日	0	0
3	82004	电焊工		工日	0	0
4	82013	其他人工费		元	0	0
5	82003	油漆工		工日	0	0
6	82007	钢筋工		工日	0	0
7	82011	机械工		工日	0	0
8	82008	搬运工		工日	0	0
9	82002	木工		工日	0	0

图 5-27 人力资源统计

资源汇总信息 任务信息 成本费用分析 资源消耗分析

		描述	单位	定额含量	工程量
1	010100000	土石方工程			
2	010101000	土方工程			
3	010101002001	挖土方 土方开挖、截桩头、基底钎探、运输	m3		6463.(
4	1-19	机械土石方 机挖槽、坑 土方	m3	1.12027	7240.32
5	010400000	混凝土及钢筋混凝土工程			
6	010404000	现浇混凝土墙			
23	任务总价合计	195805.42595			

图 5-28 材料设备统计

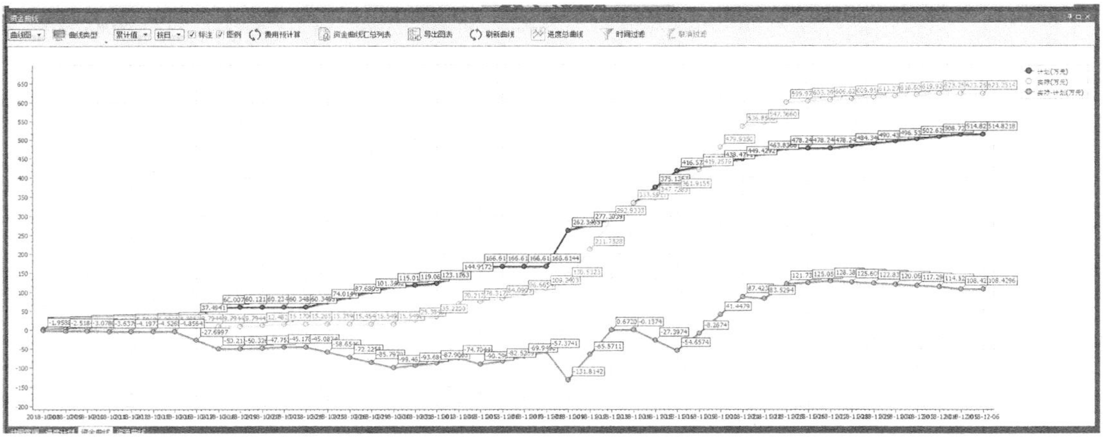

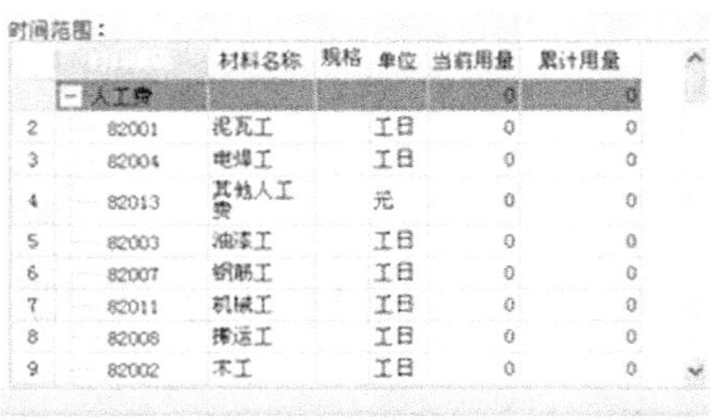

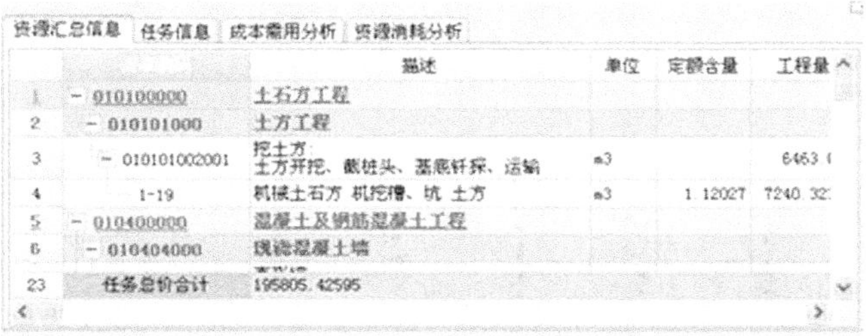

（6）二次结构 BIM 应用。二次结构 BIM 应用主要在墙体排砖、构造柱深化、导墙、洞

口等方面（图 5-29、图 5-30），Revit、广联达 BIM 5D、斯维尔、品茗 HiBIM 等软件在二次结构中都可以应用。

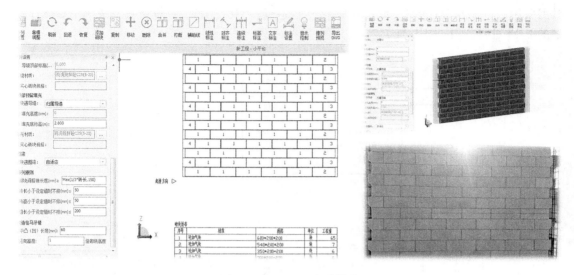

图 5-29　BIM 5D 自动排砖

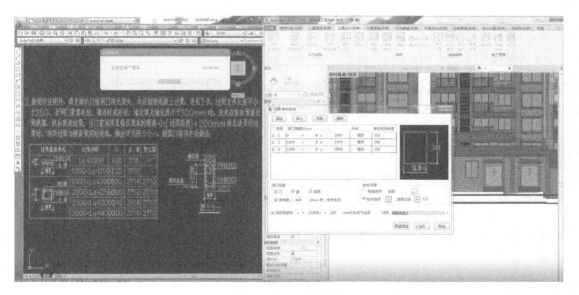

图 5-30　构造柱深化

5.2.1.4　BIM 在运维阶段的投资管控

在运维阶段，进行物业信息管理、机电信息管理、流程管理、库存管理、报修与维护管理。施工阶段建立的 BIM 模型可以提供给运维信息平台，将 BIM 模型中的物业、机电、库存、维修、维护等信息在运维阶段使用。

5.2.2 BIM 协同平台在投资管控中的应用

BIM 协同平台是在核心建模的基础上，通过模型优化接口，将模型接入优化软件，通过模型应用接口接入 5D 平台，通过外部 BIM 接口接入 GIS 平台、运维平台，实现全过程咨询下的 BIM 过程应用（图 5-31）。

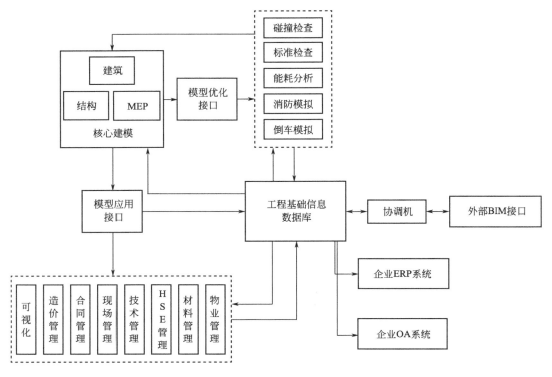

图 5-31　投资管控中的 BIM 协同平台

（1）投资估算阶段。造价工程师能从初设方案 BIM 模型获取粗略的工程量数据，这些粗略的工程量数据和造价指标数据结合，能计算出较为准确的估算价。

（2）勘察设计阶段。辅助概算编制：可以从初步设计的 BIM 模型获得项目的各种参数和工程量。将项目参数和工程量结合，查询指标数据库或概算数据库，可以计算出准确的概算价。

助力设计优化：通过 BIM 模型进行不同的设计方案论证，造价工程师可以针对不同的设计方案测算概算指标，从而配合设计人员开展设计阶段的价值工程和限额设计。

辅助施工图预算编制工作：可以依据施工图建立准确详细的 BIM 模型，为编制准确的施工图预算提供准确的工程量。

招标控制价和清单的编制协助：根据施工图阶段 BIM 模型可以准确导出施工图的工程量，从而辅助清单编制工作，达到清单不漏项、工程量不出错的目标。

助力投标策略：投标人根据施工图设计 BIM 模型获取正确的工程量，与招标文件的工程量清单比较，可以制定更好的招标策略。

(3) 施工建设阶段。

辅助清标分析：BIM 模型与合同对应，为承发包双方建立了一个与合同价对应的基准 BIM 模型，它是计算变更工程量和结算工程量的基准。

施工阶段投资管控：BIM 模型记录了各种变更信息，并通过 BIM 模型记录了各个变更版本，为审批变更和计算变更工程量提高基础数据。结合施工进度数据，按施工进度提取工程量，为支付申请和审核提供工程量数据。

(4) 结算阶段。经施工过程补充完善的 BIM 竣工模型，已经与竣工工程的实体一致。为结算提供了准确的结算工程量数据。

综述：

BIM 技术应用于项目全过程投资管控中，不仅仅是一个理念或者技术的简单应用，更重要的是，基于 BIM 技术的 BLM 彻底打破了建设工程投资管控的横向、纵向信息共享与协同的壁垒，促使工程投资管控进入实时、动态、准确分析时代。BIM 的应用，提高了工程项目各参与方对成本控制的能力，也同时为各方节约了成本。BIM 技术与互联网的关联，有效地提高了建筑市场的透明度，有利于我国建筑行业行为的规范化，有效地规避了招投标及采购过程的贪污腐败。同时，加快了我国建筑业由粗放型向集约型转变，有利于提高建筑业生产效率，加快建筑产业集中度提升。

5.3 数据指标体系及大数据技术在投资管控中的应用

5.3.1 投资管控数据指标体系的应用

5.3.1.1 投资管控数据指标体系的组成

数据指标体系是数据分析中的重要元素，数据分析离不开对关键指标的跟踪，而指标是衡量事物好坏的一个指数。投资管控数据指标体系是运用已建立的工程投资管控指标管理系统工具，对已完典型建设项目的设计概算、招标控制价、竣工结算书等成果资料进行信息化处理，录入（或倒入）系统进行数据收集、分析比较，得到一系列能反映工程特点的经济技术指标，并按一定构架、规则、层次划分建立起的指标体系集合。它可辅助项目决策，合理确定和控制工程项目的建设投资，满足项目投资匡算、投资估算、设计概算、招标控制价等成果文件的编审需求。

工程投资管控的数据指标体系大致由投资匡算指标、投资估算指标、设计概算指标以及典型项目的招标控制价指标组成。工程造价指标体系如图 5-32 所示。

5.3.1.2 投资管控数据指标体系的现状

住房和城乡建设部、中价协以及经济发达地区的政府投资主管部门、评审中心、行业协会等相关单位（或组织）一般建立有当地的建设项目指标数据系统（或数据应用平台），定期发布当地的工程造价指数、指标以及变化情况分析。如中国建设工程造价信息网（图 5-33）、中价联造价云平台（图 5-34）、深圳市建设工程造价管理站建设的深圳市建设工程造价指标

(房屋建筑类)数据应用平台(图 5-35)、上海建设工程造价信息每月发布的造价指标案例(图 5-36)等。

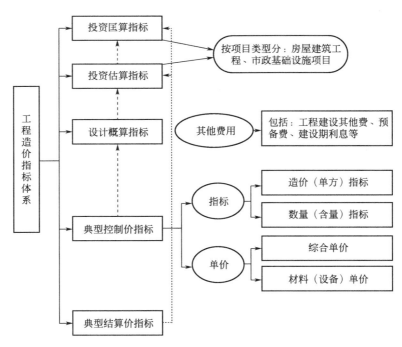

图 5-32 工程造价指标体系

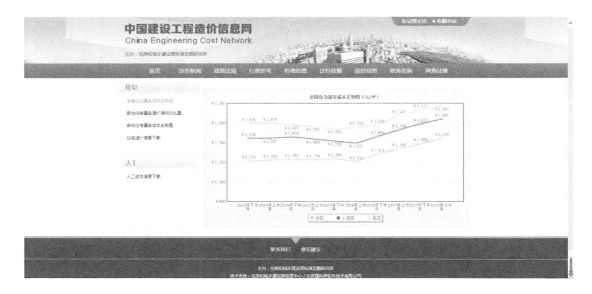

图 5-33 中国建设工程造价信息网截图

第 5 章 全过程投资管控中信息化手段的应用 253

图 5-34 中价联造价云平台截图

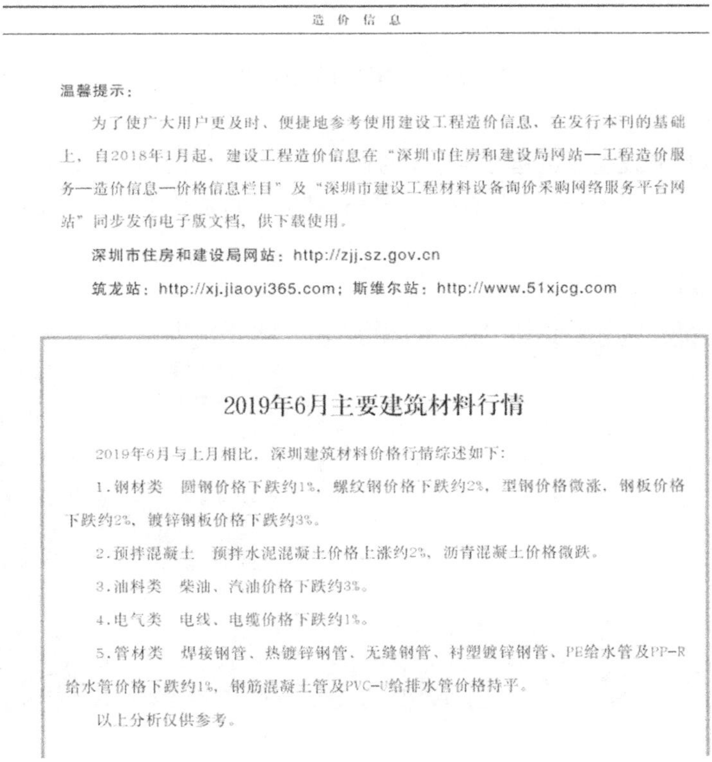

造 价 信 息

温馨提示：

为了使广大用户更及时、便捷地参考使用建设工程造价信息，在发行本刊的基础上，自2018年1月起，建设工程造价信息将在"深圳市住房和建设局网站—工程造价服务—造价信息—价格信息栏目"及"深圳市建设工程材料设备询价采购网络服务平台网站"同步发布电子版文档，供下载使用。

深圳市住房和建设局网站：http://zjj.sz.gov.cn

筑龙站：http://xj.jiaoyi365.com；斯维尔站：http://www.51xjcg.com

2019年6月主要建筑材料行情

2019年6月与上月相比，深圳建筑材料价格行情综述如下：

1. 钢材类　圆钢价格下跌约1%，螺纹钢价格下跌约2%，型钢价格微涨，钢板价格下跌约2%，镀锌钢板价格下跌约3%。

2. 预拌混凝土　预拌水泥混凝土价格上涨约2%，沥青混凝土价格微跌。

3. 油料类　柴油、汽油价格下跌约3%。

4. 电气类　电线、电缆价格下跌约1%。

5. 管材类　焊接钢管、热镀锌钢管、无缝钢管、衬塑镀锌钢管、PE给水管及PP-R给水管价格下跌约1%，钢筋混凝土管及PVC-U给排水管价格持平。

以上分析仅供参考。

图 5-35 深圳市工程造价信息截图

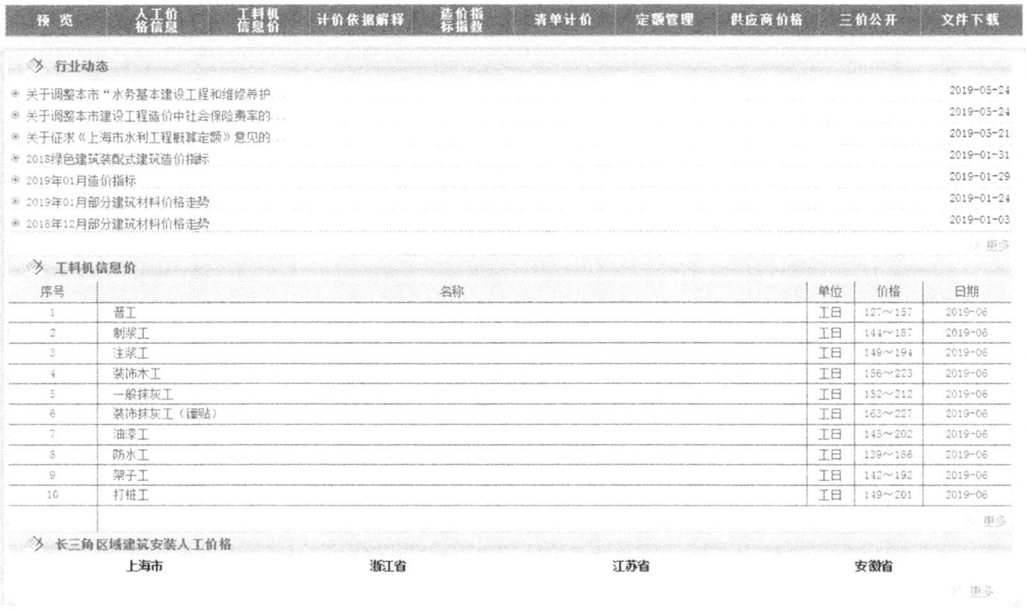

图 5-36　上海造价信息网截图

大的造价类软件开发企业也建有共享类的指标网。其典型案例是广联达指标网（图 5-37）、大匠通科技的指标云（图 5-38）、广东中建普联科技的造价通（图 5-39）等。

图 5-37　广联达指标网

图 5-38 大匠通科技的指标云截图

图 5-39 广东中建普联科技的造价通截图

近日，住建部批复同意北京市住建委开展工程造价管理市场化改革试点。原则同意《北京市住房和城乡建设委员会工程造价管理市场化改革试点方案》。重点提及：把构建多层级、结构化的工程造价指数指标体系作为工程计价依据破旧立新的重要突破口，尽快完成科学、智能和动态化的指数指标分析，形成和发布平台建设工作，为工程造价管理市场化改革探索总结可复制可推广的经验。

5.3.1.3 投资管控数据指标体系的应用

投资管控数据指标体系的应用是指将工程建设项目在设计阶段、施工招投标阶段、过程造价控制阶段、工程结算审计阶段，工程建设项目投资的发生控制在批准的限额以内进行数据收集、分析，以制定、安排、实施资金施工计划，随时纠正发生的偏差，保证工程建设项目管理目标的实现，以求在各个项目中能合理地使用人力、物力、财力，从而得到较好的投资效益和社会效益。

投资管控数据指标可以作为编制投资估算和设计概算的重要参考依据，其服务重点是为建设前期的建设项目投资决策、项目建议书、可行性研究、前期经济咨询、限额设计、设计方案优化服务。下面主要介绍工程造价指标在投资估算和设计概算中的实际应用。

（1）投资估算。分部分项造价指标的使用依据类比估算思路，为拟建项目提供快捷的投资估算测算。其应用步骤为：

① 输入拟建项目的主要项目特征进行检索，选取若干个类似的典型工程；

② 通过对典型工程的造价指标和工程造价数据进行分析组合，综合考虑当前项目建设期的人财机市场价格，即可快速对拟建项目进行估算。

采用分部分项工程指标进行测算则是依据"量价分离"原则，提供更为准确的"半实物量"估算方式。其应用过程为：

① 对于同类建设项目，根据帕累托原理，筛选占总造价比例80%的分部分项工程作为研究对象；

② 经过标准化处理，工程量指标通过回归分析法，找到与项目建设前期既定设计参数之间的回归方程（拟合优度 $\geq 85\%$ 的前提下）；

③ 对新建项目的前期设计资料进行提炼，设计模糊的部分通过回归方程得到工程量估算数据，可实测部分通过设计图纸得到实际工程数量；

④ 结合项目建设期市场价格进行总价汇总，得到精度更高的投资估算值。

（2）设计概算。在设计阶段进行限额设计和优化设计时，设计人员可能要多次修改设计方案，并对备选方案进行技术经济评价。造价指标有助于快速编制设计概算，具体应用为：

通过对新建工程项目特征的检索，造价咨询人员可依据造价数据库中与之相似度较高的工程项目的造价指标进行总造价计算，也可依据造价指标进行分部分项工程人工、材料、机械的消耗量、费用的计算，可以具体到单位工程甚至分项工程的水平上。造价指标的应用可以提高设计概算的编制效率和准确性，使设计人员能及时找到修改设计方案的最佳途径，使得修改后的设计方案在技术上先进、经济上可控。

除此之外，投资管控数据指标还可以作为咨询单位内部质量成果复核的参考标准，也是施工过程成本测算、成本分析、动态管控等环节的重要依据。

5.3.2 投资管控大数据技术的应用

5.3.2.1 投资管控大数据技术的综述

麦肯锡对大数据的定义是"大数据是指无法在一定时间内用传统数据软件工具对其内容进行采集、储存、管理和分析的数据集合"，而在2013年开始，随着大数据技术和商业模式的进一步成熟，人们对大数据的关注也由概念技术阶段进入成熟应用阶段。建筑业是传统行业又是我国的支柱行业。在建筑的生命周期内，围绕建筑会产生海量的数据。每个项目都会涉及建设方、总包方、分包方、材料设备厂商、劳务公司、设计院、监理方、政府行政部门等各方。在各方参与项目的过程中会产生大量的数据。其中也包括投资管理和控制的数据收集和分析。

建筑施工行业大数据应用点如图 5-40 所示。

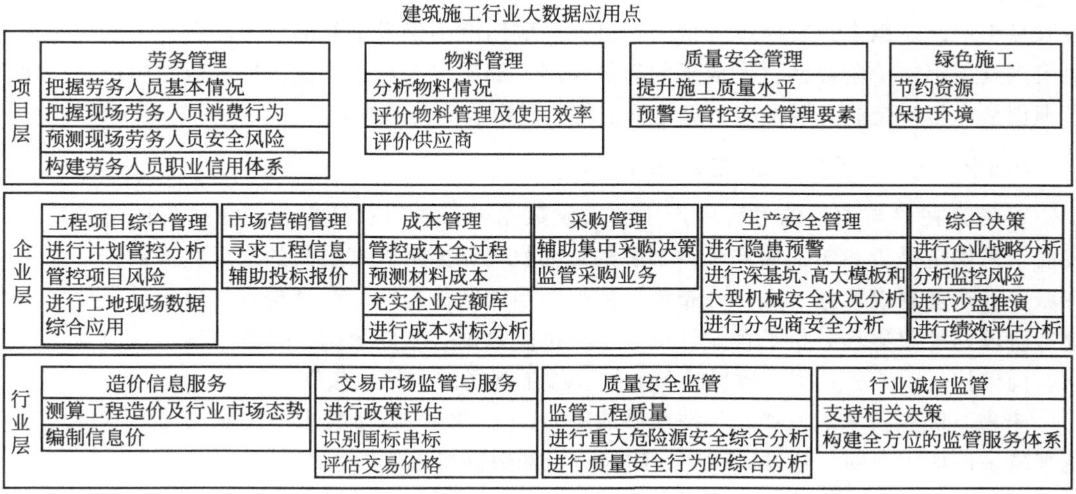

建筑施工行业大数据应用点

项目层	劳务管理 把握劳务人员基本情况 把握现场劳务人员消费行为 预测现场劳务人员安全风险 构建劳务人员职业信用体系	物料管理 分析物料情况 评价物料管理及使用效率 评价供应商	质量安全管理 提升施工质量水平 预警与管控安全管理要素	绿色施工 节约资源 保护环境

企业层	工程项目综合管理 进行计划管控分析 管控项目风险 进行工地现场数据综合应用	市场营销管理 寻求工程信息 辅助投标报价	成本管理 管控成本全过程 预测材料成本 充实企业定额库 进行成本对标分析	采购管理 辅助集中采购决策 监管采购业务	生产安全管理 进行隐患预警 进行深基坑、高大模板和大型机械安全状况分析 进行分包商安全分析	综合决策 进行企业战略分析 分析监控风险 进行沙盘推演 进行绩效评估分析

行业层	造价信息服务 测算工程造价及行业市场态势 编制信息价	交易市场监管与服务 进行政策评估 识别围标串标 评估交易价格	质量安全监管 监管工程质量 进行重大危险源安全综合分析 进行质量安全行为的综合分析	行业诚信监管 支持相关决策 构建全方位的监管服务体系

图 5-40　建筑施工行业大数据应用点

前节所述的投资管控指标体系就属于建设行业大数据范畴，投资管控指标体系的分析应用也是行业大数据的一个细微分支。

5.3.2.2　建筑行业投资管控数据的行业现状

（1）政府投资项目。国内部分地区已实现代建制（比如教育、医院等），已积累了大量的造价数量；其余的部分均散落在项目层级或者从业者个人（造价人员）身上，未能从中提炼出经验，有很大的潜力可挖掘。

（2）地产企业。对成本管理意识较强，对数据库的建设较为重视；已有部分企业尝试在 ERP 内自动完成数据采集和加工，但其数据分析模型不统一，且专业水平参差不齐；对同行业内横向成本对比数据的需求巨大；华润、万科等大公司均已开始研发自己的数据平台。

（3）咨询企业。以港资（或海外英联邦体系）QS 为代表的数据管理流程体系已经成熟。它以各建筑类型"基准预算或工程量清单+交易价格"为数据基础，定期更新，数据加工仍以"EXCEL+手工"为主。

国内咨询企业已意识到数据积累的重要性，部分企业已经尝试建立自己的数据指标体系，或建立大数据联盟。但大多数咨询企业的现状是，数据散落在造价工程师个人处且相当不完整，远未达到建成企业数据库的标准，更无法形成生产力。

（4）行业协会。已有部分地区的行业协会（如经济发达地区的造价协会），制定了统一的咨询行业规范标准，内容和管理思路仍停留在造价核算/估算/概算指标环节。

（5）造价管理部门。造价管理部门已着手制定信息化国家标准并已进入征询意见阶段；各地区开展信息价及指标指数的发布，数据来自供应商、建设单位、咨询公司上报的出厂价、备案价及填方的造价指标，和英美以及港资的最大不同是未与实际交易价挂钩，数据的可用性存疑；现有数据的加工手段也是以"EXCEL+手工"为主，缺乏跨地区的横向对比分析。

（6）施工企业。关注企业内部定额、材料价格的积累和应用；数据多限于各专业工种，对整个工程项目而言，其积累的数据并不完整，数据的复用度不高。

综上所述，建筑行业每年几万亿项目，产生了海量的相关数据，均分散在参建各方的一线人员手中，难以实现其应有的价值。目前的应用范围仅限于前期成本测算，少量用于内部决策以及工程造价阶段性咨询成果的质量控制。如何深挖数据价值，形成数据生产力，实现管理创新，带动企业升级发展，仍是整个行业需要攻克的难题。

5.3.2.3 投资管控大数据技术的应用

对各方在参与项目的过程中产生的大量数据进行收集和分析。如在投资决策阶段，开发商未来确定是否参与地块购买，大多都是要收集和分析国家层面的宏观经济数据、地块所在城市的产业规模数据、人口分布流动数据、当地经济指标、竞品楼盘销售信息等数据。在建造阶段，要收集和分析工程设计图、工程进度数据、合同数据、付款数据、供应商评审信息、询价信息、劳务数据、质量检验数据、施工现场的监控视频等。

未来，随着技术的发展、科技水平的进步，三维地理信息技术、BIM 技术、智能传感器越来越多地应用在项目建设过程中，建筑项目的数据将成倍地增加。

在建设项目价值链中，越靠近价值链前端，经营操作风险越大，但对整个开发项目的利润贡献越高，土地的选择在很大程度上影响项目未来的利益。

投资管理和控制中，对于数据的收集、分析可以有效地帮助投资者规避风险，做到合理地使用人力、物力、财力，从而得到较好的投资效益和社会效益。

（1）制定数据的变现路径。要使大数据在建设项目投资管控中产生效益，就需要厘清数据变现的路径（图 5-41）。

图 5-41 制定数据的变现路径

数据变现的首要前提是梳理数据的最终应用目标，然后是为此建立相关标准（如数据内容、粗细度、格式标准等），其次才是组织数据的采集工作，最后是按数据应用的场景建立算法模型，进行数据的加工和抓取。

（2）大数据技术在建设项目投资管控中的具体应用。

① 项目决策阶段。运用企业内外部的数据指标库的相关数据，在方案设计的基础上，筛选同类项目的成本指标数据进行分析，精准估算项目投资。

② 勘察设计阶段。进行设计优化，预控项目风险，深化初步设计，严控施工图设计，从而确保项目目标成本的实现（一般原则上，匡算投资 > 估算投资 > 概算投资 > 预算投资）。

在设计过程中，应在项目投资决策的可行性研究报告的基础上进行项目成本预测，编制和分解项目实施步骤及费用，收集各同类项目的最新数据，通过多方案比较，在确保工程质量的前提下，选择低成本、技术先进的工程实施方案，做好投资项目的成本预控。

③ 项目实施期间。在项目实施期间收集成本数据，应做到严格按照计划进度实施，熟识工程量清单及定额内容，减少不必要的经济签证和索赔产生，主要关注以下数据问题：

a. 材料价格数据。工程项目在投资成本核算中不应让仓储成本过大，因此材料储存量和使用量的计算应该准确、合理，使得材料采购能较好地掌握时机。特别是材料采购价格在数据信息中占有重要地位，应做好材料设备的订货、采购、供应工作，严把材料设备价格关，防止价格信息失真，以免造成投资项目成本费用的增加。

b. 工程量增加数据。某些项目承包方为了追求自身利润，随意变更设计、增加工程量。工程项目投资施工前，应该组织甲方、设计师、工程监理等技术人员进行现场踏勘、图纸会审、技术交底，并进行相应审核。对可能出现技术变更产生的成本变化进行预测和分析，严格控制工程项目随意变更图纸，同时保管好各类文件、图纸（特别是变更图纸），为竣工结算以及事故索赔处理提供依据。

④ 竣工结算。工程竣工结算是工程项目投资中的一个重要环节，审核是否有效降低投资，获取的数据与合同、投标文件相比较，做好工程结算数据汇总。

总之，工程项目投资成本控制应该建立以行业市场数据为中心，各部门进行动态控制和管理，寻找工程项目投资成本与工程质量的最佳结合点，规范设计和签证行为，积累经验，摒除大数据在运行过程中出现的高人力成本、高挖掘数据成本和高时间成本的缺陷，发挥大数据在工程项目投资管理控制中的有效作用，将项目投资各阶段的信息有效管理和应用，进一步提高工程投资项目效益。

5.4 无人机倾斜摄影在投资管控中的应用

无人机摄影测量以无人机为飞行载体，一般以非量测相机为摄影设备，其携带方便，成本低。正是无人机摄影测量的这些特点，使无人机摄影测量在水利建设中的应用迅速发展。

5.4.1 建立三维场景模型

三维场景是利用航空摄影测量技术展示项目周边的地形地貌，以及项目周边交通、建筑、环境间的空间位置分布关系及互通关系；它也是其余模型的载体，可通过精确的空间位置来展示三维场景模型和项目模型的相互关系。

三维场景模型可以将建筑信息化模型接入基础地理信息平台，从宏观层面展示建筑信息化模型和周边环境的空间地理关系及项目建设中的影响范围；利用航空摄影测量技术（包括数码航空摄影测量、倾斜摄影测量、激光雷达测量及无人机摄影测量等）获取研究范围内的正射及倾斜航空影像数据，通过传统航空摄影测量技术处理及倾斜摄影技术处理，得到数字正射影像（DOM）和数字高程模型（DEM），在三维地理信息系统中叠加生成项目周边三维地理场景模型。

尤其是在建筑物密集区，为了更加直观地展示项目与周边建筑物的关系，需要构建周边建筑物的三维模型（图 5-42）。根据建筑物的空间位置、影响范围、重要性以及实际需求，分别建立"白模"和"精模"，更好地确定项目在空间上的布局。

图 5-42 基于倾斜摄影测量的车站三维场景构建

5.4.2 地图测绘

无人机测绘目前在建筑项目中应用于农村土地信息调查、矿山测绘、道路规划、测量土地、综合整治、公路带状地形测量、公路崩滑陡峭地段测量等各种不同项目。除此之外，在山洪灾害评估、森林蓄积量估测、青藏高原的地质调查、土地景观利用调查、电网工程建设、线路巡检、土方平衡、石油勘测中都有应用。航拍地形图如图 5-43 所示。

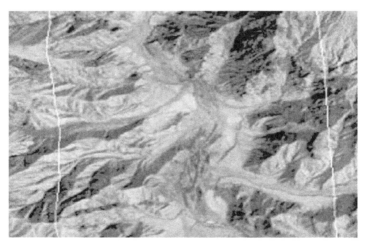

图 5-43 航拍地形图

以空中国王 350i 为例，每小时飞行价格 3.5 万元左右，2 个架次可飞行 16000 多平方公里，这种机型适合高海拔或飞行高度在 8000m 以上及航测面积大的飞行任务。

而在无人机航测领域，有业内人士表示随着行业竞争愈发激烈，在竞标竞价过程中，报价也越来越低；但尽管如此，要想做到飞行安全可靠、数据准确有效，就需要使用专业的工业级无人机，而这类产品的价格少辄十几万，多辄上百万，对于用户而言购买无人机执行航测任务依然"很贵"。

5.4.3 数据处理软件

倾斜航测采集的数据包括各拍摄点的多角度影像信息和对应的 POS 数据。影像信息通过五镜头相机拍摄获取影像数据，无人机搭载相机以恒定速度对地面进行等距拍照，采集到具有 70% 重叠率的相片；将采集到的数据进行分析处理，使用第三方数据处理软件 Pix4Dmapper、ContextCapture（Smart3D）、PhotoScan 进行倾斜原片数据提取处理，进行人机交互三维建模。

根据航拍的照片、视频或者结合点云，自动生成正射影像（DOM）、地形（DSM）倾斜模型；对于不满意的地方可以人工介入进行少量修改；自带模型浏览工具，包含简单的量测、分析。PhotoScan 无需设置初始值，无需相机检校，它根据最新的多视图三维重建技术，可对任意照片进行处理，无需控制点，而通过控制点则可以生成真实坐标的三维模型。照片的拍摄位置是任意的，无论是航摄照片还是高分辨率数码相机拍摄的影像都可以使用。整个工作流程无论是影像定向还是三维模型重建过程都是完全自动化的。PhotoScan 可生成高分辨率真正射影像（使用控制点可达 5cm 精度）及带精细色彩纹理的 DEM 模型。完全自动化的工作流程，即使非专业人员也可以在一台电脑上处理成百上千张航空影像，生成专业级别的摄影测量数据。

5.4.4 无人机测量数据的运用

通过无人机航测，可以在较短时间内实现对项目所在区域施工情况的数据收集，能为项目实施前后提供对比分析，更加直观地反映工程的施工情况，为建设项目过程动态投资监管提供了强有力的技术手段。

以下是无人机倾斜航测计算土石方的实例：

土石方工程量的核算往往是工程预算与结算中的争议与焦点，运用 BIM 建模的方法模拟土石方的开挖与回填，让人直观有效地开展土石方的挖运分析与运算，能做到土石方平衡计算的精确化与精细化，并且大大节约争议的时间，对项目成本管控发挥了重要作用。

需解决的问题：如何从原始地貌提取出初始数据？如何把数据模型转化为 BIM 模型？如何从 BIM 模型得到土石方工程量？

解决方法：利用无人机航拍及点云三维成像技术形成模型数据，将影像资料通过软件处理得到模型原材料数据。把数据导入 Revit 软件之中生成原始地貌模型，再根据设计图纸在原始地坪模型的基础上绘制基坑开挖模型，两模型之间的差异体量即为土石方开挖量模型，利用 Revit 直接导出报表则得出土石方开挖量。

（1）从原始地貌提取初始数据。无人机摄影测量日益成为一项新兴的测绘重要手段，其具有续航时间长、成本低、机动灵活等优点，是卫星遥感与有人机航空遥感的有力补充。

无人机低空航摄系统一般由地面系统、飞行平台、影像获取系统、数据处理系统等四部分组成。地面系统包括用于作业指挥、后勤保障的车辆等；飞行平台包括无人机飞机、维护系统、通信系统等；影像获取系统包括电源、GPS 程控导航与航摄管理系统、数字航空摄影仪、云台、控制与记录系统等；数据处理系统包括空三测量、正射纠正、立体测图等。

在某项目案例中对原始地貌进行拍照勘测，利用大疆无人机对被测绘的场地地形进行全方位的拍照记录。

让无人机飞行到一定高度，高度由照片的精细程度决定，较高的照片精细度需要无人机低空飞行来采集到更细致的地貌特征，但是过低的飞行高度也会造成镜头视角范围有限，造成测绘工作效率过低。在无人机飞行到适当高度以后，机载的航拍相机镜头垂直地面往下拍摄，无人机的航拍路线采用"之"字形沿场地的某一方向来回往返，而无人机的高度始终保持在一个海拔面上。这样机载镜头的视角范围呈现带状按次序逐步覆盖全部场地，这就实现了对地形逻辑有序的全覆盖拍摄。

当无人机对土石方施工场地全方位航拍到位后，在现场或办公区用电脑查看无人机数据存储 SD 卡照片文件夹，这时文件夹内的照片是通过编号有序排列的，通过观察照片范围可以看出相机位置在往一个方向平移，上下两张照片之间有重叠区域。这时，每张照片都带有该片拍摄时的经纬度、海拔高度、拍摄姿态（角度）等 POS 信息，这是初始的关键信息。

（2）初始数据转化为 BIM 模型。Revit 软件对带有经纬度、海拔高度、拍摄姿态（角度）等 POS 信息的照片是不能直接识别的，需要通过一个"中转站"对照片进行处理。运用专业的平面影像构建 3D 模型软件能够将照片处理成点云数据，本处以 PhotoScan 软件为例讲述。

① 对齐照片：PhotoScan 会按照每张照片的经纬度、高度和角度依序排列还原出每个镜头的位置。

② 建立密集云：PhotoScan 将会计算每个点之间的关系，将每一个识别出来的点列入密集计算中。

③ 生成网格：有了各个点间的矢量函数关系，PhotoScan 便将它们按照实际情况连接起来，构建成为点线面的 3D 模型。

④ 生成纹理：PhotoScan 根据建立密集云时的数据，将平面影像分配给 3D 模型，此时的模型拥有内部结构和外部图像，已经形成了初步的 3D 模型。

至此带有材质覆面的点线面三维模型已在 PhotoScan 中呈现出来，软件能够导出多种格式的文件，用 PhotoScan 导出点云文件，并加载到 AutoCAD 中，则可在 CAD 三维视图中转变为具有高程性质的线模型，即得到带有高程点的三维 CAD 模型。

（3）BIM 模型得出土石方工程量。

① 把三维 CAD 模型导入 Revit 软件，会在三维视图中生成一个模型，即"原始地貌模型"。

② 在"原始地貌模型"的基础上得到土石方的挖填方量，有下面两种方法：

● "建筑地坪"命令：

a. 把"原始地貌模型"的创建阶段设置为"现有"；

b. 选择体量和场地选项卡中的"平整区域"命令，在弹出的对话框中点击"创建与现有地形表面完全相同的新地形表面"，点选原有地形打钩确认；

c. 选择体量和场地选项卡中的"建筑地坪"命令，参照已有的基坑沟槽二维图纸，运用绘制轮廓与设置标高、坡度的方式自行绘制地坪草图并打钩确认，此时新建地形为"新构造"；

d. 点选"新构造"的地形，软件会自动选择"新构造"与"现有"之间的土石方体量，并且左侧属性栏会显示"净剪切/填充""填充""截面"的值，这些值即为"挖填方净值""填方""挖方"的量，则土石方的挖方、填方与挖填方净值直接显示出来；

e. 最后需要提出的是，这一方法有一个缺陷：不能在新构造的"建筑地坪"的基础上继续编辑地形，即地形需要在同一区域一次性编辑到位。

- "平整区域"命令：

a. 把"原始地貌模型"的创建阶段设置为"现有"；

b. 选择体量和场地选项卡中的"平整区域"命令，在弹出的对话框中点击"创建与现有地形表面完全相同的新地形表面"或"仅基于周界点新建地形表面"，这时参照已有的基坑沟槽二维图纸，运用消除原地形的高程点与创建开挖后的高程点的方式，自行创建想要开挖到的地形表面，并打钩确认；

c. 点选"新构造"的地形，软件会自动选择"新构造"与"现有"之间的土石方体量，并且左侧属性栏会显示"净剪切/填充""填充""截面"的值，这些值即为"挖填方净值""填方""挖方"的量，则土石方的挖方、填方与挖填方净值直接显示出来；

d. 在这个方法的基础上，则能继续编辑地形；如果要继续开挖并计算，将原先"现有"的地形删除，将编辑过的"新构造"地形创建阶段设置为"现有"，后续方法如上。

（4）BIM 土石方算量技术优势。传统的土石方计算方法存在着计算量大、计算精度不高、数据量大等缺点，而利用"根据地形特征进行区域划分→近似简化→采取合适的测量方法取得地形三维特征数据→最后通过三维重构的方法得出计算结果"思维的 BIM 方法能够实现快捷精确的计算方法，并且能做到"实际与模型的精确对应"和"所见即所得"。随着摄影成像技术的迅速崛起，大量国内外优秀的摄影成像软件已具备了一定的模型分析和计算的能力，未来从地形测量到土石方计算结果的获得，人工成本和时间成本都将大大降低，同时测量的精度也会比传统测量方法要高许多。

第6章 全过程工程咨询投资管控案例

6.1 某配套安置房项目全过程工程咨询投资管控案例

6.1.1 项目基本情况

（1）项目名称：某配套安置房项目。

（2）项目规模：项目用地面积 ××m²，总建筑面积 ××m²，其中地上建筑面积 ××m²，地下建筑面积 ××m²。

（3）PC情况：本项目为装配式住宅及商业，预制装配率≥25%。住宅项目地面以上部分主要有预制外墙板、阳台、空调板及预制楼梯等。外保温为35mm厚A级保温板外保温系统。商业配套用房地面以上部分柱、楼板、楼梯采取预制。外墙为填充墙，外保温为35mm厚A级保温板外保温系统。

6.1.2 投资咨询服务内容

（1）编制目标成本。

（2）进行项目招标策划，完成项目招标采购工作。

（3）工程建设其他费用、配套费用及相关合同条款的审核。

（4）根据招标施工图纸及招标文件，审核总承包施工招标清单编制的准确性，并参与1个房型工作量清单的编制。

（5）根据施工图纸及施工总承包合同，与施工总承包单位核对清单工程量（含钢筋、预埋件、PC 预制件等总承包范围内一切工作内容），完成施工图预算编制工作。

（6）施工阶段全过程造价控制，包括但不限于：

① 对拟订的设计变更及技术核定进行经济分析；

② 设计变更单、签证单、核价单的审核；

③ 新增或变更材料的核价；

④ 各类合同的付款审核；

⑤ 每周定期派专人参加工程例会。

（7）总承包及暂估价工程合同条款的审核。

（8）做好投资管控过程中的各类台账、报表，做好动态成本分析。

（9）总承包及暂估价工程的竣工结算。

（10）业主提出的与本项目造价相关的其他工作。

6.1.3 投资咨询服务方案

6.1.3.1 项目基本情况

（1）工程概况。

（2）项目投资及规模。

（3）资金来源。

（4）服务时间。

6.1.3.2 咨询服务目标

建设项目全过程工程造价管理咨询的任务是依据国家有关法律、法规和建设行政主管部门的有关规定，通过对建设项目各阶段工程的计价，实施以工程造价管理为核心的项目管理，实现整个建设项目工程造价有效控制与调整，缩小投资偏差，控制投资风险，协助建设单位进行建设投资的合理筹措与投入，确保实现工程造价的控制目标。

6.1.3.3 咨询服务工作依据

（1）《中华人民共和国民法典》。

（2）《中华人民共和国招标投标法》。

（3）《必须招标的工程项目规定》。

（4）《××市建设工程招标投标管理办法》《××市建设工程招标投标管理办法实施细则》。

（5）《建设工程工程量清单计价规范》（GB 50500—2013）及各地区建设工程工程量清单计价规范应用规则。

（6）其他国家和地方政府颁布的有关法律、法规和规范性文件。

（7）建设单位依法签订的工程技术合同、与投资有关的其他合同。

6.1.3.4 咨询服务组织架构

（1）项目部组织框架（图 6-1）。

（2）拟从事本项目服务人员及其技术资格一览表（表 6-1）。

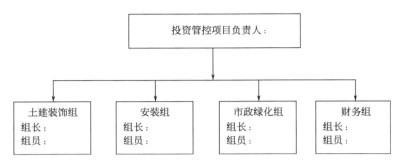

图 6-1 项目部组织框架

表 6-1 拟从事本项目服务人员及其技术资格一览表

序号	姓名	出生年月	性别	学历	技术职称	执业资格证	从事专业年限	拟任岗位及职责

6.1.3.5 实施方案

（1）资金监控。

① 编制用款计划。根据施工合同和建设单位批准的施工进度计划，协助编制年度（月度）用款计划。

② 协助建设单位进行建设资金专户管理，防止出现挤占、挪用、滞留资金的现象。

③ 审核各类费用的支出，防止出现资金流失和占用的情况。

④ 向建设单位汇报资金运作情况。

（2）立项及可研阶段。根据以往类似工程案例经验和积累的造价指标信息资料，并结合项目的具体情况对投资估算进行初审，提出建设性意见；根据业主确认的总投资额进行明确分解，确定各阶段控制目标，并进行相应的明细分解。

（3）设计阶段投资控制。

① 审核概算。

② 初步设计优化工作。

（4）工程建设其他费用的投资控制。审核工程建设其他费用相关的合同和费用。

（5）招标投标阶段的投资控制。

① 对招标文件条款提出咨询意见。应特别关注招标文件是否要求投标人提供主要项目的综合单价分析表，是否明确了总包服务费的工作内容。建议在授予合同专用条款中约定新增工程量清单项目的计价原则。

② 对工程量清单的审核。应认真审核工程量计算的准确性和项目特征描述的清晰性，严格执行三级复核制度，应特别关注是否有漏项，若有漏项则审核后予以补充。

③ 参与合同谈判。对各类草拟合同中有关合同价、付款、变更、不可预见等内容提出咨询意见。

④ 参与有关项目的询价与审核。

（6）施工阶段的投资控制。

① 制定控制措施。与各相关参建单位沟通后商定支付工程进度款、材料价格核定流程、现场签证流程、签证权限。

② 参加工程例会。参加工程例会，在会上回答或提出咨询意见，落实会议决议。

③ 审核（编制）施工图预算、工程变更、签证。及时审核（编制）预算、工程变更、签证，为投资动态分析、确认（调整）合同价款及政府工程款、调整投资控制目标等提供数据。

④ 审核工程进度款。根据施工监理确认的质量合格的工程量，对照施工合同有关支付、预留条款，提出支付工程进度款建议书。

⑤ 暂估价的招标。协助建设单位对暂估价中依法必须招标的材料或设备、专业工程进行招标。

⑥ 协助商务谈判。协助建设单位与各承包商进行商务谈判，谈判中应特别注意合同条款的严密性，杜绝隐患。

⑦ 审核材料价格。对施工单位上报的（新增）材料单价运用竞争的手段进行比价、询价，或结合参考在其他服务项目中掌握的价格资料进行审核，提出建议价。

⑧ 调整投资控制目标。在投资控制动态分析的基础上，协助建设单位进行调概工作。

⑨ 编制合同执行情况专题报告。从服务一开始就建立动态管理合同台账，每月报告合同执行情况，编制合同执行情况专题报告，在报告中向建设单位汇报有关工程款的支付、工作量进度、质量等情况。

⑩ 协助业主的索赔和反索赔工作。及时向建设单位预警可能发生的工程索赔费用（工期）问题，当有关单位提出索赔时，提供确认或否定的咨询意见，当有关单位发生违约行为时，为建设单位提供反索赔的咨询意见，以保证建设单位在合同上的利益。

（7）竣工结算阶段的投资控制。

① 结算审核工作。对合同有关结算方法的未尽事宜，配合业主与施工单位协商制定审价原则。

在认真审核结算依据的完整性和有效性基础上，经三级复核后，将结算审核初稿提交给建设单位审核；再与施工单位谈判，出具审定单和结算审核报告（包括甲供材料及设备价格、施工用水用电的审核抵扣等）。

② 提供总结算审核报告。对照项目实际造价与概算进行分析，出具总结算审核报告。

6.1.3.6 质量保证措施

为保证全过程造价管理咨询服务的质量，可采取以下质量保证措施。

（1）实行项目负责人负责制。在进行各阶段造价咨询工作前，由项目负责人主持召开全体造价咨询工作人员会议，将审核后的造价咨询工作计划传达给每一个人，安排造价咨询工作任务、明确造价咨询工作目标，使造价咨询工作人员在咨询工作实施前心中有数，更好保证造价咨询工作质量。项目负责人负责项目实施全过程中与业主相关部门的沟通、协调。项目负责人对主管造价业务的副总经理负责，必要时可直接向总经理汇报。各专业工程师对项目负责人负责。

（2）事前交底，专业分工。造价咨询工作前，组长组织所有小组成员进行针对性交底，熟悉了解各项与建设项目造价及投资有关的资料，统一执业标准，明确工作纪律。

（3）全面、逐项审核，避免抽样造成的误差。

（4）成果文件的三级质量复核。为保证造价咨询工作质量，达到预期的造价咨询工作目标，按照"质量控制管理制度"的要求，对本工程项目全过程造价咨询各阶段工作进行三级质量复核。具体内容如下：

① 一级复核：由项目负责人负责。

由项目负责人负责完成。复核内容主要包括：a.是否按造价咨询工作计划和造价咨询工作步骤方案进行；b.造价咨询工作依据是否充分、正确；c.造价咨询工作底稿的完整性和技术准确性（包括工程量的计算、价格的取定、费用的审核等）；d.造价咨询工作结果是否真实、合法、完整等。完成初稿后填写业务报告签核表交由部门经理或总工程师室专职复核人员（附项目基本情况说明、施工合同、招投标文件、购货发票、甲乙双方签证、送审结算、会商纪要、计算底稿等）。

② 二级复核：由部门经理或总工程师室专职复核人员负责。

由部门经理或总工程师室专职复核人员负责完成。复核内容主要包括：a.详细复核是否按要求和规定进行；b.详细复核发现的问题是否准确；c.造价咨询工作流程是否全部实施；d.对详细复核的结果按重要性流程进行抽样复核；e.所完成的造价咨询工作能否支持造价咨询工作结果的真实、准确等。对部门经理或总工程师室专职复核人员提出的意见进行修改后应及时反馈，以得到最后认可。一、二级复核人员须在业务报告签核表中分别签署意见后交由总工程师进行审核。

③ 三级复核：由总工程师负责。

由总工程师负责完成。复核内容主要包括：a.详细复核及总体复核是否按要求和流程进行；b.前两级复核发现的问题是否准确；c.造价咨询工作能否达到预期的造价咨询工作目标；d.造价咨询工作结果是否真实、合法、完整；e.所出具的造价咨询工作报告是否符合相关规程、行业主管部门的管理规定要求等。

④ 征询意见、审定签发。三级审核后向甲乙双方分发征询稿，双方意见返回后，在规定时间内项目负责人将复核出的问题进行及时的调整和更改，完成造价咨询报告和造价审定单，交由总工程师签发，出具造价咨询成果文件。

6.1.4 编制目标成本

本项目的建设单位总公司是一家以房地产开发、物业管理、商业地产经营三大板块为主的大型国有企业，拥有房地产开发企业一级资质。获得××市优秀住宅金奖、××市优秀配套商品房奖等多项殊荣，对开发征收安置房有非常成熟的经验，目标成本也有自己的成熟模式。

编制目标成本时，需先根据设计方案完成项目经济技术指标表（表6-2、表6-3）。

表6-2　××项目经济技术指标表1

1	项目概况		建筑方案阶段		
编号	名称	指标	编号	名称	指标
1.1	总开发周期		1.2	项目分期	

续表

1	项目概况		建筑方案阶段			
编号	名称	指标	编号	名称		指标
1.3	用地面积		1.12	居住户（套）数		
1.4	容积率		1.13	机动车停车位总数		
1.5	建筑密度			地下车库车位		
1.6	建筑占地面积			地上车位		
1.7	绿地面积			其中	住宅停车	
1.8	绿地率				公建停车	
1.9	集中绿地面积		1.14	非机动车停车位总数		
1.10	集中绿地率			其中	住宅停车	
1.11	停车位道路广场面积				公建停车	

表 6-3　××项目经济技术指标表 2

2	建筑面积概况	建筑方案阶段/建筑总体设计文件阶段/建筑规划许可阶段						
编号	名称	总建筑面积	住宅	商业	物业管理用房等	社区管理用房等	市政设施	其他	地下车库
	容积率								
2.1	总建筑面积								
2.2	地上总建筑面积								
2.3	半地下室总建筑面积								
2.4	地下建筑面积								
2.5	计容面积								

6.1.4.1　土地费用

土地费用见表 6-4。

表 6-4　土地费用

序号	费用名称	目标成本/万元	技术指标		备注
			可售面积/m²	指标/(元/m²)	
1	土地费用				
1.1	土地出让金				根据项目当地的土地情况确认
1.2	契税（3%）				土地出让金×3%
1.3	土地使用税				根据项目当地的使用税交付要求
1.4	土地证权属登记				根据项目当地情况

6.1.4.2 建筑安装工程费用

建筑安装工程费用见表6-5。

表6-5 建筑安装工程费用

序号	费用名称	目标成本/万元	技术指标		备注
			可售面积/m²	指标/(元/m²)	
2	建筑安装工程费用				
2.1	地下工程				
2.1.1	桩基				
2.1.2	基坑围护				
2.1.3	地下室建筑结构				
2.2	地上工程				
2.2.1	地上建筑结构				
2.2.2	铝合金门窗				
2.2.3	外墙涂料				
2.2.4	PC增量成本				
2.3	安装工程				
2.3.1	电气安装工程				
2.3.2	给排水工程				
2.3.3	智能化工程				
2.3.4	消防、通风工程				
2.3.5	电梯采购与安装				
2.4	室外总体				
2.4.1	室外雨污水、道路及围墙				
2.4.2	景观绿化工程				
2.4.3	垃圾压缩站				
2.4.4	格栅井及隔油池				

6.1.4.3 工程建设其他费用

工程建设其他费用见表6-6。

表6-6 工程建设其他费用

序号	费用名称	目标成本/万元	技术指标		备注
			可售面积/m²	指标/(元/m²)	
3	工程建设其他费用				
3.1	前期咨询费(立项申请、节能评估、环评、交通评估、防汛、日照分析等)				
3.2	全过程咨询费				

续表

序号	费用名称	目标成本/万元	技术指标 可售面积/m²	技术指标 指标/(元/m²)	备注
3.2.1	项目管理费				
3.2.2	勘察费				
3.2.3	设计费（含基坑围护、绿化及PC）				
3.2.4	工程监理费				
3.2.5	招标代理费（含工程量清单及最高投标限价编制）				
3.2.6	全过程造价咨询				
3.3	临时工程（临水、临电、临时道路及开道口）				
3.4	施工图审查费				
3.5	测绘费				
3.6	工程检测费				
3.7	监测费				
3.8	测量费				
3.9	面积预测、实测				
3.10	竣工档案编制费				
3.11	维修基金				
3.12	招标交易费				
3.13	保险费				
3.14	其他				

6.1.4.4 基础设施配套费用

基础设施配套费用见表6-7。

表6-7 基础设施配套费用

序号	费用名称	目标成本/万元	技术指标 可售面积/m²	技术指标 指标/(元/m²)	备注
4	基础设施配套费用				
4.1	供电费用				
4.1.1	供电配套费				根据当地收费并考虑是否增容
4.1.2	总体电力排管费				
4.1.3	校表费				总户数×当地标准
4.2	供水费用				
4.2.1	上水管网配套费				根据当地收费
4.2.2	水泵房及供水设施设备安装				根据当地情况考虑

续表

序号	费用名称	目标成本/万元	技术指标		备注
			可售面积/m²	指标/(元/m²)	
4.2.3	总体水排管费				
4.2.4	管网流失费				
4.3	燃气费用				
4.3.1	燃气贴费				根据当地收费
4.3.2	燃气排管费				
4.3.3	燃气表具安装费				
4.3.4	红外远程抄表				
4.4	通信工程				根据当地收费
4.5	有线电视工程				根据当地收费
4.6	大市政配套费				根据当地收费

6.1.4.5 汇总

汇总见表 6-8。

表 6-8 汇总

序号	费用名称	目标成本/万元	技术指标		备注
			可售面积/m²	指标/(元/m²)	
一	直接成本				
1	土地费用				
2	建筑安装工程费用				
3	工程建设其他费用				
4	基础设施配套费用				
二	其他成本				
1	不可预计费				
2	财务费用				
3	增值税				
三	完全成本（一＋二）				
四	销售收入				
五	税前利润（四－三）				

6.1.5 制订采购计划

根据项目进度计划，提前制订采购计划（表 6-9）。本项目的建设单位为国有企业，根据集团采购制度，分为公开招标［施工单项 400 万元及以上、材料（设备）等货物 200 万元及以上］、邀请招标［施工单项 50 万元及以上、400 万元以下，材料（设备）等货物 50 万元及以上、200万元以下]及直接委托[施工单项、材料（设备）等货物50万元以下]三种方式。××项目招标计划书见表6-10。

表6-9 ××项目采购计划表

序号	工程名称	目标成本	招标形式	招标计划审批	发布信息时间	限价上会时间	中标通知书时间	合同签订
1	总承包工程		公开招标					
2	智能化		公开招标					
3	消防、通风		公开招标					
4	铝合金门窗		公开招标					
5	外墙涂料		公开招标					
6	电梯采购及安装		公开招标					
7	景观绿化		公开招标					
8	住房配电箱		公开招标					

表6-10 ××项目招标计划书

年　月　日

招标项目信息 □施工类 □材料（设备）类	招标项目名称			
	工程地址			
	预估金额			
	标段情况			
	招标内容详细描述			
	已具备的招标条件			
	拟采用的招标方式	□公开招标	□邀请招标	□直接委托
	资质要求等报名条件			
	评标办法	□综合评价法	□合理低价法	□最低价法
	合同模式	□总价合同	□单价合同	
	招标工作进度计划			
	审批权限			
审批意见	相关部门			
	分管领导			
	总经理			
	董事长			

6.1.6 项目设计阶段投资管控

6.1.6.1 方案设计阶段——比选、优化设计方案

由于本项目是配套安置房项目，根据与区建设和交通委员会签订的项目建设意向书，协同建设单位对建设项目的功能标准、技术经济进行分析，对设计方案进行比选和优化，提出相关设计限额指标。

优化设计：在充分满足设计限额指标的基础上，开展多方案的优化设计，经过对多种方案的经济分析对比，选择单位工程量投资节省的最优方案。本项目是配套安置房，回收房源单价是确定的，前期在满足与区建设和交通委员会签订的项目建设意向书中规定的标准的前提下，尽可能地进行优化设计，以降低造价。优化设计如下。

（1）外墙涂料。为满足节能要求，同时减小保温层的厚度，降低造价，按部位的不同进行了不同优化设计，具体如下：

a. 外墙保温部位：真石漆（采用热反射涂料）；

b. 封闭阳台非窗部位外侧：真石漆；

c. 卧室窗下外墙保温部位：外墙平涂（采用热反射涂料）；

d. 女儿墙内侧、工作阳台栏板内外侧、工作阳台非保温墙内侧、工作阳台顶棚、封闭阳台窗下部位：外墙平涂。

（2）铝合金门窗。为满足节能要求，降低造价，按部位的不同进行了不同优化设计，具体如下：

a. 外墙保温部位：采用多腔金属隔热型材；中空玻璃 5Low-e+15Ar+5（高透光，在线），北侧无遮阳，南侧需在外立面增加内置百叶；

b. 封闭阳台外侧：采用普通铝合金型材；5mm 厚钢化玻璃。

6.1.6.2 初步设计阶段——分析设计概算

① 概算范围是否符合初步设计文件。
② 概算深度是否符合现行编制规定。
③ 概算编制的工程数量是否基本准确、无漏项。
④ 概算采用定额及取费标准是否正确，选用的价格信息是否符合市场状况。
⑤ 工程建设其他费用科目设置是否符合现行建设要求，是否符合计价文件要求。

6.1.6.3 施工图设计阶段——落实初步设计和概算

① 对设计合同具体限额数据的落实和检查。
② 检查施工图是否按概算的范围、标准执行。

6.1.6.4 制定投资控制目标

概算分析：对已经批复的概算书进行分析，对可能超出目标成本总投资的项目，为委托方提供可合理节省费用的建议，制订调配方案；对总投资确实无法控制的，及时提醒和建议委托方调概申请；提供概算分析报告。

概算分解：对根据优化和细化方案完善的设计资料，制定投资控制总目标和编制各分项设计造价控制目标；提供概算分解报告。

6.1.6.5 编制资金计划

根据经确定的目标成本投资总额,以及项目管理确定的项目进度计划,协同建设单位编制项目资金计划,提出建设项目各阶段、各分部分项资金额度;提供资金用款计划报告。后续根据项目的推进,根据目标成本、各类合同价、项目实施进度计划等协助编制和审核总资金使用计划及年、季度资金使用计划,作为筹资和支付的依据。

(1)年度资金计划。根据经确定的目标成本投资总额,以及项目管理确定的项目进度计划,协同建设单位编制项目资金计划,提出建设项目各阶段、各分部分项资金额度;提供资金用款计划报告。上报项目管理单位及建设单位审批后作为年度资金预算计划。

(2)月度资金计划。根据项目进度计划、年度资金预算及项目各项合同约定的支付节点开展月度资金计划管理,月度资金收支均纳入公司资金计划管理,月度资金计划包括月度资金收支计划以及融资计划。每月填报"月度资金计划申请表"及"月度融资计划申请表",上报项目管理单位及建设单位审批后作为月度资金预算计划。

6.1.6.6 采购和合同策划

向建设单位提供采购和合同分解策划建议,提出发包条件、标段划分、合同形式、计价模式,提出关键分部分项工程、专业分包工程的造价控制意见,制订总包和分包合同重难点的应对措施。

6.1.7 项目建造阶段投资管控

6.1.7.1 施工采购阶段

(1)总包采购、合同审核及签订。
① 采购方式:公开招标方式。
② 发包模式:施工总承包模式。
③ 计价方式:固定综合单价合同。
④ 协助划分招标工程界面。

协助招标代理单位对招标工程的界面划分,本项目采用施工总承包模式,专业分包为消防通风工程、智能化工程、电梯采购与安装,景观绿化工程平行发包,不作为专业分包。并在招标文件中约定总包与各专业分包之间的所配合的工作内容。

⑤ 审核招标文件(含合同)。

审核招标代理单位编制的招标文件(含合同),合同采用《建设工程施工合同(示范文本)》(GF-2017-0201),关注事先造价控制约定条款,如详细描述各种包干费用如总包服务费等的组成、事先约定新增综合单价的计价原则。具体如下:

a.质量要求奖罚。工程竣工质量验收约定标准:竣工质量验收按国家标准一次验收合格率达90%,达到四高小区的质量要求。确保创建筑工程质量奖,争创市优质结构,承包人如达不到此要求,须向发包人支付150万元人民币违约金。

b.发包人指定分包工程管理配合费率:消防通风工程2%,智能化工程2%,电梯安装工程(不含设备采购)2%。按照国家规定,配套单位(如供电部门、燃气部门、供水公司、电梯采购工程通信部门、有线电视、绿化单位、小区市政配套及打桩工程等)承包人不能收取任何配合管理费用。指定分包工程管理配合费(含税)最终按上述费率乘以分包合同金额结算。

c. 市场价格波动引起的调整。

双方商定,在合同履行期间,无论外部条件发生何种变化,价格风险自负,经双方确认的投标报价单价均不作调整。凡招标文件已明确的各种包干措施费用,结算时一律不作调整(专用条款规定的除外)。

根据相关的指导意见和工程量清单有关情况说明,本工程施工期间,当××市工程造价管理机构发布的主要材料、机械、人工价格发生的变化幅度超过"约定幅度"范围时 [约定幅度及可调整范围: 人工为±3%, 钢筋(含PC构件中的实际钢筋量)、安装工程用钢管及钢支架为±5%, 商品混凝土(含PC构件的混凝土)及商品砂浆为±8%], 调整其超过约定幅度以外部分的价格, 本条未明确列入的材料、机械均不调整价格。具体调整方法为:

约定的结算价格=投标后的中标价格+[施工期内市场信息价的算术平均值－招标文件约定基准时间的市场信息价×(1+约定幅度)]。

变化幅度=施工期内市场信息价的算术平均值/招标文件约定基准时间的市场信息价×90%-90%(施工期内的市场信息价和招标文件约定基准时间的市场信息价均按××市工程造价管理机构发布的要素价格信息价计取)。

对于上述条款中,用于算数平均的"施工期"期限做如下时间界定:

人工单价: 从第一幢住宅垫层混凝土浇筑之日起的420天为算数平均工期,超出420天的,超出天数不作为算术平均的依据。

钢筋及混凝土: 从第一幢住宅混凝土垫层浇筑之日起至最后一幢住宅结构封顶之日止,可用于算数平均的工期为180天。超出180天的,超出天数不作为算术平均的依据(独立地下车库按第一次混凝土垫层浇筑之日至最后一跨结构顶板浇筑之日)。

PC预制构件: 从第一幢住宅的第一块预制构件开始安装至最后一幢住宅最后一块PC预制构件进场。

安装工程用钢管及钢支架: 从第一幢住宅主体验收完成之日起的120天为算数平均工期。超出120天的,超出天数不作为算术平均的依据。

商品砂浆: 从第一幢住宅的第六层混凝土结构浇筑之日起的270天为算数平均工期。超出270天的,超出天数不作为算术平均的依据。

室外总体工程的算术平均施工期: 从铺设雨污水管起至道路混凝土基层浇筑完成止。

确定变更价款。凡工程变更或签证引起工程价款变更的,承包人在收到工程变更指令后28天内,提出变更工程价款的报告,经工程师确认后调整合同价款。

变更合同价款,除适用于本专用条款前两条外,按下列方法进行:

合同中已有适用于变更工程的价格,按合同已有的价格变更合同价款;合同中只有类似于变更工程的价格,可以参照类似价格变更合同价款;合同中没有适用或类似于变更工程的价格,由承包人提出适当的变更价格,经工程师及发包人审核确认后执行。

暂定金额工程价款的确定,同样按上述原则处理。

承包人中标后的报价书中,若有明显高于市场价的报价,发包人有权修正。PC构件中的钢筋结算原则为:按(PC构件中的实际钢筋含量与信息价中的PC构件所含钢筋含量的差值×PC构件的体积)×投标人清单中钢筋综合单价进行调整。

d. 关于变更估价的约定。变更导致实际完成的变更工程量与已标价工程量清单列明的该项目工程量的变化幅度无论是否超过15%的,单价均不进行改变。

已标价工程量清单无相同项目及类似项目的，按下述原则确定变更工作的单价：

要素消耗量：按××市现行的相关预算定额执行（投标时有折扣率的，编制新的单价时执行同样的折扣率）。××市现行预算定额没有适用子目的，由承包人、发包人、监理人通过现场测算确定消耗量。

要素单价：按已标价工程量清单中要素投标价格确定，没有投标价格的要素按招标文件指定当月"信息价"确定，价格为区间价格的按低值确定。既没有投标价格也没有"信息价"的要素价格通过市场调查后，经监理人、发包人、承包人协商确认。

由承包人提出的变更价格，原则上应按照原投标报价类似单位工程、分部工程、分项工程相应的综合单价中，自报的人、材、机基本单价水平及相应的取费水平，依据现行消耗定额编制。

费率：按已标价工程量清单中相关费率确定。

⑥ 审核工程量清单及最高投标限价。

a. 审核工程量清单。根据服务内容，招标代理编制工程量清单的同时，参与1个房型工作量清单的编制，与招标代理单位针对1个房型进行工程量及清单编制的审核，审核总承包施工招标清单编制的准确性及完整性。

因本项目装配率为25%，特在其他施工措施费增加运输超大件或超重件所需的道路和桥梁临时加固改造费用和其他有关费用、运输大件或重件所需的场内道路运输和堆场所需的临时加固改造费用。××PC构件的特征描述见表6-11。

表6-11 ××PC构件的特征描述

特征	特征值
构件代号、名称	详见设计图纸及招标文件
单件体积	综合考虑
安装高度	综合考虑
构件混凝土强度等级	详见图纸
砂浆（细石混凝土）强度等级、配合比	详见设计图纸及招标文件
现浇段连接要求	预制构件与现浇段的连接方式按设计图纸及现行规范综合考虑，相关费用在报价中综合考虑
灌浆套筒	以后续深化设计图纸为准，费用在报价中综合考虑
灌浆材料	以后续深化设计图纸为准，费用在报价中综合考虑
辅材	连接件、胶条、PE棒、收缝防水砂浆等所有辅材相关费用在报价中综合考虑
备注	其他需预埋管线、底盒等，根据深化图纸方案在报价中综合考虑
其他	此项目未尽内容，但为完成该项目所必需的措施及工作［包括但不限于：构件保护、场内驳运、吊装、临时支撑、支撑模板（自行考虑）等］相关费用，以及材料损耗在报价中综合考虑
说明	工程量按构件图示外围尺寸以体积计算，扣除面积大于0.1m²的洞口体积，不扣除构件内部钢筋、连接孔洞、灌浆套筒、灌浆孔洞及面积不大于0.1m²洞口所占体积
预制构件内钢筋有关说明	HPB300、HRB335、HRB400、HRB400E综合考虑；构件内所有的钢筋连接方式（包括但不限于绑扎、焊接、机械连接、电渣压力焊等）及相关费用在报价中综合考虑；本清单项仅考虑预制构件生产时使用的钢筋及所有相关辅材，在施工现场与现浇结构连接的费用在现浇构件钢筋中考虑；清单工程量按图示钢筋净长度（中心线长度）加必要的锚固、弯钩长度，乘以图示规格钢筋的理论重量计算，图纸未标示的钢筋重量（包括但不限于搭接长度）不再另行计算；钢筋的损耗、成型费用等在报价中综合考虑

b. 审核最高投标限价。审核最高投标限价，与建设单位其他类配套安置房项目进行对比分析，找出价格指标差距，设置合理最高投标限价，充分竞争，降低成本。

⑦ 合同文件的审核与签订。协助建设单位与中标人谈判，仔细复核合同条款与招标构成中的相关文件资料，协助双方签订合同。

（2）专业分包招标及合同签订。

① 采购方式。公开招标方式，建设单位与总承包中标单位共同招标，总承包单位与中标单位签订合同。

② 计价方式。消防通风工程为固定综合单价合同；智能化工程为固定综合单价合同；电梯采购与安装工程为固定总价合同。

③ 与工程总承包的工程界面。

a. 消防通风工程：

标段范围内的所有防火封堵均由投标人负责，防火封堵范围包括但不限于：住宅楼层强弱电井楼层的封堵，住宅楼层立管与套管之间的封堵和地下机动车库所有穿越防火分区的管线、风管、桥架等的封堵，工艺和材料应满足规范和消防验收要求。

室外消防管及消火栓不在本次招标范围，工作界面划分为：消防施工单位负责水泵接合器（一体化水泵接合器）及其与消防管网的管道连通（由上水施工单位在消防管网上留三通）、住宅及地库消防管道由消防施工单位负责施工至出墙1.5m，并与消防管网贯通。

预留总消控室的控制柜与××市119火灾报警网络连通的接口。

地下机动车库及楼内预埋防水套管、混凝土内预埋管、火灾报警电缆的桥架槽由总包施工，穿楼层套管由投标人负责。

招标范围内消防工程的清洁和清理工作。本专业工程安装所造成的洞口修补工作由总包负责完成（不包括防火封堵和穿楼层套管和立管间的封堵，由中标单位完成）。

含地库的通风检测（含人防通风检测）及整个项目的消防检测费用。

办理消防验收手续，直至通过消防验收。

b. 智能化工程：

楼房及室外总体的安全技防系统至总机房的室外总体部分的所有线缆及管道（含所需的井及过路管，且包含需通过其他标段到达总机房所需埋设的总体管线）。

综合物业管理系统：车牌识别车辆管理系统（含道匝基础）、电子显示屏（不小于6m²）（整个小区）。

电梯五方通话系统（方式为点对点，即每栋楼房的电梯机房单独敷设至小区内主机房，含至总机房的室外总体部分的线缆、管道、井及过路管，且包含需通过其他标段到达总机房所需埋设的总体管线）。

地下车库桥架至点位的管道敷设、预埋点至实际点位之间的管道连接。

根据技防验收要求需设置的住宅公共部位的防盗窗。

负责安全技防系统的材料设备采购及安装，办理申请及验收相关手续，如审批、施工、验收、检测、开通等实施工作。

c. 电梯采购与安装工程：

施工总承包单位仅提供临水、临电接口，提供临时场地堆放，设备安装用水电费由招标方承担。

设备到达指定现场后,投标人须根据最终用户的要求,派专员参加到货验收,并作好验收记录。

业主将拒收运抵现场的被损坏或有缺陷的或不符合本标书要求的任何设备。

投标人应负责整个采购设备的安装,并负责系统的调试验收及试运行。设备安装及调试用线缆费用和设备安装调试费用以及政府有关部门的验收费用等计入安装总价。

④ 审核招标文件(含合同)。审核招标代理单位编制的招标文件(含合同),关注事先造价控制约定的计价原则。具体如下:

a. 消防通风工程:

工程价款调整方式:工程量计算规则按《建设工程工程量清单计价规范》(GB 50500—2013)计算,人工、材料、机械的消耗量按《××市安装工程预算定额》及其他相关定额和投标文件计价,单价合同中有相同或类似的参照合同单价,无类似单价则由投标人参照施工期间的市场信息价格报价,并报监理工程师审核,经发包人同意后予以调整,人工单价、机械台班、各类损耗、管理费、利润等按投标报价时的费率标准计取。

中标单位的生活用水、用电费用及住宿费自理,服从监理、总承包单位协调管理。

b. 智能化工程:

工程价款调整办法:根据合同约定的可调整事项发生后七日内,乙方对每份变更和现场签证列出工程量增减及费用清单,送监理公司审查后报发包人审核,竣工结算时进行价款调整。如报送不全或逾期未报、补报,则视为乙方放弃该项费用调整的权利,涉及费用调减的项目除外。由发包人提出的超出了附件所规定的内容的变更引起的工程量调整,其单价按投标所报单价为基础,并按合同优惠幅度等比例下调后单价为准。

中标单位的生活用水、用电费用及住宿费自理,服从监理、总承包单位协调管理。

c. 电梯采购与安装工程:

安装价为工程服务费[包括将电梯从电梯厂家运至本工地现场的运费、卸货费、保险费,安装、调试、检验、工地现场培训操作工、合同约定的质保期和免费期内的工作、脚手架费用,调试电缆、井道照明(含管线、管道和灯具)、基坑爬梯、机房配电箱至控制箱线缆及管道的供应和敷设、电梯随行电缆和视频电缆的供应和敷设费用,等等]。电梯机房监控用通信线缆的敷设由建设单位负责。

含政府验收费用(含竣工验收时的电梯检测费用)。

包含免费保养期内的保养费(包含润滑油、擦拭布以及必要的易损件)及 2 次电梯年检费用(此为保养期)。

总包管理和配合费相关费用由建设单位支付给总承包单位。

⑤ 审核工程量清单及最高投标限价。

a. 审核工程量清单。根据服务内容,招标代理编制工程量清单的同时,参与 1 个房型工作量清单的编制,与招标代理单位针对 1 个房型进行工程量及清单编制的审核,审核招标清单编制的准确性及完整性。

b. 审核最高投标限价。审核最高投标限价,与建设单位其他类配套安置房项目进行对比分析,找出价格指标差距,设置合理最高投标限价,充分竞争,降低成本。

(3)材料(设备)招标及合同签订。

① 采购方式。公开招标方式,建设单位与总承包中标单位共同招标,总承包单位与中

标单位签订合同。

② 计价方式。住房配电箱为固定综合单价合同。

③ 审核招标文件（含合同）。

a. 综合单价闭口，不因市场价上涨等任何因素而作调整，工程量按实结算。如有甲方原因的修改，原材料有价格的参照原价格；没有价格的，交甲方审核后执行。

b. 本电气设备的安装由总承包单位实施，中标单位应提供相应的技术指导。

c. 在设备未移交给总承包单位前，成品保护的责任属中标单位。由总承包单位签字收货后，成品保护的责任属收货方，但该保管责任不能免除中标单位本身产品的任何质量问题。

④ 审核工程量清单及最高投标限价。审核最高投标限价，与建设单位其他类配套安置房项目进行对比分析，找出价格指标差距，设置合理最高投标限价，充分竞争，降低成本。

（4）景观绿化招标及合同签订。

① 采购方式：公开招标方式。

② 发包模式：平行发包。

③ 计价方式：固定总价合同。

④ 与工程总承包的工程界面。

土方造型（含建筑总平面 4.22m 绝对标高以上的堆垒的土方和土方造型、种植营养土）、给排水工程、照明工程、绿化种植、园路、休闲广场、园林小品等本图纸内的所有内容及两年绿化养护、景观小品的质保（移交物业之日起计算）以及施工招标文件所要求的工作内容由景观绿化单位实施，车行道路和地面停车位回填土由总承包方负责。

⑤ 审核招标文件（含合同）。审核招标代理单位编制的招标文件（含合同），合同约定的可以调整的工程价款调整方式：

a. 原投标中有价格的按投标价。

b. 投标中没有价格的按相关定额，其余费率按投标清单费率进行调整，材料价格按甲方审核价格为准，由乙方对调整部分涉及费用的以相关定额方式报出预算，报甲方审定。如变更所涉及的材料出现在合同附件中所列明的材料及人工计价清单内，则按附件中所列单价及计价方式进行核算。如变更所涉及的材料未在合同附件中所列明的材料清单中出现，由乙方在变更发生后 7 日内报价，甲方 7 天内审定，如未经审核，甲方不对此费用负责。

c. 调整部分金额方式：（调整部分的数量 – 原图部分数量）× 合同单价 = 调整部分金额。

⑥ 审核工程量清单及最高投标限价。审核最高投标限价，与建设单位其他类配套安置房项目进行对比分析，找出价格指标差距，设置合理最高投标限价，充分竞争，降低成本。

⑦ 合同文件的审核与签订。协助建设单位与中标人谈判，仔细复核合同条款与招标构成中的相关文件资料，协助双方签订合同。

6.1.7.2 施工阶段

（1）施工图预算。

① 根据施工合同、招标文件、投标文件、经审查的施工图纸等资料审核承包人上报的施工图预算，和中标投标书进行比对和调整，出具施工图预算审核报告，确定细化造价控制目标，并作为过程进度付款的支付依据。

② 当预算有可能超出目标成本的允许范围时，从投资控制角度为建设单位提供可合理

节省费用的建议,并及时书面上报建设单位。

③ 对施工组织设计或施工方案从投资控制角度提出优化建议,对降低造价的建议和措施做出说明。

(2)工程进度款支付。

① 审核承包商的月进度款。对承包商上报的当月(期)进度款,在施工监理认定质量合格工程量的前提下,在约定的时间内提供工程进度款审核咨询意见。

② 工程进度款的审核是以承包商的中标价或审核后的施工图预算为依据,并结合施工过程中的变更、签证等内容,对承包商上报的工程进度款进行审核,真正做到投资控制的动态管理,及时修正控制目标。进度款的支付严格按合同所制定的条款执行,并按合同约定(或规定)条款抵扣备料款,并上报项目管理单位、建设单位及委托单位等。

工程款支付核准表见表 6-12。

表 6-12 工程款支付核准表

项目名称及标段： 编号：

致_____：
我方于_____期间完成_____。现根据合同专用条款_____约定,本次申请(大写：)_____元(小写：)_____元,请予以核准。

序号	名称	金额	备注
1	累计已完成工程款		
2	累计已支付工程款		
3	本期工程款		
4	本期申请工程款		
5	本期应扣款		
6	本期实际应支付		

详见当月(期)验工报表
承包单位：
项目负责人：
日期：

造价咨询单位复核意见：
你方提出的支付申请经复核,本期已完成工程价款为(大写)_____元,(小写)_____元,详见_____,本月扣款_____元,扣款原因_____,建议支付_____元。

经办人： 日期：
复核人： 日期：

项目管理单位复核意见：

经办人： 日期：
复核人： 日期：

建设单位审核意见：

经办人： 日期：
复核人： 日期：

(3)设计变更、工程签证及经济签证。

① 协助业主及时审核因设计变更、现场经济签证等发生的费用,相应调整造价控制目

标，并每月向业主提供造价控制动态分析报告。

② 将协助委托方建立完善工程变更审批制度，根据限额设计规则，加强对设计变更内容的审核监督。严禁擅自提高设计标准，严禁增加计划外项目。对必须变更的工程内容要先做出工程造价的增减分析，经建设单位同意，设计人员方可发出变更通知，若遇有重大设计变更，导致总造价可能突破原批准的目标成本时，需报原批准部门或单位批准后方可发出变更通知。

③ 施工现场发生的每一笔签证，可能就是一笔费用。因此，在投资监理过程中对现场签证的审核以合同价款调整范围为依据，对签证手续的完善性、有效性和真实性进行审核，并结合技术核定单及设计变更的内容确认现场签证金额，避免有重复计算费用的现象，最终确定一个合理的工程造价。

设计变更汇总表和经济签证汇总表分别见表 6-13 和表 6-14。

表 6-13 设计变更汇总表

序号	设计变更通知单编号	主要内容	预估金额	本变更占合同比例	累计占合同比例	预估日期	备注

表 6-14 经济签证汇总表

序号	经济签证单编号	主要内容	上报金额	审核金额	本签证占合同比例	累计占合同比例	设计变更单编号	备注

（4）暂定材料、设备核价。负责对招标时暂定材料（设备）和新增材料（设备）价格进行确定。当暂定材料（设备）总价不超过 50 万元时，通过核价确定材料（设备）价格。施工单位上报工程材料（设备）核价表（表 6-15），工程监理单位确认材料（设备）规格、型号并会同建设单位、投资管控单位一起确认材料品牌，在确认的材料（设备）品牌、规格、型号的基础上进行多方询价、对比，出具材料（设备）价格的审核意见，并上报项目管理单位、建设单位确认。

表 6-15 工程材料（设备）核价表

序号	材料（设备）名称	品牌、型号规格	单位	工程部位	供应商名称及联系电话	施工单位申报价格	投资监理核定价格	建设单位核定价格	备注

施工单位	监理单位	投资管控单位	项目管理单位	建设单位
年 月 日	年 月 日	年 月 日	年 月 日	年 月 日

注：1. 施工单位必须提前一个月上报需核价的材料。
2. 本表一式五份，由施工单位填报，建设单位、项目管理单位、监理单位、投资管控单位、施工单位各存一份。

(5)索赔。承发包方提出索赔时,依据承发包合同,提供咨询意见。在投资管控过程中,将协助对合同实施过程中的有关索赔事件做出及时的分析对策报告。审核承包商上报的索赔是否符合合同文件精神,索赔的理由是否成立,即与合同相比已经造成了实际的额外费用的增加或直接工期损失,且造成费用增加或工期损失的原因不是承包商的过失或按合同规定不是由承包人承担的风险;索赔的证据是否真实、有效、完整、及时;索赔的计算是否正确;参与委托方与承包商的索赔谈判。

(6)动态投资管控。

① 编制实际发生投资与目标成本的动态比较分析表和工程造价咨询服务专项分析报告,及时向建设单位报告。

② 设计变更、政策性调整和物价波动等因素均属于工程建设过程中的不可预见因素。因此,要根据实际情况和合同的调整范围约定随时调整,及时上报给建设单位,提出预警通报,作为调整投资的依据。

③ 在每月的投资管控月报中将建立实际投资与概(预)算动态对照分析表,详尽阐述观点,提出合理化建议。

公开招标汇总表、邀请招标汇总表、合同汇总表、项目投资管控动态表见表6-16至表6-19。

表6-16 公开招标汇总表

序号	内容	中标单位	中标金额	中标日期	备注

表6-17 邀请招标汇总表

序号	内容	中标单位	中标金额	中标日期	备注

表6-18 合同汇总表

序号	合同名称	服务单位	合同金额	结算审核金额	本期支付	累计已支付	已支付占合同比例	尚未支付	备注

表6-19 项目投资管控动态表

序号	项目内容	目标成本	设计阶段		合同阶段		施工阶段					竣工后
			设计概算及优化		合同金额	签约单位	累计完成工作量	占合同比例	累计已付款	已付款占合同比例	累计变更签证预估	结算审核

6.1.7.3 竣工结算

（1）结算审核需提交资料：

① 招投标文件有关资料；

② 施工总、分包合同，补充合同或施工协议书；

③ 工程竣工图纸（全套：土建、安装）；

④ 设计变更图纸、设计变更签证单；

⑤ 经批准的施工组织设计；

⑥ 工程签证单、经济签证单、材料（设备）核价单；

⑦ 地质勘察报告；

⑧ 工程预（结）算书（加盖编制单位公章、预算员签章）及软件版；

⑨ 开竣工报告及竣工备案证书。

（2）结算审核流程：

① 收集结算资料；

② 组织召开与工程造价审核相关的会议；

③ 现场踏勘、计量复核；

④ 对工程量、工程价格及各类项目费用进行审核确定：

a. 关注竣工图的准确性；

b. 对承包商上报的竣工结算进行认真、全面的审核，对工程量的复核，对综合单价（定额子目套用）的审核，对材料价格的审核；

c. 控制审核人员人为错误（非主观原因）造成的偏差；

d. 设计变更的增减费用；

e. 现场签证发生的费用；

f. 对各种包干费用的审核；

⑤ 钢筋及预埋件重量计算；

⑥ 编制工程造价审核报告初稿，向建设单位及承包单位征询意见；

⑦ 出具工程造价审核报告。

（3）结算完成后与目标成本的对比分析（表6-20）。

表6-20 项目目标成本与结算对比分析表

序号	项目内容	目标成本	结算审核金额	增（减）额 结算审核－目标成本	原因分析

6.1.8 项目移交

本项目因是配套安置房项目，项目建设完成，并负责办理完成产权证后，移交给区政府进行分配。

6.1.9 项目绩效评价

本项目因是配套安置房项目,项目绩效评价主要是针对完成的社会效益、投资控制目标两个方面。具体如下。

6.1.9.1 社会效益

本项目完成了区内××户房源安置(其中小型 50m² 一房一厅一卫××户,中型 75m² 两房两厅一卫××户,中型 80m² 两房两厅一卫××户,大型 90m² 三房二厅一卫××户,大型 109m² 三房两厅一卫××户),以及配套商业、街坊站、开关站、垃圾压缩站等。

6.1.9.2 投资控制目标

根据结算完成后与目标成本的对比分析,目标成本××万元(其中:土地费用××万元、建筑安装工程费××万元、工程建设其他费用××万元、基础设施配套费用××万元、财务费用××万元、增值税××万元),实际总成本××万元(其中:土地费用××万元、建筑安装工程费××万元、工程建设其他费用××万元、基础设施配套费用××万元、财务费用××万元、增值税××万元),区政府回购价××万元(回购单价××元/m²,实测可售面积××m²),实际总成本控制在目标成本范围内。

6.2 某职工住宅小区全过程工程咨询投资管控案例——总策略及优化设计

6.2.1 项目背景

6.2.1.1 项目概况

某航空公司职工住宅小区,项目分为 A 地块、B 地块,项目占地面积 310 亩(1 亩 ≈ 666.7m²),建筑总面积 40 万平方米,建筑单体 90 个,项目类型分为多层住宅、别墅、小学、幼儿园、市政道路、保障房建设(6 栋)等,建筑结构类型为框架、框剪结构。

6.2.1.2 项目管理单位(业主)情况

项目开发建设过程中受资金困难、政策调整等因素影响,项目管理模式划分为两个阶段实施,其中:

第一阶段:由某航空公司与某房地产开发公司(私有)共同组建项目管理公司对职工住宅小区进行融资、开发、建设、运维管理;项目管理公司股权结构为某房地产开发公司占 60%,某航空公司占 40%。2014 年 6 月,项目建设进度完成 40%,项目遇资金周转困难,且某航空公司受国家政策调整影响,需退出项目开发建设。项目最终因资金融资难,暂停施工。

第二阶段:由于项目停工时间长,项目停工期间因拖欠农民工工资、逾期交房违约等,群体事件不断爆发,造成不良社会影响。地方政府通过多次调研、多渠道为项目推进寻找突破口、积极参与解决项目面临困难,最终形成解决方案:原某航空公司与某房地产开发公司终止项目开发建设,并办理终止清算工作,引入地方某国有企业公司对后续项目进行融资、建设、运行管理,并终止清算原项目管理公司、承包人,后续未完工、未建工程通过依法招标方式选定。

6.2.1.3 项目特点

项目单体数量多、建筑类型多，因项目停工时间长，各栋号完成情况多样化（如部分栋号主体封顶、部分栋号仅完成少数层数、部分栋号完成窗框安装、部分栋号尚未开工等）。结合尽职调查情况，原已完成部分栋号存在不同程度质量问题，后续需对存在质量问题栋号进行处理，且项目场地情况复杂。

6.2.2 项目需求

为实现投资管理规范化、标准化、科学化，首先应充分了解项目情况，针对烂尾楼盘后续投资管理应重视尽职调查工作，且调查内容应完整；其次对项目管理单位（业主）的需求进行分析、研讨，本项目主要需求为：

（1）减少因逾期交房引起群体事件的影响，尽快开工建设，降低逾期交房违约费用，重塑政府及国有企业担当责任形象，保证按期交房。

（2）依法做好原项目管理单位及各施工承包人终止履约清算工作，准确划分工作界面移交确认工作，准确认定已完工程造价。

（3）后续建设工程建设流程必须执行到位，确保项目建设行为依法、依规。

（4）因终止原承包人履约清算，必须做好已完工程质量检测及评估，准确、合理划分项目质量主体责任风险范围。

（5）统筹协调，建立高效、便捷沟通机制，在保证按期交房前提下，合理节约投资。

6.2.3 构想投资管控总体思路

解决项目需求，实现项目目标，首先需要制订可行、有效、科学投资管理方案，必须围绕"按期交房为主，合理节约投资为辅"主线，通过"重策划、重计划、重组织"总体思路，解决项目需求及做好投资管理工作，实现项目保值，提升投资管理效益。

6.2.4 投资管控主要策略应用

项目属于改建、新建同步实施，在保证按期交房前提下，通过围绕投资管理总体思路，充分分析项目需求、项目目标、项目价值，梳理项目管理（业主）单位组织架构、参建单位情况等，全过程工程咨询投资管理主要策略应用情况简述如下。

（1）合理、科学确定投资管理方法及手段。结合项目需求、项目特点、工程实施计划等因素，以主动控制投资为导向，合理科学确定投资管理方法及手段，投资管理方法及手段见表6-21。

表6-21 投资管理方法及手段选用表

投资管理方法	投资管理制度建立、执行	设计变更、工程签证管控	目标成本管理	优化设计	限额设计	运维投资前置	价值工程
（一）工程费							
1.已完工建设投资清算	结合已完工程质量鉴定报告，采取司法鉴定方式清算已完工程投资						
2.已建未完、新建建筑工程	●	●	●	—	—	—	●
3.已建未完、新建安装工程	●	●	●	●	—	●	●

续表

投资管理方法	投资管理制度建立、执行	设计变更、工程签证管控	目标成本管理	优化设计	限额设计	运维投资前置	价值工程
4. 小区景观及绿化工程	●	●	●	●	●	●	●
5. 小区供水工程	●	●	●	●	●	●	—
6. 小区供电工程	●	●	●	●	●	●	●
7. 小区室外管网工程	●	●	●	●	—	●	●
8. 智能化工程	●	●	●	●	●	●	●
9. 其他	●	●	●	●	●	●	●
(二)设备类	●	●	●	●	—	●	●
(三)工程建设其他费用							
1. 第三方服务费用	●	—	●	—	—	●	●
2. 建设管理费	●	—	●	—	—	●	●
3. 场地及准备费	●	●	●	●	—	●	—
4. 其他	●	—	●	—	—	●	●
(四)建设期贷款利息	●	—	●	—	—	●	●
(五)运维投资	●	—	●	—	—	●	●

注：●表示该项采用相应手段来管理。

（2）充分发挥总承包人管理、组织、协调能力，在符合国家及地方相关招投标管理规定前提下，充分融合施工总承包范围，实现合理降低交易成本。

为保证按期交房，综合项目各种影响工期因素，确定已建未完、新建主体工程采用施工总承包模式，并充分考虑招标法定时间对项目工期的影响，将小区景观及绿化工程、小区室外管网工程、小区供水工程列入施工总承包范围，由总承包人负责实施或专业分包。设计方案及工程造价由项目管理单位（业主）审核确认，为调动总承包人参与设计方案及投资管理的积极性，设置优化设计建议提案及合理节约投资的激励机制。

（3）项目招标策划时优先选用"设计及施工一体化总承包模式"，尽量避免因多次招标而影响项目工期。

各项目实施过程中均存在专业性较强的专业工程（如智能化工程、供电工程等），通常情况下设计出具的设计图纸无法满足施工要求，大部分专业工程需深化设计，经论证，本项目的小区供电工程、智能化工程采用设计及施工一体化总承包模式，招标深入应用限额设计方法，如小区供电工程最高限额设计指标为110元/m^2。

（4）优化、融合项目组织结构，助力投资管理提效。通过前期调研，项目管理单位（业主）处于组建阶段，项目组织机构尚不健全，仅设置综合办公室、工程管理部、预算造价部、财务部，因项目工期紧、任务重，为保证按期交房，降低逾期违约费用，必须对项目组织机构进行优化，充分融合、协同，并调动各参建单位积极性，组建沟通高效、决策高效、执行力强的项目管理团队。项目组织机构优化及融合如图6-2，部门情况见表6-22。

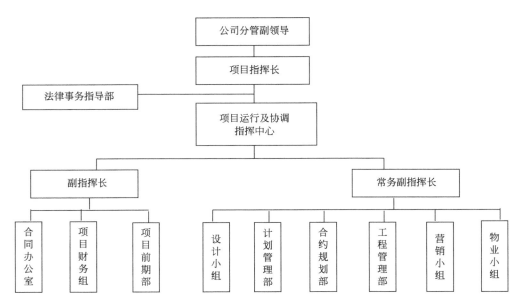

图 6-2 项目组织机构优化及融合

表 6-22 部门职责、目标、人员组成（部分）情况摘要表

部门名称	主要职责	责任目标	人员组成
项目指挥长	统筹协调	对项目工期、质量、投资、安全负责	项目管理位（业主）
常务副指挥长	负责清算、设计、招采、合约、项目管理等	对项目工期、质量、投资、安全负主要责任	项目管理位（业主）
副指挥长	负责项目资金筹备、使用、项目报批报建工作	保证项目资金使用规范，项目前期手续办理	项目管理位（业主）
项目运行及协调指挥中心	负责项目总体统筹、协调，制订项目整体计划，监督执行，反馈	保证项目各项计划有效执行，检查计划、反馈执行情况，处理问题必须以"天"为单位	项目管理位（业主）4人、咨询公司抽调人员（招标代理1人、设计2人、监理2人、造价2人）、承包人3人、各部门抽调1人

（5）加强设计管理，以优化设计触动投资管理，实现合理控制投资。收集项目资料，对尚未实施项目清单进行全面梳理，从计划、工期、投资、质量视角充分研讨适用优化设计项目，并采用排除法筛选出可选用优化设计的项目范围，有序开展优化设计工作。

① 确定可优化设计项目清单，确定优化思路、方法、目标。

项目管理单位（业主）更换前小区设计图纸已通过审查确定，若重新调整设计方案或大规模优化设计将无法保证按期交房目标，若因优化设计引起已出售房屋户型变化，车位、小区品质降低等情况，将面临更多合同违约，不利于项目管理、投资管理工作，通过项目特殊性分析，最终以按期交房、合理节约投资为主线，针对尚未实施时项目最大限度分块、分专业筛选可优化设计项目，具体可优化设计项目情况见表6-23。

表 6-23　可优化设计项目情况表

序号	可优化设计项目	优化思路或方法	优化目标
1	改造加固工程	以第三方质量检测及评估报告为核心，侧重优化改造加固范围、优化加固方法选择	在确保质量前提下，为保证按期交房，最大限度优化改造加固工程范围，合理减少投资
2	景观及绿化工程	以小区品质定位为目标，侧重苗木、地被、灌木选择，种植密度，优化景观、小品、水系	为保证按期交房，景观及小品最大限度选用成品安装，慎选水系，结合项目气候、季节因素，合理选择苗木、地被、灌木种类，保证绿化效果
3	室外管网工程	统筹布局，优化管网走向、管材选择、管径选择	尽量选用"共沟布管"，最大限度减少重复开挖，合理减少投资，保证按期交房

② 成立优化设计管控小组，按计划有序推进优化设计工作。

重视"策划在先、计划并行"，通过"PDCA 循环"保证优化设计有效执行，科学制订优化设计工作计划，具体计划见表 6-24。

表 6-24　优化设计工作计划表

优化设计项目	责任部门	协助部门	介入时点计划
改造加固工程	设计管理部	设计单位、咨询公司、工程管理部、监理公司等	出具加固改造方案（征求意见稿）当日开始，依据质量检测及评估报告，优化设计时限 5 天内完成
景观及绿化工程			出具室外景观及绿化工程设计方案（征求意见稿）当日开始，景观优化设计小组时限 5 天内完成，绿化优化设计小组时限 3 天内完成
室外管网工程			出具室外管网工程设计图纸（征求意见稿）当日开始，并结合供水设计图纸，优化设计时限 7 天内完成

6.3　某安置房项目全过程工程咨询投资管控案例——设计阶段咨询及招标策划

6.3.1　项目概况

某地块安置房建设项目区，建设面积约为 100000m^2（其中地下 30000m^2，地上 70000m^2），地下室两层，地上层数为 32 层，地上建筑 4 栋，安置户约 700 户，建筑结构为框剪结构。

6.3.2　项目投资管理案例解析方向

项目投资管理始终贯穿于项目全生命周期各阶段，撰写本项目投资管理案例以主动控制投资为导向，招标策划及合约规划在整个项目实施过程中对投资管理起非常关键作用，同时也是重要纽带，尤其 EPC 承包模式下招标策划及合约规划作用更为明显。为使广大咨询人员在项目管理中更好做好投资管理工作，从投资控制项目管理视角介绍优化设计、限额设计方法在招标策划及合约规划时如何应用并实现项目投资管理目标。

6.3.3　优化设计及限额设计介入时点及控制方式

优化设计及限额设计介入时点及控制方式见表 6-25。

表 6-25　优化设计及限额设计介入时点及控制方式分析表

投资管理方法	介入时点	控制方式		
优化设计	（1）项目方案启动；（2）招标策划；（3）合约规划；（4）初步设计；（5）施工图设计；（6）专项设计	加强内部及外部设计管理	引入第三方设计咨询或顾问团队	BIM技术
限额设计	（1）项目方案启动；（2）项目定位；（3）招标策划；（4）合约规划；（5）初步设计；（6）施工图设计；（7）专项设计	加强内部及外部设计管理	建立造价及投资数据库	大数据投资估（概）算

6.3.4　招标策划与优化设计及限额设计关联性

招标策划重点内容主要包括发包模式、标段划分、招标计划、招标方式，本项目发包模式策划时围绕"投资控制"核心，以国家及地方促进建筑发展政策为指引，结合项目特点、项目内容、项目专业性、项目实施计划、融资等因素综合考虑分析，合理确定发包模式，招标策划与优化设计、限额设计及发包模式策划关联如图 6-3。

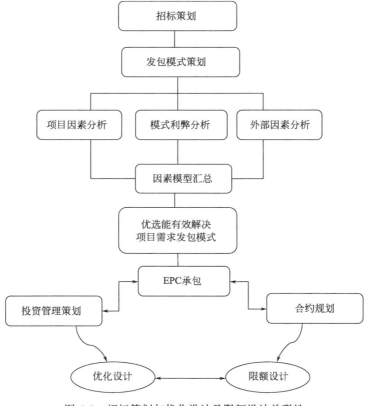

图 6-3　招标策划与优化设计及限额设计关联性

6.3.5　发包模式策划解析

项目因素主要指项目内容、建设规模、建设环境、专业复杂性、资金来源、建设计划及项目业主等。项目因素将影响或决定项目管理模式、发包模式、项目投资管理模式等。项目发包模式策划时必须充分调研及分析项目因素的特殊性，发包模式策划分析过程见表 6-26。

表 6-26　发包模式策划分析表

项目因素情况		项目需求	分析方法	发包模式
名称	主要摘要			
项目内容	地下室、地上建筑、室外工程	充分发挥项目功能，合理控制项目投资	结合临边地块安置房项目后评估情况，以头脑风暴法为基础通过内部及外聘专家充分研讨	可选 DBB 或 EPC
建设规模	地下 30000m²，地上 70000m²，层数 33 层，4 栋建筑			可选 DBB 或 EPC
建设环境	本地块建设环境与临边地块基本一致，地块两临边为已交工安置房			可选 DBB 或 EPC
专业复杂性	供水、供气工程尚未放开市场竞争，其余专业无特殊要求			可选 DBB 或 EPC
建设计划	3 年内完工			可选 DBB 或 EPC
审批情况	规划方案已审批			优选 EPC
建设单位（项目管理公司）	管理人员数量配备不足			优选 EPC
	管理人员能力不足			优选 EPC
	组织架构配置不完善			优选 EPC
外部环境	国家推广工程总承包模式			优选 EPC
	"一带一路"国际化发展趋势			优选 EPC
从项目因素角度分析，选用 DBB 和 EPC 承包模式均能实现项目管理要求，但结合建设单位（项目管理公司）未来发展战略和"一带一路"国际化发展趋势及国家推行工程总承包模式背景，且安置房已具有完整交付标准及临边地块安置房成功经验，具备推行工程总承包模式条件，并且可以通过招标策划及合约规划实现项目投资管理，优先采用工程总承包（即 EPC 承包）。				

6.3.6　优化设计在招标策划及合约规划阶段的应用

（1）应用路径及目的。通常情况下优化设计工作仅在设计阶段开展，在新咨询发展过程中项目管理必须重视前期策划，那么各项投资管理措施及方法必须前置至规划或策划阶段。在 EPC 承包模式下项目前期策划对项目实施效果起着决定性作用，因此需探索优化设计在招标策划及合约规划阶段中的应用、融合，实现项目增值和投资管理目标。认知应用路径及目的见图 6-4。

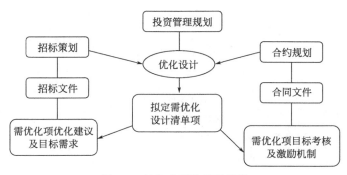

图 6-4　认知应用路径及目的

（2）优化设计清单项选定及应用。首先，以项目建设施工顺序为主线，逐项梳理分项工程、单位工程、单项工程，形成项目工程清单；其次，结合项目定位、项目品质、项目功能等因素分析，以"保证品质、功能最优、投资合理"为原则筛选需优化清单项，并明确优化方向及目标，优化设计清单项选定及应用见表6-27。

表6-27 优化设计清单项选定及应用表

需优化设计清单项	优化方向	优化目标	考核机制	激励机制
基坑支护	结合周边建筑、地下水位、地质等因素优化：① 基坑止水桩、支护桩桩长、选型及配筋；② 优化锚索选型及长度；③ 优化锚杆规格、型号、长度或尽量优选钢管土钉	"在具备条件前提下尽量采用放坡开挖，减少垂直支护"，合理控制投资，2层地下室基坑支护按基坑周长指标投资，原则上不超过2.5万元/m	除合同约定风险因素影响投资超过控制目标外，其他原因引起投资超过2.5万元/m的由EPC承包人自行承担	由EPC承包人优化节约项目投资，按照节约投资额的15%予以激励，激励对象为EPC承包管理及设计优化团队
地下车库	优化内容包括：① 车库面积；② 车位合理布局；③ 库房、设备用房合理设置及布局；④ 合理划分防火分区；⑤ 层高；⑥ 综合管线合理布设；⑦ 人防自建或统建分析	由于地下空间投资大，在满足规划车位数量前提下尽量减少不合理地下车库面积，合理布设各类库房、设备用房，应用BIM工具做好综合管线合理布设	初步设计或施工图设计地下车库面积大于审批方案面积，增加投资额由EPC承包人承担，并承担其他违约责任	由EPC承包人优化减少不合理地下车库面积，节约投资额，按照节约投资额的15%予以激励，激励对象为EPC承包管理及设计优化团队，且优化设计过程中成功采用新技术或新工具予以奖励10万元

6.3.7 限额设计在招标策划及合约规划中的应用

（1）应用路径及目的。首先应该正确理解限额设计，限额设计并非有意压缩投资、降低工程质量、降低建设标准或偷工减料，而是将项目功能及价值充分发挥，剔除无效投资。限额设计必须科学分解投资目标，且达到价值工程最优状态。限额设计分为限量设计及限费设计两类。限额设计在设计阶段中已经处于实施或检查状态，应将限额设计提前至项目目标成本启动阶段、规划阶段、招标策划及合约规划阶段进行统筹规划安排。本书撰写主要以EPC承包模式下探索限额设计在招标策划及合约规划中的应用、融合，实现项目投资管理目标。认知应用路径及目的见图6-5。

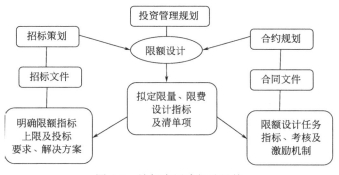

图6-5 认知应用路径及目的

（2）限额设计指标选定及应用。限额设计指标主要来源为经批准投资估（概）算指标及同类项目大数据指标，在限量及限费设计指标确定时必须准确把握项目建议书或可行性研究报告中设计原则、建设需求、建设标准及相关交付标准要求，对关键工程、关键方案、重要设备及重要功能等提出科学、合理的限额设计要求。部分限额设计指标选定及应用示例见表 6-28。

表 6-28 部分限额设计指标选定及应用表

限额设计事项	指标要求	考核及激励机制
窗地比	10%～15%	以投标人投标承诺限额设计指标为最高控制限额，在保证工程质量、项目品质、材料选用标准前提下，原则上节约投资由 EPC 承包人受益，其中为保证小区景观及绿化效果，工程实施时材料及设备选用必须经发包人确认
钢筋每平方米含量	地上 55kg/m² 以内，地下室（2 层）110kg/m² 以内	
混凝土每平方米含量	地上 0.4m³/m²，地下 0.9m³/m²	
太阳能	3000 元 / 户以内	
供电工程	90 元 /m² 以内	
供水工程	4800 元 / 户以内	
室外景观及绿化	600 元 /m²（室外面积）	

6.4 某市城市综合管廊入廊使用费和日常维护费收费方案测算

6.4.1 总则

6.4.1.1 概述

（1）城市综合管廊是指设置于本市行政区域内，用于容纳两类及以上城市工程管线及其附属设施（包括延伸至地面的附属设施）的构筑物。

（2）本测算标准适用于本市行政区域内城市综合管廊建设后，管线单位需要向管廊建设管理维护单位支付的费用。

（3）本测算标准中所指城市设施管线包括给水、排水、再生水（中水）、天然气、热力、电力、照明、通信（移动通信、交通信号、城市监控、国防通信等）、广播电视等公共设施管线。附属设施包括用于维护管廊正常运行的监控、消防、供电、通风、照明、排水、标识与报警等系统。

6.4.1.2 城市综合管廊使用费

城市综合管廊使用费是指管线使用单位将管线入廊后，向管廊主权单位支付的管线部分建设费用。综合管廊使用费测算办法是根据 ×× 地区当地各管线传统的直埋投资成本（含管沟的开挖、支护和回填）100%的标准作为测算基数，乘以工程类别确定的直埋开挖施工相关利润和国家规定相关税率，作为管线入廊使用费标准。

国家发改委和住建部2015年2754号文当中，入廊费构成因素中，需要考虑管廊设计寿命周期内，各管线在不进入管廊情况下所需的重复单独敷设成本。本次考虑给水管线在管廊设计寿命周期内翻建5次，电力管线翻建10次，通信管线翻建10次，污水管线翻建2次，热力管线翻建2次，天然气管线翻建2次。本次测算仅考虑路面挖除，不考虑路面恢复。

国家发改委和住建部2015年2754号文当中，入廊费构成因素中，需考虑管廊设计寿命周期内，节省的管线破损率以及水、热、气等漏损率降低而节省的管线维护和生产经营成本。本次测算认为，水、热、气等漏损率降低节省的管线维护和生产经营成本相对于管线单位而言应为额外增加收入部分，对于管廊公司而言，由于管廊公司开展了有效的监控和提供了稳定结构，避免了水、热、气管线因管线基础不均匀沉降，而产生漏损，故应该获得合理回报。本次考虑，针对给水、中水、天然气和热力管线重新敷设单价调增15%，作为因管线入廊后降低了水、热、气等管道漏损，管廊公司收取的合理回报。

6.4.1.3 城市综合管廊维护费

城市综合管廊维护费是指各类别管线在入廊后，管线产权单位需要向综合管廊建设运营公司缴纳的日常维护管理费。城市综合管廊维护费主要用于各类别管线入廊后，管廊本体及附属设施运行、维护、更新改造等，以及管廊公司正常的管理支出。

综合管廊维护费测算办法为截面分摊法，按照各管线在管廊内的空间占比，计算各类管线所占的专用截面空间比例，以此作为各项收费的分摊比例。综合管廊的维护费由进入综合管廊的管线产权单位全额承担，维护费需每年缴纳，年限暂定25年。综合管廊维护费（DC）按照以下公式计算：

$$DC = DC_1 + DC_2 + DC_3$$

式中　DC_1——入廊管线日常巡视费和监控费；

　　　DC_2——管廊主体维护费；

　　　DC_3——管廊附属设施维护费。

入廊管线日常巡视费和监控费按照以下公式计算：

$$DC_1 = \overline{DC} - DC'$$

式中　$\overline{DC}$——城市设施管线直埋方式维护总费用（含管线日常巡检，管线小修、中修、大修和抢险性维修等），管线入廊后的每年维护费用（含管道小修、中修、大修及抢险性维修等）；

　　　DC'——管线入廊后的每年维护费用可按综合管廊总投资的0.1%作为管线单位负责维护费用。

$$\overline{DC} = \frac{\sum_{n=1}^{25} m_t (1 + i)}{t - 1}$$

式中　m_t——第t年综合管廊内管线部分维护费用；

　　　n——年数；

　　　i——综合管廊贷款利率。

$$i = i'(1+p)^{-t}$$

式中 i'——按国开行、农发行中长期贷款利率为 4.9% 下调 10% 测算（根据国开行、农发行与××市市政建设和综合管廊投资建设管理有限公司相关协议）；

p——混凝土构筑物年均折旧率，按 3.85% 计算；

t——年份（管廊主管单位特许经营年限暂定 25 年）。

管廊主体维护费（DC_2）按城市综合管廊建设单位管理费用的 25% 取费。管廊附属设施维护费（DC_3）主要由综合管廊内照明系统用电费用、通信系统（监控系统）运营维护费用、通风系统运行维护费用、设备用电运行维护费用构成。

6.4.2 参考标准及执行法规政策

6.4.2.1 国家法规政策及指导意见

（1）《国务院关于加强城市基础设施建设的意见》（国发〔2013〕36 号）。

（2）《国务院办公厅关于加强城市地下管线建设管理的指导意见》（国办发〔2014〕27 号）。

（3）《国务院办公厅关于推进城市地下综合管廊建设的指导意见》（国办发〔2015〕61 号）；

（4）《国家发展改革委 住房和城乡建设部关于城市地下综合管廊实行有偿使用制度的指导意见》（发改价格〔2015〕2754 号）。

6.4.2.2 地方政策及指导办法

（1）《××市地下综合管廊试点城市实施方案》（试行）（××市人民政府）。

（2）《××市城市综合管廊管理办法（试行）》。

（3）《××市政工程计价定额》。

（4）《××建筑装饰工程计价定额》。

（5）《××安装工程计价定额》。

（6）《××工程造价信息》。

（7）××年××安装工程材料价格信息（上、下册）。

（8）工程所在地区的人工、材料价格，造价指数。

6.4.2.3 相关技术规范

（1）《城市综合管廊工程技术规范》（GB 50838—2015）。

（2）其他各专业管线相关技术规范。

6.4.3 综合管廊入廊费

6.4.3.1 综合管廊入廊费及测算方法

综合管廊入廊费测算可采用直埋成本法开展测算工作，计算公式按照下列公式执行：

$$入廊使用费 = 直埋单价 \times (1+营改增税金)$$

其中营改增税金按 11% 计算，直埋单价依据《市政工程概算编制办法》和《××市政工程计价定额》计取。各管线工程划分标准见表 6-29。

表 6-29　各管线工程划分标准表

项目	单位	一类工程	二类工程	三类工程	四类工程
排水工程：干线管径	mm	≥1000mm	≥500mm	<500mm	
给水工程：干线管径	mm	≥700mm	≥300mm	<300mm	
中水工程：干线管径	万吨	≥4万吨	<4万吨		
电力工程			直埋管道		混凝土及砖砌电缆沟
通信工程			4孔及以上		
天然气工程		焊口有探伤要求	焊口无探伤要求		
热力工程：干线管径		焊口有探伤要求	焊口无探伤要求		

6.4.3.2　综合管廊使用费测算的边界条件

（1）长度及附属设施。本次拟订各类管线敷设长度为 1km，即在一次性入廊使用费测算过程中，各管线敷设 1km 市政管线（各类管线）所需开挖和回填土方数量，及按相关规范回填时需要增加的相关工程数量。

（2）地质条件。根据 ×× 市综合管廊施工图设计及详细地质勘察报告，×× 市综合管廊平均埋深大于 7m，持力层为粉砂质，因此，在进行测算过程中，根据各专业管线直埋材料和深度以及标准图要求，选择相关的垫层形式。

地下水深度位于路面设计标高 -2.5m 左右，各专业管线埋设深度大于 2.5m 者，需要考虑降水工程措施，降水高度为基坑顶面至管沟基槽以下 1m。

（3）边坡防护形式。本次测算，边坡开挖坡率按 1:0.4，基槽高度大于 4m 者，考虑采用土钉临时防护，土钉间距水平方向 1.0m，垂直间距 1.5m，钻孔孔径 D=150mm，平均单束长度 12m（3 根 ϕ48mm 钢筋捆扎为一束，单根长 4m），梅花形布设形式，内注 M10 水泥砂浆，表面喷射 C20 混凝土，植 A3@50mm×50mm 钢筋网片。

（4）管线翻建。根据国家发改委和住建部 2015 年 2754 号文，综合管廊入廊费构成因素第 5 条规定，本次测算需考虑在综合管廊设计寿命期为 100 年的周期内，入廊管线因寿命、扩容、更换等原因，需要重新翻建时，在翻建测算当中，考虑原有道路路面挖除和基坑回填。

本次测算过程中，考虑给水管线在管廊设计寿命周期内翻挖 5 次，电力管线翻挖 10 次，通信管线翻挖 10 次，污水管线翻挖 2 次，热力管线翻挖 2 次，天然气管线翻挖 2 次。

因本次开展的 ×× 市综合管廊均位于城市主干道内，故埋设位置位于行车道和机非混合车道下部。

（5）测算边界条件（表 6-30）。

表6-30 测算边界条件

序号	管线	管材	管径及规格	主要采取施工工艺	井室类型及尺寸	备注
1	给水	球墨铸铁管	DN300/400/500/600/800	沟槽开挖、回填（宽1～1.6m×深1.5～2.5m）	根据标准图集选取，配套法兰、消火栓等附属设施	20cm砂基础，机械开挖，10%人工配合，回填电动打夯，弃土外运3km，均不考虑3:7灰土垫层；寿命周期内考虑5次翻挖
2	再生水	球墨铸铁管	DN400/500	沟槽开挖、回填（宽1～1.6m×深1.5～2.5m）	根据标准图集选取，配套法兰、消火栓等附属设施	
3	电力	电力电缆（10kV）	12回、20回、24回	沟槽开挖、回填（宽1m，现浇混凝土沟槽1.5m×深2.5m）	砖砌检查井：φ1500mm、φ2000mm	井间距50～70m，每隔200m左右设一座3m×3m的钢筋混凝土井；管廊设计寿命周期内考虑10次翻挖
4	高压电力	电力电缆	2回110kV、4回110kV、6回110kV、6回220kV	沟槽开挖、回填（宽1m，现浇混凝土沟槽1.5m×深2.5m）	砖砌检查井：φ1500mm、φ2000mm	管廊设计寿命周期内考虑5次翻挖
5	通信	PE管DN110	24孔、36孔、48孔	沟槽开挖、回填（宽0.7m×深1m）	砖砌检查井：φ900mm、φ1000mm、φ1200mm	人孔井间距100m，管廊设计寿命周期内考虑10次翻挖道路
6	热力	钢管	DN500、DN600、DN800、DN1000、DN1400	沟槽开挖、回填（双管线槽2.5m×深2m）	砖砌阀门井：φ1200mm、φ1800mm、φ2000mm	井间距80～100m，管廊设计寿命周期内考虑2次翻挖道路
7	天然气	无缝钢管	DN100、DN300、DN400	沟槽开挖、回填（宽1～1.6m×深1.5～2m）	钢筋混凝土矩形井：2100mm×2100mm、2500mm×2500mm、3000mm×3000mm	井间距1000m，管廊设计寿命周期内考虑2次翻挖道路
8	污水	预应力混凝土管、钢筋混凝土管	DN400、DN500、DN600、DN800	沟槽开挖、回填（宽1.4～2m×深6m）	钢筋混凝土井：φ1500mm	180°混凝土基础，考虑降水，降水高度3m；开挖边坡采用3×φ48mm土钉防护，每束长12m，垂直间距1.5m，水平间距1.0m，外喷10cm厚C20混凝土，植A3@50mm×50mm钢筋网片；管廊设计寿命周期内考虑2次翻挖道路

6.4.3.3 综合管廊使用费测算成果

综合管廊使用费测算成果见表 6-31。

表 6-31 综合管廊使用费测算成果

序号	工程或费用名称	直埋单价/（元/m）	营改增税金 11.00%	收费标准/（元/m） 直埋单价+11%营改增税金
一	给水工程（不计管材费及安装）			
1	球墨铸铁管 DN300	1786.47	196.51	1982.98
2	球墨铸铁管 DN400	1883.95	207.23	2091.18
3	球墨铸铁管 DN500	1984.83	218.33	2203.16
4	球墨铸铁管 DN600	2229.65	245.26	2474.91
5	球墨铸铁管 DN800	2467.31	271.40	2738.71
二	再生水工程			
1	球墨铸铁管 DN400（同给水工程）			
2	球墨铸铁管 DN500（同给水工程）			
三	污水工程			
1	Ⅲ级钢筋混凝土排水管 DN400	10768.31	1184.51	11952.82
2	Ⅲ级钢筋混凝土排水管 DN500	11245.75	1237.03	12482.78
3	Ⅲ级钢筋混凝土排水管 DN600	11415.06	1255.66	12670.72
4	Ⅲ级钢筋混凝土排水管 DN800	11520.72	1267.28	12788.00
5	Ⅰ级钢筋混凝土排水管 DN2000	12693.91	1396.33	14090.24
四	热网管道工程			
1	聚氨酯直埋保温管 DN1400（钢管 φ1420mm×12.0m）	5405.71	594.63	6000.34
2	聚氨酯直埋保温管 DN1000（钢管 φ1020mm×12.0m）	4261.72	468.79	4730.51
3	聚氨酯直埋保温管 DN800（钢管 φ820mm×12.0m）	2982.88	328.12	3311.00
4	聚氨酯直埋保温管 DN600（钢管 φ630mm×10.0m）	2425.16	266.77	2691.93
5	聚氨酯直埋保温管 DN500（钢管 φ529mm×9.0m）	2169.88	238.69	2408.57
五	天然气管道工程			
1	无缝钢管 DN100	961.44	105.76	1067.20
2	无缝钢管 DN300	1324.33	145.68	1470.01
3	无缝钢管 DN400	1580.99	173.91	1754.90
六	通信工程			
	波纹管 φ110mm	1237.48	136.12	1373.60
七	电力工程			
1	20 回 10kV C-PVC 管 DN160	3406.35	374.70	3781.05

续表

序号	工程或费用名称	直埋单价/(元/m)	营改增税金 11.00%	收费标准/(元/m) 直埋单价+11%营改增税金
2	2回110kV，12回10kV C-PVC管 DN160	3661.74	402.79	4064.53
3	6回110kV，6回220kV C-PVC管 DN160	3029.38	333.23	3362.61
4	4回110kV C-PVC管 DN160	3346.58	368.12	3714.70
5	24回10kV C-PVC管 DN160	3439.86	378.38	3818.24
6	25回10kV C-PVC管 D299N160	3444.01	378.84	3822.85

注：1. 所列工程管线类别及管径为本期综合管廊实施工程容纳管线管径汇总，同类管线其他管径如需增补，需根据敷设地地理位置、地质条件、专项规划等重新开展边界条件设计，重新开展测算工作。
2. 收费标准所列值为接近投资额测算的基准价格，未考虑重新敷设管线的社会折现和综合管廊资产内部收益率。

6.4.3.4 综合管廊使用费建议执行价格

采用直埋成本法测算入廊管线直埋价格时，需考虑在管廊设计寿命周期内，道路多次翻挖；因各管线寿命、扩容及大修周期不同，本次测算必须根据各类别管线的寿命和扩容周期，分别测算。各类别管线常规使用寿命如表6-32所示。

表6-32 各类别管线常规使用寿命汇总

管线	电力	通信	给水	天然气	污水	热力	中水
管材	C-PVC管	波纹管	球墨铸铁管	无缝钢管	混凝土管	聚氨酯直埋保温管	球墨铸铁管
寿命	≤15年	≤15年	≤20年	>30年	>50年	>50年	20～30年

鉴于直埋管线存在周期效应，故在直埋管线寿命周期或扩容周期到期后，必须开展道路翻挖，重新敷设管线，金额应按照各类别管线所属行业财务基准利润率做相应折现，记为当年度经营成本。

根据《建设项目经济评价方法与参数》，各类别管线分属不同行业不同类别，同时根据《建设项目经济评价方法与参数》公布的行业财务基准利润率，各管线财务基准利润率如表6-33所示。

表6-33 各管线财务基准利润率

管线	电力	通信	给水	天然气	污水	热力	中水
行业	电网工程类城网工程	信息产业类数据与因特网通信	市政类供水工程	市政类天然气工程	市政类排水工程	市政类集中供热工程	市政类供水工程
财务基准利润率	7%	13%	8%	10%	4%	10%	8%

为简化计算流程，本次统一采用社会折现率为8%，针对管线重复翻挖道路后的重复敷设单价按各管线翻挖周期做统一折现，其测算值可作为管廊一次性入廊使用费的执行价格

参考（表6-34）。

表6-34 综合管廊使用费建议执行价格

序号	工程或费用名称	直埋单价/（元/m）		收费标准/（元/m）	
				直埋单价+11%营改增税金	
		调整前	调整后	调整前（按接近投资额测算的基准价）	调整后（按资产收益率测算的执行价参考）
一	给水工程（不计管材费及安装费）				
1	球墨铸铁管DN300	1786.47	398.16	1982.98	441.96
2	球墨铸铁管DN400	1883.95	430.59	2091.18	477.95
3	球墨铸铁管DN500	1984.83	465.25	2203.16	516.43
4	球墨铸铁管DN600	2229.65	533.08	2474.91	591.72
5	球墨铸铁管DN800	2467.31	625.7	2738.71	694.53
二	再生水工程				
1	球墨铸铁管DN400（同给水工程）				
2	球墨铸铁管DN500（同给水工程）				
三	污水工程				
1	Ⅲ级钢筋混凝土排水管DN400	10768.31	8437.81	11952.82	9365.97
2	Ⅲ级钢筋混凝土排水管DN500	11245.75	8834.7	12482.78	9806.52
3	Ⅲ级钢筋混凝土排水管DN600	11415.06	8933.2	12670.72	9915.85
4	Ⅲ级钢筋混凝土排水管DN800	11520.72	8988.53	12788	9977.27
5	Ⅰ级钢筋混凝土排水管DN2000	12693.91	9755.93	14090.24	10829.08
四	热网管道工程				
1	聚氨酯直埋保温管DN1400（钢管φ1420mm×12.0m）	5405.71	3360.65	6000.34	3730.32
2	聚氨酯直埋保温管DN1000（钢管φ1020mm×12.0m）	4261.72	2594.28	4730.51	2879.65
3	聚氨酯直埋保温管DN800（钢管φ820mm×12.0m）	2982.88	1771.56	3311	1966.43
4	聚氨酯直埋保温管DN600（钢管φ630mm×10.0m）	2425.16	1408.41	2691.93	1563.33
5	聚氨酯直埋保温管DN500（钢管φ529mm×9.0m）	2169.88	1262.55	2408.57	1401.43
五	天然气管道工程				
1	无缝钢管DN100	961.44	493.98	1067.2	548.32
2	无缝钢管DN300	1324.33	786.45	1470.01	872.96
3	无缝钢管DN400	1580.99	971.09	1754.9	1077.91
六	通信工程				
	波纹管φ110mm	1237.48	375	1373.6	416.25
七	电力工程				
1	20回10kV C-PVC管DN160	3406.35	988.37	3781.05	1097.09
2	2回110kV，12回10kV C-PVC管DN160	3661.74	1031.41	4064.53	1144.87
3	6回110kV，6回220kV C-PVC管DN160	3029.38	910.07	3362.61	1010.18

续表

序号	工程或费用名称	直埋单价/(元/m)		收费标准/(元/m)	
				直埋单价+11%营改增税金	
		调整前	调整后	调整前（按接近投资额测算的基准价）	调整后（按资产收益率测算的执行价参考）
4	4回110kV C-PVC管 DN160	3346.58	956.15	3714.7	1061.33
5	24回10kV C-PVC管 DN160	3439.86	1006.43	3818.24	1117.14
6	25回10kV C-PVC管 DN160	3444.01	1008.67	3822.85	1119.62

6.4.4 综合管廊租赁费

6.4.4.1 综合管廊租赁费及测算方法

综合管廊年租赁费是管线入廊后，根据管线单位使用综合管廊的单位流量，向综合管廊产权单位每年支付的租赁其管廊空间的相关费用。鉴于综合管廊的公共属性，管廊租赁费应只考虑折旧，不考虑回报，故其收取的综合管廊年租赁费应对收费基数做相应折旧。入廊管线如缴纳了入廊管线年租赁费，可不必缴纳一次性入廊使用费。本次测算暂以综合管廊调整后的总建设投资作为收费基数，折旧率按照年限平均法开展相关测算工作。

6.4.4.2 关键性参数

（1）贴现率（d_1）。

$$d_1 = \frac{i}{1+i} = 4.22\%$$

式中　i——按国开行、农发行中长期贷款利率为4.9%下浮10%测算（根据国开行、农发行与××市市政建设和综合管廊投资建设管理有限公司相关协议）。

（2）折旧率（d_2）。

$$年折旧率\ d_2 = (1 - 预计净残值率)/预计使用年限 \times 100\%$$

（3）折旧年限。按照管廊设计寿命周期年限作为折旧年限，年限为100年。

（4）租赁费比值（D）。租赁费比值为管廊管理单位收取的管廊租赁费总额与管廊建设总投资之比。

6.4.4.3 租赁费测算办法

本次××市综合管廊给水、中水和污水管线日常维护费测算可采用空间比例法开展测算工作。

空间比例法：

年租赁费单价 = 计算基数 × 利率 × $(1+利率)^{分期付款期数}$ / $[(1+利率)^{分期付款期数} - 1]$ × 空间占比/孔数/长度

计算基数 = 综合管廊总投资 × 租赁费比值

年租赁费总计 = 年租赁费单价 × 孔数 × 长度

6.4.4.4 各道路综合管廊容纳管线情况

根据各设计单位提供的设计图纸当中反映的情况获悉，本次参与测算的××市各条道路综合管廊内容纳管线情况汇总如表 6-35。

表 6-35　××市各道路综合管廊内容纳管线情况

道路	容纳管线							
	天然气	热力	通信	高压电力	电力 10kV	给水	中水	污水
08 路	DN300	2DN1000	24 孔 DN110	6 回 110kV 6 回 220kV	20 回	DN300	DN500	DN800
09 路	DN300、DN100	2DN1400	24 孔 DN110	6 回 110kV 6 回 220kV	20 回	DN500	DN500	DN400
07 街	DN300	2DN600	24 孔 DN110	4 回 110kV 6 回 220kV	20 回	DN400	DN500	DN500、DN600、DN800
03 路	DN300		24 孔 DN110	4 回 110kV 6 回 220kV	20 回	DN600		DN500
01 街	DN300	2DN500	24 孔 DN110	4 回 110kV	12 回	DN800	DN400	DN800
06 路	DN300	2DN500	24 孔 DN110	4 回 110kV	12 回	DN600	DN400	
05 路	DN300	2DN500 2DN800	36 孔 DN110	2 回 110kV	20 回	DN400	DN400	DN800、DN600
02 街	DN300	2DN500	48 孔 DN110	4 回 110kV	25 回	DN400	DN400	DN800
04 街	DN400	2DN800	24 孔 DN110	4 回 110kV 6 回 220kV	24 回	DN500	DN500	DN2000

6.4.4.5　测算结果

测算结果见表 6-36。

表 6-36　测算结果

管线类型	基数/万元	利率/%	期数	空间比例/%	孔数	长度/m	租赁单价/(元/孔·m·年)	年租赁费/万元
电力				27.90	24	735706.8	2.80	206.08
中水				7.92	1	26281.45	534.32	1404.26
给水				6.87	1	30654.45	397.47	1218.43
弱电	172615.67	0.044	13	9.87	24	630754.8	1.16	72.91
热力				20.63	2	52562.9	347.95	1828.92
污水				14.03	1	30608.1	812.82	2487.88
天然气				12.77	1	27011	838.47	2264.80
合计				100.00				9483.29

注：本次综合管廊租赁费收费期数为 13 年，管廊公司合理经营期为 15 年，减去建设期 2 年；从第 16 年开始起，租赁费收费价格应根据管廊移交后的管理主体与管线单位谈判后的结果而定。

6.4.4.6 关于自建管线

由于××市原有市政工程地下污水管线运营和维护工作是由××市政建设和综合管廊投资建设管理有限公司完成的,根据相关权益及管线运维权责利益,本次××市综合管廊日常维护费当中,给水、中水和城市污水管线建设及运维工作由××市市政建设和综合管廊投资建设管理有限公司完成。

本次补充给水、中水、城市污水管线管材及安装费用,因管线入廊年租赁费仅为空间租赁,各管线管材和安装费用根据国家和地方相关标准应该单独计列(表6-37)。

表6-37 各管线管材和安装费用

序号	工程或费用名称	单位	工程数量	管材及安装单价/(元/m)
一	给水工程			
1	球墨铸铁管 DN300	m	1000	482.42
2	球墨铸铁管 DN400	m	1000	714.46
3	球墨铸铁管 DN500	m	1000	967.59
4	球墨铸铁管 DN600	m	1000	1252.25
5	球墨铸铁管 DN800	m	1000	1853.64
二	再生水工程			
1	球墨铸铁管 DN400(同给水工程)			
2	球墨铸铁管 DN500(同给水工程)			
三	污水工程			
1	Ⅲ级钢筋混凝土排水管 DN400	m	1000	252.30
2	Ⅲ级钢筋混凝土排水管 DN500	m	1000	277.27
3	Ⅲ级钢筋混凝土排水管 DN600	m	1000	306.83
4	Ⅲ级钢筋混凝土排水管 DN800	m	1000	508.49
5	Ⅰ级钢筋混凝土排水管 DN2000	m	1000	2621.71
四	热网管道工程			
1	聚氨酯直埋保温管 DN1400(钢管 $\phi1420mm \times 12.0m$)	m	1000	6733.30
2	聚氨酯直埋保温管 DN1000(钢管 $\phi1020mm \times 12.0m$)	m	1000	3655.87
3	聚氨酯直埋保温管 DN800(钢管 $\phi820mm \times 12.0m$)	m	1000	2968.41
4	聚氨酯直埋保温管 DN600(钢管 $\phi630mm \times 10.0m$)	m	1000	2101.29
5	聚氨酯直埋保温管 DN500(钢管 $\phi529mm \times 9.0m$)	m	1000	1578.61
五	天然气管道工程			
1	无缝钢管 DN100	m	1000	164.30
2	无缝钢管 DN300	m	1000	1520.29
3	无缝钢管 DN400	m	1000	5250.08
六	通信工程			
	波纹管 $\phi110mm$	m	1000	991.38

续表

序号	工程或费用名称	单位	工程数量	管材及安装单价/(元/m)
七	电力工程			
1	20 回 10kV C-PVC 管 DN160	m	1000	1500.80
2	2 回 110kV，12 回 10kV C-PVC 管 DN160	m	1000	1350.72
3	6 回 110kV，6 回 220kV C-PVC 管 DN160	m	1000	2701.44
4	4 回 110kV C-PVC 管 DN160	m	1000	900.48
5	24 回 10kV C-PVC 管 DN160	m	1000	1800.96
6	25 回 10kV C-PVC 管 DN160	m	1000	1876.00

参考文献

[1] 陈金海,陈曼文,杨远哲,等.建设项目全过程工程咨询指南[M].北京:中国建筑工业出版社,2018.
[2] 杨卫东,敖永杰,翁晓红,等.全过程工程咨询实践指南[M].北京:中国建筑工业出版社,2018.
[3] 胡勇,郭建淼,刘志伟.全过程工程咨询理论与实践指南[M].北京:中国电力出版社,2019.
[4] 王辉,徐希萍.全过程工程咨询概论[M].郑州:郑州大学出版社,2018.
[5] 蔡志新.全过程工程咨询实务指南[M].广州:华南理工大学出版社,2018.
[6] 曾金应.全过程工程咨询服务指南[M].北京:中国建筑工业出版社,2020.
[7] 季更新.全过程工程咨询工作指南[M].北京:中国建筑工业出版社,2020.
[8] 刘辉义,李忠新,张文勇.全过程工程咨询操作指南[M].北京:机械工业出版社,2020.
[9] 吴玉珊,韩江涛,龙奋杰,等.建设项目全过程工程咨询理论与实务[M].北京:中国建筑工业出版社,2018.